U0489970

⊙ 破解宇宙玄奥的科学原理，掌握世界前端的科技知识 ⊙

中侨大讲堂

刘凤珍 主编

王 燕 ◎ 编著

奥秘世界大讲堂

中国华侨出版社

图书在版编目（CIP）数据

奥秘世界大讲堂 / 王燕编著. — 北京：中国华侨出版社，2016.12（中侨大讲堂 / 刘凤珍主编）
ISBN 978-7-5113-6500-2

Ⅰ. ①奥… Ⅱ. ①王… Ⅲ. ①科学知识－普及读物 Ⅳ. ① Z228

中国版本图书馆 CIP 数据核字（2016）第 285991 号

奥秘世界大讲堂

编　　著 / 王　燕
丛书主编 / 刘凤珍
总 审 定 / 江　冰
出 版 人 / 方　鸣
责任编辑 / 紫　夜
封面设计 / 杨　琪
经　　销 / 新华书店
开　　本 / 720mm×1010mm　1/16　印张：24　字数：505 千字
印　　刷 / 北京鑫国彩印刷制版有限公司
版　　次 / 2017 年 6 月第 1 版　2017 年 6 月第 1 次印刷
书　　号 / ISBN 978-7-5113-6500-2
定　　价 / 48.00 元

中国华侨出版社　北京市朝阳区静安里 26 号通成达大厦 3 层　邮编：100028
法律顾问：陈鹰律师事务所
发行部：（010）64443051　　　　传　真：（010）64439708
网　址：www.oveaschin.com　　　E-mail：oveaschin@sina.com

如发现图书质量有问题，可联系调换。

前言

Preface

宇宙是大爆炸产生的吗？月亮正在脱离地球的吸引力而去吗？水存在着一种新的形态吗？生命是从火中诞生的吗？人体为什么会发电？广袤的宇宙中有着无数壮观的星系与天体，大自然中孕育着种种奇观胜景，生物界中既有惹人怜爱的小动物，也有令人毛骨悚然的吃人草……各种光怪陆离的现象，各种匪夷所思的问题，令我们困惑不解，我们越来越发现世界很大很大，奥秘很多很多。用科学解释世界，将世界寓于科学，这是人类认识上的进步。自古希腊伟大的哲学家、科学家亚里士多德开始，科学家们就把认识世界、揭示其无穷奥秘视为自己的神圣使命。

自人类产生思想以来，便开始了对自身和周围世界的探索：我从哪里来？到哪里去？我们周围的世界为什么会有阳光、水和空气？人们在对一个个问题的求索中，认知世界的同时也改变着世界，然而对未知世界的探索是无止境的，结果常常是伴随着一个奥秘的解开，另一个奥秘又随之而来。我们知道得越多就越会发现我们的未知领域越不可穷尽。因此，我们所能做的，就是坚持不懈地探索，永远保持强烈的好奇心。寻求知识和探索奥秘对于我们人类来说是一件极有意义的事，也是一件极有趣味的事。正如伟大的科学家爱因斯坦所言："探索奥秘是人类最美妙的事情。"人类天生对未知事物充满幻想，并有探究揭秘的强烈愿望，那些或惊险刺激、或离奇玄妙的奇景异闻，都蕴涵着无穷的科学知识，强烈激发着人们的探求热望。

本书是一部立足世界、广收博采各门类奥秘知识的百科全书。它将大千世界最吸引人的奥秘汇辑成书，包括宇宙、海洋、地球、自然、生命、动物、植物、科技、医学、军事、建筑等方面的科学奥秘，涵盖面广，内容丰富。全书囊括宇宙万物之玄奥的科学原理，探究人体内部组织的精微与构造的奇妙，动植物鲜为人知的语言、情绪等类人行为，宇宙空间里奇怪现象所遵循的规律……本书从科学角度出发，以深入浅出的语言、神奇生动的图片将其中的奥妙娓娓道来，多角度地向读者展示神奇世界的无穷奥秘，引领读者进入一个生机勃勃、变幻无穷、具有无限魅力的科学世界，让读者在惊奇与感叹中完成一次次探索发现世界奥秘的神奇之旅，让种种扑朔迷离的疑云、掩盖的事实真相暴露于"光天化日"之下，让读者瞬间破解其中的奥秘，感受探索发现的无穷乐趣。

  本书注重知识和现代审美的有机结合，加上精美的装帧设计，新颖科学的版式，既增加了信息量，又使页面变得生动、活泼。本书全面、细致地阐释世界奥秘，数百幅精美图片立体解析科学奥秘的内涵，全力为读者打造一部含文字、图片等多种元素的全新阅读世界，充分满足读者的阅读需求和求知欲望。本书融知识性、趣味性、实用性为一体，是不可多得的理想读本、受益终生的知识宝库。

  科学技术将开拓新的文明，人类的创造力将揭露更多的"天机"，我们拥有一个意想不到的全新世界，科学的最新发现不断冲击着人类对世界的传统认知，激发人们积极思考、探究。探索世界奥秘，永无止境。

目录
Contents

宇宙奥秘

宇宙是大爆炸产生的吗 2
宇宙的边际在哪里 3
宇宙到底有几个 5
宇宙的中心在什么地方 6
银河系是如何被发现的 7
银河系究竟有多大 8
脉冲星的发现与中子星的奥秘 9
什么是黑洞 10
月球是撞出来的吗 12
月球是由什么构成的 13
月球上的陨石是否经过高温处理 ... 13
月球的背面是怎样的 14
月球正在脱离地球的吸引力而去吗 . 15
月球是外星人的宇宙站吗 16
太阳系是怎样起源的 17
太阳自旋吗 18
怎样测定太阳的温度 19

在太阳系之外，还有其他"太阳系"吗 .. 20
小行星会不会与地球相撞 21
木星上有生命吗 22
木星会将太阳取而代之吗 23
金星探奇 24
水星上有什么 25
探寻彗星活动的周期 27
陨石来自何处 29
恒星是恒定不动的吗 30
宇宙中存在外星生命吗 31

海洋奥秘

探秘美丽的海底"花园" 34
"海上坟地"马尾藻海 35
如何让海水变成淡水 36
潮汐是怎样形成的 38
如何让海洋潮汐造福人类 39
海洋为何会五光十色 40

红海是怎样形成的 41
骷髅海岸之谜 42
通向大海的四万个台阶 43
百慕大海底的"魔鬼"是谁 44
挪威海底为何成"公墓" 45
海上怪火之谜 46

海洋里到底有没有美人鱼..............47
"海底人"真的存在吗................48
神奇的南极威德尔海................49
海底的珊瑚还能活多久..............50
印尼科摩多岛的巨龙之谜............51
海豚为什么与人类如此亲近..........52

食人鲨鱼为什么会救人..............53
"魔鬼巨鳄"生存之谜................54
海龟长寿之谜......................55
海龟为什么要"自埋"................56
鲸鱼集体自杀之谜..................57

地球奥秘

地球是如何形成的..................60
地球内部的结构是怎样的............61
地球被陨石毁灭过吗................62
什么力量在驱使地球运动............63
地球的大小怎样测定................64
科学家是如何计算地球年龄的........66
地球存在"温室效应"吗..............67
如何保护臭氧层....................70
地球最危险的敌人是谁..............73
板块构造是怎么回事................74

大陆漂移之谜......................75
地震是怎样发生的..................76
地震为何多在夜间发生..............77
火山为什么会喷发..................78
火山爆发有规律吗..................79
恐龙足印与地质新发现..............81
地球上的煤是怎样形成的............82
地球上的岩石是怎样形成的..........83
地球上的石油是怎样形成的..........84

自然奥秘

青藏高原的"本来面目"..............86
探寻黄土高原的成因................87
撒哈拉沙漠曾经是绿洲吗............88
沙子为什么会唱歌..................89
探寻藻类对改造沙漠的作用..........90
沙漠为热带雨林"施肥"..............91
扑朔迷离的太湖成因................92
难识庐山真面目....................94
怎样有效避免沙尘暴................96
水存在着一种新的形态吗............97
"死水"怎样变成"活水"..............99
神奇的尼亚加拉大瀑布.............100

渤海古陆大平原可否再现...........101
溶洞形成之谜.....................102
诡秘幽灵岛.......................103
神奇的双层湖.....................105
日本龙三角揭秘...................106
中国神农架为何如此神秘...........107
沙漠中的"魔鬼城".................108
昆仑山"地狱之门"之谜.............109
美洲"黄泉大道"之谜...............110
能"报时"的澳大利亚怪石...........111
海市蜃楼是怎样产生的.............112
神秘莫测的间歇泉.................113

"厄尔尼诺"形成之谜............ 114
神奇的极光是怎样形成的........... 117
龙卷风为什么有如此神奇的威力..... 119
解开闪电之谜.................... 120
冰雹是怎样形成的................ 121
鱼龙化石中隐藏的信息............ 122

生命奥秘

地球生命来自何处................ 124
关于生命起源与演化的生物进化论... 126
生命是从火中诞生的吗............ 129
解开孪生子同步信息之谜.......... 130
男人为什么比女人容易患色盲...... 131
人体自燃之谜.................... 132
人体为什么会有"生物钟"......... 133
人体为什么会发电................ 134
人类细胞会不会衰老.............. 135
食物在胃中是怎样被消化的........ 136
破译人体血液循环之谜............ 138
为什么人类有不同的血型.......... 139
人类心脏具有自我修复能力吗...... 140
人脑记忆的奥秘.................. 141

人体变矮之谜.................... 142
人脑能不能"死而复生"........... 143
人体不腐之谜.................... 144
人体天线是怎么回事.............. 146
人为什么会感到疼痛.............. 147
怀孕的男孩...................... 148
具有透视功能的女孩.............. 149
"人体辉光"形成之谜............. 150
舍利子是怎样形成的.............. 151
经络、穴位是怎样发现的.......... 152
揭开人类长寿之谜................ 153
睡眠时也能学习吗................ 154
睡眠的奥秘...................... 155

动物奥秘

动物觅食智慧.................... 160
动物之间靠什么进行交流.......... 161
动物复活之谜.................... 163
有些动物的肢体为何能再生........ 164
动物鼓气的奥秘.................. 165
恐龙为什么会突然从地球上消失.... 166
世界上还有恐龙存在吗............ 167
恐龙与鸟类有血缘关系吗.......... 168

大象会给自己造墓吗.............. 169
狐狸为何会给同类开"追悼会"..... 170
难解的旅鼠投海自杀之谜.......... 171
骆驼不怕干旱的奥秘.............. 173
老马识途的奥秘.................. 174
母山羊单性繁殖之谜.............. 175
绵羊"多利"是怎样克隆出来的.... 176
候鸟迁飞之谜.................... 177

候鸟渡海之谜……………………178	蝉为什么要"引吭高歌"……………192
鸵鸟真的胆小吗……………………179	蝴蝶为什么要迁飞………………193
啄木鸟为何不得脑震荡……………180	探究萤火虫发光的内在机理………194
几维鸟为何能产下巨蛋……………181	蜘蛛结网的奥秘……………………196
群鸟为何"投火自尽"………………182	探究蜜蜂发声和螫人身亡的奥秘…197
企鹅为什么不会飞翔………………183	探寻海豹的定位技术………………198
信天翁为何袭击美军………………185	海豚的语言系统为何如此发达……199
长途飞行的鸽子为何不会迷路……187	鲸为什么要喷水……………………201
蝙蝠与夜蛾靠什么"斗法"…………188	鳄鱼为什么要吃石头………………202
昆虫在水中是怎样呼吸的…………189	希腊毒蛇"朝圣"之谜………………203
蚊子是怎样吸血的…………………190	青蛙大战之谜………………………204

植物奥秘

植物自我保护机制的成因…………206	现存最高的树………………………222
植物光合作用之谜…………………206	最令人疼痛的树……………………222
植物也能用语言交流吗……………208	最有希望的石油树…………………223
植物也有感情吗……………………209	不怕原子弹的树……………………223
食虫植物为什么喜欢"吃"虫………210	含酒最多的树………………………224
阿魏草和阿魏蘑菇的"神通"………212	吃人的树……………………………224
探寻植物在高原上生长奇特的奥秘…212	最能忍受紫外线照射的树…………225
步行仙人掌"步行"的奥秘…………213	孢子最多的植物……………………225
大树"自杀"之谜……………………214	性别可以转变的树…………………226
行踪不定的马尾藻…………………214	最大的树荫…………………………227
会预报地震的植物…………………215	永不落叶的安哥拉百岁兰…………227
最致命的种子………………………216	最大的种子…………………………228
最不值得信任的植物………………217	
"互通情报"的植物…………………217	
神奇的致幻植物……………………218	
最危险的陷阱………………………219	
最臭的植物…………………………219	
动作最快的植物……………………220	
长得最快的植物……………………220	
现存最古老的无性繁殖生物………221	
生长面积最大的植物………………221	

科技奥秘

毕达哥拉斯的数学思想源自中国吗 230
莱布尼茨发明二进制与《周易》有关吗 .. 230
古印度人制造宇宙飞船之谜 232
火箭是哪个国家发明的 233
美国"阿波罗号"到底登没登上过月球 .. 234
"蒙汗药"是什么药物制成的 235
转基因作物——福音还是灾星 236
爱因斯坦的"相对论"错了吗 237
人造卫星如何对付"摩擦" 238
"干冰"是冰吗 239
"水火相容"之谜 239
激光"百发百中"之谜 240
如何测定光速 241
"跟踪"电磁波 242
爱因斯坦"相对论"视域中的宇宙 244
地磁场能影响人体吗 245
金属为何有"记忆" 247
有没有比光子速度更快的粒子 248
钻石是怎样形成并被切割的 249
怎样把绝缘体变成半导体 250
元素到底能有多少种 252
怎样利用克隆技术克隆生物 254
木乃伊是怎样制成的 255
自动扶梯是怎样向上移动的 258
摩天大楼是怎样设计建造的 258
桥梁为什么能够转移压力 260
垃圾填埋场如何处理垃圾 262
怎样制造大屏幕电视 264
洗衣机为什么能又快又好地洗衣服 266
烘干机是怎样将衣物烘干的 267
为什么雷达测速仪能检查超速驾驶 269
雷达应用的原理是什么 269
即时通信是如何快速传送信息的 271
利用 IP 电话通话的原理是什么 273
为什么能通过远程输入来控制汽车 275
EAS 系统是怎样防盗报警的 276
为什么抛出去的溜溜球能够自动回到手中 ... 278
复印机是如何"克隆"文件的 280
如何让计算机更加聪明 282

医学奥秘

巴斯德征服狂犬病 284
巴斯德发现病菌 285
怎样制造人造血液 286
探寻夜盲症的病因 286
揭开王室"血友病"的秘密 287
列文虎克发现细菌 288
为什么有的细菌能耐高温 289
细菌带有磁性之谜 290
探究有益微生物群的神奇作用 291
青霉素是怎样被发现的 292
病毒克星干扰素 294
艾滋病病毒是人制造出来的吗 295
伦琴发现 X 射线 296
孟德尔发现遗传规律 297
解读遗传密码 299
麦奇尼可夫发现白血球 300
啤酒桶与叩诊法的起源 301
詹纳发明牛痘免疫法 302

急诊室怎样安排病人接受治疗........ 303
给大脑植入芯片................ 304
首例人类舌头移植.............. 306
脸部移植还遥远吗.............. 307
使用死者的手.................. 308
人造心脏是怎样延续生命的...... 310
干细胞移植.................... 312
克隆人类胚胎的争论............ 314

军事奥秘

舰船的梦魇——"飞鱼"导弹..... 318
均匀爆炸的炸弹——云雾弹...... 318
像乌贼一样喷雾的气幕弹........ 319
刀枪不入的坦克"铠甲"......... 320
让军服像变色龙一样变换颜色.... 321
喷水的乌贼与军用气垫船........ 322
探测非金属地雷的狗鼻子探雷器.. 323
蛙眼的秘密与电子蛙眼.......... 323
潜望镜对蟹眼功能的模仿........ 324
为什么间谍枪很难被发现........ 325
替代火箭发射的超级大炮........ 325
用地下核爆炸制造大地震........ 326
为什么激光枪能百发百中........ 327
如何打赢数字化战争............ 327
电击枪是如何用来自卫防身的.... 328
机关枪是如何发射子弹的........ 329
防弹衣是怎样做到防弹的........ 331
为什么核弹拥有毁灭性的破坏力.. 333
西班牙"无敌舰队"覆灭之谜.... 335
曹操赤壁战败之谜.............. 336
甲午战争中日军登陆之谜........ 337
横行欧洲的匈奴王阿提拉是军事天才吗.. 338
希特勒偷袭苏军的"巴巴罗萨"空战.. 339
"黄色计划"的神秘魔力........ 340
"东方马其诺防线"为何土崩瓦解.. 343
谁编制了神奇的"无敌密码".... 345

建筑奥秘

埃及的金字塔是怎样建造的...... 348
古埃及金字塔仅仅是法老的葬身之地吗.. 349
巴比伦空中花园................ 350
新巴比伦王国修建过通天塔没有.. 352
英国伦敦塔的神秘力量来自何处.. 353
重见天日的古罗马庞贝城........ 354
复活节岛上的神秘石像.......... 355
令人惊奇的土耳其地下城市...... 357
雄伟壮观的"太阳门"之谜...... 358
秦兵马俑之谜.................. 360
秦始皇为何将阿房宫取名"阿房".. 361
希巴姆土质摩天大楼不塌之谜.... 362
为何称西夏王陵为"东方金字塔".. 363
中国浙江省的太极星象村是怎样建成的.. 365
众说纷纭的明孝陵.............. 366
北京古城墙为何独缺一角........ 367

宇宙奥秘

宇宙是大爆炸产生的吗

宇宙的边际在哪里

宇宙到底有几个

宇宙的中心在什么地方

银河系是如何被发现的

银河系究竟有多大

脉冲星的发现与中子星的奥秘

……

宇宙是大爆炸产生的吗

人是怎么回事，人生活的地球又是怎么回事？地球或者宇宙，就是全部的存在吗？不管是不是全部，我们所知道的人和宇宙，又是从哪儿来的呢？是上帝创造了天地，还是盘古劈开了混沌世界，或是女娲"捏造"了人类？

根据美国天文学家埃德温·鲍威尔·哈勃在1929年所获得的发现，人们知道，宇宙中的其他各个星系在加速远离我们，也就是说，距离越远的星系离开我们的速度越快。这个发现揭示了宇宙膨胀的事实，它后来被命名为"哈勃定理"。

1946年，美国的伽莫夫提出了后来曾成为天文学界主导看法的"大爆炸"理论。在大爆炸理论的假设中，宇宙诞生于一片虚无。当时，没有空间、时间，也没有能量、物质。大约100亿年前，一个质量和密度无限大，而体积无限小的点爆炸了，它炸出了具有时间、空间和物质的宇宙。星系、太阳、地球、水、空气和生命等就伴随着这个不断膨胀的时空逐渐形成。

为了确定哈勃常数，人们建造了以"哈勃"命名的太空望远镜，哈勃常数就是以"哈勃"命名的宇宙膨胀率，许多年来它已成为整个宇宙中最为重要的数字。

根据哈勃本人测得的值来推算，宇宙的年龄居然要小于地球的年龄！这一推算中宇宙约为20亿岁，而地球则有40亿岁的年纪，这显然不可能。

科学家们还在围绕哈勃常数而展开喋喋不休的争论，但他们却能更确切地完成某些星体年龄的测定。目前已能确定银河系中一些最古老的星系的年龄约为160亿岁。这说明大爆炸最迟发生在160亿年以前，但是，根据最近用哈勃望远镜观测到的结果分析，宇宙的年龄应该是120亿岁左右。

这就是说，有的星系先于其存在于其中的宇宙而产生。

如果不是测算失误，只有一种解释：宇宙不是从爆炸开始！

宇宙的"年轻"再度让人们陷入疑惑不解之中。

1999年9月，印度著名天文学家纳尔利卡尔等人向大爆炸理论提出挑战，提出了一种新的宇宙起源理论。

这个由纳尔利卡尔和另外

发生大爆炸最早可能在150亿年前
发生大爆炸最有可能在130亿年前
发生大爆炸最晚可能在110亿年前
高温幼年的宇宙
幼年星系挤压在一起

引力作用把星系团连在一起
现在的宇宙

天文学家推测的宇宙诞生理论示意图

3名科学家共同提出的新概念被他们自己定名为"亚稳状态宇宙论"。

他们认为，宇宙不是一次大爆炸，而是由若干次小规模的爆炸形成的。根据这个新理论，宇宙在最初的时候是一个巨大的能量库，而不是一个奇点，即大爆炸理论所描述的没有时间、没有空间的起点。在这个被称为"创物场"的能量场中，不断发生的爆炸使宇宙的雏形逐渐形成。此后，小规模的爆炸又接连发生，使得局部空间发生膨胀。整个宇宙范围的膨胀就是由这些时快时慢的局部膨胀综合形成。

看起来，人类并非神的宠儿，这个宇宙也不是上帝送给人类的礼物，它或许只是开始于一场混乱，而至今它的开端问题在人们的头脑中还只是一阵混乱。

宇宙的边际在哪里

如果说宇宙是人类拥有的一份财产，那么，这份财产究竟有多大？人类至今没有弄清楚自己的富裕程度。

爱因斯坦的广义相对论发表于1917年，他提出了一个建立在广义相对论基础上的宇宙模型。这个模型给人们的观念带来一次剧烈的震撼。在这个模型中，宇宙的三维空间独立于时间的影响之外，是有限无边的。

一个长方形的桌面，其长宽一定，则其大小是有限的。同时它是有边的，所以桌面是有限有边的二维空间。而桌面向四面八方无限伸展而成的欧氏几何平面，则是无限无边的二维空间。

如果是一个半径为r的篮球的表面，球面大小是有限的。但是，这是一个无边的二维球面。

依据宇宙学原理，三维空间在宇观尺度上是均匀各向同性的。爱因斯坦认为，这样的三维空间其曲率必为常数，也就是说空间各点的弯曲程度应该相同。四维时空由于物质的存在而应该是弯曲的。三维空间也应是弯的而不应是平的。爱因斯坦认为宇宙很可能是三维超球面。三维超球面是二维球面的一种推广，是有限无边的，生活在其中的三维生物（例如人类就是有长、宽、高的三维生物），在任何方向上都不可能找到它的边。

三维空间的均匀各向同性在时间上是保持不变的。爱因斯坦觉得最简单的情况就是宇宙不随时间而变化，也即静态宇宙。

爱因斯坦试图在静态宇宙的假想模型中求解广义相对论的场方程。场方程非常复杂，而且其求解必须先知道初始条件（宇宙最初的情况）和边界条件（宇宙边缘处的情况）。爱因斯坦非常聪明，他设想宇宙是有限无边的，这就解决了边界条件的问题。他又设想宇宙是静态的，现在和过去都一样，初始条件的问题也同样被排除。再考虑到三维空间均匀各向同性所规定的对称性，场方程就变得好解多了，但还是得不出结果。爱因斯坦苦苦思索，终于明白了求不出解的原因：广义相对论是万有引力定律在高速状态下的推广，其中只包含"吸引效应"，不包含"排斥效应"。而一个宇宙必须要排斥效应与吸引效应相平衡才能维持其恒定不变。这意味着只用广义相对论场方程不可能得出"静态"宇宙，除非修改场方程。于是他的方程中增加了一个"排斥项"，叫作宇宙项。爱因斯坦终于通过这个方程得出了一个静态的、均匀各向同性的、有限无边的宇宙模型。

无疑，如果宇宙满足宇宙学原理（三维空间均匀各向同性），那它肯定是无边的。但是，其有限性却存在三种可能。

一个三维空间的曲率为正的宇宙是有限无边的。不过，这是一个动态的宇宙，它不可能静止，而是随时间而不断脉动。这个宇宙爆炸、膨胀的起点是空间体积无限小的奇点。膨胀使得宇宙的温度逐渐降低，物质密度、空间曲率和时空曲率都逐渐减小。宇宙将在体积膨胀到一个最大值后开始收缩。收缩后整个宇宙又会成为一个新奇点。而这个宇宙在到达新奇点之后将开始一次新的膨胀。显然，这个宇宙是脉动的、有限无边的。

而宇宙如果是一个曲率为零的三维空间，也就是说，三维空间是平直的（宇宙中有物质存在，四维时空是弯曲的），则它一开始就具有无限大的三维体积，在初始时，这个无限大的三维体积是奇异的（即"无穷大"的奇点）。爆炸使整个"奇点"开始膨胀，其时空不再奇异，而其温度、密度和时空曲率都逐渐降低。这个过程将永不停止。显然，这种宇宙是无限无边的。

如果三维空间曲率为负，初始的宇宙就有无穷大的、奇异的三维体积，即三维"无穷大"奇点。大爆炸在整个"奇点"上发生，爆炸后使无限大的三维体积永远膨胀下去，而温度、密度和曲率都逐渐降下来。显然，这个宇宙也是无限无边的。

宇宙的有限性可经由观测宇宙中物质的平均密度来判定。此外，减速因子也可作为一个判断的依据。河外星系的红移，表明宇宙是在减加速膨胀，也就是说，河外星系远离我们的加速度在不断减小。从减加速度的快慢，也可以判定宇宙的类型。

我们似乎可以根据这两个论据来确定我们的宇宙究竟是哪一种了。对物质密度的观测结果说明，这是一个永远膨胀、无限无边的宇宙！减速因子观测却给我们当头一棒：我们的宇宙是膨胀—收缩—膨胀地运动着的，是有限无边的。有些人更认可减速因子的观测，推测宇宙中可能有某些暗物质被忽略了。另一些人的看法则刚好相反。今天，我们只能肯定宇宙无边，而且现在正在膨胀，而不能肯定它是否无限。当然，我们也知道爆炸发生在100亿～200亿年以前，那就是我们的宇宙"创

宇宙的微小部分，约由30个星系构成的星系团

银河系由1000亿个恒星组成，太阳只是其中一颗

太阳系由太阳连同它的八大行星共同组成

地球是生命体存在的家园

渺无边际的宇宙

世"的时间。

非常可惜,我们都不够大,不能看到宇宙的边(如果存在);我们的生命也不够长久,让我们无法欣赏到宇宙之初那一场壮观的爆炸。但是,如果我们更大,更长久,我们是否又要为一个更大的宇宙而烦恼?

宇宙到底有几个

一次大爆炸已经使我们很迷糊了,有一些科学家还要给我们宇宙的诞生"增加"一次大震荡,并且给我们的宇宙找到了一位"孪生兄弟",使它免于孤独。

英国剑桥大学和美国太空望远镜协会的科学家有了一种宇宙形成的新理论,他们正在努力完善这种理论。这一理论认为,大爆炸是发生在另外一次大震荡之后,这就是说,可能还有一个看不见的宇宙与现有的宇宙共存。

在"五维空间"中,我们的宇宙和另外一个"隐藏"的宇宙一直共存,这个关于宇宙起源的新学说让人们吃惊不小。这一理论立刻引起了宇宙学家的普遍关注。

由美国普林斯顿大学的保尔·斯坦哈特教授提出的这一理论被称为"M论",它主要研究宇宙大爆炸发生前的事件和时间。在该理论所提供的模型中,宇宙共有十一维空间,其中六维因绕成微小丝状而可忽略不计。宇宙在大爆炸之前的"和平年代"里是由两个四维平面构成的,其中一个平面是我们今天的宇宙,另外一个是"隐藏"的宇宙。这一"隐藏"宇宙随机波动,渐渐发生形变并接近我们的宇宙。它"溅"入我们的宇宙时,撞击引起了大爆炸,那些能量在大爆炸中转化为现在宇宙的物质和能量。我们的宇宙和一个"隐藏"的宇宙共同"镶嵌"在"五维空间"中。我们的宇宙早期发生的大爆炸,是源自这两个宇宙发生的一次相撞事故,我们宇宙中的物质和能量就来自相撞产生的能量。

中国科学院北京天文台原台长李启斌教授的看法是,这一学说将开创一个宇宙起源研究的新局面。在物质世界各种规律中,宇宙的起源起着决定性和纲领性的作用。在越来越多的实际天文观察证据的支持下,"宇宙大爆炸"这一种关于宇宙起源的理论如今已被科学界普遍接受。

李教授说,由于多年来不断发现的实际天文观察证据的支持,"宇宙大爆炸"学说如今已被科学界普遍接受。这一理论与所观测到的大爆炸发生1秒之后的宇宙膨胀历史都符合,但是如果追溯到150亿年之前宇宙年龄为10^{-35}秒的时候,当时宇宙尺寸只有直径3毫米。在如此致密的环境中,连光线每秒也只能行进大约10^{-25}厘米。因此人类无法弄清楚这一时间段内宇宙究竟发生了什么。

新理论不仅首次解释了这一问题,而且开创性地运用了物理学的新理论"超弦"。此前"宇宙大爆炸"理论运用的是爱因斯坦的广义相对论。李教授说,在他给中小学生做报告的时候,对宇宙的起源问题的提问,仅次于"外星人"。这一难题的最终破解不仅是科学界的一件大事,也是一个很大的哲学新发现。

人们相信这一理论能解释宇宙为什么膨胀及如何膨胀等有关宇宙的重要细

节，其研究结果将可能告诉人们150亿年前大爆炸发生前宇宙是什么样的。目前，这一仍处于研究阶段的理论已引起了天文学家的广泛关注。

如果我们真的探明宇宙有"孪生兄弟"，我们又将踏上为这对双胞胎寻找更多兄弟姐妹及其父母的征程，这一工作将有待来者。

宇宙的中心在什么地方

人们总习惯于寻找中心：政治中心、经济中心、游乐中心等。古人以为地球是宇宙的中心，而人类是地球的中心，但后来我们失望地发现一切并非如此。那么，宇宙有中心吗？如果有，它在哪儿？

太阳系中所有的行星都绕着它们的中心——太阳旋转。连那么庞大的银河也有中心，它让周围所有的恒星也都绕着它来旋转。

这么说来，我们的宇宙也应该存

表现哥白尼《天体运行论》理论的图绘

在这样的中心，但是实际上它并不存在。因为宇宙的膨胀是发生在四维空间内，而不是我们通常所能理解的三维空间内，它不仅包括普通三维空间（长度、宽度和高度），还包括第四维——时间。四维空间的膨胀很难用三维思维来描述，但是我们也许可以通过观察并用气球的膨胀来解释它。

假设宇宙是一个正在膨胀的气球，而星系是气球表面上的点。我们还必须假设星系只能沿着表面移动而不能进入气球内部或内外运动。也就是说，我们把自己描述为一个生活在气球表面的二维空间的人。

气球的表面不断地向外膨胀，也就是说宇宙不断膨胀，则表面上的每个点彼此离得越来越远。站在任何一点上的人将会看到其他所有的点都在退行，而且离得越远的点退行速度越快。

这时，我们会发现气球表面上的点上开始退行的地方已经不在气球表面上的二维空间内了。可以看出，气球的膨胀实际上是从内部的中心开始的一种在三维空间内的事件，而我们是用二维思维来思考，所以我们不可能探测到三维空间内的事物。

在现实中，宇宙膨胀不是在三维空间内开始的，而我们生活在三维空间中。宇宙是在过去的某个时间，即亿万年以前，在当时的一个四维空间的点开始膨胀，虽然我们可以获得有关的信息，但我们却无法回到那个时候，无法探明那一点在四维空间中的位置。

宇宙真的没有中心？但是，这样的宇宙是不是会显得杂乱无章？也许它在我们所不能理解的四维或五维空间上是有中心，而且井然有序。

银河系是如何被发现的

在古希腊、古罗马的神话故事里解释了银河的起源：万神的主宰宙斯，即大神朱庇特像一个民间风流的帝王，他和一位凡间女子生了一个名为赫拉克勒斯的儿子。为了让儿子健康成长，朱比特把私生儿悄悄送到熟睡的妻子朱诺身旁，因为朱诺拥有无边的神力，据说吃了她的奶水，孩子的身体就会非常健壮。赫拉克勒斯刚刚吸吮了几口奶水，朱诺就被惊醒了，身体一时失去平衡，乳汁喷射而出，洒向太空，就形成了茫茫银河。

后来，人们知道了银河其实是无数颗星星组成的光带。那么银河系又是怎样被发现的呢？银河系是由天王星的发现者赫歇尔通过数星星数出的一个伟大发现。

英国天文学家威廉·赫歇尔是一位业余天文学爱好者。他一生最大的愿望，就是弄明白"宇宙的结构"。为了能数清星星的数目，他热情而又认真地投入了观测。

赫歇尔观测了 1086 次，共数出 117600 颗恒星。在数星星的过程中，他发现愈是靠近银河的地方，恒星分布就愈密集，在银河平面方向上恒星数达到最大值，而恒星数目在银河垂直方向上最少。由此赫歇尔提出，银河系是"透镜"或"铁饼"状的庞大天体系统，由恒星连同银河一起构成。其直径与厚度比在 5∶1 左右。

赫歇尔设想，太阳大约位于银河中心的地方。地球人朝银河系的直径方向看去，可以看到一些流星以及许多较远、较暗的星星，当人们用肉眼看银河时，只能看到白茫茫的光带，像是天上的河流。如果地球人向银河系的平面垂直方向看，恒星就显得很稀薄，而人们的肉眼只能看到比较近的、很亮的恒星。

随着科技的发展，人们逐渐发现：银河系薄薄的中间凸起的银盘中分布了多数物质，它们主要是恒星，也有部分气体和尘埃。银盘的中心平面称为"银道面"，银盘中心凸起的部分称为银河系的"核球"，核球呈椭圆形，其中心很小的致密区叫"银核"。分布在银盘外面的是一个范围广大、近似球状的系统，叫作"银晕"。相对于银盘来说，银晕中的物质密度低得多，外面还有银晕，其物质密度更低，大致呈球形。

从银盘上面俯视的银河系颇似旋涡，银河系核球就是旋涡的中心，它向外伸展出几条旋臂，它们是银盘内年轻恒星、气体和尘埃集中的地方，也是一些气体尘埃凝聚形成年轻恒星的地方。迄今为止，已经发现英仙臂、猎户臂、人马臂等存在于银河系中。太阳就在猎户臂的内侧。一般说来，旋臂内的物质密度比旋臂大约高出 10 倍。恒星约占旋臂内的一半质量，气体和尘埃占另一半。

除了自转外，太阳还携带着太阳系天体以每秒约 250 千米的速度围绕着银心公转，轨道半径约 3 万光年，公转一周约 26 亿年之久。银河系也存在自转，它的旋臂也是绕着银河系的中心旋转。通过观测，人们发现银河系整体朝着麒麟座方向运动着，速度达每秒 214 千米。

假如从银河系外很远的地方观察太阳，并将它与别的恒星相比较，会发现，太阳在千亿颗繁星中一点儿也不突出，只是一颗大小中等，亮度一般的恒星。从侧面观察银河系像是一个凸透镜状的，直径很大的圆盘。光线从它的一侧走到另一侧，需要 8 万～10 万年。

人类对银河系的轮廓、结构、运行等方面的发现，是认识宇宙的又一次飞跃。

银河系究竟有多大

银河系究竟有多大？这个问题一直困惑着人类，根据现代的科学研究表明，银河系主要由银盘（包括旋臂）、核球、银晕，以及外围的银冕等部分构成。

银河系的主体为银盘，它的外形呈扁盘状，银河系内的大多数星云和恒星都集中在这个扁盘内，银盘的直径大约达到 8 万光年，中间部分较厚，厚度约 6000 多光年，周围渐渐变薄，到太阳系附近便只剩一半厚度了。由于巨大的银河系本身也要进行自转，所以银盘中的亿万颗星球环绕银河系中心做着旋转运动，四条旋臂从银盘中心向外弯曲伸展出来，看上去就像旋涡。这里所说的旋臂实际上是恒星、尘埃和星际气体的集中区域，但这集聚着物质的旋臂并不是固定不变的，恒星一直在旋臂上进进出出，只是它们能够在运动中基本做到"收支平衡"，所以，旋臂的形状看上去始终保持不变。

银河系的中央部分是一个核球，核球内密集着恒星，核球的直径在 1.2 万～1.5 万光年，略呈椭圆形。由于大量的星云和气体尘埃阻挡住了观测的视线，因而科学家们对核球方向的天文观测十分困难，所以，人们至今对它的了解还比较少，但确信无疑的是，核球内的恒星分布是十分密集的。

银晕是在银盘外围的一个巨大包层，由稀疏的恒星和星际介质组成。它的体积至少要比银盘大 50 多倍，但质量却只占银河系的 1/10，由此可见其物质密度非常稀薄。事实上，除了那些极其稀薄的星际气体

银河系

银河系是一个旋涡星系，直径 10 万光年，但只有 2000 光年厚。它的生命从数十亿年前开始，那时它是一个巨大的圆形的气体云，正在它自身引力的作用下塌陷。它的自转使它变得扁平，形成现在的形状。

外，球状星团是银晕中的主要物质。

直到 20 世纪 70 年代中期科学家们才发现了银冕，银冕处于银河系的最外围，它的范围可远及 50 多万光年以外，比银河系的主体部分还要大。但银冕内基本上没有恒星，由极稀薄的气体组成了整个银冕，所以很难准确地测出银冕的真正范围。

脉冲星的发现与中子星的奥秘

宇宙之大，无奇不有：有恒星、行星，还有会发射脉冲电波的星星。它们是如何被发现的？又有什么奇特之处呢？

由于大气不均匀起伏，当星光通过地球大气时，导致恒星的光看起来一闪一闪的，这称为"行星际闪烁"。充满行星际空间的太阳风引起了宇宙射电源的闪烁现象。天文学家通过射电望远镜发现的宇宙射电源，称为"射电源"，其波长从 1 毫米到 30 米，它是电磁辐射异常强的局部区域。

1967 年春天，英国剑桥大学卡文迪许实验室为了进一步研究宇宙射电源，他们设计建造了一种新型的时间分辨率很高的射电望远镜，为了保证仪器的正常运转，天文台决定开展人工分析工作，英国天文学家休伊什教授的研究生乔丝琳·贝尔小姐接受了这一任务。

在观测时他们发现：每到子夜时，一个神秘的射电源便会发生闪烁，同时自动化记录笔绘出了一连串间隔都是 1.337 秒的脉冲曲线，这个神秘的射电源发出的无线电脉冲波长是 3.7 米。

到 1968 年 1 月，发出这种波长 3.7 米的脉冲的射电源已发现了 4 个。根据观测到的宽 16 毫米的脉冲，可以断定天体的发射区尺度限定在 3000 千米以内。后来的精密测量表明，的确是由于该天体自转而发出的脉冲信号。

1968 年 2 月，休伊什教授观测到的来自天体的周期性脉冲射电辐射，其周期短而且精确，仅为 1.3373011 秒。这一天体被天文学家形象地命名为"脉冲星"。

脉冲星的直径只有十几千米，它绕轴自转一周的时间只需三四秒钟甚至更短。它的磁场高达 1 万亿高斯以上，而地球磁极的磁场强度仅约 0.7 高斯！脉冲星的电子以无线电波的形式从它的两个磁极逃逸出来，并带出能量。高速自转时，脉冲星发出的无线电波束会很有规律地到达地球。

不久，射电天文学家在蟹状星云中发现了一颗脉冲星，它能在可见光的范围内发出辐射，它的脉动特别快。这颗脉冲星以前被认为不过是一颗普通的恒星，随着观测仪器精确度的提高，有人发现它每秒钟会闪烁 30 次，而且光的闪烁正好和射电辐射的时间相一致。

然而，脉冲星到底是一种什么样的天体呢？它是否一会儿膨胀，一会儿收缩呢？它收缩时是否发射出能量呢？一个天体如果不是一直发射能量，而是周期间歇性的，那么，在不发射能量的时候，它一定正在发生某种物理现象。它也许正绕着自己的轴或围绕着另一个天体运转，并且每绕转一周，就发射出一股能量。

脉冲星

脉冲星是有着强磁场的旋转着的中子星，它们发出有规律的射电脉冲。最快的脉冲星发出的脉冲为642次／秒，而最慢的脉冲为每5.1秒／次。多数脉冲星位于我们银河系，但也有很多在球状星团中被发现。

早在1934年，德国著名天文学家巴德和兹维基就在一篇论文上指出，超新星现象实际上是星体的一种粉碎性爆炸，这种爆炸包括两个方面：一方面大量的外部物质抛射向太空，另一方面星体的中央部分则坍缩，变为一颗恒星，因为它是由排列紧密的中子构成的，所以称为"中子星"。

科学家推测，在引力的作用下，恒星可以坍缩到非常致密的程度，恒星里的所有原子核在高度挤压下，不得不紧挨在一起。电子和质子在这种挤压的作用下会相互作用而形成中子。因为中子的质量最大，所以这样的"中子星"可能直径只有十几千米，但质量却有太阳那样大。

脉冲星被发现后，中子星又引起了广泛的注意。科学家们分析认为，只有白矮星或中子星能发出如此快速的脉冲信号。这样小的天体应当会飞快地自转，否则就不会产生上述的脉冲现象。而且，在这样的天体上，表面的某些点能使其中的电子通过。这样，当中子星高速自转时，电子就会从这些点逃逸出来，像一个旋转喷头喷出的水那样喷射出来从而产生射电脉冲波，或者它每旋转一周，就会朝地球的方向喷射出一些电子，同时会逐渐失去能量。

至此，人们终于明白，天文学家曾经担心永远无法探测到的中子星就是脉冲星！

什么是黑洞

"黑洞"，又称"坟星"，是天文学名词。按照现代恒星演化理论，当一颗大质量的恒星在核燃烧的燃料耗尽时，逐渐转入收缩（超新星爆发之后恒星就会急剧收缩），当恒星迅速收缩时，物体快速向中心坠落。随着星体收缩，星体本身的引力会变得越来越强。据测算，从1.5倍引力半径开始收缩算起，星体百分之一秒后就完全消失了，最终变成一个连光线也无法逃逸的黑洞。这是因为它那极其强大的引力场所致。不仅如此，黑洞强大的引力场还能完全摧毁其内部的一切物体，故黑洞内部不存在任何物质，这在科学界被戏称为"黑洞无毛定理"。正因为如此，人们将它戏称为宇宙中"最自私"的天体。

天文学家经过研究，认为宇宙中的黑洞具有不同的质量和大小。如果从半径70万千米的太阳表面发射一艘宇宙飞船，它要想彻底"逃离"太阳的引力，其发射的初速至少要达到每秒618千米。如果太阳不断地收缩，它的物质密度会随之变得越来越大，其半径则不断变小。这时，太阳表面有越来越强的引力场，其逃逸速度也必须变得越来越快。倘若太阳缩成一个半径仅为 3 千米的球体，随着引力强度增大，其逃逸速度就会达到甚至超过每秒 30 万千米的光速。这样，太阳也就变成了一个黑洞，连光也无法从其中逃离。

此外，"黑洞"还有一个基本特征，那就是它具有一个封闭的"视界"。外界的物质和辐射可以进入视界，而这些物质和辐射一旦进入视界，就再也无法跑出来。著名物理学家英国剑桥大学的霍金提出：黑洞在形成之初，其视界的形状既不稳定，又不规则，零点几秒过后，视界就成为一种恒定不变的规则形状。如果黑洞是不旋转的球对称形，则视面为球面；若是旋转轴对称形，则视面的两极较扁，形似地球，黑洞的角动量和质量决定其扁的程度。科学家指出，角动量、质量和电荷这三个量可用来描述"黑洞"的所有性质。

虽然科学家们无法直接观测到黑洞，但他们根据自己对"黑洞"的理论分析，都可以通过其附近天体的运动变化，推测前者是否有存在的可能。另外，当物质在接近而尚未抵达黑洞的视界时，它们会形似喇叭状或盘状，在黑洞外围高速旋转，并因摩擦而产生高温，会有强大的高能 X 射线从其中释放出来。所以，人类可以通过探测 X 射线来获得黑洞存在的重要线索。在一次探测实验中，有一种奇特的强 X 射线源被天文学家在天鹅座附近发现，后来这种射线源被命名为"天鹅 X-1 射线源"。一颗大小是太阳 20 倍的亮星与之彼此围绕着旋转，所以由此可估计这个黑洞的质量要比太阳大 8 倍。另外，一个名叫 M87 的椭圆星系也被科学家观测到，其附近很有可能有一个更加巨大的黑洞，质量大约是太阳的 90 亿倍。"黑洞"很有可能存在于宇宙中的关键天体，这种观点得到了许多天文学家的认同。一些天文学家推断，在我们的银河系中存在一个质量相当于 500 万个太阳质量的巨大"黑洞"，引力足以吸引成千上万颗恒星，这些在银河系周围飞速旋转的恒星和气体，形成一个庞大的整体，从而构成了浩瀚无边的银河系。

因此弄清宇宙的结构、天体的起源等一系列大问题，对深入研究"黑洞"非常有必要。

虽然，神秘莫测的"黑洞"对人类至今仍然是一个难解之谜，但是，随着科学技术的进步，人类终将在不久的将来解开这一宇宙之谜。

黑洞的构造

所有的黑洞基本结构相同，中心的奇点部分被一个不可见的边界围着，我们称它为"视界"，没有东西可以从里面逃出来。视界的大小用史瓦西半径表示，它的名字得自于一个认识到它重要性的物理学家。旋转的黑洞就更复杂了。

月球是撞出来的吗

月球是地球的卫星，紧紧地围绕着地球而旋转，但月球到底是怎样形成的呢？科学家们提出了许多假说。目前，有关月球形成的最重要的学说认为，大约是 46 亿年前，一颗大小与火星相似的星体强烈划过并碰撞地球形成了月球。当时因碰撞形成的大量熔岩碎片和尘埃被撞落在地球周围轨道之内，长时间的相互碰撞和聚集后形成了今天的月亮。

阿波罗登月计划的发现有力地支持了这种碰撞学说。宇航员们从月球上采集了大量的土壤标本，这些土壤标本里所含有的矿物质和地球上的非常相近，因此科学家们确信，地球和月亮有着共同的起源。

通过对美国阿波罗号宇宙飞船从月球带回的岩石进行了大量的研究后，瑞士联邦科技研究所的科学家发现的最新证据表明，月球和地球曾经真的相撞过。

目前，科学界还有一种月亮生成的理论。此种理论认为，月亮在最早的时候和火星一样大，科学家叫它为 Theia，大约在太阳系形成 5000 万年后，即地球生成的早期，此星球与地球剧烈相撞，并撞击出大堆大堆的熔岩，今天的月球即由其中某些熔岩聚集而形成的。

此外，瑞士科学家们这次还发现，月球岩石里面氧气的同位素含量和地球的完全一致。另外，科学家通过计算机进行碰撞模拟试验，试验显示月球主要构成物质来源于 Theia 星球的材料。

为此，瑞士的科学家们断定，月亮和地球同位素的含量既然是一致的，这足以证明 Theia 曾经同地球发生过碰撞。

一个新的计算机仿真模型，为月球起源的大冲撞假说提供了新的证据。

大冲撞假说认为月球是地球与一个路过它附近的天体相互撞击而产生的，月球的某些特征能用此理论来解释。但在此之前建立的大冲撞模型认为，当初的相撞过程必须具备一些条件才能形成现在的月球，比如相撞的天体体积要非常大、发生撞击的次数要足够多；或者是地球还处于体积比现在小得多的早期状态等。由于这些条件过于严格，难以达到，因此大冲撞假说也一直受到科学界的挑战。

在一期英国《自然》杂志上，美国科罗拉多州西南研究所的罗宾·卡内普及其合作者说，在研究中他们把地球和与之相撞的天体划分为两万多个部分，分析相撞时产生的各种现象如各部分之间的压力、引力等相互作用以及温度升高，然后用计算机模拟不同初始速度和角度下的相撞过程并生成三维图像。结果显示，尺寸类似于今天的地球与一个火星大小的天体斜斜地相撞，足可以形成现在的月球。也就是说，相撞所需的初始条件并不像旧模型认为的那样苛刻，月球很有可能通过大冲撞而产生。

现在还没有哪一个假说能完满地解释月球到底来自何方，天文学界对此也没有确切的解释。也许随着科学技术的发展，有关月球的来源能得到明确的解释。

月球是由什么构成的

月球距离我们约 40 万千米，在太阳系中的八大行星中，都有围绕它们自己旋转的卫星，就像我们地球一样。有的还不止一个卫星，比如土星已知的卫星至少有 18 个。

科学家们曾认为月球是一块被地球抛离的巨大岩石，遗留下的那个大坑则被现在的太平洋所填满，这个观点显然是不正确的。现在的看法是月球可能是由旋转的气体吸聚而成的一个独特迷你行星，然后它受地球引力的吸引，从而被捕获成为地球的卫星。

登月宇航员的研究实验揭开了月球的神秘面纱

在人类使用机器人登陆，并且最终在 1969 年登陆月球之前，我们一直不能确定月球的成分。被带回的月球样本显示它的表面是一种火山岩，和地球上很多火山岩石相似。地球上的玄武岩成形于火山爆发时喷入空气或海洋中的岩浆。这些滚烫的石头（最初有几千摄氏度）冷却得非常快，形成了一种带着小结晶的黯黑岩石。

玄武岩主要由 4 种成分组成——硅、铁、铝和镁。硅是地球最丰富的元素，并且主要见于许多岩石之中。海滩上的沙子的主要成分也是硅。另外，铁、铝、镁也都是常见的金属。

月球内部分为月壳、月幔、月核。但是月球比地球冷得多，而且月幔不再是熔融的，所以在月球上没有活火山。然而，那里偶尔会发生"地震"，更确切的说法是"月震"。

月球上的陨石是否经过高温处理

"阿波罗"飞船宇航员登陆月球，从此开始撩开了月球神秘面纱的一角。宇航员们从月球上带回了月面静海的岩石标本，他们研究后确信从静海采集的岩石标本由熔岩凝固而成，其成分为高强度的耐高温的钛类成分。而必须要在超高温——至少需要 4000℃以上的高温下才能熔解这些金属合金岩石，否则很难。但月球又是个小小的冰冷世界，如何解释这对矛盾呢？一位享誉科学界的地球物理学家罗斯·迪勒博士分析说："很难想象出，在如此高的温度下将钛加热到使其熔化，并覆盖大小与得克萨斯州差不多大的月海。而且目前还没有人能推测出月球曾经比地球的温度还要高。"

有些科学家认为月球异乎寻常的高温是由其表面火山的自然活动而造成的。而另一些科学家认为，这种极高的温度是由宇宙间的大型陨石、小行星或者彗星对月球表面进行连续不断的撞击而形成的。其中,英国曼彻斯特大学天文学系的斯德纳克·柯帕尔就是持此类看法的科学家之一。

1972年5月13日,一个巨大的陨石与月面相撞,其产生的效果仿佛一下子炸响了200吨TNT炸药。美国航空航天局的地震学家莱萨姆感触颇深地说:"真是奇迹啊!居然能碰上如此大的陨石!"

借着上天赐予的这次绝好的机会,以莱萨姆博士为首的美国航空航天局的科学家们对月球外壳厚度进行了一次测量。数据显示,月球外壳的厚度至少在30英里以上,这个结果对美国航空航天局的科学家来说,简直令他们目瞪口呆,莱萨姆说:"月球外壳的厚度是地球上所有大陆的平均厚度的两倍以上。"

这次巨大陨石撞击月面后,一些科学家对有关资料进行研究后得出结论说,类似火山活动那样高的温度在月球上根本不会形成。

假如你曾在电视中看到过那次史诗般的月球探险的活动,你一定能够记得宇航员们焦急地用电钻钻探月面的情形,而休斯敦飞行控制中心的科学家们对月面的坚硬程度大感吃惊和意外的情形相信你一定还记忆犹新。当时使用的电钻,是用人工合成的"黑金刚"做的钻头,以"黑金刚"的硬度几乎没有它打不穿的物质,但是,尽管宇航员们费尽全力向月面下钻进,打入月面的深度只能达到2~3英尺。

月面的硬度给人们留下了深刻的印象。这种印象,与人们通常看到的火山熔岩简直有着天壤之别。

为什么月壳如此厚实而坚硬呢?又是如何进行高温"处理"的呢?实际上月球的直径只有地球直径的1/4,以它的体积是不可能产生如此高的温度的。一个无法解答的难题横在我们的面前。就算月球表面的高温自有产生的原因(这种原因目前我们还不了解),那么对地球和月球外壳厚度如此悬殊这一问题,现代科学会怎么解释呢?科学家们对此一筹莫展,期待能发现更多的证据来揭开这个秘密。

月球的背面是怎样的

在地球引力影响下月球做旋转运动时,其自转和公转周期是相同的。也就是说,地球上的人似乎永远只看见月球的半个球面。

月球的背面因为始终背朝着地球,人们没法瞧见,千百年来,它像个猜不透的谜一样笼罩在人们的心头。人们对它的解释也是各持己见,无一定论。有人说,月球背面的重力可能要大于其正面的重力,也许还存在空气和水。有人预言说,可以断定有一片环形山在月球背面,既广阔,又明亮。也有人说,地球南半球海洋多,北半球大陆多。月球上的情形可能也类似于地球:月球正面的中央部分为最高地,月球背面的中央部分是一片"大海",实际上是一片暗色的平原。

1959年1月2日,苏联发射的"月球1号",在1月4日飞抵距离月亮6000千米的上空,拍摄了一些照片传到地球。1959年10月4日,苏联又发射了"月球3号"自动行星际站。10月6日它开始进入环绕月球的轨道飞行,7日6时30分,它转到距离月亮背面大约7000米的高空。而当时人们在地球上看到的是"新月"。月球背面正是受太阳照射的白天，刚好适合拍照。当行星际站在月亮和太阳之间运行的时候，在40分钟内拍摄到了许多不同比例的月球背面图，然后再进行显影、定影等的自动处理，把资料用电视传真发回地球。这批月亮背面的照片是人类有史以来第一次拍到。从此，科学界终于揭开了这一千年奥秘。

月亮的背面也是一个半球，山区占地表的绝大部分，中央部分没有"海"，其他地方即使有一些海也比较小。背面的颜色稍稍红于正面。现在，一幅较详细的背面图已经由科学家们绘制而成，并且科学家们还给那些背面的山和"海"，按国际规定给它们取了名字。

以已故著名科学家名字命名的环形山有：齐奥科夫斯基、布鲁诺、爱迪生、居里夫人等。"海"则命名为理想海和莫斯科海等。用中国古代张衡、石申、郭守敬、祖冲之和万户这5位科学家的名字命名了其中的5座环形山。其中万户环形山是规模最大的，面积达600多平方千米，它处于南半球，夹在帕那与赫茨普龙两座环形山之间，而赫茨普龙与帕那环形山则是以英国两位物理学家的名字而命名的。

1966年，从美国"月球太空船2号"拍摄的照片上，人们能够仔细地看清月面上那些形状不一、大量错落的圆丘，这些圆丘类似于美国西北部的圆丘。科学家认为，月球内部熔岩向月面鼓涌形成了这些圆丘。

通过现代科学仪器观测的结果和对宇航员带回的月球岩石所做的分析，科学家得出这样的假设：月球地貌的形成跟火山活动和陨星撞击这两种自然力量都有关系。火山活动中形成了许多圆丘和较小的环形山，而陨星撞击月球时则形成了那些大环形山。当然，这些假设还期待着更多的证据来证明。

月球正在脱离地球的吸引力而去吗

1978年10月，英国《自然》杂志声称，美国普林斯顿大学的地理学家卡姆和科罗拉多州立大学的地理学家普姆庀对鹦鹉螺进行研究，在对千百只鹦鹉螺进行解剖后，发现它们是一种奇妙的"时钟"，月球在地质年代中的变化历程默默地记载在其外壁的生长纹上。

这是怎么回事呢？原来，这种生活在太平洋南部水域里的鹦鹉螺，是地球上的"活化石"。这种奇异的软体动物，身上背着一个大贝壳，外貌有点类似于蜗牛。其外壳颜色为灰白色，腹部洁白，背部有横条纹，呈棕黄色。壳内有许多"小室"，体积较小，可存储"气体"。隔板中央有细管与气室和肉体相联结。依靠调节气室里空气的数量，鹦鹉螺使自身在海中沉浮，夜间升到海洋面吸取氧气，白天就爬行到海洋深处，由有氧呼吸改为厌氧呼吸。鹦鹉螺在吸取氧气的时候，通常分泌出一种碳酸钙，并把它储存在贝壳出口处。白天，在厌氧呼吸过程中，碳酸钙慢慢地溶解后留下一条条小槽，也就是生长纹。

有趣的是，鹦鹉螺的壳很大，许多个小室由许多弧形隔板分开，每个气室之间的生长纹有30条左右，十分接近于朔望月。生长纹每天长一圈，气室一个月长一隔。

在考察、研究了新生代、中生代和古生代的鹦鹉螺化石后，两位美国学者发现同一地质年代化石长有相同的生长纹，地质年代不同化石的生长纹就不同。如新生代渐新世的螺壳上有26条；中生代白垩纪的螺壳上有22条；侏罗纪的螺壳上有18条；古生代石炭纪的螺壳上有15条；奥陶纪的螺壳上有9条。由此，人们假设，在4亿多年前，月球用9天就能绕地球一周，而随着时间的变迁，月球的公转周期，逐渐变成15天、18天、22天、26天，而到今天则为29天多。

他们根据引力等法则做进一步推算后所得的结果为：4亿年前，月球和地球之间的距离相当于现在的43%左右，7000多年来，月球正在渐渐离地球而去，其离去的速度为每年94.5厘米。

月球与地球如影随形，亲如伴侣，从它开始围绕地球转第一圈的时候，就有可能离开地球，只是因为地球强大的吸引力强行拉住了它，所以才没有能走脱。

那么，今后会怎样呢？通过对日食的观察以及根据对3000年间的天文记录的计算，另一些科学家发现月球在悄悄地离地球远去。其离开的平均速度为每年5.8厘米。

虽然科学家们得出的月亮远离地球的速度不同，但他们都得出一致的结论，即月亮正在缓慢地离地球而去。长此以往，月球总有一天会飞离地球，逃得无影无踪。但我们并不需要庸人自扰，因为那将是千百万年、几亿年甚至几十亿年以后才有可能发生的事。到那时候，也许随着科学的进步和技术的发展，聪明的人类能用自己的智慧留住月球这颗美丽的星球，让它与地球相伴。

月球是外星人的宇宙站吗

1958年，一份来自美国《天空与望远镜》的月刊报道称，有一些闪耀着白光的半球形的"月球圆盖形物体"出现在月球的表面，这些物体的数目不确定，有的消失了，有的重新出现，有的还会移动位置，它们的平均直径为250米。

宇宙飞船"月球轨道2号"在宁静海即月球上的平原49千米的上空拍摄到一组照片，发现月面上有方尖石。据美国科学专栏作家桑德森说："这些方尖石底座的宽度达到15米，高度在12到22米之间，甚至有的可能达到40米。"法国亚历山大·阿勃拉莫夫博士详细研究了这些方尖石的分布，他对方尖石的角度进行了计算，指出石头的布局就像一个"埃及的三角形"。他认为，这些东西在月球表面的分布类似于开罗附近吉泽金字塔的分布……方尖石上有许多因"侵蚀"产生的几何图形，这些产物不可能来源于"自然界"，人们在宁静海的方尖石照片上还发现了非常正规的长方形图案。

1969年，人类登上月球后，地球人并没有发现月球上有生命迹象。不过，在分析研究了从月球带回的月岩标本后科学家却发表了假说。苏联天体物理学家米哈伊尔·瓦西尼和亚历山大·晓巴科夫提出："月球可能是外星的产物，15亿年来，外星人一直把它作为宇宙站。月球是空心的，一个极为先进的文明在它荒凉而广漠的表面下存在着。"在美国阿波罗计划进行中，两名宇航员回到指挥舱后，"无畏"号登陆舱突然坠毁在月球上。这时设立在离登陆舱坠落处 70 多千米外的地震仪，把这次持续 15 分钟的"震荡声"清晰地记录到了。"声音"由近及远，慢慢变弱，时间长达 30 分钟，仿佛是一只巨钟发出的悠扬声音。只有在空心的星球上才会出现这种现象。如果月球是实心的，那么"声音"延续的时间只能有 1 分钟。

"阿波罗 11 号"宇航员阿姆斯特朗在回答休斯敦指挥中心的问题时非常惊讶地说："……这些东西大得惊人！天哪！简直令人难以相信。我要告诉你们，火山口的另一侧正排列着其他的宇宙飞船，它们在月球上，它们在注视着我们……"美国无线电爱好者抄报到这里，突然无线电信号中断，美国宇航局没有解释阿姆斯特朗到底看到了什么。

"阿波罗 15 号"飞行期间，斯科特和欧文再一次登上了月球。沃登在月球上十分吃惊地听到，同时录音机也录到了一个很大的哨声，随着声调的变化，传出了一句重复多次的话，这句话由 20 个字组成，宇航员同休斯敦指挥中心的一切通信联系被这可能发自月球的语言切断了。这件事至今还是未解之谜。宇航员柯林斯曾独自飞行在月球轨道上，他对一些见到的月面痕迹非常吃惊，但他一直保守着这个秘密，没有做出任何解释。

某些科学家还根据许多稀奇古怪的现象纷纷推测"月球可能是外星人的宇宙站"。

太阳系是怎样起源的

目前，人类的活动还没能突破太阳系之外，而太阳同人类的关系是如此密切，离开了太阳，人类将永远处于黑暗之中，所以两个多世纪以来，许多杰出的思想家都在积极探讨太阳系的起源。关于太阳系是如何起源的，200 年来还没有一种权威说法，人们提出了一种又一种假说，这些假说已经有 40 多种了，但其中影响比较大的，主要有以下几种观点。

太阳系八大行星示意图

灾变学说：法国的布封首先提出了这个学说。20 世纪前 50 年，又有一些人相继提出这个假说。这个学说认为太阳是太阳系中最先形成的星体。一个偶然的机会使一颗恒星（或彗星）经过太阳附近（或撞到太阳上），太阳上的物质被其吸引出（或撞出）一部分。这部分物质就形成了后来的行星。根据这个学说，行星物质和太阳物质应来源于一个共同体。它们有"血缘"关系，或者说太阳和行星是母子关系。他们认为一次偶然撞击事件形成了今天的太阳系，而没有从演化的必然规律去客观地探讨太阳系的起源问题，因为行星系在银河系中是比较普遍的，银河系中绝不只有太阳系这个行星系。只有从演化的角度去探求才有普遍意义。就撞击来说，如果撞击到太阳上的是小的天体，它的质量太小，不可能把太阳上的物质撞出来，太阳必定会吞噬掉这个小天体。1994年彗星撞击木星就是一个很好的例证。对木星发起连续攻击的21块彗核，在木星表面仅引起小小一点涟漪，结果彗星被消化掉了。如果说恒星与太阳相撞，这种可能性就更小了。因此，曾提出灾变学说的一些人，后来也纷纷放弃了原有的观点。

　　星云说：德国伟大哲学家康德首先提出了这种观点，几十年以后，法国著名数学家拉普拉斯也提出了这一问题。他们认为，一个原始星云形成了整个太阳系的物质，太阳是由星云的中心部分形成的，行星则是由星云的外围部分形成的。然而康德和拉普拉斯的观点也存在差异，康德认为太阳系是由冷的尘埃星云经过进化性演变，首先形成太阳，然后形成行星。拉普拉斯则相反，认为十分灼热的气态原始星云迅速旋转后，先分离成圆环，行星由这些圆环凝聚而成，稍晚一些后才形成了太阳。尽管他们的观点差别很大，但是假说的前提是一致的，因此人们把他们的假说合称为"康德—拉普拉斯假说"。

　　俘获学说则认为，太阳在星际空间运动中与一团星际物质相撞后，太阳靠自己的引力捕获了这团星际物质。后来，在太阳引力作用下这些物质加速运动渐渐地由小变大，最终形成了行星。这个学说的基本前提也认为太阳是最早形成的星体。但是，行星物质不是来源于太阳，而是由太阳捕获而来。它们与太阳物质没有"血缘"关系，只是"收养"关系。

　　目前，各种假说都有自己的计算和理论根据，但都存在着不足之处，至今仍没有哪一种假说得到科学界的普遍承认。也许随着科学技术的发展，新的理论和方法最终会告诉我们太阳系起源的真正原因。

太阳自旋吗

　　我们知道，地球绕着地轴自转，朝向或背离太阳，形成了白天和黑夜。我们还知道，地球绕太阳公转，周期是365天多一点，也就是一年。但是我们往往会错误地认为太阳是静止不动的。实际上，太阳是不断运动着的。为了跟得上横穿太空的太阳，它的行星和行星的卫星也需要长途跋涉。

　　首先，太阳和地球一样，也会自转。其次，天文学家认为太阳会脉动，它的体积有节奏地胀大、缩小。另外，太阳会横穿太空，绕其旋转的行星就像飞蛾绕灯泡飞行一样，也要跟着遨游太空。

　　太阳之所以自转，原因和行星一样。46亿年前，太阳同地球和其他行星一起，由旋转的气体和尘埃云团演变而来。整个太阳系生来就是运动着的。但是太阳不是固体，而是个闪光的气体球，这与地球有所不同，所以它的自转有自己独特的方式。比如，太阳的不同部分可以以不同的速度旋转。在太阳赤道附近，也就是中间部分，自转周期是25天。而在顶部和底部，也就是极区，自转周期约为33天。

而我们地球是固体的，整个地球的自转周期是 24 小时。

有很多关于太阳的奥秘，其中之一就是太阳中心的超热核。天文学家认为，这个热核有特定的自转周期，速度大约是其他部分的 4 倍。

在自转的同时，太阳还会脉动，即大约每 5 秒钟胀大、缩小一次，就仿佛整个巨大的恒星在呼吸。目前还不清楚太阳究竟为什么会脉动，但有人猜测，这种有规律的膨胀和收缩是由穿过太阳气体的复杂的声波引起的。

太阳上还存在另外一种形式的脉动。天文学家认为引力使太阳每半小时脉动一次：太阳中心附近浓稠的炽热气体向周围气体密度较稀薄的区域扩散，使太阳的体积胀大；随即，引力又将气体拉回到中心，于是体积又缩小了。

怎样测定太阳的温度

最初，人们只是觉得太阳一定无比炽热，谁也无法想象用什么仪器去测量它的实际温度。后来，人们从俄国天文学家采拉斯基教授做的一个实验中受到了启发。他用一个直径 1 米的凹面镜得到一个 1 分钱硬币大小的太阳像。该像位于凹面镜的焦点上。当他用这个亮斑照射一个金属片时，金属片很快就弯曲、熔化了。采拉斯基教授测出这个光斑的温度大约有 3500℃。他断定，太阳上的温度一定要高于 3500℃。

由于太阳一刻不停地以光的形式向宇宙空间辐射巨大的能量。科学家们可以通过专门仪器测定出太阳辐射量，然后根据辐射量与温度之间的关系来测定温度。1879 年，物理学家斯特凡推算出了一个重要的定律：物体的辐射量与它的温度的千次方成正比。

太阳是离我们最近的恒星，像所有的恒星一样，太阳是一个巨大的发光热气球——气体的主要成分是氢，也有氦及少量其他元素。在太阳内部，核聚变的过程不断产生能量，发光发热。太阳核心的温度约为 14000000℃。

这样，人们根据测得的太阳辐射数推算出太阳表面温度约为 6000℃。

这是一种比较准确的测算方法。随着科学技术的发展，人们在实际研究中发现，物体会随着温度的升高而改变颜色，通常是：600℃时为深红色，1000℃时为鲜红色，1500℃时为玫瑰色，3000℃时为橙黄色，5000℃时为草黄色，6000℃时为黄白色，12000～15000℃时为白色，25000℃以上时为蓝白色。因此，我们可以根据太阳的颜色来估计它的温度。

太阳的表面称为"光球"，是我们平时可以看到的太阳圆轮。光球外面是太阳大气，依次称为"色球"和"日冕"。肉眼只能在日全食时才能看到色球和日冕。光球的颜色呈黄白色，因此我们可以估计它的温度大约为 6000℃。我们平常看到的太阳因为受到地球大气的影响而显出金黄色或其他颜色。

在太阳系之外，还有其他"太阳系"吗

行星、卫星、小行星和彗星围着太阳旋转，就像围着篝火狂欢的人群。太阳和绕它旋转的各种天体一起组成了太阳系。

太阳是个中等大小的恒星，这对于我们人类的生存是很有利的。夜空里有成千上万的恒星和太阳一样大，一样明亮，但是它们离我们太远了，看起来就是一个亮点。遥远的恒星还远不止这些，在银河系里，数以亿计的恒星需要借助于天文望远镜才能看得见。

但是我们的星系也并不是唯一的星系。在漆黑空旷的宇宙里，可能有上千亿个星系，每个星系都包含数十亿颗恒星。宇宙之大让人难以想象。

宇宙中有数不清的恒星，那么为什么我们的太阳是唯一一颗有行星绕行的恒星呢？天文学家一直在研究这个问题。看起来，即使不是所有的恒星都有行星环绕，至少有一些恒星有，这简直是显而易见的。

据天文学家估计，宇宙中大约有1兆兆亿颗行星。关键是，如何找到它们，而这项工作虽然是一件困难的事。因为同恒星相比，行星又小又暗。虽然有时可以反射其邻近恒星的光，它们自己并不发光。所以，即使使用最强大的天文望远镜，在地球上可能也无法看到遥远恒星的行星。一个普通大小的行星将消失在它的恒星的光芒中。可以想象一下这样的情景：在你前方3.2千米处有一只1000瓦灯泡，你所要做的是寻找这只灯泡附近的一粒灰尘。在地球上寻找其他恒星的行星就是这么艰难，所以天文学家试图尝试其他方法。他们认为最好的方法就是找出它们对自己恒星的万有引力作用。

万有引力是由质量引起的，所有天体之间都存在相互吸引的力。恒星吸引行星，于是行星绕恒星旋转。同样地，行星也会反作用在恒星上一个相同大小的拉力。而且，我们知道恒星在自转的同时也会在宇宙穿行，而它的行星也跟着它运动。

天文学家们试图寻找恒星在穿过宇宙时微小的摇摆。因为这些摇摆很可能是我们看不见的行星在绕恒星旋转过程中施加给恒星的力的方向不断改变而形成的。

1991年，英国天文学家们曾经宣布，他们发现了行星大小的绕脉冲星旋转的天体。脉冲星是一种高速旋转的，体积小、密度大的恒星，它在旋转的过程中，还会发出无线电波。天文学家之所以认为有行星绕它旋转，是因为他们发现无线电信号发生了波动——就像该脉冲星在摆动。几个月后，美国科学家在第一颗脉冲星上也发现了类似的波动，看起来绕脉冲星旋转的是两三颗行星。

但是1992年1月，英国天文学家又宣布了一个出人意料的结果：他们之前的发现是错误的。科研小组没有把我们自己星球的绕日运动考虑进去，这也会影响对数据的分析。

但是美国科研小组的研究成果似乎没有问题。他们的发现和其他科研小组的类似发现几乎可以肯定我们生活的太阳系不是宇宙里唯一的"太阳系"。

小行星会不会与地球相撞

茫茫宇宙中，无数星球按照既定的轨道在太空中运动着。然而它们也有失控的时候吗？目前人类所知道的唯一存在生命的星球——地球会遭遇与其他星球碰撞的命运吗？有迹象表明，地球在史前时期曾有过被小行星撞击的现象。在美国亚利桑那州的可可尼诺郡有一个坑，宽约1.3千米、深达193米，周围的土堆达30～40米高，看起来仿佛一个小型的月坑。长久以来人们一直认为它是一座死火山，但一个名叫巴林杰的矿石工程师却坚持认为这是陨石撞击的结果。现在，科学界把这个坑称为巴林杰陨石坑。坑口堆积有数千吨（也可能数百万吨）的陨石残块，虽然目前只发现一小部分，但从该地区及附近的陨石中所提取的铁远远高于从世界其他地方的陨石中所提取的铁的总量。1960年科学家们在这里发现了硅，从而证实是陨石的撞击产生了这些硅。因为硅的形成需要高压和高温，而这只能在受陨石冲击的瞬间完成。

谷神星是目前发现的最大的小行星，它的直径约有700千米。小行星一般都不大，只有100多颗小行星直径大于100千米，直径大约100米及1000米以上的小行星会对地球构成较大威胁。

据估计，大约是25000年前一个直径46米左右的铁陨石撞击在这片荒无人烟的土地上造成了今天的巴林杰陨石坑，目前它保存得相当完好。在世界上大多数地区，水或植物的生长掩盖了许多类似的陨石坑。从飞机上观察，以前许多不引人注意的圆形凹陷地貌一下子展现在人们面前，其中有的蓄满了水，有的覆盖了植物，它们几乎都是陨石坑。这种陨石坑在加拿大就有好几处，包括安大略中部的布伦特陨石坑和魁北克北部的查布陨石坑，它们的直径都有3千米或更大。加纳的亚山蒂陨石坑可能有100万年以上的历史。其直径达9.6千米，目前已知大约有70个类似的古老陨石坑，直径总和达137千米左右。

科学家发现，一些形同锅底的大小湖泊在中美洲的许多地方都能看到。此外还有无数个巨大的石球也被人们发现了。在后来的古印第安人创作的浮雕和壁画中，火球的图像也曾经多次出现过。因此，学者们推断，大约1000年前，陨石群曾持续不断地侵扰中美洲地区，古印第安人十分恐惧，于是纷纷匆匆逃离了家园。

然而地球遭受小行星撞击的危险究竟有多大？现已观测到近12万颗小行星，在火星和木星运行轨道之间的一个宽阔的小行星带区，聚集着占其总数99%的小行星，它们环绕太阳不停地运转，在既定的轨道内做着运动，不会对地球造成任何威胁。但有可能由于大行星引力的影响而使个别小行星偏离原来运行的轨道，甚至可能会冲向地球轨道。

在数十万颗小行星中，那些近地的、被称为"阿波罗体"的小行星有可能真正对地球造成威胁。

所谓阿波罗型小行星体是指那些在近日点附近与太阳的距离小于1.67天文单位的小行星。据估计，阿波罗型小行星中直径在0.7～1.5千米的，大约有500～1000颗，它们真正可能对地球存在着潜在的威胁。1997年1月20日，北京天文台的青年天文学家发现一颗更危险的近地小行星，它在运行到与地球轨道最近处时距离地球只有7.5万千米，还不到月地距离的1/5，它的直径达1.4千米。这颗小行星暂定编号为1997BR。如此大的小行星，它的轨道与地球轨道的距离又这么近，令科学家们非常震惊。全世界的天文学家都在密切关注这一重要发现，这颗获暂定编号的小行星成为有史以来被天文学家观测得最多的小行星。目前，它的动向受到天文学家们的密切注视。

木星上有生命吗

木星之所以被怀疑可能有生命存在，是因为它的生态条件与地球比较接近。但是，这颗太阳系体积最大的行星上根本没有可供登陆的固态地表，这是一颗由气体构成的巨大星体，大气层中充满了氢气、氦气、氨、甲烷、水，这样的条件对生命的生存有着极大的障碍。

随着科学技术的进步，人们对木星了解得越来越多。科学家们对木星大气层的成分进行研究后发现，木星大气成分和形成于早期地球海洋的物质十分相似。因此，木星上存在生命形式也成为一种可能。

然而，进一步的调查显示，木星大气层具有强烈的乱流，而且大气下方温度极高，在这种情况下，很难形成生命。任何生物只要一碰到这股乱流，就会被卷入下方的高温中，化为灰烬。

科学家认为，唯一可以在这种环境下维持生命的办法就是在被烧焦之前复制新的个体，并且借助

木星结构示意图

气流的力量把后代带到大气层中较高、较冷的地方。这种极少的生命形态可以在大气层外侧飘浮，其生命活动的能量主要来自所取用的食物。

令科学家欣喜的是，美国"伽利略"号探测器前不久拍摄的照片显示，在木星的一颗卫星（木卫二）的表面下可能隐藏着一片海洋。如果这片海洋真的存在，那么其中就可能存在生命现象。"伽利略"号探测器拍摄的照片揭示出木卫二表面上有一个网状系统，该系统中的一些山脊和断层很像地球上板块构造形成的形态。有人在"旅行者"号飞越木星以后就猜测木卫二经历过火山活动，此次"伽利略"号拍下的近景照片为这一猜测提供了有力的证据。

据此，某些理论工作者假定，有一片深达200千米的液态水海洋被掩盖在木卫二的冰壳之下。这一观点进一步论证了下述推测：木卫二可能存在类似于在地球深海温泉处富含矿物质的水中繁衍生息的那些有机体的生命形态。

总之，对于木星是否存在生命这一问题，目前我们还无法作出肯定的回答。

木星会将太阳取而代之吗

在太阳系行星的家族中，木星可谓是鹤立鸡群了，它的体积和质量分别达到了地球的1320倍和318倍。此外，它还有个与其他行星不相同的特点：它是一颗发光的行星，有自己的能源。通常，在人们的认识中，行星不能自己发光，只能依靠反射太阳的光线而发光。近些年来，通过对木星的研究，科学家们证实：木星正在把巨大的能量不断地向周围的宇宙空间释放，它释放的能量，两倍于它从太阳那里所获得的能量，说明木星有一半的能量来自它的内部。

"先驱者"10号和11号飞船探测的结果显示，液态氢构成了整个木星，它同太阳一样，没有坚硬的外壳，主要是通过对流形式来实现能量的释放。

苏联科学家萨利姆·齐巴罗夫和苏奇科夫认为，木星的核心温度已达到280000K之高，热核反应还在其内部继续进行。木星不仅把自己的引力能转换成热能，还不断吸收太阳释放的能量，这就使它的能量越来越大，且热度越来越高，并使它达到了它现在的亮度。观察表明，木星向周围空间释放的热能已融化了它的卫星——木卫一上的冰层，其他三颗卫星——木卫二、木卫三和木卫四仍被冰层紧密覆盖着。

从木星目前的发展趋势来看，它很可能成为太阳系中与太阳相差无几的第二颗恒星。30亿年以后，太阳到了晚年，木星很可能取代太阳的地位。

也有科学家提出，木星要想取代太阳的位置，时间还很远，虽然它在行星中是最大的，但跟太阳比起来，还是太小了，其质量也只有太阳的1/1000。恒星一般都是熊熊燃烧的气体球，木星的组成物质却是液体状态的氢，不具备形成恒星的物质构成。虽然木星是一颗自身能发光的星体，但与恒星相比，这根本就算不了什么。所以有人说，从严格意义上来说，木星不能称为真正的行星，更不是严格意义上的恒星，而是介于行星和恒星之间的特殊天体。

木星的研究仍会继续下去，有关它是否会取代太阳这仍是个非常长久的话题。

金星探奇

金星是天空中最明亮的一颗星。古代人们误认为它是两颗星。早晨金星在东方天空出现时，被叫作"启明星"；晚间在西方天空出现时，被叫作"长庚星"。它距太阳的平均距离为1.08亿千米。金星与太阳距离最大时和太阳的角距离为47°～48°。人们之所以能时常看到它，与金星大部分时间同太阳的角距离较大有关。夜空中除了月亮以外，其他所有的星星都没有它亮。由于常有银白色的、像金刚石的闪光从金星发出，所以，中国古代常以"太白"来称呼它。

金星的最显著特征是看起来特别明亮。科学家们后来知道，金星之所以非常明亮，与其周围有浓密的大气层有关，大气反射了照在它上面的75%左右的太阳光。金星离地球最近的时候，平均为4000多万千米。由于它的大小、质量和密度与地球差不多，也有一层稠密的大气，所以人们常将金星视为地球的孪生姊妹。金星绕太阳公转一周大约需要225天。20世纪60年代初，通过用雷达反复测量，天文学家得知其自转周期为243天，竟然比它的公转周期还要长！另外，金星的自转方向是逆向的，确切地说，它的自转方向是自东向西的，从金星上看，会看到"旭日西升"。金星上不仅太阳西升，而且昼和夜（一天）的时间远远长于地球，在那里看到的太阳约是我们所见到太阳大小的1.5倍。

天文学家很早就知道金星有厚厚的大气层。用望远镜观看，金星只是一个模糊不清的淡黄色圆面，在金星大气的笼罩下，根本无法看清它的真实面目。人们现在通过空间飞行探测掌握了许多金星表面及其大气的知识。

苏联和美国自1961年以来先后向金星发射了30多个探测器（虽然有几个发射失败），获得了大量的研究成果。例如，1962年8月和1967年6月美国发射的水手2号、5号对金星作了初步考察；苏联的"金星7号"无人探测器于1970年8月17日成功地实现了在金星表面着陆探测，在着陆地点记录到的金星温度高达480℃，表面为100个大气压，此后还有多个苏联的探测器都在金星表面实现了成功着陆。1989年5月，美国发射了"麦哲伦"号探测器对金星进行为期5年的空间探测，取得了大量的研究成果。

从对金星的探测结果来看，它那厚厚的大气层几乎全部由二氧化碳组成，因此，它具有巨大的温室效应。其低层大气中的二氧化碳的含量可达到99%，而高层处可达97%。从许多宇宙飞船发回的照片来看，金星的天空带有橙色，大气中存在激烈的湍流，还有强烈的雷电现象，有人推算金星上的风速约达100米／秒。更让人难以想象的是，金星表面30～70千米的高空，被厚厚的浓云笼罩着。云中有具有强腐蚀作用的、浓度很大的硫酸雾滴。

金星大气总体上看，仿佛一个巨大的温室或蒸笼。尽管金星大气将约3/4的入射太阳光反射掉了，其余那部分阳光到达金星表面并对其进行加热。大气中的水汽、二氧化碳和臭氧好似温室玻璃，不允许反射的热量透过并散发到太空中去，正是由于金星大气的这种特性，使金星蓄积了大量接收到的太阳能，因而使那里的温度高达 465℃ ~ 485℃。

金星表面与水星表面很不一样，它上面很少有环形山，这是由于其浓密的大气起了保护作用。金星表面比较平坦，但也有高山、悬崖、陨石坑和火山口。金星上的凹地很像月面上的"海"（平原），其"海"上有火山。金星的地质活动很活跃，例如其表面有众多的火山、巨大的环形山、许多地层断裂的痕迹以及涌流的熔岩。

位于金星北半球的麦克斯韦山是金星表面最高的山峰，高达几千米，比地球上的珠穆朗玛峰高出很多；在南半球赤道附近并与赤道平行的地方，是阿芙洛德高原。金星上有一处横跨赤道的大高原竟有 3200 多千米宽，近 10000 千米长。有些探测器成功地完成了在金星上的自动钻探、取样和分析任务，人们因此知道玄武岩是金星上面分布最多的一种岩石。

当然，人们对金星的探索还在继续进行，上面介绍的仅是金星知识的一部分。随科学技术的进步，人类对金星的认识将越来越深刻。人类对宇宙的认识就是不断地在实践中发展。

水星上有什么

人们平常很难看到水星，这主要跟水星与太阳之间的角度有关。水星距太阳最近时约 4500 万千米，最远时达 6900 万千米。从地球上看去，其距太阳的角距离最大不超过 28°，水星仿佛总在太阳两边摆动。因此，水星几乎经常被"淹没"在黄昏或黎明的太阳光辉里。只有在 28°附近时才能见到它。据说，哥白尼去世前抱憾终生的一件事就是未曾见到水星。

在中国古代水星被称为"辰星"。水星的英文名字是 Mercury，水星绕太阳运行的速度的确很快，每秒约 48 千米，它只需要 88 天就能绕太阳公转一周。这同那些绕太阳缓慢行进的遥远行星相比，水星简直在疯狂地绕着太阳跑。在很长一段时期里，天文学家一直认为它的自转周期跟公转周期一样长，也是 88 天。

有些人不相信水星的自转周期为 88 天，但由于受仪器、技术等方面的限制，人们还无法确知水星的自转周期。随着天文学观测水平和仪器精密程度的提高，天文学家终于测出了水星的自转周期。1965 年，美国天文学家用一架世界上最大的射电

水星表面的主要特征为卡路里盆地，它是由一个直径 100 千米的物体撞击后形成的。冲击波以撞击点传遍整个星球并导致了另一边山脉的隆起。

望远镜（口径 305 米）——阿雷西博天文台射电望远镜，向水星发射了雷达波进行探测，它测出了水星精确的自转周期为 58.646 天。原来，水星绕太阳公转 2 圈的同时，绕其轴自转 3 周。据此进行推算，水星的自转周期刚好是公转周期的 2/3。

科学家此后对水星进行了更深入的探测和研究，但即使是当时地球上最好的望远镜也很难让人们看清水星里面的情况，于是，科学家们采用了一种高精度的工具——行星探测器。美国于 1973 年 11 月 3 日发射了"水手 10 号"行星探测器，这架行星探测器也是迄今地球上的唯一"访问"过水星的宇宙飞船。这次发射的主要任务是探测水星，顺便考察一下金星。它的总重量约 528 千克，从磁强计杆顶端到抛物面天线外缘的宽度达 9.8 米。宇宙飞船飞行了 3 个多月后，于 1974 年 2 月 5 日飞越金星，离金星最近时有 5000 千米。飞船在对金星考察的同时，借助于金星的引力"支援"，使其改变了运动的速度和方向，进入了一条飞向水星的轨道，3 月 29 日，宇宙飞船终于到达水星上空。

航天科学家对这艘飞船的运行轨道做了极其精心的设计。当它到达水星上空并进行观测之后，就成为一颗绕太阳运行的人造行星了，绕太阳公转的周期设计为 176 天，也就是水星公转周期的 2 倍。这样，当水星刚好绕过 2 周时，飞船就遇到水星 1 次。"水手 10 号"飞船先后遇见水星 3 次。在最后一次（1975 年 3 月 6 日）离水星仅 326 千米，拍摄了一批高质量的照片，其摄影镜头甚至能清楚分辨出水星表面一二百米大的地面结构细节。

科学家们通过对飞船的反馈资料进行分析，发现水星表面到处都是大小不一的环形山和凹凸不平的盆地和坑穴等。一些坑穴显示出陨星曾对同一地点撞击过多次。这与月球表面很像。然而，水星表面有一点不同于月面，直径在 20～50 千米的环形山不多，而月面上的直径超过 100 千米的环形山很多。水星表面上到处都有一些被称为"舌状悬崖"的不深的扇形峭壁，类似梯形斜坡，其高度 1～2 千米，长约数百千米。科学家们认为，这种细小轮廓的产生，是同早年由于行星内核状态改变产生收缩，外壳大面积出现裂纹和移动有关。水星上有一条大峡谷，长达 100 多千米、宽约 7 千米，科学家为了纪念美国阿雷西博射电天文台测出水星自转周期一事，将其命名为"阿雷西博峡谷"。

另外，科学家们还发现水星向阳面和背阳面温差很大。由于水星上的大气很稀薄，阳光的热力长驱直入，在太阳的烘烤下，其向阳面温度高达 427℃，而背阳面温度却冷到 -170℃。水星表面一滴水都没有。水星质量比地球小，它的地心引力只是地球的 3/8，所以其表面上的物体，只要速度达到 4.2 千米/秒就可以逃之夭夭。

"水手 10 号"飞船探测到水星有一个强度约为地磁场 1/100 的全球性的磁场。水星具有磁场，这说明它很可能有一个高温液态的金属核。科学家根据水星的质量和密度数值，推算应有一个直径约为水星直径 2/3 的既重又大的铁镍内核在其内部。

有关水星，人类至今仍有许多不明之处。马克思主义认识论告诉我们，宇宙间只有未被认识的事物，而没有不可被认识的事物。对于水星的疑问，我们也应当采取这样的辩证唯物主义态度。我们坚信，水星的谜底在不久的将来一定会被彻底揭开。

探寻彗星活动的周期

据说在1682年的一天夜里，突然有一颗明亮的大彗星划过欧洲的夜空。许多人被这一奇特的自然现象吓坏了，以为世界末日就要到来，每天心惊胆战地过日子。当时英国有一位天文学家也看到了这颗彗星，他就是哈雷，当然他没有像世人那样惊慌失措。

哈雷从小就对天文现象感兴趣，他曾亲眼目睹过1664年和1665年出现的彗星。当时的人都十分迷信，大多数人都认为这两颗彗星的出现是不祥之兆，因为当年欧洲发生了黑死病瘟疫和伦敦大火。在父亲的帮助下，哈雷自己买了一架望远镜来观测天象。17岁时，他进入牛津大学王后学院学习。入学的第二年，哈雷就写信给格林尼治天文台台长、皇家天文学家弗兰提斯德，指出了他绘制的木星图和土星图中的计算错误。弗兰提斯德并没有不高兴，而是虚心接受了哈雷的观测记录。哈雷20岁的时候，依靠印度公司的资助前往圣勒拿岛，他在那里建立了南半球第一座天文台。通过长时间的观测，他编制出了第一个包含341颗南天恒星黄道坐标的南天星表。

哈雷具有良好的科学素养，他不仅勤于观测，而且还善于思考，这些良好品质为他后来研究彗星奠定了坚实的基础。

著名的天文学家开普勒当年曾不辞辛苦地研究火星运动，终于发现了行星运动的三大定律。这件事给了哈雷很大启发。他想，既然行星都按照一定的轨道有规律地运行，那么，彗星运行是否也有什么轨道呢？其中是不是也有某种规律性呢？一想到这些，哈雷就决心解开这个难题。他花了大量时间搜集有关彗星出现的历史记载，并且编制了一张表，把彗星出现的时间、运行路线和在天空中的位置详细地列在表中。由于种种原因，搜集到的资料都很不完整，所以哈雷对每一颗星的记录都要加以整理计算，以便分析研究。

经过反复地计算分析，哈雷发现1682年的彗星的轨道很像1607年、1531年

彗星气体尾巴是蓝色的，而且很窄

彗头能延长到10万千米宽

由雪和尘埃组成的彗核通常只有几千米大小，它藏在彗头之中

内核释放出的气体和尘粒被吹离太阳后形成彗星（称为彗尾或彗发）

彗星通常能在空中绵延1亿千米

尘粒彗尾比气体彗尾更宽

这个摄像机是10个用于分析并拍摄哈雷彗星图片的仪器之一——"吉奥托"太空探测器

彗星的结构
彗星由彗核、彗头和彗尾三部分组成，彗核的主要成分是松散的雪和岩石尘埃，它伴随彗星生命的始终。

奥秘世界大讲堂

宇宙奥秘

二七

出现的彗星的轨道，而且前后出现的时间间隔也比较接近，大约都是 76 年。他根据自己的研究分析，认为这 3 颗彗星很可能是同一颗彗星在不同时间里出现了 3 次。1704 年，哈雷升任为牛津大学教授，第二年他就发表了《彗星天文学论说》，书中详细记述了 1337～1698 年天文学家观测到的 24 颗彗星及其轨道。他在书中指出 1531 年、1607 年、1682 年出现的 3 颗大彗星的轨道十分相似，由此推断它们是同一颗彗星每隔 75～76 年飞临地球一次。他甚至预言：1758 年底或 1759 年初这颗彗星将再度回归近日点。令人遗憾的是，哈雷没有等到亲眼目睹这一天文奇观。1742 年，哈雷病逝于格林尼治，享年 86 岁。

哈雷虽然去世了，但他的研究事业还在继续，哈雷彗星开始向世人展示它的秘密。

1743 年，一位名叫克雷洛的法国数学家根据哈雷的预言，运用万有引力定律，进一步计算了遥远的木星和土星对这颗彗星的引力效应。最后他得出结论，说该彗星届时会在土星和木星的引力作用下，稍微偏离原来的轨道，这样它回归时出现的时间要迟于哈雷原先预测的时间：它很有可能是在 1759 年 4 月出现。

1759 年 3 月，这颗人们期待已久的明亮的大彗星终于如期而至。它比哈雷所预报的时间晚了一些。牛顿万有引力定律的可靠性也再一次得到有力证明。后人为了纪念哈雷在彗星轨道计算方面的伟大贡献，就把这颗彗星以他的名字命名。

彗星的中心部分是彗核，呈固体状，构成彗核的冰冻团块、尘埃在彗星绕太阳运动时都有一部分物质会损失掉。因为在彗星高速行进中，从彗核蒸发出来的气体、尘埃等被吹离彗核，进入到行星际空间。这样一来，彗星总有一天也会"寿终正寝"。彗核中所有的尘埃、气体一次次地蒸发，彗核的结构越来越松散，直到有一天它支离破碎，整个地被瓦解，彗星的生命也就终结了。

彗星的外观很庞大，其实它徒有其表，密度极小，整个就是"虚空"的。据说 1000 亿颗彗星的质量合起来才等于地球的质量，由此可见，它是多么"轻"了。彗核瓦解崩溃后，一部分物质可能成为很小的小行星；另一部分物质变成流星群，游荡在太阳系中。观测表明，地球上常见的流星雨现象和彗星有着十分密切的关系。由于彗星经常游荡在远离太阳的太空中，太阳很少影响到它的活动，许多早期太阳系的信息都保留在它身上，因此彗星在研究天体演化方面具有非常重要的作用。

据史料记载，中国人最早观测到哈雷彗星。中国有一部古书名叫《春秋》，里面清楚地记载着，鲁文公十四年（公元前 613 年），"秋七月，有星孛入于北斗"，这里的"星孛"就是指哈雷彗星。这是世界上关于哈雷彗星的第一次确切文字记载。中国的另一部史书——西汉的《淮南子》中也有对哈雷彗星的文字记载："武王伐纣……彗星出，而授殷人其柄。"中国现代著名天文学家张钰哲先生经过推算指出，自公元前 240 年起，中国的史书记载了每次哈雷彗星的出现，无论是次数还是详细程度，在世界上都是最完备的。

哈雷彗星最近的一次回归是在 1986 年。现在历史已经跨进了 21 世纪，我们期待着哈雷彗星再次回归。

陨石来自何处

科学家在对陨石的不断研究中发现，陨石是坠落地面的流星体残余。在对其物质成分进行分析后，科学家们认为可以把它们分为三大类：

陨铁，或称铁陨石，其主要成分为铁和镍等金属元素，如铁占90%左右，镍占5%～8%，或更多些。已知世界最大的陨铁质量约60吨，现仍位于非洲纳米比亚南部的原降落地。中国的"新疆大陨铁"，质量约30吨，在世界上名列第三。

陨石是各类陨石的统称，有时为了加以区别，将其称为石陨石。多数石陨石中到处可见的是直径一般从零点几毫米到几毫米的很小的球状颗粒。由于它们形成于特殊的条件下，其结构也是前所未见的，在地球上的岩石内还没有见到过这种球状颗粒结构。含球状颗粒结构的石陨石中，球粒陨石约占84%。1976年3月8日，世界最大的石陨石降落在中国吉林省，在已收集到的100多块陨石碎片中，一块约1770千克的陨石碎片最为重要。

陨铁石，或称石铁陨石，一般比较少见，基本上由铁、镍等金属和硅酸盐各一半组成，是介于陨石和陨铁之间的一种陨石。

据估计，每年降落到地球上来的陨石大约有几千万颗，其中只有很少一部分被人们找到，其余的大部分都落到了荒无人烟的地方或江河湖海里去了。人们在接待这些"宇宙来客"之时，常常想弄清楚：这些神秘的天外来客究竟来自何处？科学界对此意见不一。

有人认为，陨石来自彗星。因为有些彗星没有彗发和彗尾，只有彗核，这就与小行星难以分别了。日本东京大学的古在山秀博士就认为，最早发现的小行星伊卡鲁斯，很可能就是由彗星转变而来的。有人还分析了小行星和陨石的结构，发现它们具有相同的物质构成。

但更多的人认为，太阳系的小行星带是陨石的故乡。小行星沿着椭圆形的轨道围绕太阳运行，当它们接近地球时，有些便离开了家乡，到地球上安家落户。

1947年2月12日上午10点左右，在符拉迪

陨石撞击地面的过程示意图

陨石从宇宙空间坠落、燃烧、爆炸后与地球撞击，与地球相比，陨石显得太渺小了，被地球撞得粉身碎骨。陨石砸入地球表面，形成陨石坑。埋在陨石坑下的陨石多呈不规则锥形，表面的融蚀坑、融蚀沟很明显。

沃斯托克北面的锡霍特·阿林山脉，一块巨大的陨石坠落了。根据陨石坠落的方向和角度，考察队员推测出了这颗陨石进入地球大气层时的轨道是细长的椭圆形，远日点在地球内侧，近日点在火星和木星的轨道之间。所有这一切都说明这颗陨石与小行星具有一致的轨道。由此可知，这颗陨石的前身是小行星。1959 年 4 月 7 日晚，科学家根据落在捷克斯洛伐克布拉格市附近菲拉布拉姆镇的那颗陨石的方向和速度，也推测出它的前身是小行星。1970 年，科学家根据降落在美国俄克拉荷马州北部的罗斯特西底的一颗陨石的运行轨道，也证明它曾是一颗小行星。

就在人们寻找陨石的故乡的同时，在陨石当中又发现了金刚石。作为一种比较坚硬的矿物，金刚石若没有高气压是难以形成的。那么，为什么金刚石会出现于陨石里呢？

苏联地质学家尤里·波尔卡诺夫认为，陨石的母体要达到月亮那么大才可能形成金刚石。因为碳元素是构成金刚石的重要物质，至少需要二三万个大气压，才能使碳元素变成金刚石。月亮的半径是 1700 千米，它的中心部位的压力可达四五万个大气压。所以，陨石母体如果比月亮小，金刚石是难以形成的。

另一种说法谈到陨石中金刚石的成因时，认为金刚石是在陨石与地球相撞时形成的。在美国西部亚利桑那州科科尼诺县，有个世界闻名的巴林杰陨石坑。在这个陨石坑的边缘人们找到了含金刚石的陨石。有人认为，可能是在陨石与地球相撞时所产生的冲击力的压力下形成了这种含金刚石的陨石。只要有足够大的冲击力，就可能形成金刚石。在这种情况下，陨石母体可以不必像月亮那么大。

此外，还有一种观点认为，陨石在空间飘荡的时候，撞到了其他陨石。在足够的冲击力下，金刚石才得以产生。

恒星是恒定不动的吗

赫恒星之所以被我们称为"恒星"，是因为在过去相当长的历史时期内，人们都持有这样一种概念：恒星是恒定不动的。那么，事实果真如此吗？千百年来，很多科学家都绘制过恒星的星座图形，似乎它们都以保持不变的位置镶嵌在苍穹中。

8 世纪初，我国唐代杰出的高僧天文学家张遂，把自己测量的恒星位置与汉代星图相比较，才发现恒星不是恒定不动的。英国著名天文学家哈雷在 1717 年使用自己观测得到的南天星表，与 1000 多年前的托勒密星表进行了对比，终于证实，恒星的位置是有变化的。

地球绕太阳运动时，一颗恒星看上去就会在遥远的恒星背景上发生微小的移动，这产生了视差角，视角差可用以测算恒星与地球之间的距离。

那么为什么在感觉上恒星的位置没有发生变化呢？原来，恒星距离我们极远，它们的运动很难被人们所察觉。恒星的"自行"以每年多少角秒表示，角秒可以描述恒星每年在天球上移动的角度。观测表明，每一颗恒星都在做着方向各不相同的运动，有向西的、向东的，远离太阳的、接近太阳的。恒星的空间运动速度可分为两个分量：在人们视线方向称为视向速度，在这一方向，恒星表现为向前或向后运动；与视线方向垂直称为切向速度，在这一方向，恒星表现为向上或向下运动。由于切线速度表现为在天球上位移。根据物理学中的多普勒效应，天文学家们可以判定恒星视线方向的运动。

1848年，法国物理学家菲佐指出，光源后退时，光谱线应向红端移动，即红移；而光源移近时，则应向紫端移动，即紫移。这就是移动光源的光谱特性。

1868年，英国天文学家哈金斯首先测得天狼星正在远离我们，速度是46.5千米／秒。22年后，美国天文学家基勒测出大角星以6千米／秒的速度趋近我们。这说明，恒星的切向速度是由所观测的恒星"自行"求得。恒星的运动也得以确认。

宇宙中存在外星生命吗

美国爱达荷州的一名企业家肯尼斯·阿诺斯·阿诺德于1947年6月24日发现9个圆形物体以一种奇特的跳跃方式在空中高速前进，他是驾驶飞机在华盛顿的雷尼尔山附近看到这一奇景的。对此，几乎所有的美国报纸都进行了报道。阿诺德对记者说："它们像是碟盘一类的器具。它们的速度高达每小时1200英里，转眼间便消失在白云悠悠的晴空中……"这一事件发生后，一场世界性的飞碟热出现了。阿诺德贴切的比喻使"飞碟"一词在全世界广为流传。

1966年8月的一天，一艘UFO滞留在美国西部某导弹基地附近。该基地在对它进行录像之后，几乎将所有的导弹发射装置都对准了它。然而，一个奇怪的现象发生了：该基地所有的装置在同一时间瘫痪，其中一套最先进的装置顷刻间"熔为一堆废铁"，UFO却安然无恙。科学家们听到这个消息后，立即赶来。他们认为，击中装置的射线可能是一种类似于高脉冲的东西，否则，先进的导弹发射装置不可能变成废铁。

由于科学技术所限，科学家们还无法解释飞碟的这些异常特征，当代地球人还达不到这种令人惊叹的科学水平。飞碟究竟是谁制造和控制的呢？似乎只有一个答案，宇宙中还存在一种比地球人更高智能的生物，他们制造并控制着飞碟。

有关发现飞碟的报道在20世纪七八十年代以后变得更多，越来越多的人目睹了飞碟，整个世界为之疯狂。美国和西欧曾一度怀疑，飞碟是苏联研制的"秘密武器"，因为每次飞碟均从北方飞来。苏联外交部长葛罗米柯立即幽默地声明："飞碟可能是一个大力气的苏联铁饼运动员掷过来的。"

那么，飞碟究竟来自何处？它真的是外星人的宇宙飞船吗？在浩瀚的宇宙空间中，除了我们地球上的人类之外，是否真的还存在另一种外星生物呢？为此，各国的科学家们开始了对 UFO 以及外星生物的探索和研究。

关于 UFO 是否存在，许多科学家认为，大多数目击报告中的不明飞行物只不过是人们对极光、幻日、幻月、流云、海市蜃楼、地震光等已知现象的误认，并不存在什么不明飞行物。还有人认为 UFO 完全是一种心理现象，它产生于个人或一群人的大脑之中，也许与人类大脑中某个未知领域之间存在某种联系。

另外一些科学家则对 UFO 的存在持肯定态度，他们认为不明飞行物正在被越来越多的事例所证实，是一种真实的现象。他们还一针见血地指出，对 UFO 现象，我们不能轻易否认，UFO 现象在许多方面的确不符合已知的基本科学规律，这只是因为现代科学家还不能正视因它的存在而造成的理论上的困难。然而，也并非所有持肯定态度的专家都支持"外星说"，认为外星球有高智慧生物，他们制造了 UFO。有许多 UFO 专家表示，不应把相信 UFO 存在与相信它来自外星球画上等号。因为这只是根据其飞行性能、电磁性质以及目击者的印象推断出来的假设，并不能确定其正确性。他们还认为，不应该把相信 UFO 存在与相信 UFO 由外星人驾驶混淆起来。

那么，宇宙中真有外星人存在吗？

科学家们首先把研究的目标对准了太阳系。经过长期的探测分析之后，科学家们一致认为，在太阳系中，土卫六、火星和木卫二上最有可能存在生命，但是这些生命可能只是一些非常低级的诸如有机聚合物之类的东西。

即使如此，人们不但没有放弃在太阳系众多行星中"寻找外星人"的计划，而且还把寻访的目标投向了更加遥远的银河系。科学家们相信，在银河系 1500 亿颗恒星中，极有可能存在同地球环境相似的星球。所以，在银河系中，智慧生命和文明社会存在的可能性不会是零。

美国从 1960 年开始通过侦听外星智慧生命发出的电波来寻找人类的同伴，这个行动计划被称为"奥兹玛计划"。美国康奈尔大学的天文学家弗兰克·德雷克用射电望远镜对波江座和鲸鱼座进行观测，企图搜寻能在星际传播的、波长为 21 厘米的氢原子辐射的电磁波。

苏联高尔基市随后也开始了同样的守候。苏联电波物理研究所的科学家们日夜"收听"太阳系附近的几百颗恒星发出的电磁波。

美国"先驱者 10 号"和"先驱者 11 号"在 20 世纪 70 年代考察了土星、木星、天王星、海王星后，就直奔银河系。飞船上配备了一架特殊的电唱机和一套精心挑选的"唱片"。这些唱片被称为"地球之音"，因为它们记录了地球上各种有典型代表意义的信息，这些信息包括 116 张唱片、35 种地球自然音响、27 种世界名曲、大约 60 种语言的问候词。这些"地球之音"被镀上了金，还在外面加了金属防护罩，以便使其能在漫长的宇宙航行中得以完好保存。据估计，它们在宇宙中保存的时间可以长达 10 亿年，希望有一天，我们可以收到来自外星生物的问候。

虽然破解外星人和 UFO 之谜有极大的困难，但人类始终没有放弃在这方面的努力。随着一架架巨型射电望远镜的启用，宇宙飞船的频频发射和空间技术的飞速发展，相信我们很快就可以找到答案。

海洋奥秘

探秘美丽的海底"花园"
"海上坟地"马尾藻海
如何让海水变成淡水
潮汐是怎样形成的
如何让海洋潮汐造福人类
海洋为何会五光十色
红海是怎样形成的

探秘美丽的海底"花园"

20世纪80年代，一些科学工作者在格拉普高斯海岭及东太平洋海隆进行考察。他们乘坐深潜器潜到海底，当打开探照灯时，通过潜望镜及海底电视，他们看到一幅神奇的画面：在一片生机盎然的绿洲上，生长着海葵一类的植物，还有各种动物，长达5米的鲜红色蠕虫、西瓜一般大的海蚌、菜盆似的蜘蛛、手掌大小的沙蚕等，它们自由自在地游弋着，还不时地以惊诧的目光瞅瞅它们从未见过的人类。科学家称这个美丽奇妙的世界为"海底玫瑰园"。

科学家们又发现，在离"海底玫瑰园"稍远的地方，有一个个粗大"烟囱"正在"咕嘟咕嘟"地冒烟，"烟囱"直径为2～6米，热水在其中上下不停地翻腾着，还不时喷射出五光十色的乳状液体。在"烟囱"的周围，凝结着一堆堆冷却了的火山熔岩，形状如同一束束巨大的花束，姿态万千。

在如此深邃的"暗无天日"的海底，为什么会有这么丰富多彩的生物世界呢？

经过测量，科考工作者发现这一海域的海水深达2600～3000米，"烟囱"喷出的热泉水温高达350℃～400℃，这里不仅含有丰富的金属物质，而且还含有硫磺等气体。由于硫磺的存在，导致了硫磺细菌的繁殖。正是这些硫磺细菌的繁殖，加上海底"烟囱"里独特金属物质的存在，造就了这个地方奇特的生物群落。

那么，这海底"烟囱"究竟是怎么一回事呢？它是这一海域所独存的吗？

1977年，英国地质学家乘坐"阿尔文号"深潜器，首次观察到太平洋格拉普高斯海岭正在喷溢的海底"烟囱"。1979年，美国的生物学家、地质学家和化学家们再一次乘坐"阿尔文号"深潜器，对东太平洋海隆及格拉普高斯海岭进行了长时间的考察，同时还拍摄了电视纪录片。他们在第二年夏天继续考察时，又发现了许多新的含矿热泉水及气体的喷溢区。这些水下的温泉、海底火山喷发的喷孔里溢出的热泉水温度高达56℃，丰富的铁、铜、锌、锰、铬、金等金属物质随着热泉水喷出海底之后，在"烟囱"周围沉积下来，形成矿泥。这些物质是人类潜在的矿物资源，也是地质学家们期待研究的对象。

其实早在20世纪60年代中期，在东亚和西亚大陆之间的红海海底，就发现了多处类似"烟囱"的"热洞"。目前，人们已在红海海底找到四处"热洞"。红海的鱼类有15%是其他海洋里所没有的。以往，人们总是以海水的盐分、温度较高和气候干燥等原因来解释红海海域特有的海洋生物群存在的现象。现在看来，红海特殊生物群落存在的一个重要原因应该是大量特有金属物质的供应以及海底"烟囱"的存在。

在很长时间内，地质学家们对矿产的形成和地壳运动有着不同的看法，其中的一种解释是把地壳先划分成大大小小不同的板块，熔融物质在地壳以下很深的地方，沿着一定方向从海底喷溢出来，为板块运动提供动力，致使海底急剧扩张，并且形成不同的矿产。海底"烟囱"的发现是对这种观点的一个直接证据，这个发现对生命科学的研究也具有重大价值。在深邃的海底，在没有阳光和光合作用的情况下，存在如此五光十色、充满魅力的生物世界，实在令人不敢相信。生活在这里的海底动物的食物是一些与地球上最早期的生命形式较为接近的菌类，这为研究生命起源提供了新的研究方向。

"海上坟地"马尾藻海

马尾藻是一种普通的海藻，可是生长在大西洋的马尾藻却与众不同，它们连绵不断地漂满约450万平方千米的海区，以至于这个海区被称作马尾藻海。

马尾藻海位于北大西洋环流中心的美国东部海区，约有2000海里长、1000海里宽。海上大量漂浮的植物主要是由马尾藻组成，这种植物以大"木筏"的形式漂浮在大洋中，直接从海水中摄取养分，并通过分裂成片、再继续以独立生长的方式蔓延开来。厚厚的一层海藻铺在茫茫大海上，一派草原风光。

马尾藻海一年四季风平浪静，海流微弱，各个水层之间的海水几乎不发生混合，所以这里的浅水层的营养物质更新速度极慢，因而靠此为生的浮游生物也是少之又少，只有其他海区的1/3。这样一来，那些以浮游生物为食的大型鱼类和海兽几乎绝迹，即使有，也同其他海区的外形、颜色不同。

1492年9月16日，当哥伦布的探险船队正行驶在一望无际的大西洋上时，忽然，船上的人们看到在前方有一片绵延数千米的绿色"草原"。哥伦布欣喜若狂，以为印度就在眼前。于是，他们开足马力驶向那片"草原"。但当哥伦布一行人驶近草原时，不禁大失所望，原来那"草原"是一望无际的海藻。那片海域即今天的马尾藻海。

马尾藻海有"海上坟地"和"魔海"之称。这是因为许多经过这里的船只，不小心被海藻缠绕，无法脱身，致使船上的船员因没有食品和淡水，又得不到救助，最后饥饿而死。最先进入这片海域的哥伦布一行就在这里被围困了一个多月，最后在全体船员们的奋力拼搏下才得以死里逃生。在第二次世界大战中，英国奥兹明少校曾亲自去了马尾藻海，海上无风，"绿野"发出令人作呕的奇臭，到处是毁坏了的船骸。到了晚上，海藻像蛇一样爬上船的甲板，将船裹住不放，为了航行，他只好把海藻扫掉，可是海藻反而越来越多，像潮水一样涌上甲板。经过一番搏斗，筋疲力尽的他才侥幸得以逃生。

马尾藻海位于大西洋中部，强大的北大西洋环流像一堵旋转的坚固围墙，把马尾藻海从浩瀚的大西洋中隔离出来。因此，由于受海流和风的作用，较轻的海水向海区中部堆积，马尾藻海中部的海平面要比美国大西洋沿岸的海平面平均高出1米。

那么，马尾藻海究竟是怎样形成的呢？如果把大西洋比作一个硕大无比的盆子，北大西洋环流就在这盆中做圆周运动。而马尾藻海则非常平静，所以许多分散的悬浮物都聚集在这里，海上草原就是这样形成的。但是，马尾藻海里的马尾藻究竟是怎么来的，人们还没有找到一个肯定的答案。有的海洋学家认为，这些马尾藻类是从其他海域漂浮过来的。有的则认为，这些马尾藻类原来生长在这一海域的海底，后来在海浪作用下，漂浮出海面。

最令人称奇的是，这里的马尾藻并不是原地不动，而是像长了腿似的时隐时现，漂泊不定。一些经常来往于这一海区的科学家经常会遇到这样的怪事：他们有时会见到一大片绿色的马尾藻，然而过了一段时间，却不见它们的踪影了。在这片既无风浪又无海流的海区，究竟是何种原因使这片海上大草原漂泊不定呢？至今仍是个谜。

如何让海水变成淡水

如此丰富的水资源却不能直接被人类所利用，主要是因为海水中的盐分高达33‰～38‰，根本无法使用。人类要想解决淡水紧缺的难题，淡化海水不失为一条良策。于是，科学家们迈开了探索的步伐并找到了一些行之有效的途径。

目前，人们已研究出了多种海水淡化方法，但比较常用的实现海水脱盐的方法主要有3种：蒸馏法、冷冻法和反渗透法。

最古老的海水淡化方法是蒸馏法，工艺较成熟，比较适用于处理海水。

这是一个大家都见过的方法，原理特别简单。当海水被烧开时会冒出热气腾腾的水蒸气，水蒸气没有什么杂质，遇冷会变成水，这一现象启发了人们海水蒸馏成淡水的方法，也就是首先把海水加热到100℃，使海水冒出热气腾腾的水蒸气。水蒸气里不含盐分，然后让那些水蒸气通过特别的管子跑到专门预备的冷凝装置里。水蒸气到了那里变成了一滴滴的小水珠，这些小水珠聚集在一起就成了淡水。

蒸馏法尽管简单，但它耗时，而且得到的淡水十分有限，所消耗的能源也特别多。

为了减少能源的消耗，人们便创造了水电联产这种把发电与海水淡化结合为一体的、更为先进的办法。这种方法是把大中型海水淡化厂与火力发电厂相结合，利用电厂余热的低压蒸汽作为淡化装置的主要能源。这样，电厂高压、低压的蒸汽能量都得到了充分利用，大大提高了整个工作系统的热效率，大幅度降低了发电与淡化两个系统的设备造价和基本建设费用。因此，海水淡化的成本大为降低。

那冷冻法是怎样的呢？我们知道，在日常生活中，含盐的液体是不结冰的，只有淡水才结冰。海水虽然是咸的，但它依然会结冰，人们对此疑惑不解。后来，人们尝试着把海水冰冻，发现海水不但会结冰，而且结出的冰一点儿也不咸。原来当海水不完全凝结时，它就分成几乎不含盐的冰和浓缩的盐水。于是人们把冰从盐水中分离出来。就这样冷冻法便诞生了。

冷冻法比较简单，只要使海水温度处在冰点以下，海水中就会结出冰块，然后把冰块取出来融化，就成了淡水。

把海水变淡的另一个主要方法是反渗透法。反渗透法是用一个特殊结构的膜来过滤咸水。这种膜和平常有孔的过滤器不同，它是没有孔的。对咸水施加足够的压力，盐分等水合离子留了下来，而水却能穿过膜，变成人们生活所需要的淡水。

上述是将海水中的淡水分离出来的3种方法，除了这些方法外，还可以采取离子迁移法和化学法除去海水中的盐。食盐以及大多数其他的盐类的结构是由带相反电荷的离子组成的。水合物是这样形成的：当盐溶于水时，这些离子就与水松散地结合在一起。因此，当晶体结构分解时，能独立移动的离子就产生了。由于这两种离子所带的电荷相反，当它们处于两个带相反电荷的电极中间时，它们的运动方向是相反的。用这种方法使海水脱盐，就是离子迁移法。而化学法则包括离子交换法和沉淀法。

海水淡化装置示意图

既然有这么多的方法可以用来淡化海水，我们就没必要再为淡水的缺乏而发愁了吧？不，以上几种方法虽然可以实现海水的淡化，但是它们都有一个致命的弱点：成本高昂。据估计，用任何方法淡化海水，都需要11.6度电才能生产1000加仑的淡水。为什么耗电如此大呢？我们都知道水是液体，而液态水分子具有紊乱的分支结构。如果通过离子转换进行淡化，液态水分子的分支特性仍然是一个障碍。将水合离子推过由分子紧密结合形成的"乱网"一样的液体，就需要能克服阻力的额外的能量。因此，无论采用哪一种淡化方法，淡化成本都是目前最大的难题。

但科学家们为了人类的共同命运，仍在坚持不懈地进行着探索。大家都知道，水的汽化需要消耗热，水蒸气冷凝成液态水则要释放热能。在蒸馏中，这两个过程是同时进行的。这个假设引起了人们的兴趣：如果在同一温度上进行两个过程，热量的释放与消耗正好相等。这样，除了偶然的热量丧失之外，在用蒸馏法进行淡化时，就不需要热能了。这一设想从理论上看起来虽然简单，但实际操作中却没那么简单方便，因为咸水的蒸汽压略低于淡水。从蒸馏器中释放出来的咸水的蒸汽，在蒸馏器的温度下无法冷凝成液态淡水，除非采用增大其压力和密度的办法将其稍微压缩。如果进行了压缩，在蒸馏的汽化过程中消耗的热量，将在冷凝整齐时在冷凝器中全部释放出来。如果能找到回收所有这种热量的方法，就可将热量再用来蒸发新的咸水。用这种方法回收热量所消耗的唯一能量，是用来压缩咸水产生的蒸汽，直到其压力与蒸馏器温度下淡水的压力相同为止。

科学家在热带和亚热带进行了利用太阳能蒸发盐水的大量实验。太阳能的优点是不需成本，缺点是其能量较弱。随着覆盖在液体上的水蒸气密度不断增大，还没有到达水面，太阳光就被遮掉了。此外，利用太阳能蒸发的最大弱点还在于不能回收蒸发水的过程中消耗的热量。目前，用电热补充太阳能的尝试也不太成功。

为了克服这一缺点，科学家们又研制出新的淡化方式，这种方法是多效蒸发。在多效蒸发中，消耗的热能大部分能从冷凝器中回收，而且可以反复使用好几次。因此产生的蒸馏水量至少为原来的 2.5 倍，而在蒸汽压缩蒸馏中，则可能为原来的 10 倍。

此后，又出现了一些更能节约热量的海水淡化法，如真空急骤蒸馏法。这种方法主要是使用低压废蒸汽——蒸汽发生过程中的副产品或工业中产生的蒸汽和电能的副产品进行海水淡化。这种方法，由于预热、热输入和急骤蒸馏的循环被打破，形成许多连续的回路，盐水在回路之间反复循环，因此，和其他方法相比较，蒸发过程需要在温度更高的环境中完成。在回路之间，一部分盐水通过前效应反复循环。和其他方法相比较，这种方法利用热的效率高，因为温度越高，产生的蒸汽越多。现在人们仍对这种方法进行研究，还可能有进一步的突破。

随着研究的加深，向海洋索取淡水已取得了惊人的发展。目前，从事海水淡化工作的国家越来越多，据统计，已有 40 多个国家开始了研究和生产。他们采用的淡化方法各不相同。不过，淡化海水的基本原理不外乎上面所提到的。全世界的海水淡化工厂大约有 7500 多个。在沙特阿拉伯，有一个淡化厂每天可提供 4.85 亿升淡水，目前是世界上最大的淡化厂。在我国南部海疆西沙群岛的永兴岛上的军民也是靠海水淡化来获取大部分的生活用水。有关数据显示，世界上淡化水的日产量已达到 2300 万吨，并以 10%～30% 的年增长率攀升。世界海水淡化市场年成交额已达 10 亿美元。

虽然海水淡化已取得了一定的成效，但前景却不容乐观。世界上还有许多国家在这方面的研究尚处于起步阶段。因此，目前的海水淡化技术还需要世界各国共同努力去进一步完善，从而解决人类的淡水问题。

潮汐是怎样形成的

大海潮涨潮落，每天都会发生。涨潮时，海水就会淹没大片的海滩；落潮时，大片的海滩又会露出来。古时人们把白天发生的涨潮叫作"潮"，晚上发生的涨潮叫作"汐"。可是你们知道"潮汐"是怎样形成的吗？

很早以前，这个秘密就已为古人所知。比戴阿斯——古代希腊的航海家，在大西洋沿岸，曾仔细观察和记录过潮汐现象。他发现每月有两次特别小的低潮和两次特别大的高潮，并且总是在新月和满月的时候出现高潮，而总是在上弦月和下弦月的时候出现低潮。因此，他断定，是月亮导致了潮汐现象。

王充——中国东汉时代的哲学家则直言："涛之起也，随月盛衰。"名诗《春江花月夜》中也有"春江潮水连海平，海上明月共潮生"的诗句。

现代科学证实月亮确实是导致潮汐现象的重要原因。

由于万有引力在各个星球间都会存在，因此，我们可以设想一下，如果整个地球都是海洋，那么在月球引力作用下，地球会变成什么样子呢？地球这个"水球"就会被拉成蛋一样的长形的球。背着月球和对着月球的两点就凸起。每 24 小时地球就会自转一圈，对某一点来说，就会有两次涨落在那个地方的海面发生。也就是说，从这一次落潮到下一次落潮，或者说，从这次涨潮到下一次涨潮，大约只有半天相隔。

那么每月会发生两次特别大的高潮和特别小的低潮的原因又是什么呢？

原来，万有引力也存在于太阳与地球之间，但由于太阳距地球较远，因此引力不大，平时不明显。可当月亮、地球和太阳处于一条直线即满月或新月时，太阳对海水的引力和月亮对海水的引力就会起重叠作用，这时，就会有大潮出现，这就好比两个人来拔萝卜就较容易拔出萝卜一样。当月亮和太阳与地球形成直角即上弦月或下弦月时，两种引力作用方向不同，就会相互抵消，这时小潮就会出现，这好像是一个大人往前拉车，而后面却有一个小孩向后拖车，车前进的速度因此变慢一样，由于每月出现两次这种情况，所以每个月特别大的高潮和特别小的低潮共出现两次。

海洋潮汐这种自然现象极其复杂，除主要与月亮、太阳和地球的相对位置有关外，海盆的形状、海水的深度、气流的情况等对之也会产生一定的影响。

如何让海洋潮汐造福人类

如前所说，潮汐之所以形成，是因为地球上的海域在太阳和月亮引力的影响下，海水发生了周期性运动。其实，从理论上来说，潮汐现象一般不明显，因为太阳的引潮力可使海面升高 0.246 米，月亮的引潮力可使海面升高 0.563 米，二者的合力最多可使海面升高 0.8 米，这应该就是潮汐的最大幅度。

但大自然的神奇常常导致人类的理论测算失败，事实上许多地方的潮汐非常明显，其幅度远远超过 0.8 米。在一些海峡、海湾和河口地带，又浅又窄，在这种情况下，潮差可高达七八米，最高的可达十几米。中国的钱塘江大潮十分有名，其最大潮差达 8.9 米；而加拿大芬地湾的潮汐更加惊人，最大潮差高达 19 米。

潮汐发电示意图

潮汐固然壮观，但对人类而言，它在引起海水流动的同时也带来了巨大的动能，这才是人们真正感兴趣的。

这种动能就是潮汐能。据估计，海洋潮汐能的总储量超过 10 亿千瓦。潮起潮落中竟有如此大的能量！海洋潮汐能的前景十分美好，吸引了各个濒海的国家的关注，一场研究、开发和利用潮汐能的热潮也就不可避免地发生了。

其实，在人类历史上，海洋潮汐能算得上是被最早开发的海洋动力资源之一。古人早就注意到这一巨大能源了。有记载表明，早在中国唐朝时期，沿海居民就利用潮汐能来碾磨五谷。如今，1000 多年过去了，科学技术有了很大发展，人类对潮汐的开发利用更加充分，已远超前人。

潮汐主要被用来发电，经过多年探索，潮汐能开发技术已趋于成熟。潮汐能开发技术主要包括电站的运行方式、发电机组、海上建筑物、施工方法、防腐和防生物附着以及泥沙淤积等。潮汐发电的原理很简单，就是水轮机在海水涨落造成的水位差的驱动下，带动发电机发电。目前，潮汐发电技术已被人们用于实践，并且人们不再满足于小规模的潮汐发电，潮汐发电技术正向着中、大型方向发展。

法国是这方面的佼佼者。第二次世界大战之后，世界第一家潮汐能利用协会在法国成立，此后，法国又于 1967 年建立了一座双向发电站——朗斯潮汐发电站。这座发电站举世闻名，其运行作业装机容量是世界上最大的，迄今为止已安全运行了 30 多年了。朗斯潮汐发电站的运行方式是单库双向式，由正向发电获得电量。电站总装机容量高达 24 万千瓦，年发电量达 5 亿多千瓦／小时。

1968 年，苏联继法国之后，建成了基斯洛潮汐电站，但其总装机容量远小于朗斯电站，仅为 2000 千瓦。1984 年，加拿大建成了安内纳波利斯潮汐电站，一台全贯流式实验机组装在电站内，容量为 2 万千瓦。

20 世纪 90 年代之后，随着科技的发展，潮汐电站的建设得到了长足发展。除了法国之外，苏联、日本、英国、美国和加拿大等潮汐能丰富的国家都在大力推进潮汐发电技术的发展。目前，全世界已建成 24 座大型潮汐电站。即便如此，人类对潮汐能的运用也只是很小的一部分，潮汐能仍然有巨大的开发潜力。据世界动力会议估计，20 年后，全世界潮汐发电量将会大大增加，可能达到 1000 亿～3000 亿千瓦。

潮汐对于人类，不仅适于观赏，而且其蕴藏的能量还可以成为人类可加以利用的资源，这对人类的意义十分重大。

海洋为何会五光十色

蓝蓝的大海，是许多人的神往之处。可是你知道吗，海洋并不只是蓝色的，在我们的地球上，还有"红海""白海""黑海"。可以说海洋也是五光十色的，那么你知道海洋为什么会五光十色吗？

我们知道，红、橙、黄、绿、蓝、靛、紫，这 7 种颜色混在一起，就成了白色的太阳光。我们可以做一个简单的实验来证明这一点：把一张稍厚些的纸皮，裁成一个圆盘，将圆盘分成 7 个部分，在这 7 个部分分别涂上 7 种颜色，那么，飞速地转动圆盘，我们看到的就是白色而不再是多种色彩。

这 7 种颜色有不同的波长，所以被海水吸收、反射和散射的程度也不同。红光、橙光和黄光光波较长，具有很强的穿透力，水分子容易吸收，射入海水后，随海水深度的增加逐渐被吸收了。一般来说，在水深超过 100 米的海洋里，这 3 种波长的光，大部分都被海水吸收。而蓝光、紫光和部分绿光光波较短，具有很弱的穿透力，遇到海水分子或其他微粒时会有不同程度的散射或反射发生，人眼对其中的紫光比较不敏感，因此我们就觉得海水是蓝色。

天气也会影响海水的颜色。万里晴空的蓝天会映得大海更蓝，而在云雾的笼罩下，则使大海显得灰暗。

海水的颜色还会受到海水中泥沙的含量的影响。海水中含有的泥沙若很多，则呈现出黄色。中国的黄河注入渤海时，由于携带了大量的泥沙所以附近海面呈现黄色。

冰层覆盖的海面，则看来为白色。被称为"白海"的海面呈现出一片银白色，是因为一年中有 200 多天为冰层所覆盖。

此外，海洋的颜色还会受到海洋里生物的影响。

位于亚洲和非洲大陆之间的一个长方形的海，海水微红，被称作"红海"。原来有一种叫"蓝绿海藻"的植物在那里海水的表面繁殖生长。这种植物死后，呈现红褐色，海面上漂浮着大量死去的蓝绿海藻，海水就变成红色的了。

"黑海"的海水流动缓慢，海水很脏，鞭毛虫在海里繁殖生长，看起来就成了黑色；在极地海洋中，海水因甲壳类动物的大量繁殖而被染成玫瑰色；一种蓝绿色的水藻生活在波罗的海里，使它看起来像绿色的草原……所以海洋不全是蓝色的。由于不同的原因，海洋也呈现出五光十色。

红海是怎样形成的

亚洲阿拉伯半岛与非洲东北部海岸之间有一个狭长的内海，那就是红海。红海所处的地理位置极为重要，它是沟通欧亚两大洲、连接印度洋与地中海的天然水道，每年都会从这里通过成千上万艘船只。但是，你知道红海是怎样形成的吗？

大陆漂移与板块学说诞生以后，我们可以从一个全新的角度解释红海的形成。科学家们认为，大约在 4000 万年以前，红海并不存在。那时非洲与阿拉伯半岛并未分开。后来，地壳在今天红海的位置上发生了断裂，阿拉伯半岛的陆地不断北移，红海各地不断拓宽。通过曼德海峡，印度洋的海水灌了进来，今天的红海才得以形成。

板块学说认为，先前陆地分裂并不断移向两侧才形成了如今的大洋。世界海洋的发育历史被这一学说分成若干阶段。比如，大西洋发育正旺盛，叫壮年海；太平洋正处在发育后期，叫老年海；地中海在不断变小，叫残留海；而红海则刚刚开始发育，称为幼年海。

据科学家研究，目前红海正在"发育"，每年向两侧扩张大约2厘米。

那么，红海有没有变成大洋的可能呢？

板块学说认为，只要红海不停止扩张，随着时间的推移，红海最终一定会变成一个名副其实的大洋。但也有人持有另一种观点，他们认为，即使红海今天的扩张运动一直在进行，但却并不是海底扩张会一直持续下去的有力保证。据现在所知的材料介绍，在以往漫长的地壳发展过程中，有的板块移动不止，最后有大洋形成；有的板块则在移动过程中，由于其他板块的阻挡，移动中途停止，并未有大洋形成。

那么，红海会不会变成大洋呢？结果尚未可知，我们只能等待时间的证明。

骷髅海岸之谜

纳米布沙漠是世界上最古老、最干燥的沙漠之一。它起于安哥拉和纳米比亚的边界，止于奥兰治河，沿非洲西南大西洋海岸延伸2100千米。纳米布沙漠被凯塞布干河分成两个部分，南面是一片浩瀚的沙海，北面是多岩的砾石平原，沿斯凯利顿海岸一带的海洋汹涌险恶。这里是世界上唯一沙漠（纳米布沙漠）与海洋（大西洋）相连处，充满了诡异恐怖色彩的骷髅海岸就在南纬15°～20°之间的纳米比亚西海岸，这段海域因为南极洋流与大西洋洋流相遇，称为"西风漂流"地带。这条500千米长的海岸备受烈日的煎熬，沿岸的年降雨量不到25毫米，湿度来自夜间所形成的露水以及每隔10天左右夜间吹入海岸的雾霭，它们有时深入内陆达50千米。8000万年以来，寒冷干燥的风从海洋吹来，在海岸边堆积起巨大的沙丘。每15年一次，奎士布河的威力足以将沙子全部冲到大西洋海岸，而来自西南方向的海浪再把沙子堆上海岸。这种沿岸的冲积过程可能持续上千年，沙粒被不停地冲来冲去。在海浪下面，沙子堆积成巨大的水下沙坝，加上强劲的海风和频繁出现的大雾，使这里变成了危险的水域。几个世纪以来，无数的船只只要到了这里，就难逃死亡的厄运。

因失事而破裂的船只残骸，杂乱无章地散落在古老的纳米布沙漠和大西洋冷水域之间的海岸线上。葡萄牙海员把纳米布这条绵延的海岸线称为"地狱海岸"，也有人把它叫作骷髅海岸。

骷髅海岸从大西洋向东北一直延伸到内陆的沙砾平原，从空中看下去，是一大片褶痕斑驳的金色沙丘。由于长期以来风力的作用，海岸沙丘的岩石被刻蚀得奇形怪状，犹如妖怪幽灵，从荒凉的地面显现出来。南风从远处的海吹上岸来，布须曼人称这种风为"苏乌帕瓦"。"苏乌帕瓦"吹来时，沙丘表面向下塌陷，沙粒彼此剧烈摩擦，发出隆隆的呼啸声，交织成一首奇特的交响乐，就像是献给那些遭遇海难的海员，以及在迷茫的沙暴中迷路的冒险家的挽歌。

纳米比亚自然资源非常丰富，素为西方殖民主义国家觊觎垂涎。19世纪德国人大举入侵纳米比亚，但从未占领骷髅海岸。骷髅海岸是水手的墓地，无数的船只迷失在这里的浓雾和狂暴的海水中。据说一支德国部队进入骷髅海岸，却因为迷失方向而全军覆灭。一些外国船队也企图在这里登陆，由于浪高滩险，大多船只都触礁沉没。

1933年，一位瑞士飞行员诺尔从开普敦飞往伦敦时，飞机失事，坠落在这个海岸附近。有一位记者指出他的尸骨终有一天会在"骷髅海岸"找到，可是诺尔的遗体一直没有被发现。

1942年，英国货船"邓尼丁星"号在库内内河以南40千米处触礁沉没，21位乘客包括3个婴孩，以及42名男船员侥幸乘坐汽艇登上了岸。那次救援共派出了两支陆路探险队，从纳米比亚的温德胡克出发，还出动了3架本图拉轰炸机和几艘轮船。其中一艘救援船触礁，3名船员遇难。这次救援用了近4个星期的时间才找到所有遇难者的尸体和生还船员，并把他们安全地送回。

1943年，人们在这个海岸沙滩上发现13具无头骸骨横卧在一起，其中有一具是儿童骸骨；不远处有一块风雨剥蚀的石板，上面有一段写于1860年的话："我正向北走，前往60英里外的一条河。如有人看到这段话，照我说的方向走，神会帮助他。"但至今仍没有人知道遇难者是谁，也不知道他们为什么暴尸海岸。

骷髅海滩四下望去，满目萧疏荒凉，这片海岸上的一切都不同寻常。

通向大海的四万个台阶

有这样一个神话，爱尔兰巨人麦科尔砌筑了一条路，从他在爱尔兰北部安特里姆郡的家门穿过大西洋，到达他的死敌苏格兰巨人芬哥尔所在的赫布里底群岛。但狡猾的芬哥尔先发制人，在麦科尔还未采取行动前先来到爱尔兰。麦科尔的妻子机智地骗芬哥尔说，熟睡中的麦科尔是她襁褓中的儿子。芬哥尔听了很是害怕，心想襁褓中的儿子已如此巨大，他的父亲一定更加巨大。于是惊慌地逃到海边安全的地方，并把走过的路拆毁，令砌道不能再用。

另一种传说则要平和、浪漫得多。传说，中古爱尔兰塔拉王的武士芬恩·麦库尔爱上了内赫布里底群岛中斯塔法岛上的一位身材高大的美女。为了把这个美人脚不沾水地娶回阿尔斯特，芬恩建造了这条通往斯塔法岛的石路……

今天，在爱尔兰北部海岸的贾恩茨考斯韦角，我们看见的数以万计的多角形桩柱，据说就是巨人麦科尔砌筑的。这些桩柱大部分高6米，拼在一起成蜂巢状，构成一道阶梯，直伸入海。从高空望下去，砌道就像沿着270多千米长的海岸，由人工砌筑出来的道路，往北一直延伸到大西洋。这些屹立在大海之滨已有数千万年之久的岩层，以其井然有序的排列组合及美轮美奂的造型，令无数游人叹为观止。

贾恩茨考斯韦角的桩柱可分作大砌道、中砌道和小砌道三组，人们饶有兴趣地给这些桩柱起了些古怪的名字，如被峭壁隔开的"烟囱顶"和"哈米尔通神座"观景台。

"巨人之路"的石柱林

密密麻麻的玄武岩石柱从海里凸出，有些呈灰色并已严重风化，其他则呈漆黑或是深黛色。

早在17世纪，学者们就开始研究它的起源，"巨人之路"及其周围海岸也很快发展成为一个科学家们频繁光顾的地质学研究场所。撇开神话不谈，关于这条砌道是怎样形成的，就有多种认识。曾有人认为这些桩柱是海水中的矿物沉积所成。

今天，大部分地质学家都认为砌道的形成源自火山活动。约在5000万年前，爱尔兰北部和苏格兰西部的火山活动活跃，从火山口涌出的熔岩冷却后僵化，在新爆发之后，另一层熔岩又覆盖在上面。熔岩覆盖在硬化的玄武岩层土上冷却得很慢，收缩也很均匀。熔岩的化学成分令冷却层的压力平均分布于中心点四周，因而把熔岩拉开，形成规则的六角形。这个过程发生一次后，基本形状就确定下来了，于是便在整层重复形成六角形。冷却过程遍及整片玄武岩，这样就形成一连串的六角形桩柱。在首先冷却的最顶上一层，石头收缩，裂成规则的菱形，当冷却和收缩持续，表面的裂缝向下伸展到整片熔岩，整片玄武岩层就被分裂成直立的桩柱。千万年来，坚硬的玄武岩柱不断被海洋侵蚀，就成了高低不一的模样。石柱的颜色则受到冷却速度的影响，石内的热能渐渐散失后，石头便氧化，颜色由红转褐，再转为灰色，最后成为黑色。不过，地质学家的这种观点还有待进一步考证。

百慕大海底的"魔鬼"是谁

最近几十年来，多宗空难、海难在百慕大发生。明明是晴朗的天空、平静的海面，但是行至此地的飞机和船舰以及其上的乘员却在此神秘失踪，赶到此地的救难者也没有发现任何遇难飞机、船舰的残骸碎片，甚至看不见一个遇难者的尸体。为了揭开这"百慕大之谜"的谜底，世界上许多专家学者从不同科学研究领域探索这一奇异现象。

最早提出海底水文地壳运动说的是苏联科学家。他们说，由于百慕大具有极为复杂的海底地貌，所以百慕大海域的洋流纵横交叉、变幻莫测，在这里形成了多个巨大的漩涡流。后来，美国科学家又对这种说法进行了进一步的证实。他们认为，百慕大海域不仅有巨大的漩涡，而且在阳光照耀下这些涡流产生的温度极高，这就会造成飞机爆炸、舰船沉没。

第二种主要观点就是次声波地磁引力说。在20世纪30年代苏联地球物理学家舒列金提出海浪可以产生次声波。他认为，在发生地震、火山喷发、风暴等自然灾害的同时，次声波也随之产生，虽然人耳听不见这种次声波，但是，它的破坏力却十分巨大。当人处在振荡频率约为6赫的环境中时，便会感觉极度疲劳，随后出现焦躁不安和本能的恐惧，而当人处在频率为7赫的环境中时，人的神经系统和心脏陷入瘫痪。百慕大这个区域次声波最为活跃，置人于死地的次声波就是导致种种惨剧发生的"魔鬼"，它是罪魁祸首。

20世纪70年代中期，美国科学家提出了"虚幻之谜"说，拉里·库什不仅是位科学家，还是一位出色的飞行员，他利用大量可靠的原始资料进行了深入细致的研究，最后的研究结果令世人震惊。他认为，百慕大三角之谜根本不存在。他说发生在百慕大三角的这些奇异现象，早在16世纪哥伦布探险时期就有记载。这些记载说，由于飓风、狂浪、海啸等自然灾害造成了这里的空难或海难，很多研究百慕大的学者也知道这些记载，但没有重视它，甚至有些学者为了猎奇，有意或无意地把这些情节删去，更有些人还把本不是发生在百慕大的空难、海难事故传作在此地发生，以图一鸣惊人。最后，他呼吁："再也没有任何相信有超出科学可知性范围的事会比相信百慕大之谜更为糟糕了。百慕大明显是伪科学、超科学、科学幻想和宣传上故意夸大的最典型的例证。"

到底百慕大海底的"魔鬼"是谁？是不是人为的虚构呢？看来人们之间的争论还会继续下去。

挪威海底为何成"公墓"

1980年，一场高难度的悬崖跳水表演正在挪威沿海的一个寸草不生的半岛上进行。这个半岛一面是山，三面环水，悬崖下的海水深不可测。来此观看表演的人非常多。

发令枪响后，30名跳水运动员纵身飞下悬崖，做着各种精彩的空中动作，钻进了大海之中。观看者全神贯注地欣赏着运动员的精彩表演。可是，半小时过去以后，却没有一人从水面露出。人们大为惊慌，运动员的亲属伤心痛哭。表演的组织者派出救生船和潜水员寻找运动员，可是连下海救生的潜水员也一去不复返。

第二天，一名配有安全绳和通气管的经验丰富的潜水员下海探索。当安全绳下到距海面只有5米时，潜水员、安全绳和通气管以及船上的潜水救护装置被一股强大的力量全部拖进海底。表演的组织者又向瑞典抢险救生部门求援，该部门派来一艘瑞典的微型探察潜艇。可令人惊异的是，这艘微型潜艇入海后也无影无踪了。

美国派来了一艘海底潜水调查船，地质学家豪克逊主持调查工作。在电视监视器前豪克逊不停地对海底进行搜索。突然，他发现有一股强大的潜流在离船不远的地方，那30名运动员、2名潜水员的尸体和那艘微型潜艇就在那股潜流中，在海底还有不少脚上拴有铁链的人的尸体。

豪克逊非常吃惊，觉得难以置信，但监视器录像机也录下了这一奇景。

是什么造成了运动员和潜水员不能返回水面而被淹死呢？那些脚上拴着铁链的尸体又是来自何处？他们是些什么人？为什么他们的尸体没有腐烂？这些奇异现象令人百思不得其解。关于这个海底"坟墓"人们议论纷纷，说法不一。

经过调查以后豪克逊提出了自己的一些看法。他认为在这里暖流和寒流进行交汇，因而一股强大的漩涡在此形成，附近的人和物体都被卷入涡心，带到水下。这里水质纯净，没有各种生物所需要的微量元素，所以尸体不会腐烂。至于那些脚上拴着铁链的尸体的来源，豪克逊认为，曾经有一座大监狱在这个半岛上，死去的犯人不断被监狱的看守们投入海底，逐渐聚积了这么多尸体。豪克逊还认为，这里寸草不生是因为半岛上的岩石能产生一种看不见的射线，这座大监狱被遗弃可能就是这个原因。但豪克逊也没有搞清楚究竟是一种什么射线。

这只是豪克逊的个人观点。对于海底"公墓"，别的学者也有不同的看法。

但想知道海底"公墓"是如何形成的，还得等待更为深入的研究。

海上怪火之谜

不知你有没有听说过海火现象，但在现实生活中，确实多次出现过海火现象。

1933年3月3日凌晨，日本发生三陆海啸时，人们看到，当波浪从釜石湾口附近的灯塔涌进海湾中央时，三四个像草帽般的圆形发光物在浪头底下出现，它们色泽青紫，横排着前进，像探照灯那样向四面八方照去，光亮可以使人看到波浪中的破船碎块。一会儿，这圆形发光物被互相撞击的浪花搅碎，然后发光物就消失了。

1975年9月2日傍晚，在江苏省近海朗家沙一带，海面上有微微的光亮随着波浪的起伏跳跃，就像燃烧的火焰那样不断跳动，这种现象一直到天亮才逐渐消失。第2天夜晚，再次出现亮光，而且更加光亮。以后逐日加强，到第7天，人们看到有很多泡沫在海面上涌现，当渔船驶过时，激起的水流异常明亮，水中还有珍珠般闪闪发光的颗粒，好像灯光照耀一般。几个小时以后，这里有地震发生。

1976年7月28日唐山大地震的前一天晚上，在北戴河、秦皇岛一带的海面上，人们也曾看到过这种发光现象。在秦皇岛的码头，人们看到有一条火龙似的明亮光带在海的中间。

1985年6月的一天，天空晴朗，太平洋洋面平静如镜，满载货物的50艘巴西船正在航行。突然，船队发现一片大火在前边的海面上忽然燃起，凶猛的火向船队扑来。全体船员奋力协作，终使船队逃脱厄运，才没有发生大的损失。可是令人不解的是，在浩渺无际

海上怪火

的海面上，在没有其他船只、人员和任何燃烧物的情况下，大火为什么会突然燃起呢？

1986年和1987年，在大西洋和印度洋的海面上美国船队和日本船队也分别同类似的海上怪火相遇。

联合国曾组织有关地质学家和海洋专家调查过海火现象。调查报告有以下3种解释：第一，由于有难以计数的可燃发光微生物群在海底聚集，随着生殖繁衍其群体日益增多乃至涌出水面，再加上光照和空气中的氧气等条件，怪火就可能酿成；第二，由于恰是可燃气体如沼气等的气源在海底，气源膨胀后可燃气体从水面冲出，与空气摩擦燃着成为怪火；第三，由于海洋波涛汹涌，巨浪互相撞击，如条件合适，水中氢氧元素便会被分开，在强光的照耀下，怪火便会发生。

一些学者认为，怪火的出现与地震关系紧密。美国科学家曾对圆柱形的花岗岩、煤、玄武岩、大理石岩等多种岩石试样进行压缩破裂试验，结果发现当有足够大的压力时，这些试样便会爆炸性地碎裂，在几毫秒内会有一股电子流释放出。周围的气体分子正是在这股电子流的激发下发出微弱的光亮。这些样品若被放在水中，水也会因它碎裂时产生的电子流发出亮光。因此，当发生强烈地震时，很多的岩石破裂，破裂过程中释放的电子流足以产生让人感到炫目的光亮。

但怪火现象极为复杂，可能是因为不同的原因造成的，所以海火也具有不同的特征。但海火现象确实存在，且其形成机制我们尚未完全弄清，尚待我们继续探索。

海洋里到底有没有美人鱼

自古以来就有不少关于美人鱼的记载。2300多年以前，巴索斯——巴比伦的历史学家在《万代历史》一书中写到美人鱼，他说美人鱼形似鱼，但还有一个像人的头长在鱼头下，身体下部有一双与人一样的脚和鱼尾相连。此人鱼用人类语言讲话，发音清楚，能引导人们洞察科学、文字和各种艺术，有着天赋的理性，这种巴比伦的鱼种，每天日出时浮上海面，日落则潜入水中。17世纪一本《赫特生航海日记》于伦敦出版，书中对美人鱼的描写是这样的："人鱼露出海面的胸和背和一个女人极为相像，它的身体大小和一般人一样，白色皮肤，长长的头发披在背上，在它潜水下去时，它海豚似的尾巴可以被人们看到。"

美人鱼被中国古人称为人鱼。《三峡记》中记载，明月峡中有两条清亮的小溪从东流向西。南朝宋升明二年(478年)，一个叫微生亮的渔人在溪中钓得一条银白色的大鱼，有1米多长。大鱼被他放在船内，并在其上盖上青苗，回家后，他准备做饭，却见一位十七八岁的姑娘在草下睡觉，长得俏丽可爱，她自称是高唐的女儿，此后与生亮共同生活3年后离去，后来才知道那女子乃高唐中的美人鱼。

据说在欧洲维斯杜拉河畔有一个美人鱼，她用优美的歌声将害人的水怪打败。人们在河畔上的城市——华沙建造了一座美人鱼的铜像以示对她的纪念。美人鱼一手执盾，一手仗剑，双目望着远方，成为波兰首都的标志。

1830年，一条美人鱼标本在英国伦敦皇家博物馆展出，当时全世界轰动。后来专家对此做鉴定，是用猴头和鱼身巧妙缝合而成的人头鱼。1980年8月，"红海海岸发现美人鱼"的消息和照片被科威特《火炬报》报道过。然而，不长时间后，有人揭露那是一条鱼和一个女人的裸体照片拼接翻拍而成的，这条新闻根本就不属实。

近年来，科学家做了大量深入的研究。一些专家持有这样一种观点，即它有可能是类人猿的一个变种。这些人猿由于长期在海里生活，下部退化为鱼尾，以适应在水中生存。而中国的科学工作者对此却持异议。他们多次在南海发现一种同美人鱼类似的海兽，经科学鉴定，它们非人也非鱼，是古代遗存动物——儒艮，这种哺乳动物的祖先曾在陆地上生活，也用四肢行走。随岁月变迁，对水中生活也适应了，前肢演化成胸前鳍，而后肢已退化，尾巴进化为尾鳍，以便于游泳。全身呈锤形，长3米左右，重约1000斤。圆头大眼，十分奇特，幼仔胎生，靠母乳喂养长大。雌儒艮在哺乳时用双鳍将幼仔抱住，头部及胸部常露出水面，有着很大的双乳，在晚露映射下，就变成"红裳妇人"。儒艮有稀少的长毛长在背上，这大概就是人们看到的美人鱼的头发了。

"海底人"真的存在吗

你听说过"海底人"吗？你认为"海底人"真的存在吗？近几十年来，在地球各大洋的水域都有不明潜水物出现过，或许，这为"海底人"的假想提供了某些线索。

据记载，1902年最早发现不明潜水物。在非洲西岸的几内亚海域一艘英国货船发现了一个巨大的浮动怪物，外形同现在的宇宙飞船十分相像，长70米，直径10米。当船员们试图向它靠近，以便看清它是什么模样的时候，这一怪物无声无息地沉入水中消失了。

1963年，又一不明潜水物在波多黎各岛东南部的海水下被发现，为了追赶此物美国海军先后派出了一艘驱逐舰和一艘潜水艇，在百慕大三角区他们追赶了500海里，这个怪物也被美国其他13个海军机构看到了。人们发现，只有一个螺旋桨长在这个怪物身上。他们拼命追赶了4天，但仍被这个怪物甩掉了。有时候，它能钻到水下8千米深处，看来它不可能是地球人制造的一种新式武器。

1959年2月，一件怪事在波兰的格丁尼亚港发生。一些人在这里执行任务，他们忽然发现有一个人站在海边。这个人筋疲力尽，一步一步地在沙滩上挪动。他被人们立即送进格丁尼亚大学的医院内。他穿的衣服很像"制服"，脸部和头发好像被烧伤了。他被医生单独安排在一个病房内接受检查。人们立即发现此病人的衣服很难解开，因为它是用金属做的而不是一般棉布、呢子之类东西缝制的。衣服上没有任何开口可以解开衣服，必须用特殊工具，费很大的劲儿才能把衣服切开。此人的手指和脚趾数都异于常人，此外，他的器官和血液循环也极为特殊。

正当人们要做深入研究时，他忽然无影无踪了。而失踪以前，他一直在那个医院内活着。

有的科学家认为，那种超级潜水物体所显示的非凡的能力，实在是地球人望尘莫及的。所以，这是外来的文明在海底藏身，因此，存在于地球本土之外的某些文明力量必然会关注我们人类的海洋。也许超级潜水物已经建造了它们的海底基地，当然它们的目的不是为了和地球人"捉迷藏"。固然海洋有利于潜伏或者说隐藏，但海洋能够提供生态情报，这才是更为重要的。如果说未来的某个时候发现了某个海洋活动场所，但这个海洋活动场所并不属于地球人，那么这应该不会让人们感到奇怪了，因为人们毕竟早已猜测到了在地球水域中存在外来文明。

也有研究者认为：不明潜水物的主人是地球人，只不过他们在水下生活，甚至在地下生活。

据说，1968年1月，在土耳其西部270米的地下，美国TG石油公司的勘探队发现了深邃的地道。地道四五米高，洞壁如人工打磨一般非常光滑。地道向前不知延伸到何处，左右又有无数的地道互相连接，宛如一个地下迷宫。也许真有一个我们所不知道的世界存在于地下。

神奇的南极威德尔海

在南极，有一个极为神秘的海叫作威德尔海，许多探险家因为它的魔力而视其为畏途，那么，威德尔海到底具有什么魔力呢？

流冰的巨大威力是"魔海"威德尔海最大的魔力。南极的夏天，在威德尔海北部，经常有大片大片的流冰群出现。这些流冰群首尾相接，像一座白色的城墙，连成一片，有时还会有几座冰山漂浮于其中。有的冰山有一

南极流冰

两百米高，方圆两三百平方千米，就像一个大冰原。那一阵阵的隆隆响声就是在这些流冰和冰山的相互撞击时发出的，在流冰群的缝隙中船只航行异常危险，说不定什么时候流冰就会把船只撞坏或者驶入"死胡同"，再也无法冲出流冰的包围，使航船永远留在这南极的冰海之中。1914年，威德尔海的流冰就吞噬了英国的探险船"英迪兰斯"号。

在威德尔的冰海中航行，风向对船只的安全意义重大。在刮南风时，流冰群会散向北方，这时就会有一道道缝隙在流冰群之中出现，在缝隙中船只就可以航行。如果北风刮起，流冰就会挤到一起，船只就会被包围。这时即使流冰不撞沉船只，

船只也无法从这茫茫的冰海中离开,在威德尔海的大冰原中至少要待上一年,直到第二年夏季到来时,才可能从威德尔海脱险。但是这几乎是不可能的,由于一年中只有有限的燃料和食物,特别是威德尔海冬季暴风雪肆虐,绝大部分陷入困境的船只难以从威德尔这个魔海离开,它们将永远在南极的冰海之中"长眠"。所以,在威德尔海及南极其他海域,一直有"南风行船乐悠悠,一变北风逃外洋"的说法流传。至今,各国探险家们还不敢违背这一信条,足见威德尔海"魔力"之大了。

威德尔海的另一魔力就是绚丽多姿的极光和变化莫测的海市蜃楼。船只航行在威德尔海中,就像飘游在梦幻的世界里。它那变幻莫测的自然奇观,既使人感到神秘,又令人恐惧。有时,船只正在流冰缝隙中航行,突然陡峭的冰壁出现在流冰群周围,好像冰壁将船只包围,挡住了去路,似乎再没有出路,使人惊慌失措。霎时,这冰壁又不复存在了,使船只转危为安。有时,船只明明在水中航行,突然间好像开到冰山顶上,船员们顿时被吓得一个个魂飞胆丧。还有,当海面被晚霞映红时,眼前常会有金色的冰山出现,倒映在海面上,好像砸向船只,令人虚惊一场。在威德尔海航行,大自然时时在向人们显示它的魔力,使人们始终处在惊恐不安之中。不知有多少船只被大自然演出的这一场场闹剧引入歧途,有的受幻景迷惑而进入流冰包围的绝境之中,有的竟为避虚幻的冰山而与真正的冰山相撞。

◎ 海底的珊瑚还能活多久

海水随着污染、破坏性捕鱼活动正在迅速变暖,世界各地的珊瑚礁已变成地球上被威胁最严重的生态系统之一。据最新的统计资料,世界上1/4的珊瑚礁已经"死亡"。如果全球变暖现象持续下去,很可能在30～50年内地球上的珊瑚礁就要消失。

人类正在毫不吝惜地破坏珊瑚礁。印度尼西亚和菲律宾的渔民为了捕鱼,先用氰化物或炸药使生活在珊瑚礁里的鱼"晕"过去,然后将珊瑚礁掰碎,从珊瑚礁裂缝中拉出处于昏睡状态的鱼。目前,世界上只有不到1%的珊瑚礁被保护起来,以免受到如此"残害"。

丰富多彩的海底世界

珊瑚虫是一种奇特的动物，或许正是这种奇特性成为它容易被毁灭的原因。珊瑚虫居住在自己分泌的石灰质骨骼聚集成的"岩石"里，其食物主要为单细胞的藻类。可能全球变暖就是藻类对珊瑚虫的"报复武器"：温暖的海水促进了藻类的新陈代谢，它们代谢产生了更多的氧气。珊瑚虫在40℃的海水中会出现氧气中毒现象，然后它吐出藻类，留下白色的物质（这种现象叫作白化），同时停止再生长。如果海水温度还是那么高，珊瑚虫最后会死去。

1998年发生厄尔尼诺现象使那年海水的变暖区域从非洲开始，穿过印度尼西亚、菲律宾海域一直延伸到太平洋，当时许多珊瑚出现了白化现象。据海洋生物学家推测，如果珊瑚不再被另一次热潮或者风暴袭击，那么它们"白化"后，要想完全"复原"，起码要花上20~50年的时间。如果北半球热带水域的温度自1984年以来每10年上升1℃，厄尔尼诺和强风暴发生的频率将越来越高，每隔三四年珊瑚就会出现一次白化现象，那么珊瑚在不久的将来将永远消失了。

另外，海洋中还有专门吞噬珊瑚的鱼类。隆头鱼尖利的前牙十分大，像鹦鹉的嘴一样集中在一起，它用尖利的牙齿咬碎珊瑚，另外一副牙齿用来磨碎珊瑚，将其磨成沙粒；它还吃珊瑚虫的肉和藻类，一条隆头鱼每年破坏的珊瑚达到1吨重。

采取措施拯救珊瑚，这是当前的一个十分紧迫的任务。

印尼科摩多岛的巨龙之谜

据说，长久以来，在印尼的科摩多岛上有一种神奇的"巨龙"。它力大无穷，尾巴一摆能将一头牛击倒；它的胃口很大，能将一头100多斤重的野猪一口吞下。最让人疑惑不解的是，它的口中能够喷火。

1912年，一位荷兰飞行员在飞行时飞机出现故障，不得不将飞机降落在科摩多岛。他在岛上见到了那种传说中的动物。他返回驻地后写了一份关于发现一种怪兽的报告，说是在科摩多岛确实有当地人传说中的怪兽，但它们是一种巨大的蜥蜴而不是什么"巨龙"。

这份报告激起了许多人的兴趣。一位名叫安尼尤宁的荷兰军官登上了科摩多岛，打死了两头怪兽，并将这两头怪兽的兽皮运到了爪哇。其中一张兽皮长达3米。科学家们对其进行鉴定后，确定是一种巨型蜥蜴，他们为这种巨型蜥蜴取名为"科摩多龙"。

凑巧的是，第一次世界大战结束不久，古生物学家在澳大利亚发现了科摩多龙的化石，经测定，确定是6000万年前的史前生物。同时，地质学家发现，科摩多岛形成时间不到100万年，它是一座由海底火山喷发形成的海岛。

这两个发现使人们更加迷惑了：澳大利亚的这种龙早在科摩多岛诞生之前就已经灭绝。那科摩多岛上的巨蜥来自何处？它们几千万年以来是如何生存的？这在当时成了不解之谜。

1962年，苏联学者马赖埃夫率领的探险队为了解开科摩多龙之谜，在科摩多岛实地考察了几个月。根据后来发表的考察报告，科摩多龙体长可达3米，它们长着令人恐怖的巨头，2只灼灼逼人的大眼，颈上垂着厚厚的皮肤皱褶，四肢粗壮，尾巴很大。嘴里长着26颗长达4厘米的利齿。从远处看，能看到它们口中不停喷火，但走近细看，那口中喷出的"火"是它们的舌头，它们的舌头颜色鲜红，裂成长长的两片，经常吐出口外，猛一看，确实像火焰。

科摩多龙以猎取海岛上的野鹿、鸟、蛇、猴子、老鼠和昆虫为生。由于它们会游泳，当然也会到海边捕食一些海洋生物。它们生性好静，很少追捕猎物，科学家们看到一头科摩多龙把一只野猪击倒后，竟然像吃肉丸子一样把它吞下。"龙"有时会突然窜到猴群中，乘众猴被吓得呆若木鸡之际，举起尾巴猛扫，将猴子们纷纷击倒，一转眼时间，一只猴子已成了巨龙的口中食了。

如今，有关科摩多龙的许多疑问人们已有了答案，如雌性龙每次可产5~25枚鹅蛋似的卵，小龙8个月后便破壳而出，它们一般能活40~50年。

但是仍有不少未解之谜。例如，有生必有死是自然界的一个普遍规律，而科摩多龙却只有生者，不见死者。人们走遍整个海岛，不仅没有见过一具科摩多龙的尸体，就连一根残骨也没找到。会不会是死者被生者吃掉了呢？可它们对任何动物尸体都厌而不食，因而不至于吃自己同类的尸体吧？另外，科摩多龙的祖先是在澳大利亚发现的，它们是如何来到科摩多岛的呢？尽管它们会游泳，但要游过汪洋大海，是一件不可想象的事情。

至今，在科摩多岛上仍然生活着神秘的科摩多龙。有关这种海岛巨龙之谜，仍然有待于那些有兴趣的科学家去探索研究。

◎ 海豚为什么与人类如此亲近

长久以来，海员们有一种迷信，那就是海豚会把快要淹死的人托出水面，使之获救，或者形成防御队形把他们围起来，使他们免受鲨鱼的伤害。

关于海豚救人的故事和传说很多。其中有关阿里昂的故事最为出名。据希腊历史学家希罗多德记述：一次，有位叫阿里昂的音乐家，带着巨额钱财乘船返回希腊的科林斯。在航海途中，水手们

美丽的海豚是人类的救星

对他的钱财十分眼红，有了谋财害命的念头，威胁说要杀死他。阿里昂见情况不妙，求水手们允许他演奏生平最后一曲，演奏完毕就投入大海。谁知阿里昂优美动听的音乐，引来大批海豚聚集到船的周围，正在他生命垂危之际，海豚游了过来，它们驮着他，一直把这位音乐家护送到伯罗奔尼撒半岛。尽管这个故事流传已久，但许多人仍感到无法想象。可是近年来，出现了越来越多有关海豚救人的报道，事实证明，海豚救人并不是编造出来的。

那么海豚为什么救人？曾有人认为，海豚的智慧与人类十分接近，可与黑猩猩媲美，具有救人的意识。可是多数科学家提出反对意见，认为海豚还不具有救人的意识，因为如果要有救人的意识，首先必须具备判断能力，其次要有救人的责任感，再次还要有把人救上岸的正确行动。尽管海豚很聪明，但它毕竟是动物，要综合这些复杂的救人思维过程，是完全做不到的，所以属于无意识救人。

海洋生物学家通过长期观察研究，认为海豚救人与它的固有行为关系十分密切。

幼海豚产出后，母海豚会将它托出水面，有时甚至可达几小时或数天之久。海豚之间也常常互助，尤其是帮助某个生病或负伤的同伴。海豚生性喜欢游戏，经常像海狸那样推动海面的漂浮物体游戏，而且它们对人很友好，甚至会主动找人玩耍。因为海豚具有这些固有行为，所以当它们遇到一个失去知觉的人时，会误把他当作一个漂浮物体，本能地将其托起，并推上岸去，从而使人获救，这很可能出于好奇心。

食人鲨鱼为什么会救人

1985年圣诞节，在美国佛罗里达州发生了一件鲨鱼救人的事件。

在美国佛罗里达州读大学的罗莎琳小姐，在放假后与两位同学一起乘轮船去游览马勒库拉岛风景区。返回路上，渡轮底舱突然漏水，船上乱成一团。罗莎琳穿上救生衣，和两位同学一起费力爬上了一艘救生艇。当时这个艇上已挤满了人。由于人多和大家惊慌失措，小艇不停地剧烈摇晃。于是，她和两位同学跳入海中，奋力向着远处的陆地游去。

风浪越来越大，一块又大又重的东西将她撞了一下。她拼命地把这块漂来的大约一二米的木块紧紧抓住，在大海中随波漂流。她无法控制自己游向远处的陆地。过了几个小时，她突然又看到远处有一团黑色的东西迅速向她冲过来。她定睛一看，原来是一条两三米长的鲨鱼，锋利的牙齿在闪着吓人的光。她知道现在遇到了吃人的魔王，她不可避免地要葬身鱼腹了。

让她奇怪的是，鲨鱼只是咬住了她的救生衣，并把它扯了个粉碎。然后鲨鱼围着罗莎琳的身体打转，一点儿也没有伤害她的意图。突然，从她的身底下又钻出一条鲨鱼，在她的周围打转。两条鲨鱼一边一个将她护在中间，跟着她游着，还不时用头推着她前进。

天亮了，两条鲨鱼仍然护卫着她。在两条鲨鱼的外面另有四五条张着血盆大口的鲨鱼也在围着她打转。每当它们想冲过来时，这两条鲨鱼就立刻将它们赶走。

更有趣的是，其中的一条鲨鱼还突然潜入海中，过了一会儿，把一条已经咬掉尾巴的海鱼推到罗莎琳的面前。早就饥肠辘辘的罗莎琳就边游边吃起这半截鱼来。

暮色又降临了。一架直升飞机在上空发现了罗莎琳，就向她放下了救援绳梯。罗莎琳使出全身力气攀登上绳梯，她获救了，鲨鱼也随之潜入了海底。

罗琳莎被送往医院接受治疗。她完全清醒后，才得知她的两位同学早已葬身大海，而她却因鲨鱼的救护而幸免于难。罗莎琳的奇遇在人类生物史上为后人留下了一个难解之谜。

"魔鬼巨鳄"生存之谜

美国国家地理协会在2001年10月26日声称，世界上最大的古鳄鱼化石，史前最恐怖的地球动物——"魔鬼巨鳄"已经被他们发现，这种鳄鱼比现存最大的鳄鱼大了10～15倍，所以说是继恐龙之后，史前动物考古中最惊人的消息了。

1997年和2000年赛罗诺的科研队伍在挖掘到3具成年和3具未成年的鳄鱼的骨骼化石之外，还发掘出此种神秘古生物的头盖骨、脊椎、股骨和一段长达30厘米的甲壳状的鳞片化石。保罗和同伴们凭借这些化石拼出大半个神秘史前生物的形状，在考古小组的面前浮现出的是"魔鬼巨鳄"狰狞的面孔。

在位于非洲中西部的尼泊尔的Tenere大沙漠古生物学家们找到了长达40英尺、重约10吨的化石。据研究人员声称，这种现代鳄鱼的远亲生活在1亿年前，在印度地区发现的马来鳄和它有很近的亲属关系，但是马来鳄没有古鳄鱼那么庞大。古鳄鱼是恐龙家族最大的敌人。

专家们为此种鳄鱼命名为Sarcosuchus，它除了惹人注目的庞大体形外，引起专家兴趣的还有巨大的球形的嘴部末端——据说，这也是鳄鱼长寿的特征。

赛罗诺教授声称，这么庞大的爬行动物，也

我们现在可以看到的鳄鱼，虽然没有"魔鬼巨鳄"庞大、凶猛，但依然是很血腥的动物。

许是世界上真正的"食肉之王"。普通的鳄鱼在湖边或海边生活，而 Sarcosuchus 通常在河流附近生活——如果有恐龙去喝水，很可能就成为它的美餐了。科研人员推断，Sarcosuchus 不仅以吃鱼为生，恐龙也是它的猎物。

令现代人感到十分恐怖的"魔鬼巨鳄"生活在史前白垩纪中期的非洲大陆上。

根据保罗的最初论证，"魔鬼巨鳄"生活在水中的时间占多数，以水下伏击捕食为生。在水中捕食的时候，"魔鬼巨鳄"可把整个身体埋在水中，但浮在水面上的却正好是眼睛部位，时刻能观察岸边猎物的动静。"魔鬼巨鳄"的顶部长着圆形的大疱状的东西。研究人员认为这可增强"魔鬼巨鳄"的嗅觉，甚至有利于发出叫声。

成年"魔鬼巨鳄"窄且长的吻内分布着大小100多颗非常尖利的牙齿，拉尔森称这样的牙齿为"铁道路镐"。牙齿分布的特点可以证明，"魔鬼鳄鱼"不只食鱼类，它还吃小恐龙和其他的动物，例如巨型乌龟。

"魔鬼巨鳄"的鳞片从头到尾包着，厚厚的如同装甲。"魔鬼巨鳄"鳞片上的花纹和树的年轮一样，按照保罗的说法，"魔鬼巨鳄"有50～60年的寿命。

"魔鬼巨鳄"化石可以说是地球史前生物考古史上稍逊于恐龙化石的发现。美国哥伦比亚州立大学古生物学家戴维·斯科威默尔声称："这一重大的发现弥补了地球生物进化史上鳄类的一段历史空白，有助于帮助人类对地球生物的进化史做更进一步的了解。"

海龟长寿之谜

为什么人们将龟比作"老寿星"，龟为什么长寿百岁？虽然人们说法不一，却不能否定龟是一种长寿的动物。

1971年，人们在长江里抓住了一只大头龟，龟甲上刻有"道光二十年"（即1840年）字样，这分明是记事用的。1840年，正是中国的鸦片战争发生的那一年。换一种说法，从刻字的那年算起，到抓获的时候为止，这只龟至少有132年的寿命。在上海自然博物馆里，它的标本至今仍在。另外，据说有一只龟经过7代人的饲养，足足有300年，一直到抗日战争时候才中断了对它的喂养。

1737年，在印度的查戈斯群岛有人捕到一只龟，那个时候科学家鉴定它有100岁左右。后来，它被送到了英国，在一个动物爱好者的家里生活了很长的一段时间后，被送到伦敦动物园。到20世纪20年代，它有了300年左右的寿命。

1983年，一只海龟在中国人民革命军事博物馆展览，重120千克，在展览的过程中，它还生了30个蛋。根据有关人的鉴定，这只海龟已经活了3个世纪。

龟虽然堪称动物世界中的"长寿冠军"，可是，不同种类的龟，它们的寿命也是长短不一的。有的龟能活100岁以上，有的龟仅能活15年左右。就算是长寿的龟种，事实上也不是每一只都能"长命百岁"。因为疾病和敌害从它们诞生的那一刻起就时刻威胁着它们，人类的过量捕杀和海洋环境的污染，也直接威胁到它们的生命。

人们都认为龟是长寿动物，可是对于龟的长寿原因能不能下定论呢？

有的科学家认为，龟的寿命跟龟的个子大小有关联。个头小的龟寿命短，个头大的龟寿命就长。有记录表明，龟类家族的大个子像海龟和象龟都是长寿龟。但在中国上海自然博物馆的动物学家并不认同这样的观点，因为前边提到的那只大头龟至少已经活了132年了，可是它的个头就不大，这又如何解释呢？

有些养龟专家和动物学家认为，食素的龟要比杂食或食肉的龟活得久。生活在印度洋和太平洋热带岛屿上的象龟，是世界上最大的陆生龟，它们以吃青草、仙人掌和野果为生，所以寿命十分长，能活到300岁，大家都认为它是长寿龟。但另一些龟类研究人员却并不这样认为。比如以鱼、蛇、蠕虫为食的大头龟和一些杂食性的龟，寿命超过100岁的也不少见。

目前，一些科学家还从细胞学、生理学、解剖学等方面去研究龟的长寿秘密。有的生物学家将一组寿命较长的龟和另一组寿命较短的普通龟进行了对比实验。研究结果表明，那组寿命较短的龟细胞繁殖代数一般较少。这也就得出结论，龟细胞的繁殖代数多少，跟龟的寿命长短关系非常密切。

有的医学家和动物解剖学家还对龟的心脏进行了检查，他们把龟的心脏取出来之后，整整两天龟的心脏还在跳动。这表明，龟的心脏机能很强，跟龟的寿命长也有直接的联系。

还有科学家认为，龟的长寿跟它的新陈代谢较低、行动迟缓和具有耐旱耐饥的生理机能有着直接的联系。

总而言之，科学家从各种不同的方面对龟的长寿原因进行探索和研究，得出的结论却各不相同，为什么会不同呢，还需要科学家们进行深层次的论证。

海龟为什么要"自埋"

在人类的航海史上，屡有海龟救人的传奇故事，海龟是人类的好朋友。海洋生物学家们对它的生活习性进行了不少研究，可是一直对海龟"自埋"的行为不理解，那么海龟为什么要"自埋"呢？

前几年，有人在美国佛罗里达州东海岸的加纳维拉尔海峡发现了把自己整个身体都埋在淤泥里的海龟。当时，他们还认为是个海龟壳呢，当扒开淤泥，挖出来之后，竟然发现是只活海龟！这个奇闻传开来之后，很多潜水员都认为十分新奇，因为在他们的潜水生涯中，没有听说过更没有见过这种海龟"自埋"的奇怪举动。

海洋生物学家们纷纷道出他们各自不同的见地。

但猜测始终只是猜测，为了寻找海龟"自埋"的原因，海洋生物学家们对海龟进行了实地观察和研究。一些科学家发现，在一些个头较大的雄海龟身上，有好多的藤壶寄生着，所以他们一致认为，海龟钻进淤泥里是要摆脱藤壶的纠缠。

可是另外一些科学家却亲眼观察到，海龟"自埋"的时候，是将脑袋扎到淤泥里的。寄生在它们头上的藤壶会因为陷入淤泥从而缺氧而亡，可是它们尾巴上和身体中部的藤壶却不会受到影响。此外，还有身上没有藤壶的大个儿雄海龟也"自埋"，"自埋"的习性在海底也有。由此，推翻了海龟是为了清除藤壶而自埋的说法。

经过一段时日后，一个潜水俱乐部的会员们进行训练。当女潜水员罗丝潜入海底的时候，她看到淤泥里露出一只"海龟壳"，好像是被人丢弃的一样。罗丝游了过去，先慢慢检查了一下周围的环境，并将此拍了下来，然后伸手提"海龟壳"，一只活的海龟被提了出来。这个时候，这个"活埋"自己的家伙被惊醒了，它抖掉了身上的淤泥，转身游走了。相隔不久，罗丝又发觉了一只"海龟壳"，不过，这只个子大的雌海龟没有睡觉，非常敏感，罗丝还没碰到它，它就搅动起淤泥，趁海水一片混浊的时候逃跑了。没过多久，罗丝的同伴们也发现了两只在淤泥里的大雌海龟。后来，她们在海底再也没有看到一只"自埋"的海龟，只找到了一些海龟待过的泥穴。

根据罗丝她们的新发现，佛罗里达州的一些海洋生物学家把前些时候的种种猜测都一一推翻了。他们的理由是：第一，在潜水员发现的4只"自埋"海龟中，有3只是大个子的雌海龟，这就推翻了大个子的雄海龟为了摆脱藤壶而"自埋"的说法。第二，根据罗丝的记录，她发现海龟"自埋"的时候，海底水深是27.4米，水温是21.7℃。这就说明，海龟的"自埋"也不是为了取暖。第三，从潜水员们观察到的情况来看，海龟的"自埋"仅仅是一个短暂的现象，所以不能认为它们是在冬眠。

可是，海龟为什么要"自埋"呢？海龟"自埋"现象的发生是偶然的，还是经常的？这些问题到目前为止还是一个不解之谜。

鲸鱼集体自杀之谜

2002年1月4日，美国海军和国际海洋渔业署发布了一份报告，首次承认海军两年前进行的声呐研究实验产生的巨大海底噪声导致了海洋哺乳动物的触礁与死亡。

当时，在进行了一系列实验后，在24小时之内，有16头鲸在巴哈马群岛令人不可思议地群体触礁。哈佛医学院和伍兹霍尔海洋研究所对该事件中死亡的两只鲸进行了部分取样分析。解剖学家通过对鲸类的听觉研究发现，鲸的内耳有出血现象，同时伴有听觉系统、大脑和喉部的损伤——这些地方都是对强烈压力非常敏感的部位。在其中一具鲸尸中，连接耳鼓鼓膜的韧带断裂了，这显然是受到了强烈的肢体冲撞。发生触礁事件之前的10年里，该地区的鲸类科学研究报告中类似这种受到冲撞的鲸从来没有出现过。

国际爱护动物基金会的海洋生物学家发表了一项声明："我们很清楚海军的研究对国家安全至关重要，但我们希望通过不杀害或威胁海洋哺乳动物的其他方式进行研究。"许多环保组织还十分关注海军另一个引起争议的声呐研究项目——低频活动声呐。现在已有替代技术可以在不对海洋哺乳动物的生存造成损害的前提下达到同样的保证国家安全的目的。但有些决策者却无视鲸类专家对于低频活动声呐的担忧，这不能不让人感到遗憾和愤慨。

我们一直在研究大批鲸鱼神秘触礁自杀的原因，这可能也是源于人为噪声，噪声不仅将鲸的耳鼓膜震破了，而且可能导致其大脑神经发生紊乱，以致丧失了辨别力。面对水中的声呐波，它们无法忍受，只有逃离海洋，才能得到解脱，于是出现了上述大批鲸鱼集体触礁自杀的现象。

地球奥秘

地球是如何形成的

地球内部的结构是怎样的

地球被陨石毁灭过吗

什么力量在驱使地球运动

地球的大小怎样测定

科学家是如何计算地球年龄的

地球存在"温室效应"吗

……

地球是如何形成的

关心和热爱我们这个地球的人，不免会提出这样的疑问：我们生活的这个地球是怎样形成的？当然，像上帝"创世说"这样的答案已远远不能满足具有了一定科学知识的当代人，实际上，法国生物学家布封早在18世纪，就以他的彗星碰撞说把神学的禁锢打破了。随着科学技术的不断进步，已出现了10多种关于地球成因的学说，它们主要是：

第一，法国生物学家布封的彗星碰撞说。认为一颗彗星在很久很久以前，进入太阳内，把包括地球在内的几个不同行星从太阳上面打下来。

第二，康德在《宇宙发展史概论》中提出的陨星说。认为太阳和行星是由陨星积聚形成的。

第三，法国拉普拉斯在《宇宙体系论》中提出的宇宙星云说。认为太阳是由星云（尘埃）积聚产生，行星则是由太阳排出气体物质而形成。

第四，双星说。认为行星都是由除太阳之外的第二颗恒星产生的。

第五，行星平面说。认为由于所有的行星都在一个平面上围绕太阳转动，所以原始的星云盘产生太阳系。

第六，卫星说。认为地球、海王星和土星有大小相等的卫星，也可能有上百个同月球的体积相等的天体，太阳系由这些天体所构成，被遗留下来的"未被利用的"材料就形成了今天我们已知的卫星。

在上述关于地球成因的众多学说当中，虽然康德的陨星假说同拉普拉斯的宇宙星云说在具体说法上有差异，但二者都把太阳系的起源归结为弥漫物质（星云）。因此，这个假说后来被统称为康德—拉普拉斯假说，同时，它也被大多数的科学家所认可。

然而随着科学的进步，人们发现星云假说也出现了许多无法解释的新问题。如角动量分布异常和逆行卫星问题。根据天文学家的观察，太阳本身质量占太阳系总质量的99.87%，而角动量仅占0.73%；另外八大行星以及所有的卫星、流星群、彗星等总共占太阳系总质量的0.13%，但它们的角动量却占到99.27%。天文学上把这个奇特现象叫作太阳系角动量分布异常问题。对产生这种分布异常的原因，星云说是"一筹莫展"。

另外，太空星体相互撞击的现象被越来越先进的现代宇航科学大量发现。美国的一颗卫星在1979年8月30日拍摄到了一个罕见的现象：一颗彗星以每秒560千米的高速冲向太阳，扎进太阳的烈焰之中。彗星冲向太阳被吞噬的情景被照片相当清楚地记载下来，彗星在12小时以后消失得无影无踪。

1887年，也有一次"太空车祸"发生，人们观测到一颗彗星的彗头在行经近日点时，被太阳所吞噬；1945年，也有一颗彗星消失在近日点上。

苏联天文学家沙弗洛诺夫强调，地球之所以斜着身子围绕太阳转，是一颗直径 1000 千米、重达 10 亿吨的小行星在地球形成 1 亿年后把它撞斜的……

既然天体相撞的事实存在于宇宙间，那么，布封的彗星碰撞说的可能性仍然存在，相应地，新的灾变说也就产生了。

今天，关于地球起源的学说虽然层出不穷，但地球究竟是如何形成的，仍然是个谜。

地球内部的结构是怎样的

虽然，目前对人类而言到月球上去进行探测已非天方夜谭，但地球的深层是什么样子，至今还没有一个人亲眼见过。就以石油钻井作为例子吧，即使是最深的钻井也只能钻到 1 万米以内，这只有地球半径的 1/630 左右。以目前的科技水平，对人类而言，对地球 1 万米以下的地方进行直接观察，是绝对不可能的，因而，人类只得进行一些间接的推测。

人们现在依靠对地球物理方面观测研究所得出的包括地电、地磁、地热，尤其是地球内部地震波的传播情况的记录以及对其他天体的研究等结果，得出以下结论：在地球里面不但温度很高，而且压力也很大，越往深处，温度越高，越往深处，压力也越大，物质也越紧密。

依据在许多钻孔和矿井中实际勘测的结果，得出在地面下 10 千米以内，每深 100 米，地温约增 3 ℃的结论。虽然不同的地方有不同的情况，但总体说来，证明地球里面越深越热。估计在地幔与地壳边缘的岩石层内增温的情况大体相同，但在较深的地方温度升高得可能较为缓慢一些。岩石很难传热，它阻碍着地球内部的热向外散失。在这个岩石圈层底下，温度在 1000℃以上，从地幔上部喷出地面的岩浆的温度常在 1000℃以上，这说明地幔内的温度是非常高的，由于正处于具有一定塑性的状态和金属的含量比岩石多等特点，所以那里的物质导热能力比较强，上下层之间温度相差比较小，地核内更是如此，因此通常以为地核内的温度最高约为 5000℃。

地球从表面到核心越往深处，在单位面积上压着的物质就越多，因而压力与深度成正比。在地壳下面大约有 900 万百帕（900 万个大气压），在地幔底部大约有 14 亿百帕（140 亿个大气压），

这是地球的横切面，显示了地球的各主要层。我们生活在十分薄的地壳上面。

到地球中心则会达到 36 亿百帕（360 亿个大气压）左右。

因此，地球内部是一个高压、高温的世界，就温度而言，那里的物质应该是处于熔融状态的。然而，由于受到的压力非常大，因而，它们大部分仍然是固体的状态，只是有一些具有一定的塑性，因此能够缓慢地流动。一部分人认为整个地幔都呈这种状态，一部分人则认为只有岩石圈层之下的地幔上部呈这种状态。

由于地震波的横波无法通过地核，因此有一些人认为地核是液体，通过更加精细的观察研究之后，他们认为地核外层是液体，但是，在地球的最中心，有一个半径为 1000 千米的固体的内核。因为那里的压力非常大，而地面上根本不可能有这样的环境，所以对我们而言，那里的物质到底是什么样子是很难想象的。有人曾经设想部分原子的壳层已经破损，物质处于一种超级紧密的状态，但目前仍未得到证实。

地壳主要由岩石组成，相对于地球内部的物质来说，它的密度要小一些，在地球里，越深密度越大，地核中心的密度已达到水的 17 倍以上。大多数人认为组成地核的主要物质是镍和铁，但现在这一切都还有待进一步探索、求证。

目前人类还没有找到可以直接对地球深部情况进行观测的方法，对人们来说地球里面的许多情况仍旧是一个谜。但是在地球内部温度很高，物质很紧密，压力很大，却是可信的。

地球被陨石毁灭过吗

英国科学家于近日向政府提交了一份建议政府应该积极努力采取防范措施，以防止来自外太空的陨石与地球相冲撞的报告。

这项报告与即将从地球附近掠过的 2000 RD53 小行星的情况相关，这颗行星与地球之间的距离是地球与月亮之间的距离的 12 倍。虽然这颗"太空巨石"不至于撞上地球，但这颗直径为 300～400 米的行星会在"非常近"的距离上从地球边上掠过。这是特别工作小组结论中最最重要的部分。

最近天文学家预测说，会有 1000 颗左右直径约为 1000 米，或者直径超过 1000 米的行星沿着它们的运行轨道从地球边上掠过。

一个直径 10 千米的行星在大约 6500 万年前与地球相撞，导致了恐龙时代的终结。但是，迄今为止，还没有出现人因为陨石的撞击而死亡的现象。然而，科学家宣称，现在已经是人类必须认真考虑来自太空陨石的威胁这一问题的时候了。

1976 年在中国吉林陨石雨中收集到的陨石

根据科学家们的推测，大约每 1 万年就有一颗直径 100 米的太空物体与地球相撞。大约每 10 万年就有一颗直径 1000 米大小的太空物体与地球相撞。

在这份报告中，科学家们向政府提出了包括积极敦促国际社会就这一问题做出努力、注意提高预测外来陨石的能力、提前估算风险以及事情发生后的后果等在内的 14 项建议。

陨石的坠落虽然会带给地球毁灭性的灾难，但这并不会浇灭科学家们对这一现象本身的研究的热情。美国航天局的一位科学家对外宣布，于 30 年前在澳大利亚坠落的一颗陨石中含有石化的微生物。

当地媒体报道说，科学家通过使用先进的技术发现了这种存在于陨石中的石化的外星生命。这颗陨石是 1969 年在默奇来的维多利亚镇坠落的，它的年龄为 46 亿岁。

理查德·胡佛教授——马歇尔航天中心空间生物学小组的负责人对墨尔本的《先驱太阳报》说，他认为这种存在于陨石中的石化的微生物是能够在极端的环境生存的细菌。他说，有可能生物先是在太阳系中其他地方进化，之后才随着陨石降临到地球上。他说，还有另外一种可能，即是一颗陨石在与地球相撞之后把尘埃抛到了太空中，此时正在穿过这些尘埃的彗星或者小行星很可能沾染上这些尘埃。

通过电子显微镜拍摄到的这块陨石的相片表明，在结构上这种"外星生命"与生活在南极洲冰盖下或者温泉中的微生物相似。

他说："默奇来陨石中含有大量的微生物化石。倘若这些东西是我们在地球的岩石中发现的，那么整个科学界都会认为这绝对就是微生物的化石。而在我个人看来，则认为这是生命从陨石中起源的强有力的证据，我们已经找到了细胞壁的证据，这些微生物与紫硫磺细菌和蓝细菌相似。"胡佛说，科学家通过现代技术可以区分陨石样本之内近期的生物污染与真正的微生物化石。目前美国航天局正在对其他 6 块陨石进行研究，胡佛认为这 6 块陨石之中都含有微生物。

什么力量在驱使地球运动

地球的运动是不断变化着的，而且相当不稳定。依据"古生物钟"的研究，地球的自转速度在一年一年地变慢。如地球公转一周在 4.4 亿年前的晚奥陶纪需要 412 天；到了 3.7 亿年前的中泥盆纪，一年则为 398 天；至 6500 万年前的白垩纪，每年需用时间约为 376 天；而现在一年仅仅有 365.25 天。地球自转正在变慢的结论也可以用天体物理学的计算进行证明。科学家把这一现象解释为是因为太阳和月球对地球的潮汐作用产生的结果。

人们在石英钟发明之后通过石英钟计时对日地的相对运动进行观测，发现地球自转在一年内有着时快时慢的周期性变化：春季自转变慢，秋季自转则会加快。

经过长期观测，科学家认为，地球上的冰和大气的季节性变化与地球自转的周期性变化有关。此外，地球内部物质的运动，如轻元素上浮、重元素下沉集中在地心、岩浆喷发等，都会对地球的自转速度有所影响。

地球的公转同地球的自转一样，也并非匀速运动。这是由于地球公转的轨道是一个最近点与最远点相差约 500 万千米的椭圆。当地球由近日点向远日点运动时，离太阳越远，受太阳引力的作用越弱，速度越慢。由远日点到近日点时则相反，运行速度加快。此外，地球公转轨道与自转轴并不垂直，地轴也不是很稳定，而是像一个在地球轨道面上做圆锥形的旋转运动的陀螺。地轴的两端并不是一直指向天空的某一个方向，例如北极点，而是以这个点为中心，画着不规则的圆圈。地球的运动造成了地轴指向的这种不规则性。

　　科学家还发现，地轴在天空上的轨迹绝对不是在圆周上的移动，而是在圆周内外做摆幅为 9″ 的周期性的摆动。地球还随同太阳系一道在宇宙中围绕银河系运动，并同银河系一起在宇宙中飞驰。在宇宙中地球不停地运动，生生不息，可能自它形成时起这种奔波便开始了。

　　就目前地球在太阳系中的运动来说，其减速或加速都不可能离开太阳、太阳系其他行星及月亮的引力。人们一定会有这样的疑问，最初地球是怎样运动起来的呢？将来又将怎样运动下去？它自转速度会一直慢下去吗？人们或许还会问，地球运动需不需要消耗能量呢？如果需要，所消耗的能量又是从哪里来的呢？如果不需消耗能量，那它会是"永动机"吗？最初使它开始运动的又是什么呢？所谓的第一推动力到底存在不存在呢？

　　迄今为止，第一推动力的说法还只是一种推断。牛顿在把自己发现的三大运动定律以及万有引力定律进行总结之后，曾耗费其后半生的精力来对第一推动力进行探索与研究。他得出了这样的研究结论：是由上帝"设计"并塑造的宇宙运动机制。并且，上帝还给予了它第一次动力，使它们可以运动。现代科学对第一推动力的回答则是否定的。那么，究竟什么才是地球乃至整个宇宙的运动之谜的真正谜底呢？

地球的大小怎样测定

　　世界上第一个测量地球大小的人是古代希腊天文学家埃拉托色尼，他是在亚历山大城长大的。在亚历山大城正南方的 785 千米处有一个叫塞尼的城市，塞尼城中有一个非常有趣的现象：每到夏至那天的中午 12 点，阳光都能垂直照到城中一口枯井的底部。也就是说，在夏至那天的正午，太阳正好悬挂在塞尼城的天顶。

　　虽然塞尼城与亚历山大城大致处于同一子午线上，但亚历山大城在同一时刻却不会出现这样的景象，太阳总是处于稍稍偏离天顶的位置。在一个夏至日的正午，埃拉托色尼在城里竖起一根小木棍，测出太阳光线与天顶方向之间的夹角是 7.2°，相当于 360° 的 1/50。

　　鉴于太阳与地球之间遥远的距离，太阳的光线可以近似地被看作是彼此平行的。埃拉托色尼根据有关平行的定理得出了 ∠1=∠2 的结论。

　　在几何学里，∠2 被称作圆心角。根据圆心角定理，圆心角的度数等于它所对的弧的度数。因为∠2=∠1，所以∠2的度数也是360°的1/50，所以，图中表示亚历山大城和塞尼城距离的那段圆弧的长度，应该等于圆周长度的1/50。也就是说，亚历山大城与塞尼城的实际距离，正好等于地球周长的1/50。

由此可知，测出亚历山大城与塞尼城的实际距离之后，再乘以50，就可以得出地球的周长。埃拉托色尼计算的地球周长为39250千米。

由于这个计算结果是按照大地是球状的假设来运算的，而且得出的数字大得惊人，所以没有人相信。从此以后，对大地的测量和计算在相当长的一段时间内在欧洲中断了。

8世纪初，我国唐代天文学家张遂曾亲自指导和组织了一次规模庞大的大地测量。测量的范围北起北纬51°附近，南至北纬17°附近，围绕黄河南北平地这个中心，在全国13个点用传统的圭表测量法对各地冬夏至、春秋分的正午日影长和漏刻昼夜分差进行了测量。此外，张遂还对各点的北天极高度（即当地的纬度）进行了实地测量。例如，在河南平原地区，他测得该地一纬度的经线的弧长约为129.41千米。它与现代测算的北纬34°5′地方的子午线一度弧长110.6千米相比，相差20.7千米，相对误差为18.7%。

18世纪时，法国科学院曾派出两个大地测量队，一个队去了南美洲的赤道地区，另一个队到了瑞典的拉普兰，两队分别测定两个区域里的经线一度的长短。结果证实：地球上经线一度的长度在赤道要比在极区略短些，这说明地球是个扁球体。

科学家们从19世纪以来又对地球的大小进行了无数次的测量和计算。苏联学者克拉索夫斯基和他的学生在苏联、西欧和美国等地进行弧度重力测量后所得出的数值，在当时是较为精确的。

由于近年来测量技术不断进步，人类已获得了对地球测量的各种方法。特别是利用宇宙飞船和人造卫星进行测量，能够使人们获得更为精确的地球数据：地球的赤道半径是6378.140千米，极半径是6356.755千米。赤道半径和极半径之差同赤道半径之比是1：298.25。如果按照这个扁平率做成一个半径为298.25毫米的地球仪，极半径与赤道半径只有1毫米之差，这样一来，就像一个真正的圆球了。

运用现代科技测量出的相关数据显示：地球的经线圈周长约为40000.5千米，赤道周长大约是40075.5千米，整个地球的质量约为600000亿亿吨，表面积约为5.1亿平方千米，体积约为10830亿立方千米。

埃拉托色尼测定地球周长示意图

科学家是如何计算地球年龄的

地球的历史全部记载在它的岩石上。在像科罗拉多大峡谷这样的地方，岩壁已经被流水严重侵蚀，甚至可以看到几百万年来形成的岩石层。不同时期形成的岩石彼此分明，年老的总是在年轻的岩石层下面。于是，岩石层就成为地质学家研究地壳形成过程的依据。

但知道越深的岩石层越古老并不意味着人类知道这块岩石到底有多老。19世纪的科学家们试图通过观察现代岩石层形成的速度来推算古代岩石的年龄，从而确定地球的年龄。在他们的估算结果中，最短的是300万年，而最长的则为15亿年，是最短年龄的500倍。显然，在这项工作上，我们需要更科学可靠的方法。

科学家们非常渴望能够找到一只为地球生命计时的钟表——这只钟表从地球诞生的那一刻起就开始工作，直到今天。只要找到这只钟表，人类就可以轻而易举地读出地球的年龄。

事实证明，地球上确实存在这样的钟表，就在岩石和树木里，在海洋深处。地球上的天然时钟就是放射性元素——一种随着时间的推移会衰变成其他元素的特殊元素。使用放射性元素测定岩石或化石的形成年代的方法叫作"放射性同位素测年法"。

放射性元素是一部精准的时钟，因为它的衰变严格地依照时间表。以碳元素为例，所有生物都会从空气和水里同时获取普通的碳-12和具有放射性的碳-14，碳元素测定就是在此基础上进行的。实验假设空气和水中两种碳元素含量的比值保持恒定，也就是说几千年来，动植物吸收的含碳物质中，两种碳元素的比值始终不变。

生物体内，碳-12的量不会发生变化，而碳-14则会随着时间的推移发生衰变，每过5730年，碳-14的总量就衰减一半。通过计算生物标本中两种碳元素的相对含量，科学家们就可以确定该生物标本距今有多少年的历史。

但是没有任何一种年代测定法可以保证百分之百可靠，所以地质学家会同时检测几种放射性元素，除了碳-14之外，还有铀元素和钍元素等。对于同一样本，通常要进行两种不同的测试，而且往往两个测试给出的结果相差很远。

一次，地质学家从巴巴多斯的岛屿上取回了珊瑚礁的样本，他们同时测量了样本中碳元素、铀元素和钍元素的含量。对于"年轻"的样本（9000年左右），两种方法得到的结果是一致的。但是越老的样本，两种方法的分歧就越明显：铀-钍元素检测结果是2万年；而通过检测碳-14元素，却得到了1.7万年的结果。

为什么存在这么大的差异呢？又是那种测试的方法才准确呢？在这个例子中，科学家们认为铀-钍元素测试结果更为准确，因为利用碳-14元素的测试曾经得到过奇怪的结果。

近年来，大气中碳-14的含量出现了上升的趋势，这意味着历史上也可能有类似情况出现，这也许就是碳-14元素测试结果出现偏差的原因。

利用一棵死树，我们就可以判断碳-14测试法是否准确。首先测量碳元素含量，得到一个年龄。然后数年轮（一年一个圈），看看两个结果是否吻合。

通过测量铀-238（半衰期为45亿年）的衰变，科学家们发现地球上有些石头的年龄高达38亿岁。那么在此之前我们的行星又存在了多久呢？科学家们又利用宇航员从月球上带回的岩石标本进行了研究，显示这些标本的历史都在46亿年左右，这个结果也跟坠落在地球上的陨石标本的测试结果相同。这一切都说明，我们的太阳系，包括地球和月亮在内，形成于46亿年前。

地球存在"温室效应"吗

什么是"温室效应"？玻璃棚温室是人们用来育种农作物和花卉的，它之所以能起到这个作用，是由于密闭的空间一旦有阳光射入，温度就会升高，再加上室内十分保温，植物在这种环境中便能加快生长或安全越冬。如果将地球看成一个大大的温室，那么大气层就相当于"玻璃罩"。由于大气中的二氧化碳越来越多，阳光照到大地上以后，二氧化碳便像厚厚的屏障一样挡住地球向太空反射的热量，这样一来，地球越来越热，成了一个巨大的"温室"。科学家形象地将这种现象称为"温室效应"。

近年来，全球气候逐渐变暖，经长期观测得到了大量数据，据此科学家们分析指出，全球气候在20世纪明显变暖，跟20世纪初相比，现在的平均气温上升了0.5℃，这种温暖期是过去600年里从未有过的。在这个气候变暖的世纪中，有两个时期气温的上升十分明显，第一个时期是1900—1950年，第二个时期是在20世纪80年代后，而在这两个时期中间则出现过波动。1999年3月，美国马萨诸塞大学和亚利桑那大学的研究人员通过对树木年轮、两极冰芯等记录气候变化的"替代标志"的测量发现，20世纪全球气温普遍升高，其中气温最高的时期是20世纪90年代，到1998年，地球表面平均温度比1961—1990年的平均温度高0.58℃，是地球迄今为止气温最高的1年。

全球气候在整个20世纪确实一直在变暖，但气候变暖是不是因为"温室效应"呢？会不会持续变暖呢？对此，众说纷纭，莫衷一是。

温室效应示意图

有些科学家认为20世纪气候变暖是"小冰期"气温回升的延续，是自然演变的结果，跟"温室效应"无关。在地球存在的45亿年中，气候始终在变化，并且是以不同尺度和周期冷暖交替变化的，也就是说，20世纪气候变暖是正常的自然现象，人们不必恐慌，到了一定的时期气温自然会变冷。科学家经研究发现：第四纪也就是距今250万年前，地球上出现了多个不同尺度的冷暖变化。周期越长，气温幅度也越大。周期为10万年左右的冰期，气温变化了10℃；周期为2万年的，气温仅变化了5℃。在近1万年中，这个规律依然在起作用：10年尺度气候变化的幅度是0.3℃～0.5℃；100年尺度气候变化的幅度为1℃～1.5℃；1000年尺度气候变化的幅度为2℃～3℃。

但还有些人反对以上观点，他们认为，全球气候变暖是因为"温室效应"，而人类是造成"温室效应"的罪魁祸首。近几十年来，发展迅速的工业制造业以及日益增多的汽车等，导致燃烧矿物燃料越来越多，人类向空气中排放的二氧化碳大大增加。由于绿色植物尤其是森林遭到了极大破坏，无法大量吸收人类排出的二氧化碳，因此，大气层中的二氧化碳浓度大大增加，阻碍了大气和地面的热交换，引发"温室效应"。由于大量的二氧化碳既能吸收热量，又阻止了地球散热，地球热交换因此失去了平衡，导致全球气温不断升高。

美国俄勒冈大学的科学家在对远古树叶化石进行了分析研究后发现，从恐龙时代起，大气中的二氧化碳浓度就能够影响地球的气温变化，二氧化碳含量的变化和全球气温升降的曲线比较吻合。一个权威性的政府组织IPCC对全球气候变暖的问题进行了大量详尽的研究，他们明确指出了大气中二氧化碳含量的增加是全球变暖的主要原因。

现在，地球变暖的现象已经十分严重。如果人类不加以控制，仍以目前的速度排放二氧化碳，据科学家估计，再过50年，全球气温至少会上升3℃。这样的高温必然导致南北两极和高山地区的部分冰川融化，全球洋面会因此至少升高30厘米。

科学家还认为，另外一个导致地球变暖的重要原因是，大气中的甲烷含量增多。目前大气层中所含的甲烷总重量已达6亿吨以上，而3个世纪以前还不足3亿吨。这是由瑞士科学家提出的，他们详细分析了沉积在冰层中的降水成分，彻底弄明白了自1750年以来的大气的化学组成，由此而发现了这一事实。

气候变暖的迹象在大自然中随处可见。由于气候变暖，全球山地冰川一直在消融，雪山也不例外。20世纪上半叶，中国的天山冰川后退了100多米；在1925—1950年，意大利境内的100多条冰川有80%处于后退状态；近20年来，普若岗日冰原退缩了50米；世界上著名的雪山乞力马扎罗山峰上面的雪在未来的20年内很可能完全融化，变成一座"无雪之峰"。

此外，专家预言，位于欧洲南部的阿尔卑斯山，30年后也将片雪无存。根据卫星图像，从1998年11月以来，南极的拉森陆缘冰和威尔金斯陆缘冰，分别减少了1174平方千米和2200平方千米，处于"全线溃退"状态。20世纪，海冰也大量融化，南极地区的海冰仅在1973—1980年就减少了250万平方千米，北极海冰减少的面积超过了10%。

各类生物也对气候变暖做出了各种反应：1997—1998年，生活在太平洋中的大马哈鱼，由于水温升高，种群数量大幅度下降；加拿大哈得逊湾的海冰，在春季融化的日期逐渐提前，致使北极熊产仔减少；北美洲的一种蝴蝶100年内已向北迁移了100千米；过去50年中，由于南极附近海域异常升温，一种身高可达90厘米、体重超过29千克的大企鹅，数量减少了一大半。

气候变暖更是给人类带来了灾难。1998年5月，印度有2500人死于炎热；同年夏，美国达拉斯持续了1个月的37.7℃的高温；2000年，中国西藏大部分地区气温偏高2℃～4℃，雪域高原的人们过春节也可以不穿棉衣；2001年6月4日，中国东北的哈尔滨市的最高气温达到了39.2℃。

毫无疑问，人为因素对气候的影响正日益显著，全球气温正在上升，21世纪全球变暖现象将比20世纪更加显著。IPCC的科学家们利用电脑收集了大量的技术发展预测、人口增长预测、经济增长预测等相关资料，再根据对未来100年里排放到大气中的二氧化碳数量的35种估计值，做出了7种不同模型来预测全球气候，最终的结论是气温在未来100年可能增加1.4℃～5.8℃。如果这种预测变成现实，地球将会发生一场大灾难。20世纪，全球气温不过上升了0.5℃，就发生了许多人们意想不到的事情，如果气温再上升1.4℃～5.8℃，后果将更为严重。农业将遭到毁灭性打击；海平面将上升，淹没更多陆地，并导致淡水危机；各种自然灾害将轮番发生，生态平衡将遭到破坏，有些物种将濒临灭绝，人类将不得不忍受疾病、贫穷、灾难的折磨。

为了防止这些恶果的发生，科学家们想方设法改善环境，应对严峻的现实和未来。

有一些科学家受大自然变化规律的启示，提出了用遮蔽或反射照射到地球上的太阳光的办法来抵消全球变暖的设想。他们从理论上推知：如果给地球造把遮阳伞，照射到地球上的太阳光就会减少，地球就会因此而降温。不仅如此，科学家还对这种方法的可行性进行了论证。按目前地球变暖的发展趋势，大气层中的二氧化碳含量会大大增加，50年后，地球气温将会上升2.5℃。如果将射入地球的太阳光遮蔽掉1.8%，升高的这个温度就会被完全抵消。美国劳伦斯利弗莫尔国家实验室的科学家厄尔利等依据这种理论计算，提出了"太阳盾"方案。

"太阳盾"是一个巨型反射镜，直径2000千米，面向太阳，安放在"拉格朗日点"上，在这点太阳和地球的引力相互抵消。"太阳盾"能反射阳光，将之拒于数百万千米之外，并能改变其角度，以调节地球的温度变化。

除了"太阳盾"方案外，还有许多奇思妙想。美国国家科学院的科学家对"太阳盾"方案提出了改进，主张在地球近地轨道上安5个直径100米的小型太阳反射镜，遮蔽阳光，防止全球变暖。还有些科学家提出，用涂有有机染料或镀银的小型氢气球或者小金属片代替反光镜来反射太阳光。这种方案成本很低，只需几十亿美元。

谁会想到，"温室效应"在带来灾难的同时，也能造福人类。由于"温室效应"，大气中的二氧化碳大量增加，这将会促进植物光合作用，刺激农作物产量增加。

此外，科学家推算，如果今后气温升高，俄罗斯和加拿大北部土壤会解冻，耕地会大面积增加；北冰洋沿岸港口将终年不结冰，常年通航。

尽管"温室效应"论十分盛行，多数人都赞同这种观点，但也有不同的声音。不少科学家认为目前地球正朝低温湿润化方向发展。

他们认为，尽管20世纪的气温总体上呈上升趋势，但二氧化碳浓度变化与气温曲线变化并非完全一致，20世纪的40—80年代，有过降温的过程。这种看法也不无道理，他们从两个方面提出证据支持自己的观点。

首先，他们认为，气候变化受地球自身反馈机制的影响。一方面，由于大气与海水间存在着热交换，气温升高时，热交换增强，海水吸收热量升温后，对二氧化碳的溶解度也会增加。不仅如此，气温的升高还会增加地球上的生物总量，寒冷地带由于变热，生长在那里的植物生长期变长，植物带也在高温的作用下移向高纬度的地方，二氧化碳被森林吸收后，要经过更长的时间才能回到大气层。另一方面，由于空气极度湿润，植物残体在这种情况下不能充分分解，以泥炭的形式储存到地壳，这正是碳元素从生物圈到地圈的转化过程。

其次，气温上升过程中产生的水蒸气也能起到一定程度的缓解作用。气温升高导致蒸发加剧，大气含水量增加，形成一些云，大量的太阳辐射会被这些云反射、散射掉，从而缓解气温的上升。

气象系统是十分复杂的，无论地球变暖是否因为"温室效应"，我们都应该加以关注。科学家们也在努力研究，相信他们总有一天会弄明白地球变暖的来龙去脉，从而改善环境，造福人类。

如何保护臭氧层

臭氧是由3个氧原子结合而成的气体，它的化学符号是O_3。臭氧是分布在距地表13～50千米之间的一层薄纱，其浓度最大处于离地表20～25千米处。它像一层过滤膜，吸收了大量太阳辐射的紫外线，使地球上的生命体免受紫外线的杀伤，也使大气的热量状况趋于稳定状态。可以说，没有臭氧层，就没有地球今天的绚烂景象。

20世纪80年代初，有一个重要的科学发现——南极洲上空的臭氧层出现了巨大的"空洞"，震动了科学界。科学家们于1985年证实，这个"空洞"每年九月或十月份出现1次，并预测它还有扩大的趋势。1988年，经严密监测，发现南极臭氧层空洞向北"扩"到澳大利亚和新西兰上空，澳大利亚上空的臭氧层也减薄了1/10。时隔不久，这个臭氧层空洞又向北扩展到智利首都圣地亚哥和阿根廷首都布宜诺斯艾利斯。1989年，科学家透露，南极上空的臭氧层空洞大小已与北美洲面积相当。

1987年，德国科学家的发现同样令人感到不安，他们在地球北极的上空也发现了臭氧层空洞，只不过面积要小于南极的臭氧层空洞。

臭氧层出现空洞，地球就少了一道天然屏障，大量从太阳辐射来的紫外线直接照射到地球表面，使人类患皮肤癌、呼吸道传染病和白内障疾病的可能性增加，使人体内部的免疫力下降。同样，紫外线对地球上的生命的伤害是普遍的，地球上的某些生命甚至可能在强烈的紫外线照射下无法生存，并且这也威胁到了地球上的生态平衡。

残缺的臭氧层使紫外线更强。污染物阻碍了太阳光的反向逃逸，使地球的温度升高。

全世界都在关注着这一变化。1991年，第一台全球臭氧层测绘光谱仪由"气象-3"号卫星携带升空，该卫星也是美俄之间在航天领域第一次合作的产物，该卫星上的光谱仪可测量全球的臭氧含量及其分布，对大气层中出现的臭氧层空洞进行监视。

1991年9月12日，美国"发现"号航天飞机将1颗臭氧监测卫星送上了太空。该卫星重达7.7吨，其上装有美国、加拿大、法国和英国研制的10台高灵敏度监测仪器，目的是监测臭氧层中的臭氧在3年内减少的情况。

来自宇宙空间的新资料表明，臭氧层越来越稀薄的现象在春季和夏季也发生了，而此前，只有科学家在冬季才能观测到这一现象。最令人惊骇的是，一个更大的臭氧层空洞将笼罩在北纬50°以北的地区，这一地区包括了加拿大、俄罗斯、德国、英国和斯堪的纳维亚半岛等在内的广袤的土地。

现在有关臭氧层出现空洞的事实已被证实。地球大气的臭氧含量在急剧减少，这将导致全球环境的巨变。

造成南极上空空洞扩大的原因很多。首先是核爆炸，其次是高空喷气式飞机的频繁飞行，人类活动中排出的大量废气，农业上大量使用化肥，喷雾器杀虫的气雾剂的广泛使用以及冷却系统——空调机和冰箱放出的氯氟碳化合物，这种物质放出的氯气会破坏臭氧层（1个氯原子可以和10万个臭氧分子发生连锁反应），致使臭氧大量分解成氧分子。有人估算，大气层中的臭氧会因每增加100架现代超音速客机的飞行而每年减少0.7%。

在对臭氧层空洞出现的原因和可能引起的灾难的研究中，科学家也有新的见解。俄罗斯地理学家卢基亚什科的文章说，造成南极上空臭氧层空洞出现的罪魁祸首不是人类的活动，而是大自然。他说，早在40年前，就出现了介绍南极上空出现臭氧层空洞的材料，那时北极和热带地区上空也出现过这种现象。他指出，如果臭氧层空洞是人类活动所致，那么北半球人口集中、工业企业多，空洞应首先出现在这一地区。而南极上空常有强大的高气压，这就使其上空的空气流动速度加快，将距离地面9～10千米高度处的臭氧吹离了南极洲，此外还有一部分臭氧发生衰变，致使南极上空臭氧层出现空洞，所以人类活动与臭氧层空洞并无直接关系。

然而，不管其原因是什么，臭氧层出现空洞会带来极其严重的后果，更多的紫外线袭击地球会带来恶果是肯定的。空洞的出现能改变农作物生长的地理环境，造成农作物产量减少；还能导致地球上气候变暖，雨量增多，使大片海滨地区有被淹没的危险。当然，最大的受害者还是人类。

美国科学院的一份报告说，即使全世界使用化学用品的速度不再增加，到21世纪臭氧也将被消耗16.5%。随着增加的紫外线辐射，仅美国国内每年就将有几十万人患皮肤病。有人算了一下说：“臭氧层被破坏10%，皮肤癌患者就会增加20%。"

我们怎样应对这种自然环境的大变化呢？科学家得出的结论是：尽管臭氧层空洞是出现在高空的，但人类的活动，尤其是地面活动，却是其形成的根源。

科学家罗兰德博士于1974年提出了氟里昂破坏臭氧层的观点，因为，氟里昂会在使用过程中散逸到空中。这些游离在空气中的氟里昂，在太阳的辐射下，就会将分子中的氯原子分离出来，在这些氯原子的作用下，臭氧分子转变为氧分子。这样就造成了臭氧层中臭氧的减少，甚至出现空洞。氟里昂是破坏臭氧层、危害人类健康和对地球生命形成威胁的特殊污染物。通过许多科学家、政治家的努力，又经过联合国环境规划署的推动，1985年，各国终于在奥地利的维也纳签署了《保护臭氧层维也纳公约》。1987年，在加拿大的蒙特利尔，各国又签署了《蒙特利尔议定书》，议定书中明确提出了限制使用氟里昂的规定，要求发达国家必须在2000年以前，禁止生产和使用氟里昂。

地球的臭氧层空洞已经形成一定的规模，现在补天乏力，寄希望于臭氧层自行弥合也不可能。即使从现在起全球停止生产和使用破坏臭氧的物质，要恢复本来的臭氧层面目，完全弥合臭氧空洞，至少需要一个世纪的时间。

已出现的臭氧空洞已引起全世界的空前关注，各国纷纷研制氟里昂的代用品，以消除臭氧的"克星"。据英国《新科学家》周刊报道，一个名叫"帮助臭氧"的组织打算在南极上空放飞一些气球，这些气球上悬挂有100个臭氧发生器。这些臭氧发生器由能产生15万伏以上的电压的太阳能电池板提供动力，希望借助臭氧发生器的作用把氧分子变成原子后再形成臭氧，从而增加南极上空的臭氧含量。

一些科学研究表明，臭氧层可能只吸收少量波长280～320纳米范围内的紫外辐射，而这部分辐射并不是对地球上的生命危害最大的。一些科学家发现，高波长的紫外辐射对植物的脱氧核糖核酸能造成严重的危害，这种危害是以前人们没有估计到的。过去的研究工作过分强调了臭氧层稀薄以后带来的紫外线辐射量的增加，而没有将研究的重点放在研究320纳米以上波长的紫外线对地球上动植物造成的危害上，这种紫外线造成的破坏是比较恒定的，它不受臭氧层的变化的影响。

即使是这样，我们还是应该极力保护臭氧层，不能让臭氧层空洞继续扩大，从而使这把万物赖以生存的地球保护伞不受损害。

地球最危险的敌人是谁

虽然彗木大碰撞已经作为历史一页被翻过，但它却给地球留下了发人深思的警示和启迪：这种灾难性碰撞会发生在地球身上吗？地球发生这种灾难性碰撞的可能性有多大？假若有朝一日发生了，人类可以战胜吗？地球这艘宇宙飞船会不会在这类宇宙交通事故中遇难？

到底有多少像流星体、彗星这样的不安分子呢？它们到底会对地球构成哪些威胁呢？

小行星在这场角逐中，也是不可轻视的角色。

自意大利天文学家皮亚齐于1801年元旦在木星和火星轨道之间发现新行星之日起，人类研究和发现小行星的序幕就已被揭开了。第一颗谷神星、婚神星、智神星、灶神星……整个19世纪，有400个以上小行星被发现，迄今为止，小行星的发现越来越频繁，已有多达5000颗的小行星被天文学家探测到。

这些小行星中，已测算出运行轨道并编号的有3000颗左右。据估算，通过人类现代天文望远镜观测到的小行星不足总数的千分之几。

虽然数量很多，但这些小行星质量和体积都非常小。最大的谷神星直径仅有770千米，比月球直径的1/4还要小，体积也不到地球体积的1/450，倘若你登上小行星，能一目了然地感觉到是在一个行星上，四周越远越往下弯，球形感非常明显。1937年发现的赫梅斯小行星，直径不到1千米，相当于泰山的一半高。因此到目前为止，把所有发现的小行星聚集成团，充其量只不过有一颗中等卫星的大小，比起大行星的体积与质量来，简直是差得太远了。

浩浩荡荡的小行星军团，大多数在木星和火星轨道之间的小行星带上集中行走，很少可以越出这个范围，但也有极少数非常不安分的"卒子"，沿着椭圆轨道运行，最远可以跑到木星以外的空间，有时甚至跨过土星轨道，最近可以踏着大步走进地球轨道内侧，甚至深入到金星轨道以内，变为"近地小行星"，成为太阳家族之中的不安定分子，极有可能成为未来地球的主要"杀手"。

通常近地小行星轨

茫茫宇宙中无数的小行星都有可能和我们的地球来一次"亲密接触"。

道偏心率比较大，就地球与它们之间的距离而言，最近时通常有几百千米到 5000 万千米，极少数的小行星贴近到百万千米内。小行星赫姆于 1937 年 10 月在地球外 80 万千米附近掠过，仅仅相当于月亮与地球距离的两倍，一颗小行星在 1989 年 3 月飞到距地球 75 万千米的位置上，又离我们而去，从辽阔的宇宙空间尺度来看，说这些小行星与地球相隔咫尺，一点也不夸张。如此多的小行星来回穿越于地球附近空间里，的确会让人心惊胆战。

板块构造是怎么回事

在第二次世界大战后，在战争中发展起来的海洋探测技术逐渐被人们用到了和平的海洋研究之中。人们发现，有一条高高隆起的海底山脊在大洋中心的海底延伸着。更令人惊奇的是，海底山脊的中央还有一条沿着山脊分布的裂谷。在裂谷中，火山活动频频发生。这个被称作"大洋中脊"的海底山脉，不但分布在整个大西洋中，而且还相互连接成一体。许多形成于不同年代的条状火山岩对称地分布在这些大洋中脊的两侧。以太平洋中脊作为例子，能够在中脊的东部由新到老找出 1 号到 32 号不同年代的火山岩条带；同样在中脊的西部，也可以找到与东部形成时间相同的 1 号到 32 号火山岩条带。

与此同时人们又发现大洋的中心竟然不是海洋最深的地方，大洋的边缘才是海洋最深的地方。大洋的边缘呈狭长的沟槽状，紧贴着一些海岛分布，人们称它为"海沟"。广袤的大洋底部竟然全部都是由年龄很小的岩石所组成的，一般只有几千万年，而且，海底岩石的年龄越靠近大洋中脊越小。

美国地质学家迪茨和赫兹在 20 世纪 60 年代初共同提出了一个叫作"海底扩张"的理论。指出因为大洋中脊是新地壳诞生的地方，所以那里的火山活动较为活跃。更新后的新地壳把这些新形成的地壳推离中脊，在中脊两侧形成了较为对称的岩石条带，由于中脊两侧的洋底不断地向外扩张，在抵达大陆边缘时，这些岩石条带受到大陆的抵抗，不得不插入到大陆底下，深邃的海沟由此形成。

1986 年，法国地质学家勒比雄在吸收了魏格纳的"大陆漂移"学说与"海底扩张"学说的理论精髓之后，结合当时又发现的众多的新的地质现象，又提出了一个令人眼前一亮的理论——"板块构造"学说。在这一学说中勒比雄把全球地壳划分成面积大小不等的六大块，这些地块最小的也有几百万平方千米，但厚度相对小得多，最大的厚度通常不超过 100 千米，就像一块块薄板似的，所以把它们称为"板块"。

后来，许多科学家不断地完善了由勒比雄创立的这一板块学说。在最新的较为完善的理论中指出：岩石圈这层在地球表面包围着的坚硬的外壳，并非铁板一块的完整岩石，而是被许多活动的构造带——如海沟、大洋中脊、活动的大断层等分割成为若干个板块。这些板块有的全部由海洋组成，有的既有大陆，又有海洋。在板块与板块之间，还会有相对的运动发生。有的互相背道而驰，表现的地理现象为海底的扩张。有的迎头撞击，若陆地板块与陆地板块相撞，高高的山脉便会在碰撞处崛起，如喜马拉雅山；若海洋板块与陆地板块相撞，则海洋板块就会钻入到大陆板块下面，形成岛弧或海沟。另外，还有些板块，慢慢地向着相对的方向擦肩远离。这一新理论还指出，板块的现状并非一成不变，它还会随着地球的演变而变化，可能使一个板块分裂成两个以上的新板块，可能使两个老的板块拼合成一块。

大陆漂移之谜

我们脚下的大陆可以移动吗？

人们自古以来都认为地球上的海洋和大陆除了进行上下的升降变化之外，它们的位置是固定不变的。

但是，在1910年的一天，当还在家养病的气象学家魏格纳专心致志地注视着一幅世界地图时，他非常吃惊地发现：在大西洋东岸、非洲的几内亚湾凹进去的地方恰好可以和大西洋西岸、南美洲的巴西东北角凸出来的地方相嵌。换句话说就是，倘若把非洲和欧洲大陆的西海岸与南北美大陆东海岸拼凑在一起，完全可以拼凑成一个大致上相互吻合的整体。

这仅仅是一个极为偶然的巧合吗？

从这里出发，经过两年的探索研究，魏格纳提出了以下观点：世界上现在的亚洲、欧洲、非洲、美洲、大洋洲和南极地区在很久很久以前，是连接在一起的，后来这块完整的大陆逐渐地分裂、分离，慢慢成了现在这样子。

魏格纳之后，又有许多科学家发现大量的可以证明魏格纳观点的正确性的证据。

例如，有一条宽1500～2000千米，相对高度1～3千米的绵延万里的巨大山脉在大西洋的海底中央，科学家把这条山脉称为"大西洋中脊"。一条裂谷相伴出现在"大西洋中脊"，科学家在这个裂谷中发现了一个被他们称为"地球被撕裂的伤口"的不断溢出黏稠岩浆的地方。

虽然今天的南美与非洲中间隔着大西洋，相距3000多千米，但是在非洲的南部和南美的巴西的同一时代的地层之中，发现了一模一样的一种早已灭绝的叫"中龙"的爬行动物的化石。这种"中龙"习惯于在淡水湖沼地带栖息，绝对没有远涉重洋的本领。

现在，魏格纳的观点已经为越来越多的科学家所信服。更有意思的是，有的

2.5亿年前　　　　　　1.75亿年前　　　　　　现代

过去2.5亿年间各个大陆变化示意图

科学家还把840万年之后的世界海陆分布图给绘制出来了。在这幅地图上，以色列、埃及、希腊、意大利、沙特阿拉伯等国将会从大陆上消失；一个新的大陆将诞生在澳大利亚北部；日本、新西兰、澳大利亚、新几内亚很可能连成一体……这幅地图的准确性只能有待于我们的子孙后代们在840万年之后对它们进行检验了。

尽管大多数人都已接受了魏格纳的观点，但是因为还有一个关键问题没有解决，故而它目前只能算是一个科学假说，这个关键的问题即是究竟是来自哪里的力驱动重达1000亿亿吨的六块大陆漂移的？因此为什么大陆会漂移，迄今为止，仍是一个未解之谜。

地震是怎样发生的

如果从地球表面看，一切似乎都很平静，因此一说到地震，人们总是觉得是比较少见的事。事实上，根本不是这样，地球上经常会发生地震。地震是一种非常普遍的自然现象，就像下雨、刮风一样。据科学家们用精确的仪器观测，地球上每年大约发生500万次地震，并且平均一天会发生1万多次。但是，这些地震中大部分都微乎其微，人们不用仪器观测是根本感觉不到的，每一年中这样的小地震大约占当年地震的99%；人们可以感觉到的，只不过才1%。

地球上为什么会常常发生地震呢？

大多数地震是由地壳运动所引发的。刚硬的岩石在运动中受到力的作用，形状发生改变，有时甚至发生断裂，此时就会发生地震。目前人们虽然对推动地壳发生变动的力量从何而来仍持有异议，对地震产生的根本原因也有许许多多的推测，但大家一致认为某一地区的岩石发生了断裂是该地区发生地震的直接原因。地下的岩石产生了新的断裂，或是原来就有裂缝，再次发生错动是绝大多数地震发生的原因。许多威力极大的地震都发生在地下存在有断裂的地方。当地下的岩石因为受到力的作用而将要断裂时，月亮和太阳的引力作用，水（水库）或大气对地面的压力的变化，都有可能促使断裂发生，有触发地震的作用。

地震又常常作为火山爆发的伴侣出现，在地球上存在着大量的火山，火山每次爆发，会从地下喷射出大量炽热的岩浆，体积急速膨胀，对地壳有所冲击，因此一定会引起地震。

既然每年地球上发生如此多的地震，我们为什么感觉到的很少呢？

构造地震成因模拟图

原来，在地球上发生地震时，震动也有强度的大小，释放出来的能量也有多有少，按照它们大小的不同，大致可以分为微震、弱震和强震等三大类。可使器皿叮当作响，使吊钟和电灯、壁上的挂图发生晃动的地震称为弱震。可以使墙开裂、山石崩落、房屋倒塌的地震称为强震。一些非常强烈的地震还能在眨眼之间把整个城镇摧毁，如1976年的唐山地震，在地球上如此强烈的地震平均每年大约发生10多次，但有时候并不是发生在像唐山这样人口极为稠密的地区，给人类带来的灾害也不会像唐山那样严重。除了强震以外，弱震是不会给人类造成危害的，至于微震，就更没有多大影响了。绝大多数地震都是微震。

地震发生时，也不是所有人都可以感觉得到，在一定的范围内的人们才能感觉到。地震时，人们把震动的发源处叫作"震源"。震动自震源起，以波动的形式向四周发散传出，叫"震波"。在震源处地震波的能量最大，在传播过程中，地震波能量会逐渐消失，传得越远就越微弱，传到一定距离，就可以弱到人一点也感觉不出来。我们住的地方倘若在这次地震中人所能感觉的范围之外，这次地震我们就感觉不出来了。

地震为何多在夜间发生

地震是一种会带给人类极其严重的危害的自然现象。一座城市在一次7级以上的地震中，顷刻间可被夷为平地，人员死伤不计其数，惨不忍睹。

地震的危害不但在于它的突发性强，而且在于夜间出现的频率极高，甚至会突然降临在深更半夜人们熟睡时。例如，有"20世纪十大地震之一"之称的1906年4月12日美国旧金山8.3级大地震，在凌晨5点12分发生；1906年5月22日在智利发生的20世纪最大的8.9级地震，则在日落之后的19点11分发生；中国唐山地区1976年7月28日发生的7.8级大地震，在凌晨3点42分发生；1995年1月17日日本神户发生的大地震，在清晨5点46分发生，当时绝大多数人正在睡梦中。据统计，中国境内1985年总共有25次5级以上的地震发生，其中在日落后的19点以后到次日早晨6点之间发生的大地震竟有20多次之多，占总数的80%。对受害者而言，地震在夜间发生更是雪上加霜。

其实地震随时都可能发生，而事实上多在夜间发生，主要是因为受外因——太阳和月亮引力的影响。我们知道，海水在一天里有两次涨落，是由太阳和月球的引力所引起的。同时，地壳的"潮汐"现象也是由太阳和月球的引力引起的，只是平时我们没有察觉罢了。据测定，北京一带的地壳在朔望时（即农历的初一、十五或十六）大约可以有40厘米的升降。若是地球内部在孕育地震的过程中，当地下的岩石受到接近于破裂的力的作用时，而这时正好又受到太阳和月球的引力作用，这样蓄势良久的地震能量就会猛然间迸发出来。太阳和月球的引力在这里就起到了导火索的作用。

地震不但常在夜间发生，而且还常在农历初一、十五或十六前后发生。因为太阳和月球的引力在农历初一、十五或十六前后是最大的，例如，1976年7月28日发生在中国唐山的大地震，正好是农历七月初二；而1995年1月17日发生在日本神户的大地震，也恰是农历十二月十七。诸如此类的例子，不计其数。

由此可知，地震多在夜间发生，而且还常在农历初一、十五或十六发生，并非偶然现象。

火山为什么会喷发

火山喷发是地壳中的岩浆向上喷出地面时的现象。一般情况下，地壳把岩浆紧紧地包住。地球内部有相当高的温度，岩浆不甘于寂寞，它老是想要逃离出去。然而，由于地下的压力极大，岩浆无法很轻易地冲出去。地下受到的压力在地壳结合得比较脆弱的部分比周围小一些，这里的岩浆中的水和气体就很有可能分离出来，促使岩浆的活动力加强，推动岩浆喷出地面。当岩浆冲出地面时，原来被约束在岩浆中的水蒸气和气体很快分离出来，体积迅速膨胀，火山喷发就此产生。

岩浆冲出来的通道是否畅通与火山喷发的强弱有很大关系。如果岩浆很黏很稠，有时再加上火山通道不但狭窄而且紧闭，这时就极易被堵塞，这就需要地下的岩浆聚集非常大的力量才能把它冲破，一旦冲开，伴随的就是一场威力极猛的大爆炸。有时候，一次火山喷发过程，就可以喷发出来几十亿立方米的火山碎屑物；假如岩浆的黏稠度小，所含气体也不多，通道相对而言比较畅通，经常有喷出活动，那么就不会引起大的爆炸。夏威夷群岛上有一些火山，就是第二种情况。

火山总是在那些地壳运动较为强烈，而且相对而言较为薄弱的地方分布着。这种地方陆地上和海里都有。海底的地壳很薄，一般只有几千米，有些地方还有地壳的裂痕，所以在海洋底部分布着很多火山。例如临近大西洋中部亚速尔群岛的卡别林尤什火山，它位于一条巨大的断裂带之上，当它喷发时，炽热的浪涛从深邃的海洋底部涌出，一时间，洋面会沸腾起来。在开始时人们还以为是一条大鲸吐出的水柱呢！它的火山喷发活动持续了13个月，结果一片好几百公顷的新陆地出现了，这块新陆地与亚速尔群岛中的法雅尔岛连接在一起。海洋中有很多像这样的海底火山。

在火山喷发过程中，会有岩浆喷出地面，那些岩浆的活动能力极强，可以时常喷发的火山在地质学中被称为"活火山"。例如，位于太平洋中的夏威夷群岛上的基拉维亚火山，长期以来总有岩浆从中不断地涌出，有时还会发生极为猛烈的爆发，它就属于活火山。有一些火山在喷发之后，需要经过很长一段时间在地下聚集起足够的岩浆才可以再次喷发，当它暂时不再活动的时候，被地质学家称为"休眠火山"。例如在北美洲西部的喀斯喀特山脉中就有很多这样的火山。人类并没有找到它们曾爆发过的历史记载，但根据探测，它们还有活动能力。不过，这一类火山，有的也可能就此一直沉睡下去。还有些火山因为形成时间很早，地下的岩浆已经冷凝固化，不再活动，或是虽然地下还有岩浆存在，但因为那里地壳厚实坚硬，其中差不多所有的裂缝都被以前挤入的岩浆凝结堵塞住，岩浆无法再喷发出来了。地质学上把这些已失去了活动能力的火山叫作"死火山"。例如，非洲坦桑尼亚边境上的乞力马扎罗山，就是一座非常有名的死火山。人们可以从飞机上清晰地看到火山口内堆积着很厚很厚的白雪。

火山爆发有规律吗

古罗马人普林尼安是世界上第一个详细记载火山情况并实地考察过火山的人。公元79年，意大利著名的维苏威火山爆发了。这次火山爆发喷出的熔岩流到了附近的城市，并将这座城市彻底湮没了。普林尼安对这次火山爆发进行了实地考察，并且记下了爆发的全过程，这样就为后人了解这次灾难留下了珍贵的资料。不幸的是，由于他在做记录时吸入了火山喷发时带出的有毒气体，在做完记录后不久就离开了人世。人们为了纪念他，决定用他的名字来命名这次火山喷发。因此，维苏威型火山喷发的另一个名称就是"普林尼安型火山喷发"。

20世纪以来，伴随着各项科学技术的发展，人们对火山的研究也取得了重大的进展。1944—1945年，苏联东部堪察加半岛一带的克留赤夫火山开始了大规模的喷发，这次喷发持续了很长时间，而且相当猛烈。当喷发停止后，一支探险队来到深200多米、直径600米的火山口里，对这次火山喷发进行了为期很长的系统研究。他们在这个地方一工作就是将近30年。他们的辛苦劳动并没有白费，他们发现了一些火山活动的规律。这大大推动了人类预测火山爆发的步伐。1955年，苏联科学院的火山研究站综合许多前人研究的成果以及他们自己的经验，对堪察加半岛进行了一番实地考察，预测该岛的另一座火山即将喷发。不出所料，在预报发布后的十多天，这座火山就爆发了。因为事先收到预报，附近的人采取了许

火山爆发后的熔岩大部分是在地壳里冷却

多安全防护措施，所以此次火山爆发没有造成重大损失。

在加勒比海东部，有一个小岛名叫瓜德罗普岛，和平宁静，景色宜人。1976年夏天，这个岛上的苏弗里埃尔火山开始喷发，且接连不断，该岛上7.5万名居民的正常生活受到了极大的干扰。

这个消息传出后，世界各地的火山专家不断前来，在对那里进行了全面考察后却提出了两种截然相反的观点。以比利时火山专家哈伦·塔齐耶夫为首的专家小组持乐观态度。在他们看来，苏弗里埃尔火山的内部构造与亚洲的菲律宾、印度尼西亚一带的火山相似，都是由于地下水被加热产生蒸汽，然后从火山口喷出。这就导致每10分钟一次的小规模喷发。因为不会有大规模的喷发，所以岛上的居民应该是安全的，不用逃离家园。

塔齐耶夫坚信自己的推断是正确的。为了让岛上居民相信他，以避免不必要的逃亡，他决定去火山口，在那里对岩石的变化进行实地考察。但这时，因为火山接连喷发，火山口已经很难接近了。

在这种危急的情况下，专家们对塔齐耶夫的决定非常担心，都要求他放弃这个打算，因为这样太危险了。然而，塔齐耶夫毫不动摇，坚决去考察。这位伟大的科学家在以前就曾上百次地进行过火山探险，现在他又率领一支由9人组成的观察小组，于1976年8月30日前往火山口进行实地考察。塔齐耶夫在这次考察中差点失去了宝贵的生命。

塔齐耶夫带领的探险小组以极大的勇气和科学精神从火山口带回了大量的第一手资料。这些资料证明塔齐耶夫的观点是正确的。由于他的正确推断，在瓜德罗普岛上面居住的人在火山的呼啸中坚持了正常的生活与工作，并没有逃离家园。所以，这里的人们对塔齐耶夫的杰出贡献十分感谢，将"无所畏惧的火神"的尊称赠给他。

1982年3—4月，埃尔奇琼火山一下子爆发了。埃尔奇琼火山海拔高达1134米，将大量的尘土和气体喷射到距地面42千米的高空，然后洒落在南北美洲之间的广大区域。附近村庄全部被如同冰雹一样的熔岩和火山灰所袭击。

埃尔奇琼火山的爆发最早是由美国的卫星探测到的，火山喷发后，地球高层大气中的臭氧、二氧化碳、水汽的含量以及海洋的表面温度都出现了异常。天空中还出现了由几百万吨火山灰和烟气组成的一个厚达3000米的巨大云层。科学家对此进行了分析，然后断定，由于大量阳光被厚厚的云层阻挡，使一些地区得不到照射，就造成了地表温度的变化，甚至有些地方出现了干旱、暴雨和热浪等灾害。研究人员如果想更详细地研究这个现象，并仔细地观察它所带来的后果，就需要更多的第一手资料。于是，他们乘飞机来到火山口，进行实地考察。

考察队员来到火山口后发现，这里是一片寸草不生的不毛之地。几个月前，火山就停止了大规模的喷发，但仍有有毒气体和水蒸气从湖水中和地面上那些大大小小的裂缝中不断地冒出，温度高达93℃。到这里的人如果不戴防护面具，几分钟内就会死亡，即使戴上也只能在那儿待几个小时。环境如此恶劣，使得考察队员不能在此久留，只能把营地建在火山口外。然后，每天冒着生命危险乘直升机进出火山口。但用这种方法也很困难，因为火山口经常有很大的风，使得直升机飞行困难，再加上云层很厚，致使驾驶员很难看清周围的情况，根本无法使直升机安全降落。

恐龙足印与地质新发现

意大利位于欧洲的南端，与非洲大陆距离很近。传统观点认为，这两个地区在古代并不相连。不过，这一看法如今正受到极大质疑，这源于近年来发现的一些恐龙足印。

意大利国土形如筒靴，在它的上面，有一个明显突出的"马刺"——加加诺半岛。加加诺半岛遍布石灰岩，其地形特征属于山地，拥有非常丰富的矿物资源。博塞利尼教授率领一支国际地质考察队于2000年6月在此进行考察，在一个位于圣马尔科因拉米斯镇附近的石灰岩矿区偶然发现了一组恐龙足印化石。

这组恐龙足印化石约60多枚，其长度从15～40厘米不等，化石外形完整，有十分清晰的脚踵部分。在矿区通向出口附近的巨大石面上，有一组两足三趾的恐龙足印，这些足印可能是属于食草类的禽龙，或以禽龙为食的食肉类陆地恐龙。这些足印尺寸很大，人们猜测当时生活在这里的恐龙都是庞然大物，体重过吨。

初步的研究发现，一些足印明显是一种禽龙留下的，这种禽龙体型巨大，其体重可达4.5吨，身长9米，后腿站立时身高可达5米。这样的巨型恐龙必然具有惊人的食量，其种群必须要在成片的森林和广袤的水草构成的生活环境中生存。通过巨型恐龙的这种生存特征，人们推测在很早以前，加加诺半岛曾是林木耸立、水草丰饶的沃野。而对地质构造的分析对比又表明，这里与北部非洲的地质非常相似。国际地质考察队的专家们因此提出意大利南部地区与非洲大陆曾经连在一起的观点。这一观点否定了"意大利南部与非洲大陆不相连"的传统看法。

图中铸模所示的禽龙三趾后脚，从脚跟到中趾尖，长两尺多。

地质学界长期以来一直认为，独立于非洲大陆的意大利亚平宁半岛南部，在远古时代是一组零星的岛屿。加加诺半岛恐龙足印化石的发现对这一理论提出了不同看法。如果当时意大利南部与非洲大陆毫不相连，那么巨型的恐龙群在这里就难以生存。

爬行类的蜥龙在加加诺半岛发现的恐龙足印化石中，留下了一组呈环形的四脚足印。这种恐龙生活在距今1.2亿～1.3亿年前。地质学家们推断，由于地壳的运动，在当时，非洲大陆北部的一部分地面开始下沉，下沉部分降到了海平面以下10～20米，由非洲大陆延伸出来的岬岛则是由现在的意大利南部地区逐渐转变而成的。它与非洲大陆之间隔着一片浅平的海湾。后来，岛屿部分凸升为陆地，继续下降的海湾部分则转变成为地中海。在这一变动过程中，现在的意大利南部地区逐步变成岛屿，它与非洲大陆之间在约几千万年的时间里，曾是一片宽旷的沼泽地。为了觅食生存，巨型恐龙群由此穿过，迁移到了非洲大陆，并在迁移过程中留下了足印化石。

世界上许多地区都发现有恐龙、恐龙蛋以及恐龙足印化石。只有把恐龙、恐龙足印、恐龙蛋化石和当地地质构造联系起来加以分析研究，人们对地质生态环境演变做出的科学解释才能符合实际，从而造福于人类。

地球上的煤是怎样形成的

众所周知，煤是从地下开采出来的。可是，为什么地下有这么多煤呢？在回答这一个问题之前，首先需要知道煤是如何形成的。

有人说煤长得像石头，甚至通常把质量不好的煤叫作"石煤"，所以认为煤是由石头变来的。但是，如果你再仔细观察一下会发现有些煤块上会有植物的根茎和叶等等形状的痕状；倘若把煤切成薄片，在显微镜下进行观察，有时可以看到相当清晰的植物构造和组织，而且有时像树干一类的东西还保存在煤层之中。在中国著名的抚顺煤矿，大量琥珀含在煤层之中，有的里面甚至包有极为完整的昆虫化石，它是一种相当精美的艺术品。事实上，琥珀就是由树木所分泌出来的树脂演变而成的。这一切都表明煤主要是由植物演变而来的。

古代植物又是如何演变成煤的呢？

原来，在历史上，有一些时期的环境非常有利于煤的形成。由于气候条件适宜，在这时期，茂密高大的植物到处繁殖，大量高等或低等植物、浮游生物以及水草等等生长在沼泽、内陆和海滨地带。由于后来的地壳运动，这些植物就一批批地被埋藏在地面的低洼地区和海洋或沼泽的边缘地带。这些被泥沙所掩盖的植物，长时间受着压力、细菌和地心热力的作用，原来所含的氮气、氧气以及别的挥发物质等都逐渐地跑掉了，剩下来的大部分就是"炭"（一般称这种作用为"碳

绿色的植物经过长时间压力、细菌、地心热力作用，竟然形成乌黑的煤炭，大自然的力量真是神秘莫测。

化作用")。这样泥炭就最先形成了，随后泥炭被埋藏得越来越深，碳质的比例在温度和压力的作用之下不断增高，褐煤和无烟煤便逐渐形成了。简单而言，煤就是经过这样的凝胶作用以及碳化作用变来的。

由于各地都有不同的地壳运动特点，有些地区植物遗体堆积速度和地壳下降速度大体一致，保持均衡，很可能形成较厚的煤层；有些地方地壳沉降速度变化非常大，许多薄的煤层可能会在这里形成。

煤形成之后，在漫漫地质时代中，还不断地经受着各种变化和变动。原来水平的煤层可能会因地壳的构造运动而引致断裂和褶皱，有一些煤层被掩藏到地下更深的地方去了，因此至今还在地下沉睡没有被人们发现；而另一些煤层在一些比较浅的地方埋藏着，而且经过后来的侵蚀、风化的作用而露出地表，根据这些露在地表的"煤苗子"，我们找起煤矿来就会相当容易。目前许多埋藏在地下较深地方的煤田伴着人们对于煤的形成规律的进一步掌握以及矿勘探与开采技术的改进，而不断地被发现、开采及利用。

地球上的岩石是怎样形成的

岩石分布在地球的各个地方。有些地方虽然从表面上看是泥沙，但下面则是岩石；还有海洋、江河，在水层底下也是岩石。岩石紧紧地裹在地球的外面，人们把它叫作岩石圈。岩石圈最厚之处已超过 100 千米，换言之，不但地壳是由岩石构成的，就连地幔的最上端也是由岩石构成的。

为什么地球上会有如此多的岩石呢？

林耐，这位瑞典著名博物学家曾经说过这样一句名言："岩石并非自古就有，它们是时间的孩子。"的确，地球上每一块岩石都是在地球的演变过程中渐渐形成的。

根据岩石不同的形成作用，我们能够把所有的岩石划分为火成岩、变质岩、沉积岩三大类。

火成岩是地球岩石圈的主要组成部分。地壳中大约 3/4 的岩石以及地幔顶部的全部岩石属于火成岩。火成岩是由炽热熔融的岩浆冷却凝固之后形成的。倘若它们是由火山喷发出来的岩浆冷却凝固而成的，则可被称为火山岩，如安山岩、玄武岩等。今天，我们仍然可以在一些火山活动的地区，观察到火山岩的形成过程。虽然有些地方有厚达上千米，覆盖上万平方千米的火山岩，但它所占的比例并不是很大，绝大多数岩石是由那些没有能够喷发到地表的岩浆直接在地下深处冷却凝固而形成的，这叫火成岩，如分布较为广泛的橄榄岩、花岗岩等。

早先形成的包括火成岩、变质岩和沉积岩等在内的岩石，在地面暴露以后，会受到侵蚀和风化作用的破坏，逐渐转化为化学分解物和泥沙。这些化学分解物和泥沙经过水、风或者是冰川等搬运，最后在湖海盆地或者其他低洼处堆积，再经过漫长的时间的压紧胶结和地球内部热力的影响，再一次固结成为岩石，形成沉积岩，例如，由泥质堆积而成的页岩以及由沙粒胶结而成的砂岩等。在形成沉积岩的过程中，生物经常葬身其中，故而还可以在沉积岩里找到由古生物遗迹或遗体构成的化石。

岩石在地球的演变过程中，受到强烈的挤压或高温的影响，或者被注入外来物质，从而发生面目全非的变化，一种新的岩石由此产生，我们把这种岩石称为变质岩。例如，花岗岩能够变成片麻岩，页岩和一些砂岩会变成片岩、板岩等。

总之，地球上的所有岩石的形成，都无法脱离以上三种途径。

地球上的石油是怎样形成的

石油被人们称为"黑色的金子"，它对于人类而言是生存攸关的重要能源。

石油是由地质时期的动植物的遗体在地下高压高温及微生物作用下，经过漫长而复杂的化学变化逐渐形成的一种较为黏稠的液体矿藏，它也是原油及原油的加工产品的总称。凡是从油田开采出来还没有经过加工处理的石油叫作原油。原油通常情况下是深褐色、黑色的，但是，也有绿色，甚至无色的原油，这主要由开采地的特质所决定，原油不溶于水，有特殊的气味，密度也比水小，溶点、沸点不固定。

石油大多在地下（或海底）深埋着，它属流体矿物，所以通常只需打竖井之后通过采油管开采。在打成一口油井的初期，由于地层下有很大的压力，油层内的石油经常受压力驱使而自动向上喷，这时就可以采用"自喷采油法"采油。自喷采油不但设备简单、管理方便，而且开采经济，产量也高，是当前较为理想的采油方式，一般采用先进技术且条件好的油井可保持几年，有时会保持十几年的自喷形式。已过自喷期的油井或油层压力较低，石油只能够流入井里但却没有能力再往地面上喷射，此时要采用机械采油方法亦即通过安装在井上的俗名叫"磕头机"的抽油泵往上抽油。使用磕头机抽油的油井也可以在相当长的时间内维持一定的产量。

现代生活一刻也离不开石油，它是工业的血液，是最最重要的能源之一，而西亚则是世界上的最重要的石油产区。

根据大陆漂移学说的解释，西亚原本是古地中海的一部分，经过沧海桑田的多次变化之后，古地中海的范围渐渐缩小，幼发拉底河和底格里斯河带来的泥沙也在不断地缩小波斯湾的面积。以波斯湾为中心的浅海地区是一片古老台地，这些地区主要进行的是升降运动，它们的褶皱运动非常平缓。升降运动形成4000～1.2万米的非常厚的沉积层。从结构上看，因为褶皱运动不是十分强烈，所以形成一系列平缓而巨大的简单穹隆或背斜构造，这种构造对贮油贮气极为有利。例如举世闻名的沙特加瓦尔背斜构造，长240千米，宽35千米，这里形成了原油储量达到100亿吨以上的闻名遐迩的加瓦尔油田。

西亚的纬度偏低，它的这种纬度偏低的地理条件造成生物数量繁多；西亚地区所拥有的"两河"、广阔的浅海的大量泥沙形成良好的还原环境；平缓的地质构造和沉积层为原油的储备提供了优良的储油条件，这些就是西亚成为世界储油最丰富地区的自然原因。

自然奥秘

青藏高原的"本来面目"

探寻黄土高原的成因

撒哈拉沙漠曾经是绿洲吗

沙子为什么会唱歌

探寻藻类对改造沙漠的作用

沙漠为热带雨林"施肥"

扑朔迷离的太湖成因

……

青藏高原的"本来面目"

世界上海拔最高的高原在哪里呢？当然是青藏高原。可是令人惊讶的是，科学家们发现，青藏高原在从前并不是高原。那么，它的"本来面目"是怎样的呢？

青藏高原不仅是世界上最高大的高原，同时也是最年轻的高原，它的面积约250万平方千米，平均高度超过4500米。自北而南绵亘着的一列列长长的山脉构成了青藏高原。广阔的昆仑山、阿尔金山和祁连山在北面，中间是喀喇昆仑山、唐古拉山、冈底斯山、念青唐古拉山，而西南部蜿蜒起伏的则是巍峨的喜马拉雅脉山。

青藏高原有世界上最高的山峰。全世界超过8000米的山峰共有14座，都位于青藏高原。世界最高的山峰是珠穆朗玛峰，世界最高的山脉是喜马拉雅山的山脉，而青藏高原以其雄踞地球、独一无二的风姿，得到了"世界屋脊"的称号。

青藏高原的许多山峰都覆盖着厚厚的冰雪，许多银练似的冰川点缀在群山之间，沿着山坡缓慢地坠落。这些冰川正是大江、大河的"母亲"，世界著名的长江、黄河、恒河和印度河等都发源于此，从此汲取丰富的水源。

青藏高原地势较低的地方是柴达木盆地，但海拔也有二三千米。雅鲁藏布江谷地位于高原最低处，但谷地里的拉萨城比五岳之首的泰山还高一倍多。

高原上有许多美丽的风景。广阔的草原中镶嵌着无数蔚蓝色的湖泊，雪峰倒映在湖中，十分好看。岩石缝里喷出来许多喷泉，热气腾腾，附近的雪峰、湖泊在喷泉的映衬下显得格外耀眼。

人们在为这瑰丽景色发出惊叹之余，也会产生这样的疑问：青藏高原是怎么形成的呢？它原本就是这个样子吗？

地质学家们在青藏高原层层叠叠的页岩和石灰岩层中，发掘到了大量恐龙化石、陆地植物化石、三趾马化石，以及许多古海洋动植物的化石，如三叶虫、鹦鹉螺、笔石、珊瑚、菊石、苔藓虫、海百合、海胆、百孔虫和海藻等。地质学家们面对这些古代海洋生物化石，思绪不由得飘到了遥远的地质年代。在2.3亿年前，青藏高原曾经是一片海洋，跟太平洋、大西洋相通，呈长条状。后来，地壳

已灭绝的蕨类植物化石　　　　　　眼镜虫化石　　　　　　三叶虫化石

随着越来越多的海洋生物化石被发掘，表明青藏高原确实曾为海洋。

运动十分剧烈，古生代的褶皱山系由此形成。海洋消失了，古祁连山、古昆仑山产生了，而原来的柴达木古陆相对下陷，成为大型的内陆湖盆地。经过1.5亿年的漫长的中生代，由于长期风化剥蚀，这些高山逐渐被夷平了。那些高山上被侵蚀下来的大量泥沙，全部都沉积在湖盆内了。

新生代以后，地壳运动再次活跃起来，那些古老山脉因此剧烈升起，"返老还童"似的重新变成高峻的大山了。在距今4000多万年前，现在最高的山脉——喜马拉雅山地区仍是一片汪洋大海。这里原本是连续下降区，厚达万米的海相沉积岩层沉积于此，岩层中埋藏了各个时代的生物。印度板块不断北移，亚欧大陆板块最终与之相撞，严重挤压了处在这个地区的古海，褶皱因此而产生。喜马拉雅山脉从海底逐渐升起，并且带着高原大幅度地隆起，"世界屋脊"从此屹立于世。

难以想象，曾经的海底如今却变成了世界上最高的地方。而且，科学家发现，喜马拉雅山始终没有停止上升过，至今还在缓慢升高。对此，根据1862—1932年的测量结果就会发现，许多地方平均每年上升18.2毫米。如果喜马拉雅山始终按照这个速度上升，1万年以后，它将比现在还要高182米。

探寻黄土高原的成因

我国西北部的黄土高原是世界上面积最大的黄土高原。东到山西省与河北省交界的太行山，西至甘肃省乌鞘岭和青海省的日月山，南到渭河谷地关中平原以北的广大地区，北至长城。面对如此广阔的高原，人们不禁要问：这黄土到底从何而来？它又是怎样形成的呢？

地质学家为了回答这些问题，综合使用地层、古气候、古生物、物质成分、结构及年代学等手段进行了研究，提出的黄土形成假说多达20多种。其中，毫无事实根据的"宇宙成因说"早就被否定了。现在影响较大的是"水成说"、"残积说"、"风成说"及"多成因说"这四种学说。黄土物质的来源、搬运力及黄土本身的属性等问题是这四种学说的主要分歧。

大多数学者都持风成说的观点，并且风成说观点在中外十分盛行，为许多学者所赞同。特别值得指出的是，现代学者以大量的基本事实为基础，分析了黄土物质的基本特点后，认为我国大面积的沙漠可能是黄土物源，并且认为风力是黄土物质搬运的主要动力。黄土高原的形成，是地质历史中一种综合的地质作用过程，存在着三个不同阶段即物源的形成、搬运、分选及堆积成土。

地质学家认为，在第三纪末或第四纪初的后半期，今天的黄土高原所在地，气候潮湿多雨，河流及湖盆众多，各种流水地质作用盛行。基岩山区中大量的冲积、洪积、坡积、湖积及冰积物在河水作用下被搬运到低洼的盆地中，松散沙砾及土状混合物堆积变得越来越厚，黄土物质因此有了生长的基础。

在距今大约120万年前的第四世纪后半期，气候发生了全球性的变化。气温急剧变冷，由潮湿变为冷干。新的冰期到来，我国西北部地区在西伯利亚—蒙古高压气流的影响下，冷空气直驱南下进入我国西北地区，并受祁连山的影响分为两支，一支转向东南，构成西北风进入鄂尔多斯地区，另一支向西南构成东北风进入柴达木盆地和塔里木盆地。与此同时，来自蒙古的西风及西伯利亚的西北风分别进入我国北疆的东北地区及准噶尔盆地。堆积在盆地中的松散物质及基岩山区的部分残积和堆积物被强大的风力像大自然的风车一样重新扬起，随风飘流、搬运、分选，然后分别沉积下来。日复一日，年复一年，各种堆积由少变多，今天西北地区的砾漠、沙漠和巨厚的黄土堆积也就逐渐形成了。

另外三种关于黄土形成的假说影响并不太大。水成说认为，黄土主要由流水作用从不远的物源区堆积而成。残积说则认为由基岩风化作用就地成土导致了黄土的形成。而多成因说则认为黄土是上述几种因素共同作用而形成的。

从目前情况看，虽然四种假说都有一定的市场，但在学术界占有绝对优势的还是风成说。然而，要想否定水成说、残积说等假说也不容易，因为至今也还拿不出更确切的证据。多成因说近几年又重新抬头，向风成说提出了挑战，并且它也似乎比其他假说更为合理。孰是孰非，还很难预料。究竟何时才能揭开黄土高原之谜呢？这只能寄希望于科学家的研究了。

撒哈拉沙漠曾经是绿洲吗

撒哈拉大沙漠位于非洲大陆的北部，方圆800万平方千米，横跨阿尔及利亚、摩洛哥、埃及等11国的国境。提贝提斯和阿哈加尔两处山脉位于它的中部。非洲的山脉气势雄伟，怪石嶙峋。由于暴风常常袭击山脉，而且昼夜温差很大，山上的石头因此有不少变成了迷宫似的石窟和岌岌可危的石桥。

起初，这些石窟并没有引起人们的注意。后来考古学家在一次科学考察中，在这些石窟山洞里发现了原始人留下的岩画。这些岩画有早期和晚期之分，石刻的属于早期，晚期的则是用黄褐色的泥土画上去的。

当时人们的生活情景是这些岩画描绘的主要内容。这些绘画让发现者目瞪口呆。早期岩画中的动物有长颈鹿、野牛、狮子、鳄鱼、河马、鸵鸟等，还有成群的牛羊和放牛的牧人。后期的岩画中，则已有了两匹马拉车的兴盛场面。

古人的生活场景被栩栩如生地描绘出来了，为后人研究当时的历史提供了宝贵的资料。科学家也由此推测，当时，也就是五六千年以前，撒哈拉地区肯定不是今天这样的寸草不生的沙漠。那时候，这一带十分适合人和动植物的生存。这里气候湿润，植物茂盛，原始人类和野生动物曾在这里生活了很长一段时间。后来不知什么原因，也不知究竟是什么时候，这一片生机盎然的绿洲消失了，被一片死气沉沉的茫茫大漠取而代之。

有地理学家认为，绿洲变沙漠是自然条件作用的结果。因为这一地带日照时间特别长，气候极为干燥，最热的几个月中平均温度超过30℃，地表温度更是高达70℃。除此之外，还有一股叫"哈马丹"的东北风不停地横扫着这片地区，使整个地区天昏地暗、飞沙走石，再好的植被，也会被扫荡一空，无法生存。

生态学家认为，这片土地自古以来自然条件就十分恶劣，一直经受着太阳的曝晒和季风的侵扰。之所以会有绿洲变沙漠的结果，完全是人类自身的活动所致。人类本身就是生态环境中重要的一环，环境的改变很大程度上取决他们对于这块生活家园的态度和作为。据分析，这里的人们因为犯了一个难以挽回的错误而造成了现在的后果：在当时的农牧社会里，为了发展经济和战胜敌人，增加人口变得越来越重要。随着人口的增多，田地变广了，牲畜地变多了，渐渐地绿色原野就无法负荷了。土地—植物—动物—人类这根生命的链条一旦被破坏，就会在自然灾害的肆虐中完全崩溃。

我们从撒哈拉沙漠形成的过程中得到这样一个启示：在自然—社会—文化生态的系统中，人类的文化必须适应环境的变化，同时应运用生态的理念去帮助自然环境朝积极的方向发展。倘若缺失其中的任何一个环节，环境就会不可避免地走向恶化，人类意想不到的灾难就会从天而降。

沙子为什么会唱歌

你听过沙子唱歌吗？鸣沙山的沙子就会唱歌。

世界上已发现了100多处会"唱歌"的沙丘，这些沙丘大多集中在美洲，如美国的马萨诸塞湾、长岛、威尔斯西岸、巴西里约热内卢附近的索西哥、智利的科帕坡谷，此外还有丹麦的波恩贺尔姆岛、苏格兰的爱格岛、阿拉伯半岛、波兰的科尔堡等。人在这些地方的沙漠或沙滩上行走，都能听到奇妙的"歌声"。

沙子形成示意图

不仅沙漠里的沙丘会"唱歌"，而且有些海边和湖边的沙滩也会"唱歌"。例如，在日本京都府北面丹后半岛海滨浴场上，就有两个分别名为"琴引滨"和"击鼓滨"的沙滩。琴引滨因人们脚踏沙滩时，会发出悦耳的琴声而得名；而击鼓滨则因当人脚踏沙滩时，会发出"咚咚"的鼓声而得名。这两个会唱歌的沙滩有一个共同的特点，即春天歌声悦耳，夏天则变成微弱的低音。

早在2000多年前，中国的《史记》、阿拉伯的《一千零一夜》就已经有关于鸣沙的记载。意大利探险家马可波罗在著作中也曾提到过中国西部和中亚地区沙漠中的轰鸣沙，他在路过此处时就"时常听到空中回荡着各种乐器奏出的音乐，击鼓声和臂膊撞击声"。1889年，查尔斯·达尔文在他的经典著作《比格尔号上的旅行》中，提到31处沙丘中有轰鸣沙，它们分布在南北美洲、非洲、亚洲，以及阿拉伯半岛和夏威夷列岛。

鸣沙是一些特别的沙子,在许多有沙子的河滩、湖畔、海滩、沙漠上都曾发现过。一般按发声不同而将鸣沙分为两大类:一类是声音较小的"哨沙",也称"音乐沙"、"犬吠沙"或"歌唱沙"。哨沙在剪切移动或压缩时会发出短促和高频的声音,持续时间一般不到1/4秒钟;另一类则发生在规模较大沙漠地带的沙丘上,叫作"轰鸣沙",声音大而低沉,持续时间也较长。有人研究发现,与无声的同类相比,鸣沙有着不同寻常的、规则的表面,它的凹陷和凸起的部分相差仅在千分之几毫米,但是它的表面也不是完全光滑的。鸣沙的湿度通常很低,超过这个湿度,沙粒就会结得紧密,沙丘奏鸣曲也就会变成寂静音乐会了。

有的科学家提出,沙丘会"唱歌"与天然的"共鸣箱"有关,在响沙的背风坡脚下,一般分布有地下水,在地下会由于气候干燥,蒸发旺盛而形成一堵无形的蒸气墙冷气流;而在背风坡向阳的山脊线上却形成一个热气层,两者共同组成了"共鸣箱"。沙丘被风吹动或被人畜搅动后产生各种不同的声音频率,这种频率在"共鸣箱"引起共鸣后,使得沙丘的声音变大,同时在"共鸣箱"的作用下,这个声音的音量互相递加,及至发出轰响。现在,宁夏中卫响沙周围绿化造林改变了大气环境,从而影响到沙粒声的频率,破坏了"共鸣箱"的结构,因此,那儿的鸣沙已经很久不唱歌了。

还有人提出静电发声说,鸣沙山沙粒在人力或风力的推动下向下流泻,含有石英晶体的沙粒互相摩擦产生静电,静电放电即发出声响,响声汇集,声大如雷。

此外,沙子唱歌还可能与空气的湿度有关。例如夏威夷群岛考爱岛南岸有一座高18米、长800米的大沙丘,一旦人在沙丘上走动,或把沙子放在手掌中猛搓,都能听到沙丘发出"汪汪"声。人在沙丘顶跑步,则能听到沙丘发出闷雷般的声音,天气越干燥,雷声越大。科学家认为这声音大多形成于雨后,因为沙丘表层干燥,下部湿沙在蒸发过程中形成一层薄薄的空气膜,空气膜因受到震动,从而发出声音。

探寻藻类对改造沙漠的作用

就在这时,中国科学院水生生物研究所的研究员刘永光、宋之荣以及他们的学科组为人类带来了一个好消息:经过20多年的辛勤研究,他们找到了一个改造沙漠的新办法——让生长在水中的藻类去充当治理沙漠的先驱。

过去人们认为,只有在水中或潮湿的环境中,藻类才能生存;而在干旱的荒漠中,它们则难以生存。然而,科研人员经过缜密的调查研究后发现,其实荒漠中也有藻类植物存在。目前,人们已经从荒漠中鉴别出了24种藻类,分离纯化出了12种,批量培养了6种。

藻类早在30亿年前就已经生活在地球上了。科学家们甚至设想,当地球还处在没有氧气的原始时代时,正是由于藻类进行光合作用放出氧气,地球才慢慢地成为有氧的环境,从而为其他生物的生存提供了必要条件。藻类在进行光合作用的过程中，为自身制造了必要的营养物，使其成为最早的自己养活自己的生物。同时，它们还制成了多糖物质和氮素，提供给植物生长，也促进了沙土中的微生物的生存和繁殖。正是因为这个原因，原来的荒漠才慢慢转变成有利于植物生长的土壤。在自然状态下，这个过程需要至少10亿年甚至更长的时间。

科学家们在宁夏沙坡头开展了野外实验，效果还挺好。人工培育的藻类很快就为沙漠提供了氧气以及自养所需的多糖类、氮素等。它们在沙石结成了一层薄薄的黑皮，原来沙石向土壤转化的漫长过程因此缩短到只需6个月就完成了。有人工藻类在沙石上结皮的地方，可以抵御住风沙的流动，种下去的植物也能获得必要的氧气和氮素。在这样的生态环境中，植物的成活率也大大提高。

科研人员指出：在沙漠里采用藻类综合技术，可以帮助复苏藻类—微生物—草（树）生态系统，防风固沙，为沙漠披上绿装。

沙漠为热带雨林"施肥"

亚马孙河是拉丁美洲人民的骄傲，它浩浩荡荡，蜿蜒流经秘鲁、巴西、玻利维亚、厄瓜多尔、哥伦比亚和委内瑞拉等国，滋润着800万平方千米的广袤土地，孕育了世界最大的热带雨林——亚马孙热带雨林。亚马孙原始森林，占地球上热带雨林总面积的50%，达650万平方千米，其中有480万平方千米在巴西境内。这里自然资源丰富，物种繁多，生态环境纷繁复杂，生物多样性保存完好，被称为"生物科学家的天堂"。

森林具有涵养水源、调节气候、消减污染及保持生物多样性的功能，热带雨林就像一个巨大的吞吐机，每年吞噬全球排放的大量的二氧化碳，又制造大量的氧气，亚马孙热带雨林由此被誉为"地球之肺"。热带雨林又像一个巨大的抽水机，从土壤中吸取大量的水分，再通过蒸腾作用，把水分散发到空气中。另外，森林土壤有良好的渗透性，能吸收和滞留大量的降水。但奇怪的是，那里的土地却十分贫瘠。那么，树木生长所需的养分从哪里来呢？有些科学家认为，是位于东半球的撒哈拉沙漠漂洋过海来给亚马孙热带雨林"施肥"。这是真的吗？

亚马孙河横贯南美洲，沿途有数以千计的支流汇

露头树
树冠层
下层林木密集的树干
藤本植物
大王花

雨林是世界上最丰富的生物群落区，树木、羊齿植物、藤本植物和其他植物生长茂密，它们供养了异常丰富的野生动物品种。

入，河流流域面积700多万平方千米。其中，亚马孙平原占地面积约为560万平方千米，是世界上最大的冲积平原。由于亚马孙平原位于赤道附近的多雨地区，所以这里四季高温，每月平均气温都在26℃以上。但这里的降水量极为丰富，年平均降水量在1000毫米以上，西部地区甚至可以达到3000毫米。然而，亚马孙河流域的土地由于严重缺乏磷酸钙，所以流域内几乎没有腐殖土。有人指出，正是由于非洲沙漠尘土的侵入，才使亚马孙河流域成为广阔富饶的热带雨林。否则，这里将是一望无际的大草原。

在数万年前，亚马孙河流域的森林面积非常小，只相当于现有规模的很小一部分。近年来，美国航空航天局通过气象卫星和特殊飞行器，对南美洲的巨大尘埃云进行追踪，发现这些尘埃主要来自非洲的撒哈拉沙漠及其以南的撒海尔半干旱地区。美国迈阿密大学的一位科学家经过仔细研究，发现这些尘埃云也对美国南部的一些地方和加勒比海的一些岛屿的气候产生影响，在这些尘埃云的作用下，巴巴多斯岛上相当一部分土壤是来自非洲的。此外，尘埃云还将非洲尘埃带到迈阿密，从而使迈阿密城披上了一层红色。那么，这些尘埃是如何飞越辽阔的大西洋，从遥远的非洲来到美洲的呢？

一些科学家认为低纬地区上空的东风带是运送这些尘埃的载体。如果按东风的平均风速计算，富含养分的撒哈拉沙漠的尘土需要5～10天才能跨越大西洋到达亚马孙河流域。美国一位热带生态学家认为，如果每年有1200万吨尘土落到亚马孙地区，则可以使平均每公顷土地增加1.1千克的磷酸钙。

扑朔迷离的太湖成因

太湖的水域形态就像佛手，作为江南的水网中心，太湖蕴藏了丰富的资源并孕育了流域内人们的繁衍生息，自古就被誉为"包孕吴越"；历代文人墨客更是为之陶醉，留下了许多脍炙人口的诗句。太湖风光秀丽，物产富饶，附近的长江三角洲河网纵横，湖荡星罗棋布，向来是中国的鱼米之乡。太湖四周群峰罗列，出产的碧螺春名茶与太湖红橘，在古代就是朝廷的贡品。太湖里还富有各种各样的水产品，其中的太湖银鱼，身体晶莹剔透，肉质细嫩，是筵席上的美味佳肴。

然而，就是这样一个兼具秀丽风景和浩渺壮阔气派的饮誉中外的太湖，关于它的成因，直到今天还争论不休。

早在20世纪初，中国地理学家丁文江与外国学者海登施姆就认为，是大江淤积导致了太湖的形成。他们指出，在五千年前江阴为海岸，江阴以东、如皋以南、海宁以北，包括太湖地区在内都是长江淤积的范围，这是最初对太湖成因所做的理论上的描述。

到20世纪30年代，由于在湖区地下发现有湖相、海相沉积物等，所以学术界对太湖的形成有了较成熟和系统的看法。著名的地理学家竺可桢与汪胡桢等提出了泻湖成因论，泻湖论在以后又不断被充实进新的内容。德国人费师孟在1941

年提出，经太仓、嘉定外冈、上海县马桥、金山漕泾，直至杭州湾中的王盘山附近，是公元1～3世纪的海岸线。后经对位于冈身的马桥文化遗址下的贝壳碎屑进行碳14测定，研究者基本上公认冈身是6000年前的古海岸线。

华东师范大学海口地理研究所的陈吉余教授等，在总结前人研究的基础上，发展和完善了泻湖论。该论点主要依据太湖平原存在着海相沉积来推断，认为因长江带来的大量泥沙逐渐在下游堆积，使当时的长江三角洲不断向大海伸展，从而形成了沙嘴。以后沙嘴又逐渐环绕着古太湖的东北岸延伸并转向东南，与钱塘江北岸的沙嘴相接，将古太湖围成一个泻湖。后来又因为泥沙的不断淤积，这个泻湖逐渐成为与海洋完全隔离的大小湖泊，太湖则是这些分散杂陈的湖群的主体，又经以后的不断淡化而成为今日的太湖。

近年来，随着对太湖地区地质、地貌、水文、考古和文献资料等方面的不断研究，尤其是几十处距今五六千年前的新石器时代遗址，以至汉、唐、宋文化遗物的发现，许多研究者对泻湖论中所存的问题提出了质疑。他们认为，在海水深入古陆地的过程中，虽然是一边冲蚀，一边沉积，但这种情况对于整个古陆地来说是不平衡的，有的地方虽有泻湖地貌的沉积，但它不具整体意义。因此，泻湖论虽然可以解释太湖平原的地形和地质上的海湖沉积，但难以解释何以在太湖平原腹地泥炭层之下以及今日湖底普遍有新石器遗址与古生物化石的存在，同时这也与全新世陆相层的分布范围不符。许多人因此提出，太湖平原大部原为陆地，所以古代居民能够在上面聚居生存。

人们推测，大约在6000～10000年前，太湖地区是一片低平的平原，人们曾经在这里生活和居住过。由于地势较低，终于积水成湖，人们还没有来得及搬走他们的家当，就被洪水淹没了。

至于太湖这片洼地的形成，人们认为这和地壳运动有关。太湖地区可能一直是一个地壳不断下沉的地带，由于地势低洼，从四面八方汇来的流水不能及时排出去，自然就形成了湖泊。

太湖的"平原淹没说"还没有得到更多的传播和响应，又一种成因说突然出现了。最近，一批年轻的地质工作者用全新的观点来解释了太湖的形成。

他们大胆地假设，可能是在遥远的古代，曾有一颗巨大无比的陨石，从天外飞来，正好落在太湖的位置上。也就是说，偌大的太湖竟然是陨石砸出来的！他们估计，这颗陨石对地壳造成了强大冲击力，其能量可能达到几十亿吨的黄色炸

火山口湖

冰川湖

裹谷湖

人工湖

各类湖泊构成示意图

药爆炸产生的能量，或者等于1000万颗在日本广岛上空爆炸的原子弹的能量。

提出"陨石冲击"假说的年轻人，列出了如下几个方面的证据：

第一，从太湖外部轮廓看，它的东北部向内凹进，湖岸破碎得非常严重；而西南部则向外凸出，湖岩非常整齐，大约像一个平滑的圆弧，与国外一些大陆上遗留下来的陨石坑外形十分相似。

第二，研究者在调查中发现，太湖周围的岩石岩层断裂有惊人的规律性。在太湖的东北部，岩层有不少被拉开的断裂，而西南部岩层的断裂多为挤压形成。这种地层断裂异常情况只有在受到一种来自东北方向的巨大冲击时才会出现。

第三，研究者还发现，成分十分复杂的角砾存在于太湖四周，在显微镜下观察这些岩石，其中还可以看到被冲击力作用产生的变质现象。另外，他们还在太湖附近找到了不少宇宙尘和熔融玻璃，这些物质只有在陨石冲击下才会产生。

由以上的证据，他们推断，这颗陨石是从东北方向俯冲下来的。由于太湖西南部正好对着陨石前下方，冲击力最大，所以产生放射性断裂，而东北部受到拉张力的作用，形成与撞击方向垂直的张性断裂。由于陨石巨大的冲击力，造成岩石破碎，形成成分混杂的角砾岩和岩石的冲击变质现象。

对太湖的成因，目前还没有形成统一的认识，但所有这些不同的观点，都有助于推动人们作进一步的调查和研究。随着探究的不断深入，相信人们最终一定能揭开扑朔迷离的太湖成因之谜。

难识庐山真面目

庐山的形成只能是地质年代地壳构造运动的结果。在遥远的地质年代，这里原是一片汪洋，后经造山运动，才使庐山脱离了海洋环境。现今庐山上所裸露的岩山，如"大月山粗砂岩"，就是元古代震旦纪的古老岩石。那个时代的庐山并不高，在漫长的地质年代里，它经历了数次海侵和海退。庐山大幅度上升是在距今约六七千万年前的中生代白垩纪。当时，地球上又发生了强烈的燕山构造运动，位于淮阳弧形山系顶部的庐山，受向南挤压的强力和江南古陆的夹持而上升成山。山呈肾形，为东北—西南走向，形成了一座长25千米、宽10千米、周长约70千米，海拔1474米以上的山地。这就是千古名山庐山的形成过程。

庐山"奇秀甲天下"之说并非过誉。因为这里无论石、水、树无一不是绝佳的风景，五老绝峰，高可参天，经常云雾缭绕。说到庐山多雾，这与它处于江湖环抱的地理位置密不可分。由于雨量多、湿度大，水汽不易蒸发，因此山上经常被云雾所笼罩，一年之中，差不多有190天是雾天。大雾茫茫，云烟飞渡，给庐山平添了不少神秘色彩。凡到庐山者，必游香炉峰，因为香炉瀑布，银河倒挂，确实迷人。李白看见香炉瀑布后，万分赞叹，留下了千古不朽的诗句："日照香炉生紫烟，遥看瀑布挂前川。飞流直下三千尺，疑是银河落九天。"香炉瀑布飞泻轰鸣之美，至今令到此观光的游者倾倒。

庐山有没有出现过冰川的问题一直在我国地质界存在争议。

1931年，地质学家李四光带领北京大学学生去庐山考察时，发现那里的一些第四纪沉积物若不用冰川作用的结果来解释，则很难理解。以后的几次考察，人们从不同的角度再研究这些现象，确信是冰川作用的结果。于是，李四光在一次地质学年会上发表了题为《扬子江流域之第四纪冰期》的学术演讲，提出了庐山第四纪冰川说。其主要证据是平底谷、王家坡U形谷、悬谷、冰斗和冰窖、雪坡和粒雪盆地。在堆积方面，李四光指出：庐山上下都堆积了大量的泥砾，这些堆积显示了冰川作用的特征。

当时，国际地质学界有一种流行的观点，认为第三纪以来，中国气候过于干燥，缺乏足够的降水量，形成不了冰川。英籍学者巴尔博根据对山西太谷第四纪地层的研究，认为华北地区的第四纪只有暖寒、干湿的气候变化，没有发生过冰期。他认为：一些类似冰川的地形，既可能是流水侵蚀所成，也可能是山体原状，而王家坡"U"形谷的走向可能和基岩的构造有关。法籍学者德日进也排除了庐山冰川存在的可能性。

以后的几年里，李四光也在寻找更多的冰川证据，以说服持怀疑论者。1936年，他在黄山又发现了冰川遗迹，更加证明庐山曾有冰川。他的论著《冰期之庐山》，总结了庐山的冰川遗迹，进一步肯定了庐山的冰川地形和冰碛泥砾，描述了在玉屏峰以南所发现的纹泥和白石嘴附近的羊背石。该书专门写了《冰碛物释疑》一章，对反对论者所提出的观点进行了分析与反驳。对于泥砾的成因问题，他否定了风化残积、山麓坡积、山崩、泥流等成因的可能性，再次肯定泥砾的冰川成因。不久，他又著《中国地质学》一书，着重讨论了泥流和雪线问题。对于泥流，他认为既然承认如此巨大规模的泥砾是融冻泥流所形成的，那就完全有必要承认在高山上发生过冰川作用，因为如果山下平原区发生了反复的冰冻与融化，以致产生了泥流的低温条件，按升高100米降低温度10℃计算，庐山上面的温度就要比周围平原低10℃～15℃，这样就不可避免要产生冰川。据此，反对庐山冰川的泥流作用，反过来却成了庐山冰川说的有力证据。对雪线问题，他认为在更新世时期，雪线在东亚有所降低，因此，虽然庐山海拔较低，也能发生冰川。

20世纪60年代初，黄培华再次对庐山存在第四纪冰川提出质疑。其依据是：所谓"冰碛物"不一定是冰川的堆积，其他地质作用如山洪、泥流都可以形成；地形方面，庐山没有粒雪盆地，王家谷等地都不是粒雪盆地，而且山北"冰川"遗迹遍布，何以在山南绝迹？庐山地区尚未发现喜寒动植物群，只有热带亚热带动植物。支持冰川说的曹照垣、吴锡浩，从庐山的堆积物、地貌、气候及古生物方面反驳了黄培华的观点。

20世纪80年代初，持非冰川论观点的施雅风、黄培华等又进一步从冰川侵蚀形态、冰川堆积和气候条件等方面，对庐山第四纪冰川说加以否定。持冰川论观点的景才瑞、周慕林等人，则从地貌、堆积，特别是冰川时空上的共性与个性等方面进一步论证了庐山冰川的可能性。

在据最新论据的争论中，持非冰川论观点的谢又予、崔之久做了庐山第四纪沉积物化学全量分析，"泥砾"中砾石形状、组织的统计、分析，以及电镜扫描所采石英砂表面形态与沉积物微结构特征等，认为庐山的"冰川地貌"是受岩性、构造控制的产物，而不是真正的冰川地貌；所谓"冰川泥砾"也不是冰碛物，而是典型的水石流、泥石流和坡积的产物。

以上的争论并没有完结，面对庐山的地貌和沉积物这一共同事实，争论一方说是冰川作用的证据，而另一方却判定为非冰川作用的证据。庐山的真面目，至今仍是个谜。在庐山上是否存在过冰川，这对我国第四纪地层划分起着重要作用，因此有待于更深入的探讨。

怎样有效避免沙尘暴

20世纪70年代，随着环境的恶化以及人口的增多，土地资源的宝贵及重要性为越来越多的国家所意识到。为了解除沙尘暴的威胁，各国政府一致认为推行免耕法和少耕法是十分必要的。

免耕法在英国普遍实行，政府十分鼓励这种做法，那里一半的玉米栽培都采用了这种方法；而加拿大政府则制定了一项法律，明文规定废除铧式犁，以保证实施免耕法；日本、伊朗、菲律宾等国也普遍采用立法的方式来树立免耕法的权威性。

当免耕法开始实施时，它渐渐地产生了效果，恶劣的天气逐渐变少，沙尘暴有效地得到控制。虽然免耕法有一定的弊端，但它仍不失为一种避免沙尘暴的良方。

中国在20世纪80年代后，也逐渐将推广和采用免(少)耕法定为国家的政策之一。1985年，江苏省采用免(少)耕法播种小麦950万亩；黑龙江、河北、北京等北方各地，"苗茬免耕、秸秆全程覆盖"，免耕法也得到了大力推广，效果很好。

而在中国西部地区情况更为严峻，那里气候干燥，土地贫瘠。专家们认为只有推广免(少)耕法，才有利于发展西部的农业，改善西部的环境。

免耕法在世界范围内得到广泛运用，人们之所以能想到这种方法，还要从日益肆虐的沙尘暴说起。

1934年，美国西部出现了一场席卷大片国土的沙尘暴。这是一场灾难，美国受到了极大的损害，单是卷入大海的土壤，就多达500万吨。人类目睹了这场灾难的危害，不禁发出这样的疑问：地球能经受得住多少次这样的灾难呢？

虽然已经过了很多年，但人们依然记得，美国西部大开发是依靠来自各地的移民进行的。19—20世纪初期，大量来自欧洲的移民来到美国西部，这里肥沃的土地给了他们无限的希望。他们勤恳地劳作，开发耕种，逐渐有所收获，最终成了农场主。由于科学技术的进步，农业实现了现代化，人们利用机械对土地进行反复耕作。但是，1934年的沙尘暴使一些有远见的农业研究部门和生产者开始认识到，这种用机械多次反复耕作的方式不利于水土保持，弊大于利。

为了防治沙尘暴，有些人重新提出了原始的农业耕作方式：播种时，并不翻整前一茬作物的耕地，而且直接开一条窄窄的沟或挖一个穴，撒下种子就可以了。这样的耕种方法照样可以出新苗长庄稼，并且由于耕地的表层翻动少，也就少受破坏，从而能保护土地资源，减少水土流失。这种方法对于有坡度的耕地更为必要，它能促进土壤中微生物的活动，增进土壤的团粒结构，有利于土壤中水分的渗透和贮存，也能防止水土流失。

重新提出这种原始方法的人是美国的一位农业生产者，名叫哈利·杨。他仔细分析了这种原始的耕作方法之后，受到了很大启示，并且在实践中证实了免耕法的益处。

20世纪60年代初期，哈利·杨就开始做实验，他在自己的4.25亩的土地上，开沟直播种子而不翻耕土地。这一耕作方法经过实践检验，终于获得了成功，并且从此出现了一个专业名词：免耕法。

许多人认为免耕法是简单的复古现象，是时代的倒退，是对现代化的摒弃。并且，这种方法并不适用于所有的农作物，有一定的弊端。但在赞同免耕法的人看来，这是原始农业耕作方式在新条件下的合理运用，是对传统的扬弃性继承，适应了时代发展的潮流，是农业耕作的一种进步和发展。

水存在着一种新的形态吗

在任何一本教科书里都这样写道：水是一种化合物，它的分子式是H_2O。可是，人们果真知道水是什么东西吗？其分子式对不对？有一点很清楚，水的分子式被人们简单化了。人类受到汪洋大海的包围，而海洋是如何形成的，海洋水到底是什么物质，我们都还茫然无知。

古希腊的哲学家们看到流水源源不断，就得出结论说：水同土、空气和火一样，也是一种元素。地球万物都是由这四种元素构成的。哲学家们的说法堪可称为超群的见解，直到17世纪以前，人们始终觉得他们的说法无懈可击。

在1770以前，人们把气体混合物的爆炸视为壮观的景象。点燃氢和氧，燃烧后自然生成了水。可是当时没有谁留意到进行这种反应时生成的那一点水分。人们只顾争论水能不能变成"土"的问题了，为了观察水能不能变成土，天才的法国化学家安图安·罗兰·拉瓦锡用三个月的时间，连续做着水的蒸馏试验。

当时，以毫无根据的假设为依据的"燃素说"，由于受到名人的推崇而名赫一时，它阻碍了人类认识的发展。"燃素说"论者认为，燃烧着的物质能够释放出"燃素"。尽管也是这位拉瓦锡已经发现了金刚石是由碳组成的，还分析了矿泉水的成分，但他却信奉着"燃素说"。

詹姆斯·瓦特这位工程师和蒸汽机的发明家，最先认清了水的本质。他虽然不是化学家，也没有进行过相应的试验，但他却不固守偏见。詹姆斯·瓦特于1736年生于苏格兰，他在各个方面都表现出了出众的才华并取得了杰出的成就：制成了数学运算器、天文仪器、蒸汽机的模型。他热衷研究着技术上的新方向——后来得名的工艺学。瓦特成功地发明了完备的蒸汽机，但是关于水他也许只懂得由水可以制取蒸汽。恰恰由于不受偏见的束缚，瓦特才最先意识到自己的同时代人所进行的试验的意义所在。1783年4月26日，他在给J.波里斯特利（1733—1804年）的信中写道："难道不应当认为水是由燃素（氢）和非燃素气体（氧）组成的吗？……"

他的说法得到了人们的支持。英国的学者们对他的发现笃信不疑。是年7月，一个年轻的助手作为科学小组的成员访问了法国，并将瓦特的新见解告诉给了拉瓦锡。拉瓦锡重新做了主要的实验并领悟了这一发现的重大意义，当即将实验结果上报给了法兰西科学院。在报告中他对英国学者的研究成果只字不提。结果，拉瓦锡在欧洲大陆上获得了头功，赢得了盛名。围绕发明优先权属于谁的"水之争"从此开始，持续了几十年。瓦特早在1819年去世，到1835年他的发明优先权才得到了最后的确认。

当时，革命的风暴正在震撼着欧洲，1794年5月8日，拉瓦锡这个皇家税务总监被送上了断头台。战争爆发，帝国瓦解，学校和教学计划都重新改组，但除了瓦特的发明外，并没有产生任何新的东西。

其实，水完全不是发明家瓦特所说的那种简单的化合物。事过250年，人们才逐渐看到，在正常温度下并不存在水的单个分子，虽然可以无可置疑地说水属于流体，但它却具有固定的结构，一定量的 H_2O 合成了井然有序的浓缩物。水是彼此呈晶型聚合的 H_2O 集团组成的液体。

要具有一种液体能够溶化"水的晶体"，如同溶化盐和糖那样，人们就可以更细致地研究水，那该多好！然而谁也没有找到这种液体。时至今日科学家们还在猜测着：水的晶体里是由8个还是12个，或者300个单个的 H_2O 组成？也许是由大的或是小的集团组成？难道水的组成取决于水的温度吗？哪些测定方法令人置信？科学家们相信"精诚所至，金石为开"，水分子的奥秘终有一天会被揭开。为此，他们付出了更多的努力。

1970年，物理化学家鲍里斯·捷利亚金提出了不同以往的"聚合水"的新理论。

捷利亚金用石英毛细管冷却水蒸气，实验显得平淡无奇。实验中他似乎觉得自己制得了从未见过的一种新的水。这种水的比重比普通水重40％，在500℃的温度下不发生变化，而在700℃的高温下能够变成"正常的水"，在－40℃温度下凝结成玻璃状的冰。科学家们以为聚合水是实验纯度不佳、做法错误出现纰漏的产物。后来，当各国报刊对"聚合水"纷纷进行报道的时候，捷利亚金的发现才引起了科学界的重视。

理论家们开始感到，电子计算机的运算和某些原理可以证实聚合水的存在。人们又去做实验，竟真有人发现捷利亚金的结论是正确的！水确实存在着一种新的形态。于是，西欧的学术刊物用大量篇幅报道了聚合水。对于聚合水的存在，有人狂热地支持，也有人激烈地反对。

人们凭常识就可以解释聚合水的产生：像塑料中无数单个的分子能够形成聚合物，乙烯的分子能够合成聚乙烯那样，水的分子聚合形成聚合水——道理何其浅显！或者并非如此？

初看起来，科学家们可以通过实验轻而易举地解决这场"简单的"争论，其实谈何容易！如果准确地按照捷利亚金的方法进行实验，所得结果就与捷利亚金的相同；一旦实验稍有改变，其结果就完全各异，甚至截然相反。人们因此不得不采取了折中的解释：如果水放置在毛细管里，那么就能产生一层特殊的水，其厚度为千分之几毫米，它便是水的特性现成因。

1973年夏，来自各国的科学家聚会马尔堡这座规模不大的大学城讨论水的问题。大会学术论文业已安排就绪，会刊又发表了其他学者对新型水的研究成果。不料突然从莫斯科传来消息说，捷利亚金已经放弃自己原来的观点，他以为自己的发现与水的结构可能毫不相干。

在科学上这种情况屡见不鲜。在学校教科书里，并没有花费笔墨去描写探索真理的复杂而又矛盾的过程。

时至今日，聚合水的争论也没有就此而止。测定的结果依然无法解释。我们期待着这个看似平易实则艰辛的难解之谜早日被揭开。

"死水"怎样变成"活水"

水之所以会"死"，是因为它是链状结构，链越长，水就越没活性。水如果长期不运动，链状结构就会不断延伸和扩大，这样一来，水就会慢慢衰老并"死去"。这种衰老的水失去了活力，也失去了养分。如果用这种水来饲养动物或者灌溉庄稼，会严重影响动植物细胞的新陈代谢，它们的生长和发育也会因此受阻。当然，水是否衰老难以用肉眼来分辨。

"水链分裂器"高速旋转时，会改变死水的链状结构，使"死水"变成"活水"。

衰老的水从某种意义上来说，是资源的消失与浪费。人们想了许多方法使"死"水变"活"，恢复青春。亚美尼亚科学院的工程技术人员研制出了一种"水链分裂器"，类似于我国农村使用的石磨，专门用于"磨"水。"水链分裂器"之所以能"磨"水，是因为它内部装有轮子。轮子高速旋转时，会改变经过这里的"死"水或老水的链状结构，使之由长变短，这样一来，"老"水会恢复青春，"死"水也会复活。

其实，自然界还存在着天然的"水链分裂器"，那就是龙卷风。它们威力无比，能将大树连根拔起、吹塌房屋、折断桥梁、毁掉公路、令海水倒灌。然而水却可以在这种毁灭中获得重生。龙卷风发生时，水被高高卷起，飞速旋转，在风力的猛烈撞击下，水的长链变得支离破碎，活力大增。可见换个角度来看，龙卷风就变成了医水的"神药"了。大自然真是神奇！

恢复青春的水或者说"复活"的水，具有神奇的功效。它能加快细胞的新陈代谢，有效地促进动植物的生长发育。不仅如此，用这种水浸泡的种子，比用普通水浸泡的种子更容易发芽；用这种水养的蛙，比用普通水养的长得快 2～5 倍。

目前，能令"死水"复活的方法太少，而复活的水又是如此神奇。科学家们正在努力研究，以期找到更多的方法使"死水"复活，造福人类。

神奇的尼亚加拉大瀑布

尼亚加拉大瀑布是驰名世界的大瀑布，坐落在纽约州西北部美加边境处，位于尼亚加拉河的中段。这条河流发源于伊利湖，向北流入安大略湖，仅长 58 千米，但是因为伊利湖与安大略湖地势相差 100 多米，当河水流经陡峭的断岩带时，便形成了气势磅礴的大瀑布。

尼亚加拉瀑布以山羊岛为界，分为加拿大瀑布和美国瀑布两部分，由三股飞瀑组成。两处瀑布的水源虽来自同一处，可是只有 6% 的水从美国瀑布流下，其他 94% 的水是从加拿大瀑布流下。其中，在河东美国一侧的两条瀑布，有着"彩虹瀑"和"月神瀑"的美称，后者因其极为宽广细致，很像一层新娘的婚纱，又称婚纱瀑布，两瀑布中间隔着兰那岛。在河西加拿大一侧的飞瀑最为壮观，形状有如马蹄，故称马蹄瀑。马蹄瀑与前两瀑相距约二三百米，但看上去基本是"三位一体"的半弧形。

历史上的尼亚加拉瀑布，曾是美国和加拿大两国争执不休，甚至兵戎相见的必争之地。1812—1814 年，两国曾多次为此发动战争。后来，双方签订了《根特条约》，规定尼亚加拉河为两国所有，以中心线为界。从那时起近 200 年来，加美两国享有一条和平的边界，双方都在各自的一边设立了尼亚加拉瀑布城。150 多年前，拿破仑的弟弟耶洛姆·波拿巴曾携新娘到瀑布度蜜月，开创了到此旅行结婚风俗之先河。据统计，每年来尼亚加拉瀑布旅游的游客约 400 多万人，其中以情侣、恋人居多。

"尼亚加拉"一词来自印第安语，意即"如雷贯耳"。关于这个瀑布有一则动人的传说：从前，有一位美貌的印第安姑娘被部落的酋长相中。酋长想娶她为妻，但姑娘不愿意，于是，在新婚之夜，她独自划着独木舟沿尼亚加拉河而上。在河水中，姑娘变成了美丽的仙女，后来经常出现在大瀑布的彩虹中。

尼亚加拉瀑布原本是人迹罕至、鲜为人知之地，几千年来，只有当地的印第安人知道这一自然奇观。在他们实际上见到瀑布之前，就听到如同打雷般的声音，因此他们把它称为"Onguiaahra"，意即"巨大的水雷"。据传，欧洲人布鲁勒于1615年领略到尼亚加拉瀑布奇观。1625年，欧洲探险者雷勒门特第一个写下了这条大河与瀑布的名字，称为尼亚加拉。

据说尼亚加拉瀑布已存在约1万年了，它的形成在于不寻常的地质构造。在尼亚加拉峡谷中岩石层是接近水平的，每英里仅下降19～22英尺。岩石的顶层由坚硬的大理石构成，下面则是易被水力侵蚀的松软的地质层。激流能够从瀑布顶部的悬崖边缘笔直地飞泻而下，正是由松软地层上的那层坚硬的大理石地质层所起的作用。更新世时期，巨大的大陆冰川后撤，大理石层暴露出来，被从伊里湖流来的洪流淹没，形成了现今的尼亚加拉大瀑布。通过推算冰川后撤的速度，瀑布至少在7000年前就形成了，最早则有可能是在2.5万年前形成的，但具体形成于何时还有待考证。

渤海古陆大平原可否再现

渤海是我国的一个内海，面积7.7万平方千米，平均水深约18米，最深处也不到百米。说渤海曾是一个地势坦荡、一马平川的大平原，依据是什么呢？地处渤海东部的庙岛群岛就是最有力的证据。

当渤海尚未形成时，庙岛群岛曾是平原上拔地而起的丘陵地带，山丘高度约200米。当时气候寒冷，强劲的西北风和冷风寒流互相作用，致使渤海古陆平原上飘来了大量的黄土物质。风沙不仅填平了古陆上的沟壑，而且还堆起了山丘，如今庙岛上独具特色的黄土地貌就这样形成了。黄土中有许多适宜寒冷气候的猛犸象、披毛犀和鹿等动植物化石。这些动植物化石表明，当时渤海古陆平原生机勃勃。

在20世纪70年代初，一块从渤海海底捞起的披毛犀骨头使学术界对渤海

落羽杉　锯叶棕　早期秃鹫　长颈骆驼　早期的马　大秃鹫　乳齿象
　　　　　　　　　　　（小古驼属）（副马属）（怪鸟属）（美洲乳齿象属）
　　　　　　早期大象
　　　　　　（铲齿象属）
　　　　　　　　　　　　　　　　　　　　　　　　　　　　　骆驼
并角犀牛
　　　始祖象属　　恐颌猪属　　狮子（豹属）　　剑齿虎（美洲剑齿虎）

大约两万多年前，当时的渤海湾是一片酷似现代沼泽的海滩，生长着众多的棕树、栏树和日桂树。许多大型的哺乳动物已形成。随着全球气候变暖，冰川融化，海平面逐渐上升，渤海平原逐渐消失，加上古人类的大量猎杀，致使一些物种灭绝。

的过去有了新的认识，并且开始了对渤海地形地貌的历史的研究。他们认为由于冰川范围的扩大，原先最深处也不过 80 米的古渤海海平面一下子下降了 100～150 米。渤海地区因此一度完全裸露成陆，形成了一片平坦的大平原，成了许多动物的家园。

在距今大约 1.2 万年的时候，渤海古陆平原再次沉入了海底。这是因为当时全球气候变暖，冰川融化，海平面大幅度上升，渤海平原逐渐消失。曾在渤海平原上奔腾不已的黄河、滦河和辽河，也随着海水重新浸入渤海而逐渐沉没于海底。

如今的渤海，由于各方面的条件错综复杂，变化十分复杂。岸线有进有退，变化完全相反，并且这种完全相反的变化还将继续下去。那么，曾一度繁荣的渤海古陆大平原，会重新露出海面吗？

溶洞形成之谜

大自然的景观千奇百怪，有许多奇妙的景观。例如，杭州的瑶琳仙境，宜兴的张公洞、善卷洞，桂林的七星岩、芦笛岩……这些溶洞都是旅游胜地。到过这些溶洞的人都不会忘记那千姿百态的石钟乳、石笋和石柱，不会忘记那宽敞高大的洞穴、曲折迂回的通道。人们不仅喜欢这些溶洞，更关心这些引人入胜、宛如地下龙宫的溶洞的形成原因。

过去人们有一种看法，就是这些溶洞是地下水沉淀和溶蚀的结果。虽然溶洞都是十分坚硬的碳酸盐质岩石，但由于长期沉浸在地下水中，因此被溶解，特别是当水中含有二氧化碳时，其溶解速度更加迅速。这样一年又一年，坚硬的岩层就会被溶蚀出一个个洞穴。当溶有石灰质的地下水再次滴入洞中时，由于环境中压力、温度的变化，使水中的二氧化碳逸出，从而降低了水对石灰质的溶解力，这样原本溶解在水中的部分石灰质会因为过于饱和而沉淀析出，长时间的累积就会形成一根根形态各异的石钟乳、石柱和石笋。

但是，不久前这种传统的观点受到了中国科学家的挑战。经过 5 年的考察，中国溶洞科学家发现，溶洞的形成和藻类生物有着十分密切的关系，并在此基础上提出了溶洞形成的"生物建造说"新理论。

生物建造说认为，藻类是一种地球上最早出现、到现在依然广泛分布的原始植物，它们与其他植物一样具有光合作用的能力和趋光生长的特性。因为它们在生长发育过程中会分泌钙质，可以收集、黏接微细的石灰质颗粒，而且经常集群生活，很多藻类一代又一代地生长在一起，从而形成了许多海洋生物礁。而溶洞中的石钟乳几乎都是迎着光线向上弯曲生长的，这符合藻类的趋光生长的特性。石钟乳、石笋内部还有像树木年轮一样的同心圆状构造，这又可以理解为是藻类生物逐年生长、分泌、收集和黏接石灰质微粒的结果。另外，在有些溶洞的岩石中还找到了近似古代藻类生物的层状化石结构；在有些溶洞的表层，则发现到现在依然在生长的多种多样的藻类生物。

根据上面的分析，生物建造学认为，虽然溶洞的洞穴空间的形成和水的溶蚀作用相关，但溶洞里那些千奇百怪的石钟乳、石笋和石柱的形成，就应该主要是藻类生物在漫长的地质岁月中逐渐建造起来的，然后经过后来的石化作用，才形成今天的面貌。

诡秘幽灵岛

西方人酷爱航海，而历来航海史上怪事多。在斯匹次培根群岛以北的地平线上，1707年英国船长朱利叶斯发现了陆地，但这块陆地始终无法接近，然而值得肯定的是，这块陆地不是光学错觉，于是他便将"陆地"标在海图上。200年后，乘"叶尔玛克"号破冰船到北极考察的海军上将玛卡洛夫与他的考察队员们再次发现了一片陆地，而且正是朱利叶斯当年所见到的那块陆地。航海家沃尔斯列依在1925年经过该地区时，也发现过这个岛屿的轮廓。但科学家们在1928年前去考察时，在此地区却没有发现任何岛屿。

关于幽灵岛的记载，历史上有很多。爱琴海中就曾先后涌现过4个小岛，当时被称为"神岛"。挪威海域的"多尔蒂岛"从1840年到1929年也曾多次神秘失踪。

一艘意大利船在1831年7月10日途经西西里岛附近时，船长突然发现在东经12°42′15″、北纬37°1′30″的海面上海水沸腾起来，一股直径大约200米、高20多米的水柱喷涌而出，水柱刹那间变成了一团500多米高的烟柱，并在整个海面上扩散开来。船长及船员们从未见过如此景观，被惊得目瞪口呆。当这只船在8天以后返航时，发现一个冒烟的小岛竟出现在眼前。许多红褐色的多孔浮石和大量的死鱼漂浮在四周的海水中，一座小岛在浓烟和沸水中诞生了，而且在随后10多天里不断地伸展扩张，周长扩展到4.8千米，高度也由原来的4米长到了60多米。由于这个小岛诞生在突尼斯海峡里，这里航运繁忙，地理位置重要，因此马上引起了各国的注意，大量的科学家前往考察。但奇怪的事情发生了，正当人们忙于绘制海图、测量、命名并多方确定其民用、军事价值时，小岛却突然开始缩小。到9月29日，在小岛生成后一个多月，它已经缩小了87.5%；又过了两个月，海面上已无法再找到小岛的踪迹，该岛已完全消失。

类似的事情也发生在大西洋北部。有一座盛产海豹的小岛，它是100多年前由英国探险家德克尔斯蒂发现的，它也因此被命名为德克尔斯蒂岛。大批的捕捉者来到了这个盛产海豹的岛上，并建立了修船厂和营地，但此岛却在1954

年夏季突然失踪了。大量的侦察机、军舰前来寻找均无结果。事隔8个月以后，一艘美国潜水艇在北大西洋巡逻，突然发现一座岛屿出现在航道上，而航海图上却从来没有标识过这样一个岛屿。潜水艇艇长罗克托尔上校经常在这一带海域航行，发现此岛后大为震惊，罗克托尔上校通过潜望镜发现岛上有人居住，有炊烟，于是命令潜水艇靠岸登陆。经过询问岛上的居民才知道，这正是8个月前失踪的德克尔斯蒂岛。

类似的怪事还有很多，科学家们称这种行踪诡秘、忽隐忽现的岛屿为"幽灵岛"。它们不同于那种热带河流上常见的、由于涨水或暴风雨冲走部分河岸或沼泽地而形成的漂浮岛。那么，幽灵岛是怎样形成的呢？这种时隐时现的小岛究竟是从何而来，又因何而去的呢？这成为世界海洋科学家们的热门话题。

法国科学家对这类来去匆匆的"幽灵岛"的成因做了如下解释：由于撒哈拉沙漠之下有巨大的暗河流入大洋，巨量沙土在海底迅速堆积增高，直至升出海面，因此临时的沙岛便这样形成了。然而，暗河水会出现越堵越汹涌的情况，并会冲击沙岛，使之迅速被冲垮，并最终被水流推到大洋的远处。

美国的海洋地质学家京利·高罗尔教授却提出了完全不同的观点。他认为海洋上的"幽灵岛"的基础是花岗岩石，而并非是由泥沙堆积而成。它形成的年代久远，岛上有茂盛的植物和动物群，是汹涌的暗河流冲击不垮的。那么"幽灵岛"为什么会突然消失呢？他认为"幽灵岛"出现的海域是地震频繁活动的地区，海底强烈的海啸和地震使它们葬身海底。高罗尔教授还认为，如果太平洋西北部的海底板块产生强烈的大地震使之大分裂的话，日本本州、九州也会遭到和"幽灵岛"同样的命运，沉没在碧波万顷的大海之中，而且他声称自己并非是在危言耸听。

另有学者认为，这不过是聚集在浅滩和暗礁的积冰，还有人推测这些"幽灵岛"是由古生代的冰构成，最终被大海所"消灭"。多数地质学家则认为是海底火山喷发的作用形成此类小岛。他们认为，有许多活火山在海洋的底部，当这些火山喷发时，喷出来的熔岩和碎屑物质在海底冷却、堆积、凝固起来，随着喷发物质不断增多，堆积物多得高出海面的时候，新的岛屿便形成了。有的学者认为，小岛的消失是因为火山岩浆在喷出熔岩后，基底与海底基岩的连接不够坚固，在海流的不断冲刷下，新岛屿自根部折断，最后消失了。有的学者认为，可能在海底又发生了一次猛烈的爆炸，使形成不久的岛屿被摧毁。还有学者认为，是火山活动引起地壳在同一地点下沉，使小岛最终陷落。

以上观点虽然各有各的道理，但都不能说明，为什么有些小岛会一而再、再而三地"耍把戏"呢？为什么它们在同一地点突现、消失、再突现、再消失，而与其邻近的海域却没有异常现象发生呢？到底是什么所为呢？这一难以解开的谜团始终困惑着科学家。

神奇的双层湖

在美国阿拉斯加半岛北部伸向北极圈内的巴罗角上，有一个奇妙的湖，叫努沃克湖，但人们却习惯叫它为双层湖。顾名思义，此湖应为双层。一池湖水分上下两层，上淡下咸，其界限如刀切一般，从不混淆，从不掺和。两层水中生长着迥然不同的生物体，上层是淡水区的动植物，下层是海洋类的动植物。

努沃克湖长180米、深约6米，水层的分界线位于距湖面2米处。由于受北极冷空气的影响，在一年之中的绝大部分时间里，努沃克湖处在冰雪覆盖之下，两米多厚的淡水层，被冻结为一个大冰块。

据科学家研究认为，这座湖是由一条把海和地逐渐隔开了的海湾形成的，冬季降大量的雪，在春天融化后，成为大量的淡水流入湖中，而每当海上风暴骤起时，风浪又将海水灌入湖中，由于海水比淡水重，自然就沉积在海底了。

位于哈萨克斯坦与乌兹别克斯坦之间的咸海也是一个双层湖，在咸海海面以下300～500米深度以下的湖中出现了另一层湖，这层湖的水与白垩纪沉积层混合在一起，并与天山山脉之间有暗河相通，湖水从没枯竭过。

在巴伦支海的基丁岛上，有个水层结构比努沃克湖更奇异的湖泊。湖水成分可分为五层：第一层是淡水，生活着普通的淡水鱼，种类繁多；第二层含有微量盐类的水，栖居着节肢动物和甲壳动物，如水母、虾、蟹等；第三层是咸水，栖息着海葵、海星和海鱼；第四层水呈红色，宛如新鲜的樱桃汁液，是水色最美丽的一层，里面生活着许多紫细菌，它们以湖底产生的硫化氢气体作为自己的养料；第五层水是由湖中各种生物的尸体残骸混合泥土而成，生物沉淀、腐朽后产生剧

湖泊生态系统示意图

湖泊生态系统的水流动性小，底部沉积物较多，生物群落比较丰富多样，分层与分带明显。

毒的硫化氢气体，除了燃气性细菌外，几乎没有生物的踪迹。由于湖中5层水层次分明，故又有"五层湖"之称。

那么，这个湖泊的水为什么保持有明显的分界线呢？湖里为什么又生活着海洋生物呢？

科学家经过观测研究后，做了这样的解释：这个湖位于北极地区，淡水是冰雪融化而来的。淡水较轻，因此处在最上层，而湖面是终年冻结着的，挡住风的吹拂，湖水就很难融合起来。它们都距离海洋很近，由于地壳的升降，海岸线的变迁，小片的海水被封闭起来，变成湖泊，因此湖里栖息了各种海洋生物。

日本龙三角揭秘

1980年9月8日，相当于泰坦尼克号两倍大小的巨轮德拜夏尔号装载着15万吨铁矿石，来到了距离日本冲绳海岸200海里的地方。这艘巨轮的设计堪称完美，已在海上航行了4年，正是机械状况最为理想的时期，因此，船上的任何人都感到非常安全。

这时，船遇上了飓风，但船长对此并不担心。在他眼里，像德拜夏尔号这样巨大并且设计精良的货轮，对付这种天气应该毫无问题。他通过广播告诉人们：他们将晚些时候到达港口，最多不过几天而已。

可是，岸上的人们在接到了船长发出的最后一条消息"我们正在与每小时100千米的狂风和9米高的巨浪搏斗"后，德拜夏尔号及全体船员便消失得无影无踪。

自20世纪40年代以来，无数巨轮在日本以南空旷清冷的海面上神秘失踪，它们中的大多数在失踪前没有能发出求救信号，也没有任何线索可以解答它们失踪后的相关命运。如果在地图上标出这片海域的范围，它恰恰是一个与百慕大极为相似的三角区域，这就是令人恐惧的日本龙三角。

连续不断的神秘失踪事件引发了人们的好奇，科学工作者们开始以不同的方式试图去揭开魔鬼海之谜。

一些科学家试图通过寻找失事巨轮德拜夏尔号，以及对其失事原因的研究来揭示这片海域的秘密。

大卫·莫恩是一名失事船只搜寻专家，在确定沉船地点方面业绩辉煌，同时，他始终抱着实用主义的态度：从纯科学技术的角度进行研究，给出答案。

1994年7月，由大卫·莫恩率领的海洋科技探险队向魔鬼海进发，他们坚信可以揭开事实的真相。

通过对探测器传输回来的图片资料的研究，人们终于找到了沉船的答案：当年德拜夏尔号行驶到这片海域时就遇到了飓风，但像德拜夏尔号这样的巨轮应该可以抵御最大的飓风，所以船长也自信地认为他们最多也就是晚几天到达目的地。但这时又突然发生了海啸，海啸形成的两个涌浪将钢铁之躯德拜夏尔号架了起来，于是悬空的德拜夏尔号被自己的重力压成了3段。巨浪进舱，致使整艘巨轮快速下沉，下沉的速度之快使得船员们没有任何逃生的机会。此外，巨轮在下沉过程中随着海水压力的增大，被挤压变形，最后沉到海床上时已变为了一堆扭曲的钢铁。

这一建立在科学论证基础上的结论不仅为日本龙三角揭开了神秘的面纱，同时足以告慰那些碧渊深处的亡灵，也给了那些长久沉浸于痛苦之中的亡者亲人们一个圆满的答案。纵观历史，2000年来共有100多万艘船只长眠在这片深蓝色的水下，平均每14海里便有一艘沉船，它说明海洋无愧是地球上最神秘莫测的生存地狱。迄今为止，人们依然无法知道在浩瀚的大洋之下，到底还隐藏着多少等待着去探索、发现的神秘。

中国神农架为何如此神秘

神农架位于中国长江与汉水间的川鄂交界地带，有"华中屋脊"之称，面积3250平方千米，林地占85%以上。平均海拔1700米，最高处达3105米，有多种气候类型。

提起神农架，人们不能不想到"野人"。从古至今，大量的关于野人的记载和野人的传说让人难辨真伪。1977—1980年，有关部门组织了两次大规模的野生考察，搜集到大量关于野人存在的证据，如野人毛发、脚印、粪便等，还发现野人住过的竹窝。考察结果似乎昭示人们：神农架的确存在一种奇异动物不为人们所知。

其实，神农架存在的神秘现象也不仅仅只是野人，还有更多难解之谜。

这里栖息着大量的白色动物。在一个叫阴峪河的地方，终年少有阳光透射，适宜白金丝猴、白熊、白鹿、白蛇等动物栖息，此外还有白乌鸦、白猫头鹰、白龟等。据说，只有北极地区才有白色动物，这么多动物在神农架返祖变白，成了科学上的待解之谜，因为这绝不仅仅是气候因素能决定的。据说那里的白蛇通体洁白无瑕，盘踞时犹如一尊玉雕，挺立时就像一根银棍，贴地而行，速度奇快。

1986年，当地农民在深水潭中发现了3只巨型水怪，水怪全身灰白色，头部与大蟾蜍相似，两只圆眼比饭碗还大，嘴巴张开时有1米多长，两前肢生有五趾。浮出水面时嘴里喷出的水柱高达数丈。

不仅如此，与水怪传闻相呼应的还有关于棺材兽、独角兽、驴头狼的传闻。据说，最早发现棺材兽的地点是神农架东南坡，这是一种长方形怪兽，长着很大头、脖子短粗，全身麻灰色毛，跑起来的惯力可以撞断树枝。独角兽体态像大型苏门羚羊，后腿略长，头像马，前额正中生着一只牛角一样的黑色弯角，约40厘米长，从前额弯处呈半圆弧弓形弯向后脑。驴头狼好像是一头大灰狼被截去狼头换上了驴头，是个体型远大于狼的灰毛家伙。

除了动物之谜耐人寻味外，神农架还有许多地质奇观更是蔚为壮观。在红花乡境内有一条潮水河，让人迷惑不解的是河水一日早中晚各涨潮一次，更神奇的是潮水的颜色会因季节而有所不同，梅雨之季水色碧青，干旱之季水色混浊。

宋洛乡有一处冰洞，洞内温度与洞外气候大相径庭。当洞外自然温度高于28℃时，洞内就开始结冰，山缝里的水沿洞壁渗出，形成十余米长的冰帘，晶莹剔透，美不胜收，滴在洞底的水则结成顶端如蘑菇状的冰柱，而且为空心。洞外天气转冷时，洞内的冰就开始融化，到了冬季，洞内温度反而高于洞外。

与宋洛冰洞相应成为另一奇洞的是木鱼镇的冷热洞，洞中时而冷风习习，时而热浪滚滚，目前还没有一个最合理的说法来解释这一冷热忽变的现象。还有官封乡的鱼洞，洞里水色伴着春雷产生变化，春雷过后，水色由清变混，等水色完全混浊后，成群的鱼在洞里游来游去，这些鱼筷子般长短、无鳞无甲、洁白如银，场面蔚为壮观。

沙漠中的"魔鬼城"

这是一个杳无人烟却又热闹非凡的"城市"。当晴空万里、微风吹拂时，人们在城堡漫步，耳边能听到一阵阵从远处飘来的美妙乐曲，仿佛千万只风铃在随风摇动，又宛如千万根琴弦在轻弹。可是旋风一起，飞沙走石，天昏地暗，那美妙的乐曲顿时变成了各种怪叫：像驴叫、马嘶、虎啸……又像是身边婴儿的啼哭、女人的尖笑；继而又像处在闹市中：叫卖声、吆喝声、吵架声不绝于耳；接着狂风骤起，黑云压顶，鬼哭狼嚎，四处迷离……城堡被笼罩在一片蒙蒙的昏暗中。这里，就是新疆著名的"魔鬼城"，究竟是谁建造了它？那无数奇异的声音又是从哪儿来的呢？

科学家在经过实地考察后，提出了一个新观点——"风成说"。实际上"魔

风化和侵蚀特征示意图
风化是地表岩石的损毁，分为物理风化和化学风化两种，物理风化是由于温度变化或由于风、河流、冰川所携带物质造成的刻蚀。化学风化是因为岩石自身化学成分变化引起的分解。侵蚀则是由于水、风和冰引起的陆地表面的摩蚀和物质移动。

鬼城"就是一个"风都城"，并没有什么鬼怪在兴风作浪，而是肆虐的风在中间发挥着作用。"魔鬼城"的种种现象都可以由地球科学的"风蚀地貌"来解释。在气流的作用下，狂风将地面上的沙粒吹起，不断冲击、摩擦着岩石，于是各种软硬不同的岩石在风的作用下便被雕琢成各种各样奇怪的形状。

"魔鬼城"的地层是古生代的沉积岩，经过漫长岁月的积累，一层又一层相叠而成，厚薄不一，松实结合的岩层，再加上这里地处干燥少雨的沙漠气候，经过太阳的烧烤，大地在白天时一片灼热。而气温又会在晚上骤然下降，冷热变化十分剧烈。在热胀冷缩的作用下，岩石会碎裂成许多裂缝和孔道。沙漠地区的风面对着准噶尔盆地老风口，再加上常年受到从中亚沙漠地区而来的西北风的影响，这些风最大的风力可达 10～12 级，风力极强。夹带着大量砂粒的狂风扑打在岩石上，长年累月地对那些有软有硬的岩壁进行侵蚀，这样那些岩石也就被雕琢得十分精致而且神奇。

但是，经过实地考察，雕琢"魔鬼城"的伟大工程师绝不止有"风"，还有"雨"，即流水的侵蚀、切割。是不是"风吹雨打"就足够了呢？不！这还不够。因为"风"和"雨"只是条件，是外因，还缺少物质基础即内因。这个内因就是岩石，而"魔鬼城"里恰好分布着形态各异的山岩，且大多裸露在地面上。看来，"魔鬼城"的建造者不是风、雨、石等个别的因素，当然更不可能是魔鬼，而是多种因素共同作用的结果。"魔鬼城"里的"魔鬼"终于被科学家们找了出来，人们再也不必为此担惊受怕了。

昆仑山"地狱之门"之谜

"天苍苍，野茫茫，风吹草低见牛羊"，这句古诗是对放牧人生活的写照，在放牧人眼中，草肥水足的地方是他们放牧的天堂。但是在昆仑山生活的牧羊人却宁愿因没有肥草放牧牛羊而饿死在戈壁滩上，也不敢进入昆仑山一个牧草繁茂的古老而沉寂的深谷。究竟是什么原因让牧羊人望而却步呢？

原来这个谷地即是死亡谷，号称昆仑山的"地狱之门"。谷里四处散布着的狼的皮毛、熊的骨骸、猎人的钢枪及荒丘孤坟，无不向世人渲染着一种阴森吓人的死亡气息。牧民中也有一些初来乍到的或是有冒险精神的人不顾这种情况将牛羊赶入谷中，结果怎么样呢？下面是一个真实的、由新疆地矿局某地质队亲眼所见的故事：

1983 年曾有一群青海省阿拉尔牧场的马因贪吃谷中的肥草而误入死亡谷。一位牧民听到这一消息，虽知危险，但也得冒险进入谷地寻马。结果几天过去后，人没有出现，而马群却出现了。后来他的尸体在一座小山上被发现。只能用惨不忍睹来形容他：衣服破碎，光着双脚，怒目圆睁，嘴巴张大，猎枪还握在手中，一副死不瞑目的样子。让人不解的是，他的身上没有发现任何的伤痕或被袭击的痕迹，没人能理解是什么致其而死。

这件惨祸发生不久后，在附近工作的地质队也收到了死亡谷对他们的警告——他们也遭到了死亡谷的袭击。

仍是1983年，当时正值7月酷暑时节，外面正是酷热难当的时候，死亡谷附近却突然下起了一场暴风雪。一声雷吼伴随着暴风雪突如其来，炊事员当场晕倒过去。在现场同事的紧急抢救下，炊事员才慢慢醒过来。根据炊事员自己的回忆，他当时一听到身后响起的巨大的雷响，顿时感到全身麻木，两眼发黑，接着就丧失了意识。第二天队员们出外工作时，惊诧地发现原来的黄土已变成黑土，如同灰烬，动植物已全部被"击毙"，到处都是倒毙的死牛和其他动物的骨骸，整个山坡充满了一种死亡的气息。

地质队认为这情况太过反常，为了寻求根源，他们迅速组织起来考察谷地。考察后发现该地区的磁异常极为明显，而且分布范围很广，越深入谷地，磁异常值越高。地质学家根据磁异常的现象推测在电磁效应作用下，云层中的电荷和谷地的磁场相互作用，产生电荷放电，电使这里成为多雷区，而雷往往以奔跑的动物作为袭击的对象。这种推测是对连续发生的几个事件的最好解释。

地质学家通过详细考察还发现，有一条暗河隐身于死亡谷底部沼泽地下。人一旦踏在沼泽地上，就会像被印度尼西亚爪哇岛上的魔鬼洞吞噬一样，立刻会被暗河的极大引力拉入万丈深渊。魔鬼洞的6个大洞口，都有一种能将任何经过洞口的物体迅速吸入洞中的力量。

上有闪电、下有暗河的昆仑山之谷与其"地狱之门"之称可谓是名副其实。但对死亡之谷的秘密，地质学家的解释也只是触摸到一些皮毛，更艰巨的考察任务还在后头。科学技术的发展让我们坚信，世界上没有永远的秘密，死亡谷之谜最终将为科学所解答。

美洲"黄泉大道"之谜

在南美，印第安部落的奇消怪亡，使得许多印第安人创造的文明得不到明确的解释，成了历史之谜。

在美洲的著名古城特奥蒂瓦坎，就有这么一条被称为"黄泉大道"的纵贯南北的宽阔大道。它被称作这样一个奇怪的名字，是由于公元10世纪时最早来到这里的阿兹台克人，沿着这条大道来到这座古城时，发现全城没有一个人，他们认为大道两旁的建筑都是众神的坟墓，所以就给它起了这个名字。

1974年，一位名叫休·哈列斯顿的人在墨西哥召开的国际美洲人大会上声称，他在特奥蒂瓦坎找到一个适合它所有街道和建筑的测量单位。通过运用电子计算机计算，这个单位长度为1.059米。例如特奥蒂瓦坎的羽蛇庙、月亮金字塔和太阳金字塔的高度分别是21、42、63个单位，其比例为1∶2∶3。

哈列斯顿测量黄泉大道两边的神庙和金字塔遗址，发现了一个让人惊讶的情况："黄泉大道"上那些遗址的距离，恰好表示着太阳系行星的轨道数据。在"城堡"周围的神庙废墟里，地球和太阳的距离为96个单位，金星为72，水星为36，火星为

144。"城堡"后面有一条特奥蒂瓦坎人挖掘的运河，运河离"城堡"的中轴线为 288 个单位，刚好是木星和火星之间小行星带的距离。离中轴线 520 个单位处是一座无名神庙的废墟，这相当于从木星到太阳的距离。再过 945 个单位，又是一座神庙遗址，这是太阳到土星的距离。再走 1845 个单位，就到了"黄泉大道"的尽头——月亮金字塔的中心，这刚好是天王星的轨道数据。假如再把"黄泉大道"的直线延长，就到了塞罗戈多山山顶，那个地方有一座小神庙和一座塔的遗址，地基还在。其距离分别为 2880 个和 3780 个单位，刚好是冥王星和海王星轨道的距离。

如果说这一切都只是偶然的巧合，显然不能让人信服。假如说这是建造者们有意识的安排，那么"黄泉大道"很明显是根据太阳系模型建造的，特奥蒂瓦坎的设计者们肯定早已了解整个太阳系的行星运行的情况，并了解了太阳和各个行星之间的轨道数据。但是，人类在 1781 年才发现天王星，1845 年才发现海王星，1930 年才发现冥王星。那么在混沌初开的史前时代，又是哪一只看不见的手，给建筑特奥蒂瓦坎的人指点出了这一切呢？

能"报时"的澳大利亚怪石

岩石能报时？听起来近乎天方夜谭，但在澳大利亚中部阿利斯西南的茫茫沙漠中，确实有一块能"报时"的怪石。屹立在沙漠中的这块怪石高达 348 米，周长约 8000 米，仅其露在地面上的部分就可能有几亿吨重。

这块怪石通过每天很有规律地改变颜色来告诉人们时间的流逝：早晨，旭日东升，阳光普照的时候，它为棕色；中午，烈日当空的时候，它为灰蓝色；傍晚，夕阳西沉的时候，它为红色。它是当地居民的"标准时钟"，当地居民根据它一日三次的颜色变化来安排农事以及日常生活。

怪石除了随太阳光强度不同而改变颜色外，还会随着太阳光照射角度的变化而变幻形象：时而像一条巨大的、悠然漫游于大海之中的鲨鱼的背鳍；时而像一艘半浮在海面上乌黑发亮的潜艇；时而像一位穿着青衣、斜卧在洁白软床上的巨人……

怪石为何具有"报时"的功能？为了解释怪石"报时"的现象，许多考古学家和地质学家对怪石所处的气候条件、地理环境进行了详细考察，并对怪石的结构成分等进行了

澳大利亚巨石示意图

澳大利亚巨石是物理风化和化学风化共同作用下的产物，一般称为岛山。雨水不断侵蚀岩石的表层，热昼和凉夜则使岩石日复一日经历膨胀和收缩的过程，最终致使岩石表面开裂。

深入的研究。一些科学家试图这样解释怪石产生的"怪现象"：怪石之所以会变色是由于怪石处在平坦的沙漠，天空终日无云，空气稀薄，而怪石的表面比较光滑，在这种情况下，怪石表面有镜子的作用，能较强反射太阳光，因而从清晨到傍晚天空中颜色的变化能相应地在怪石上得到呈现。

怪石变幻其形象则是由于太阳光在不同的气候条件下活动而产生反射、折射的数量及角度的不同，这种变化反映到人眼，即成为怪石幻形。

海市蜃楼是怎样产生的

你曾经见过海市蜃楼吗？如果幸运，你能在晴朗的天气里看到迷雾笼罩中的大海上，有若隐若现的些许高台建筑，色彩绚丽、美丽绝伦，这就是海市蜃楼。

大体上说，海市蜃楼是太阳在适合的大气条件下活动，将太阳光反射到大气层而形成的扁圆、三角形、鸡蛋形等形状的幻影，通过反射作用，太阳光的颜色也发生变化，由此形成了海市蜃楼。

光线一般都是在密度均匀而平稳的空气中沿直线向外传播，当空气的密度出现不同时，光就不再沿直线传播，而发生弯曲，产生折射现象。

若想证明折射是怎样发生的，只要放一杯水将筷子斜着插入水中，透过杯子，我们就可以发现，筷子在水下那部分与露在水上的部分好像折断了，这种现象就是折射，是由于光在水和空气这两个不同密度的媒介中传播发生弯曲而产生的。

空气的密度随高度的减小而递增，高度越低，则空气的密度越大，所以光的折射是普遍的现象，但光在空气中发生的这种折射现象极为细微，常被忽略不见。

只有在特殊的大气条件下，光发生明显的弯曲，折射现象才会引人注意。

当空气密度垂直变化非常悬殊，光在大气中全反射或折射，此时光就能将远处的看不见的物体像镜子照物一般地投射到空气中，让人们看到幻觉般的虚像，这种虚像就是海市蜃楼。

地球表面有厚厚的大气层，日出时，当太阳在地平线附近射出万道光芒时，光线从水平的方向射向地球时，十分厚重的、密度不同且各层之间时常变化的低层大气常使太阳光发生折射，使太阳出现多种幻形：拉长的、压扁的、弯曲的……有时甚至另成形象，人们可以根据自己丰富的想象力将这些奇形怪状想象成各种不同的影像。

受热空气的不间断对流使在其中传播的光线不断发生折射而多次改变方向，太阳似乎在摇摆、颤动。

我们形容日出时是"红日初升"，日落时是"残阳如血"。这两句话是形容太阳颜色的血红，这两种时候的太阳特别红也得归功于大气。红、橙、黄、绿、蓝、靛、紫七种不同颜色的光波组成太阳看似白茫茫的光线，在这七种光线中，紫色光波最短，红色光波最长。空气的微尘、水分、空气分子能起三棱镜的作用，把七色光分散开来，这种分散现象即是散射作用。

散射作用随波长的变短而加剧。日出、日落的太阳呈现血红是由于地平线上的太阳光穿透厚厚的空气时，蓝光和紫光被空气的散射作用减弱，剩得最多的就是红色光而形成。

以上所述都是太阳光在不同大气条件下发生的不同现象，而海市蜃楼即是由于太阳光的反射而形成，并非无中生有。

神秘莫测的间歇泉

在中国的西藏雅鲁藏布江上游的搭各加地有一种神奇的泉水——间歇泉。间歇泉的泉水涓涓流淌，在一系列短促的停歇和喷发之后，随着一阵震人心魄的巨大响声，高温水汽突然冲出泉口，即刻扩展成直径2米以上、高达20米左右的水柱，柱顶的蒸汽团继续翻滚腾跃，直冲蓝天。那么，间歇泉这种神秘莫测的现象又是怎样产生的呢？

与一般泉水不同，间歇泉是一种热水泉，它不是从泉眼里不停地喷涌出泉水，而是喷一阵泉水，好像是憋足一口气似的稍停一阵后，再狠命地涌出一股泉水来。它的喷发周期是喷了几分钟、几十分钟以后就自动停止，隔一段时间才再次喷发。

间歇泉之名即是因它喷喷停停、停停喷喷而得名。

间歇泉喷发原理图

间歇泉与温泉不同，温泉不仅水温高，而且少含硫，间歇泉水温一般比较低，且含大量硫和碳酸气。间歇泉的通道上层狭窄，并且上层的冷水像个盖子，使下层沸水受压力越来越大，终于冲开盖子喷发出来。

除了中国的间歇泉外，在冰岛首都雷克雅未克附近一片著名的间歇泉区中，还有一眼举世闻名的间歇泉——"盖策"泉。这个泉在喷发的间歇时是一个直径20米的、被热水灌得满满的圆池，水池的热水沿着水池的一个缺口缓缓流出。但是，"盖策"泉喷发的间歇期只能维持一小段时间，不久，池口清水翻滚暴怒，池下传出类似开锅时的呼噜声，随着这种呼噜声而有一条冲天而起的、在蔚蓝色的天幕上飘洒着滚热的细雨的水柱，这条水柱最高竟可达70米！

科学家为了解释间歇泉喷喷停停的原因，了解使它形成的动力，及它若失去动力是否会枯竭而进行了深入的调查研究。

科学家们经过考察得出，适宜的地质构造和充足的地下水源是形成间歇泉最根本的决定因素，此外，还要有一些特殊的条件：

首先，间歇泉必须具有能源，地壳运动比较活跃地区的炽热的岩浆活动是间歇泉的能源，因而它只能位于地表稍浅的这些地区的附近。

其次，要形成间歇性的喷发，它还要有一套复杂的供水系统来连接一条深泉水通道。在通道最下部，地下水被炽热的岩浆烤热，但在通道上部高压水柱的压力下又不能自由翻滚沸腾。同时，由于通道狭窄，泉水也不能进行随意的上下对流。这样，通道下面的水在不断地加热中积蓄力量，当水道上部水压的压力小于水柱底部的蒸汽压力时，通道中的水被地下高压、高温的热气和热水顶出地表，造成强大的喷发。喷发后，压力减低，水温下降，喷发因而暂停，为下一次新的喷发积蓄力量。

科学家的解释虽已基本揭开了间歇泉的神秘面纱，但人们仍为它雄伟而瑰丽的喷发景观所倾倒。

"厄尔尼诺"形成之谜

1982—1983年，在全球范围内发生了严重的厄尔尼诺事件。在这次厄尔尼诺事件中，许多地方都遭受了灾难。特大飓风袭击了夏威夷群岛，到处房倒屋塌；印度尼西亚、澳大利亚出现严重干旱和森林火灾；巴西北旱南涝；北美洲大陆热浪与暴雨交替出现，当地居民处于"水深火热"之中；欧洲酷暑难熬；非洲由于干旱发生了灾荒；中国北旱南涝，冬天到来时，以严寒著称的东北地区气候温暖，一向温暖的华南、西南地区却奇冷无比。

1986—1987年，厄尔尼诺再次横行全球。巴西东北部、美国、南亚及非洲北部发生了严重干旱；秘鲁、苏丹、孟加拉国暴雨成灾；时速高达320千米的强烈飓风袭击了加勒比海。

20世纪90年代，厄尔尼诺像常客一样频频光顾地球，几乎一年1次。这一时期，全世界连续发生4次厄尔尼诺事件，分别是1991年5月—1992年8月、1993年4月—1994年1月、1994年10月—1995年6月、1997年4月—1998年7月。这种情况是以前从未发生过的，十分罕见。其中，1997年的厄尔尼诺现象最为强烈，危害也最大。厄尔尼诺导致澳大利亚发生了山林火灾，相当于两个英格兰面积的地区被烧得一干二净；非洲暴发洪水，淹死牛群，毁坏庄稼；美国南部遭到了龙卷风的猛烈袭击，海浪侵蚀了整个西海岸。这些灾害导致超过7000人死亡并造成超过100亿美元的经济损失。

厄尔尼诺现象最早是被南美洲秘鲁和厄瓜多尔沿岸的居民发现的。当时，每到圣诞节前后，世界著名的秘鲁渔场鱼产量就会锐减。这种奇怪的现象引起了人们的注意，经过长期观察，人们发现，原来南美西海岸附近海域的海水温度，每到圣诞节前后就会升高。生活在这一带的浮游生物和鱼类适应了冷水环境，水温升高会导致鱼类大量死亡，渔场因此而减产。由于科技的落后，当时的人不明白海面水温为什么会升高，以为是"圣婴"降临了，"圣婴"在西班牙语中的发音刚好是"厄尔尼诺"。厄尔尼诺最初仅仅是指秘鲁沿岸海水温度异常变化的现象，而不像现在这样是灾难的代名词。

厄尔尼诺现象发生时，太平洋洋流的大气都处于反常状态。

世界各国的科学家联合起来为厄尔尼诺做出了一个基本一致的定义：如果赤道东段和中段一带太平洋大范围的海水水温异常升高，持续时间超过3个月，月平均海表温度上升0.5℃，就称为一次"厄尔尼诺事件"。

厄尔尼诺究竟是怎样发生的呢？毫无疑问，海水异常升温即便不是引发厄尔尼诺的关键因素，也会加剧厄尔尼诺现象。这样一来，弄清海水异常升温的原因就变得非常必要了。科学家们对此进行了广泛的研究，较为成熟的是以下3种观点。

第一，地球内部因子论。科学家认为，既然海底火山爆发、海底地震等都可能引发厄尔尼诺现象，那就应从地球内部找原因，是地球内部的变化导致了厄尔尼诺的发生。

第二，天文因子论。附着在地表的海水和大气随地球快速向东旋转，有时，地球自转会突然减慢，出现"刹车效应"，在惯性力的作用下，赤道地区自东向西的海水和气流减弱，于是便发生了一次厄尔尼诺事件。

第三，大气因子论。目前大多数人都持这种观点。由于信风的影响，赤道太平洋形成了海温和水位东低西高的形势，与此同时，在赤道太平洋东侧的下沉气流和西侧的上升气流的影响下，信风会加强，一旦信风减弱，太平洋西侧的海水就会向东回流，太平洋位于赤道东段和中段的水温会异常升高，这也就导致了厄尔尼诺事件的发生。

除此之外，人们不禁会发出这样的疑问：厄尔尼诺现象是孤立的吗？其他地球自然灾害和它有没有关系呢？我们已经知道，它本身会对海洋渔业造成危害。而事实则更为严重，自20世纪60年代以来，全球范围内的厄尔尼诺现象已发生了11次，而且每一次都伴随着其他或大或小的自然灾害。人们由此受到启发，尽力寻找各种看似毫不相干的自然灾害与厄尔尼诺之间的联系。

为了解答上述问题，科学家们对厄尔尼诺现象进行了跟踪研究。气象学家已证实，世界上一些地区气候异常及气象灾害，如洪涝、干旱、森林大火、沙尘暴等，确实是由厄尔尼诺引起的。因为厄尔尼诺发生时，海洋表面温度大大升高，热带太平洋因此而海表热力异常，干扰了地球大气的正常环流，导致全球气候异常，自然灾害频繁，地球陆地生态系统因此受到破坏。人们最初以为厄尔尼诺只是个

"小捣蛋"，但随着研究的深入，人们不得不遗憾地承认它其实是个"大元凶"，许多灾难都由它引发。因此，海洋学家和气象学家非常关注这样一个问题，那就是能否利用海洋中各种要素的变化规律，来预测厄尔尼诺的发生。

在过去的几十年中，随着科技的发展和科学家经验的积累，厄尔尼诺研究的进展十分迅速。美国国家大气和海洋管理局的科学家麦克法丹说过这么一句话："厄尔尼诺现象自从1982—1983年以后有了彻底的改变。1997—1998年的厄尔尼诺规模极大，远远超过了1982—1983年那次，可是前一次直到接近尾声时，我们才知道发生了厄尔尼诺。而在1997—1998年的厄尔尼诺现象中，每天都发生了些什么，我们一清二楚。"科学家们利用了两件新武器——装有仪器的卫星和浮标，才做到了这一点。有了这些仪器，科学家便能对海洋的"风吹草动"了如指掌。

1997年9月，科学家们依据气象监测卫星收集到的大量数据做出了图像，发现了一项异常情况：一片广阔水域的水面竟然比正常情况高出33厘米。温暖的热带海水在肆虐的贸易风的推动下剧烈运动造就了这一奇景。它是一次正在进行中的剧烈的厄尔尼诺现象的反映。果然，在随后的几个月中，全球地区几乎全都受到了厄尔尼诺的袭击。这次预测也表明，在短短10多年里，人类分析预测厄尔尼诺现象的能力已大大提高。

随着对厄尔尼诺研究的加深，科学家们力图找出过去几十年内厄尔尼诺频繁发生和破坏力加大的原因。

在20世纪的百年中，厄尔尼诺经常发生，其中有两个厄尔尼诺多发时代。第一次是在20世纪的二三十年代，美国南部地区出现周期性干旱，俄克拉荷马和北德克萨斯的数百家农场毁于这场灾难。20世纪八九十年代是第二个厄尔尼诺多发期，其影响比以前更广泛，也更恶劣。

有人认为，自然界气候变化的规律性重复，导致了20世纪最后20年中厄尔尼诺现象的频繁发生。但由于20世纪70年代之前一直没有关于厄尔尼诺现象的记录数据，所以无法确定这种观点是否正确，同时也无法确定厄尔尼诺的发生周期。

也有人认为，厄尔尼诺之所以频繁发生，是因为太平洋变暖的缘故。这种看法也有一定的道理。

科学家们为了更好地搜集厄尔尼诺的资料，以记录和预测它的发生，部署了一些强有力的新工具。1998年，美国航空航天局戈达德空间飞行中心将一台十分先进的加强型克雷超级计算机用于处理有关厄尔尼诺的资料。克雷机最大的优点是可以尽可能多地利用资料，改进预报模型，全面处理有关厄尔尼诺的浮标和卫星数据。在上海天文台，中国科学院也利用前所未有的先进空间天文学手段，预测到了即将发生的厄尔尼诺现象。

今天，人类利用先进的科技，越来越多地了解了厄尔尼诺现象，但大自然依然不愿对我们坦露所有真相，许多疑团还是没有解开。我们已经清楚，大洋暖水流大范围运动是厄尔尼诺现象和反厄尔尼诺现象的主因。南太平洋中有逆时针大洋环流，北太平洋则有顺时针大洋环流，这些与暖水流运动有什么联系？厄尔尼诺带来的暖水来自何方？其热源又在哪里？

大自然给我们留下了一个又一个的谜团，要解开它，只能依靠人类的聪明才智和刻苦努力。厄尔尼诺之谜总有一天会被解开，到时候，人们不再只是被动地接受，而是能反客为主，利用各种方式控制它，引导它向有利于人类的方向发展。

神奇的极光是怎样形成的

那是在 1950 年的一个夜晚，淡红和淡绿色的光弧在北方的夜空上闪耀，所有见过那晚北极光的人至今都能回想起当时的盛况。它时而像在空中舞动的彩带，时而像在空中燃烧的火焰，时而像悬在天边的巨伞。它绚丽多姿，不断变幻着自己的形状，一会儿红，一会儿蓝，一会儿绿，一会儿紫，就这样轻盈地在夜空中飘荡了好几个小时。

而这一美丽的奇景也曾在中国的黑龙江漠河、呼玛一带出现过。1957 年 3 月 2 日夜晚 7 点左右，忽然一团灿烂的红霞腾起，瞬间化为一条弧形光带，停留在夜空中长达 45 分钟之久。同年，中国北纬 40 度以北的广大地区也出现了同样的现象。其实，北极光是非常罕见的自然现象，中国历史上记载的极光现象，公元前 30 年—1975 年只有 53 次。

1960 年，在俄罗斯的列宁格勒也出现过罕见的北极光。那晚，北极光异常强烈，光弧发出白、红、绿的光辉，升上高空，越来越耀眼，直上万里。

在极光刚开始出现在夜空时，人们先是看到一条中等亮度的均匀的光弧以直线或稍弯曲的形状横过天空伸展开去（长度几百千米，甚至几千千米，宽十多千米或几十千米）。光弧的上端一般离地 950 千米左右，而下端则是离地 100 千米左右。它往返扫动的速度达每秒几十千米，只需几分钟其高度就可以增加到 1000 倍。

1988 年 8 月 25 日 21 时，在我国黑龙江省漠河县、呼中区、新林区又出现了极光。刚开始时，突然在地平线上出现了一个亮点。而后紧接着，它沿着 W 形的曲线以近似螺旋的轨迹上升。亮点在不断地升高、移动，面积也在不断地扩大，而亮点的尾部留下了像火烧云似的美丽的光带。在这时亮点开始出现了一个淡蓝色的圆底盘，接着，圆底盘从淡蓝色变成了乳白色。亮点射下一束扇状的光面，闪了几下便消失了。正在这个时候，西方低空中的光带向上扩展所形成的淡蓝色的云团就像一个倒放着的烟斗。这条橙黄色带和淡蓝色的云团持续了 40 分钟左右才逐渐消失。

然而，这绚丽壮观的极光却有极强的破坏力。极光给通信、交通都会带来严重的影响，它能骚扰电离层，影响短波无线电信号的传播。在极光强烈活动的影响下，美国远在阿拉斯加的出租车司机竟然可以收到来自本土东部的新泽西州调度员的命令，监视横跨极地飞行器的预警雷达也因受到干扰而报警。与此同时，极光的不断变化也可能会使电话线、输油管道和输电线等细长的导体中产生感应电流，使输油管道被严重腐蚀。1972 年，在美国的缅因州至得克萨斯州的一条高压输电线跳闸，加拿大哥伦比亚的一台23万伏变压器被炸毁，这一切突发事件的"主谋罪犯"就是奇特而瑰丽的极光。千百年来，人们一直在研究、寻找极光形成的真正原因。很早以前就有人欣赏、观察到了这一大奇景，可对于它的"横空出世"，至今还是没有人能够用科学的说法给以完整的解释。

在古代，极光被爱斯基摩人误认为是火炬；而又有一些人把极光描绘成上帝神灵点的灯，鬼神用它引导死者灵魂上天堂；而在罗马，极光被说成是古罗马神话中黎明女神奥罗拉在夜空中翩翩飞舞，迎接黎明的到来。

苏联科学家罗蒙诺索夫曾经做过这样一个实验：在一个接近真空的球的内部制造人工的放电现象。结果在空气极其稀薄的玻璃球内，随着放电，不断发现闪光。他得出结论：极光是空气稀薄的高空大气层里的大气放电所造成的。后来，这个实验被不断地重复验证，结果是完全相同的。极光是一种放电现象的观点得到证实。但极光仍然有很多谜。比如，高空空气发光是怎样引起的？为什么极光就像万花筒一样可以变幻成千奇百怪的形状，并且在不断变化中从来都是不相同的？极光为什么多发生在两极？大部分科学家希望在太阳那里寻找到答案。

科学研究证实，极光的产生来源于太阳的活动。太阳是一颗恒星，不断放出光和热。它的表面和内部都在不断地进行着各种各样的化学元素的核反应，产生出强大的内含大量带电粒子的带电微粒流；这些带电微粒射向空间，会和地球外80～120千米高空的稀薄气体的分子发生碰撞，由于这个速度太快，因而就会发出光来。太阳活动高潮的周期性大约是11年1次。在高潮期，太阳黑子会呈旋涡状出现，且很大很多。这时的极光因为太阳异常也会比平时更瑰奇壮丽。由此可看出，太阳活动控制着极光活动的频率。有人发现，当一个"大黑子"出现在太阳中心的子午线时，在20～40小时后，极光就会在地球上露面。因此，是太阳发出的电造就了极光。

极光现象为什么只出现在南北两极呢？因为地球就像是一个以南北两极为地磁两极的大磁石，而从太阳处来的粒子流就是指南针，它飞向两极的运动方式是螺旋形的。事实上，磁极不能控制所有的带电粒子流，在太阳非常强烈地喷发带电粒子流的年份里，人们也能在两极地区以外的一些地方观察到极光。不同气体可分成如氧、氮、氯、氖等，所以空气成分非常复杂，而这些成分在带电微粒流的作用下，产生不同色彩的光，所以极光才能如此美丽多姿。

有人从地球磁层的角度去研究极光。地球磁层把地球紧紧包住，就如同地球的"保护网"，使地球不受很大的太阳风辐射粒子的侵袭。可是这张"保护网"在南北极上空就不如别的地方密实，这里有许多大的"间隙"，因此一部分太阳风辐射粒子就乘机进入地球磁层。这一点从卫星上看得分外清楚：当太阳耀斑开始爆发时，有些电子就加速沿磁力线从极区进入地球大气层。这就在两极上空形成一个恒定的环形光晕，即极光椭圆环。极光都有圆环并不是一成不变的，其大、小、亮、暗都随着带电粒子的涌入量而变化。由于南北极上空有那些"间隙"，所以极光只出现在两极地区的上空。

现在还有一个疑问是，太阳风进入星际空间的行动是连续的，太阳风会进入地球极区"通道"，但为什么南、北极的极光并不是时刻可见的呢？难道说太阳风所经过的那些"间隙"中还设有"关卡"吗？关于这一点，有一个很合理的假设：太阳风带电粒子进入这些"间隙"后，并不是一下子就爆发的。地球磁力线有一种能力，可以把这些带电粒子先藏起来，只有在一些特定因素如太阳黑子强烈活动的影响下，地球磁力线才把带电粒子放出来，于是就有了极光。

可是，这些假设都不能解释地面附近出现的极光现象。有人说这些地面极光是地面附近的静电放电所致，因此，极光会出现在离地面 4～10 英尺的地方。因为有时人们可以在出现这些极光的地方发现臭氧。

因为许多彗星明亮的尾巴与极光有很多相似的地方，这使人很自然地将这两种现象联系起来。除此之外，还有很多观点，这里就不一一列举了。尽管极光之谜还没有完全揭开，但人类已初步了解了它的许多方面。其中有许多地方都和太阳风有关，科学家们对太阳风的研究监测还在紧张地进行，他们希望通过观察确定太阳风的各种参数是如何变化的。

龙卷风为什么有如此神奇的威力

人们经过长期的观察研究，对龙卷风产生的原因已经有所了解。龙卷风其实就是产生在雷雨云中的一种急速旋转的空气旋涡。这种空气旋涡像一只巨大的漏斗从云底伸下来，有时伸伸缩缩地悬挂在云下；有时则拉得长长的以致触到地面，就像大象的鼻子一样。

龙卷风的直径不大，寿命也不长。从一些被龙卷风破坏的现场可以推知，龙卷风来去匆匆，顷刻即逝；它的直径通常在几米到几百米之间，最长可达 1000 米。

龙卷风的风速奇快无比，根本不能用风速仪直接测定，即使是最坚固的仪器，也会被龙卷风打得粉身碎骨。人们想知道风速，只能用间接的办法，就是到被它破坏的现场去估算它的最大风速。据估计，龙卷风速度可达每秒 100～200 米，几乎不比声速逊色。如此巨大的速度，使得一根松树棍在龙卷风的驱动下，可以击穿 1 厘米厚的钢板；一片三叶草借助龙卷风的力量能深深地嵌入泥墙。

1970 年 5 月 27 日，龙卷风在湖南澧县刮起来了，一个 30 多米高、几十平方米大的水柱在澧水江心被卷起，在短短的时间内河底竟然都露了出来。

在上海青浦的一次龙卷风中，一位正在驾驶室值班的轮船驾驶员亲身经历了龙卷风的突然袭击。龙卷风吹过后，他打开驾驶室舱门一看，发现驾驶室已脱离船体，被搬到离河很远的岸上，而他却安然无恙，毫发无损。

然而，关于龙卷风形成的具体原因，长期以来众说纷纭，至今还没有一个定论令众人信服，但这并不妨碍对这种自然现象的模仿和利用。

人们经过研究发现，龙卷风的中心气压很低，通常只有 40 千帕，有时甚至只有 20 千帕，远低于一个标准大气压 101.3 千帕。据科学家计算，龙卷风气压差产生的功率很大，简直可以相当于10座大电站的功率。龙卷风发生时，当漏斗状旋涡直径达200米时，旋转气流的功率可达3万兆瓦。这使得一些科学家大受启发，想到了是否可以用人造龙卷风发电。

于是，龙卷风模型便诞生了。科学家们在一个塔型建筑的四周用条板间隔成方格形小窗，背风的小窗关闭，朝风的小窗打开，风吹进塔后马上开始旋转，小龙卷风便形成了。塔底被人们装上了螺旋形的转叶轮，当人造小龙卷风将下方空气吸入塔内时，叶轮就会转动，推动发电机发电。

有些科学家想将太阳能与龙卷风结合起来，于是就研究如何用太阳能制造龙卷风发电：建造一座面积很大的透明圆形大棚，用塑料膜搭棚顶，并且从棚的四周向中心逐渐升高，连接到中心烟囱状塔上。当棚内空气在太阳的照射下变热后，流向烟囱状高塔，塔中叶轮在气流作用下转动发电，每小时发电功率可达到70万~100万千瓦。

在许多新设计中，比较有发展潜力的是旋风型风力涡轮。这种设计十分简单易行，只需要一个直立的圆筒，风吹进去后在它的内部旋转，形成旋涡，旋涡中心呈真空状态，大量高速运动的风在这种状态下便不断地吹动转子叶片，叶片因此快速转动而发出电来。

这种设计可以应用于实践。在海洋上空，由于太阳的照射，热空气上升，冷空气下沉，上下流动的风便自然形成了。根据上述原理，科学家设计了一种巨大的筒状物并让它飘浮在海洋上空，风吹进去后再用人工方式引导它在筒内上升下降，从而驱动涡轮机进行风力发电。

这些都是人们利用人造龙卷风发电的新思路。随着人们对龙卷风研究的深入，真正的龙卷风也一定能为人所用，变害为宝。

解开闪电之谜

夏天，每当雨天来临，天空乌云密布时，就会出现电光闪闪、雷声隆隆的景象。雷电到底是什么？

在中国古代神话故事里，由"雷公"和"电母"分别掌管"打雷"和"闪电"。欧洲人在近代之前，由于受各种宗教观念影响，普遍相信雷电是"天神"或者"上帝""发怒"的结果。

近代以来，人们渐渐开始了解雷电的真正原因。一段时期里，荷兰学者布尔哈维的观点在欧洲学术界比较流行，他认为雷电是一种"气体爆炸"。再后来，富兰克林做了那个著名的风筝试验，并由此证实天上的电与地上的电实质相同。人们这样解释：携带正电荷与负电荷的两种高电压云团在空中相撞，产生电火花，这就是闪电。这种碰撞可以释放出很大的能量，声光具备，撼人心魄。如果碰巧的话，闪电会导向地面，对人、畜、树木以及建筑物构成危害。但是，闪电依旧包裹在"层层迷雾"中，依然令人迷惑。云层本来是中性的，怎么会产生大量的正、负电荷？

科学家们发现，在一般情况下，只有达到两英尺以上的厚度时，雷电云层才会产生闪电。带负电荷的往往是温度很低的下部云层，而带正电荷的往往是温度很低的上部云层。当正、负电荷之间的电场足够强时，绝缘层就会被击穿，于是闪电就发生了。但是，驱使正、负电荷分开的力量究竟是什么呢？

有人认为，充电过程最初是在冰雹与冰晶或极冷水滴撞击时产生的。冰雹块被撞裂开后，便在云层的上部集中了带正电的轻冰粒，而较重的带负电的冰粒下降，在云层下方形成负电荷。但是，这种说法有片面之处。因为，如果单用降雨来解释闪电，那么，闪电为什么经常发生于降雨之前，而不全是降雨之后或降雨过程中呢？另外，在火山爆发时也会产生闪电，这又是为什么呢？

闪电形成示意图
在雷暴云内部，水和冰的微粒相撞使正、负电荷不断积累，当电荷之差达到足够大的程度时，就开始通过闪电的形式释放电荷。

以上说法被推翻后，接着有人提出了另外一种说法，认为电荷产生在雷电云层之外。大气中过量的正电荷被吸附到上面的云层中，在这个过程中云层本身又吸附了自身上方大气中的负电荷，但由于气流的作用，负电荷又被裹挟而下。正是由于这种上下的剧烈运动，使得正电荷在上，负电荷在下，正、负电荷分开，最终形成闪电。

然而，这一假说也只是猜测而已，并未得到证实。"总是如此"呢？

神秘的雷电既诱人又危险。一些具有勇敢探索精神的科学家为解开闪电之谜，付出了很大的牺牲。而提出上述几种假说的科学家们更是付出了大量的智慧和劳动。但是，这些假说都存在着这样或那样的问题，没有一种是被普遍接受的。看来，只有等待条件进一步成熟，才能对这一自然现象给出一个令人满意的答案。

冰雹是怎样形成的

我国面积辽阔，各地的气候条件各具特点，有些地方就常常发生冰雹灾害。我国冰雹的分布有这样一个特点：西部多，东部少；山区多，平原少。冰雹在我国东南部地区很少见，常常几年、几十年也遇不到一次；而青藏高原则是冰雹常光顾的地区，局部地区每年下冰雹的次数超过20次，个别年份达50次以上。唐古拉山的黑河一带是我国冰雹最多的地方，平均每年下冰雹34次之多。肯尼亚的克里省和南蒂地区则是世界上冰雹最多的地方，一年365天中有130天左右下冰雹。

1928年7月6日，在美国内布拉斯加州的博达，下了一次规模较大的冰雹，冰雹堆积有3～4.6米高，其中最大的一个冰雹周长431.8毫米，重680克，是当时世界上最重的冰雹块。

1958年3月11日，法国斯特拉斯堡下了一场冰雹，其中最重的一块达972克。

1968年3月，在印度比哈尔邦降下的冰雹中，有一块重1千克，一头小牛被当场砸死。这是人类历史上一次严重的冰雹灾害，十分罕见。

那冰雹是怎么产生的呢？它为什么会在夏天出现呢？

原来，在夏天，大量水汽在强烈的阳光照射下，急剧上升，到高空遇冷迅速凝结成小冰晶往下落，一路上碰上小水滴，掺合在一起变成雪珠。雪珠在下降过程中被新的不断上升的热气流带回高空。就这样，雪珠在云层内上下翻滚，裹上了层层冰外衣，越变越大，也越来越重，终于从空中落下，成为冰雹。冰雹小如黄豆，大如鸡蛋，最大的像砖块那么大。冰雹形状并不规则，多数呈球状，有时呈块状或圆锥状。

1894年5月11日下午，在美国的博文纳一带下了一场大冰雹。人们发现其中有一块冰雹直径竟然长达15.2～20.3厘米。仔细观察后发现，冰雹竟然以一只乌龟为中心，外面才是层层厚冰。原来，在博文纳，那天正刮着旋风，这只不幸的乌龟被旋风卷上天空，直上云霄，在云海里被当作核心，被冰晶层层包裹，等到超过上升气流的承托力时，就降落到了地面。

有趣的是，有时一场冰雹过后，人们会发现一些特大的冰雹，有的重几十千克，足有面盆大，有的竟有汽车那么大。

这些出人意料的巨雹是从天上降落下来的吗？上升空气是托不住一个重10千克的巨雹的，所以巨雹来自天空的可能性微乎其微。那它又来自何方呢？

由于没有足够的证据，科学家只能对巨雹之谜进行推测。他们认为，在降雹过程中，冰雹云后部受到干冷空气的侵袭，结果降落到地面的雨滴仍保持着冷却性，随风飘下的雨滴聚集在某一冷的物体侧面上，边冻结、边增厚，形成棱形的巨雹。因此，它的原料来自天上，成品却是在地面上加工形成的。这种推测有一定的道理，但目前也只是推测。

巨雹究竟是怎么回事？我们只能寄希望于气象学家的研究。终有一天，这个谜会被解开。

鱼龙化石中隐藏的信息

鱼龙在动物进化的历史上，是一种很有代表性的动物。现在人们都知道，海洋是生命的最初发源地，鱼类大约在5亿年以前，才开始出现。此后，鱼类开始分化为留在海洋里的、迁到大陆上沼泽地带的等几类。迁到沼泽地带的演化成为以蜥蜴为代表的两栖类；完全迁到陆地上去的，演化成以恐龙为代表的爬行动物。

爬行动物种类繁多，其中的一些动物如鱼龙，由于各种原因，又从陆地上重新回到海洋中去生活。随着生活环境的改变，它们的器官发生了变化。虽然它们仍用肺呼吸，但四肢变成了鳍形，方便划水。身体也变成鱼类那样的纺锤形，适宜于游泳，还长出了像鱼那样的尾鳍和背鳍。它的体貌特征已经完全适应了海洋生活。

鱼龙就是从陆地重新回到海洋中生活的爬行动物中的一种。

从动物的进化史当中，地理学家们获得了重要的启示。他们认为，既然作为典型的生活在海洋中的爬行动物，鱼龙的化石便成了确定古地理环境的一种有效标志。因为鱼龙生活在海洋中，所以，凡是埋有鱼龙化石的地方，过去肯定曾经是海洋。这便是鱼龙化石当中隐藏的神秘信息。

生命奥秘

地球生命来自何处

关于生命起源与演化的生物进化论

生命是从火中诞生的吗

解开孪生子同步信息之谜

男人为什么比女人容易患色盲

人体自燃之谜

地球生命来自何处

几千年来，人类一直渴望揭开这个秘密，并为此付出了努力，可直到今天，人们仍没有找到这个问题的答案。生命之谜太神奇了。

科学家们进行了许多艰苦的探索和实验，希望能科学地解释生命的起源，并提出了各种各样的假说和理论。其中"自然发生说"就是最古老的假说之一。

公元前4世纪，亚里士多德就认为从非生命的物质中，生命可以自然地产生出来。按照他的说法，蜜蜂、萤火虫或蠕虫这样的生物可能是由黏液和早晨的露水或粪土的混合物形成的。一直到13世纪，人们还相信亚里士多德的这种观点，认为从树上能长出小羊来。更有趣的是，17世纪的比利时医生范·赫尔蒙特还开了一个药方，说是照药方中的办法就可以生出小老鼠来。方法很简单，就是把破衬衣用人体汗水浸透，然后和小麦放在一起，塞进一个瓶子里，等到它们发酵以后，小老鼠就会从发酵的破衬衣和小麦中长出来。这个荒谬的药方自然是不会成功的。

1864年，法国化学家巴斯德进行了著名的"曲颈瓶"实验：他把肉煮好捞起来扔掉，只留下煮沸的肉汤，再把肉汤倒入烧瓶里，然后把烧瓶的瓶颈弄成"S"形，以便通入新鲜空气，同时阻止任何细菌或微生物随空气飘入瓶子里。实验结果表明，即使在这样"S"形的长颈瓶子里，连最简单的生命——微生物都不会自然发生。这个实验说明了自然发生说的荒谬性，人们只能另寻解释生命产生的途径。

此外，还有一种观点是"宇宙发生说"。这种观点认为生命来源于太空，运载生命种子来到地球的"飞船"就是陨石，陨石通过撞击地球的方式，把生命种子播撒到地球上。由于地球的环境条件适宜生命活动，所以来自宇宙的生命就生存发展起来。

19世纪70年代，霍伊尔、维克拉玛辛等科学家在遥远的恒星周围的尘粒中发现了一些奇怪的物质，他们猜测这些物质是生命的遗痕。由此，他们做出以下推断：

一颗与太阳相仿的不知名的恒星，其轨道中运行着一颗体积极小的彗星。在这颗微小的彗星体内，有一个只能在显微镜下才能看到的孢子，它就是外星生命的"种子"。孢子正静静地躺着，处于休眠期。过了若干年，恒星的引力突然发生了变化，导致这颗彗星从原轨道上脱离出来，飞向太空。在后来长达一亿多年的时间中，它独自遨游在广漠、寂静而冰冷的宇宙空间里，直到它偶然闯进了太阳系。几颗巨大的气体状行星快速划过它身边，然后，一颗庞大的、夹杂着片片褐色的蓝色星球离它越来越近，这个蓝色的星球就是地球。这颗彗星与无数陨星碎片夹杂在一起，猛烈地撞击在地球上，彗星被撞得碎裂开来。在彗星体内休眠了几亿年的孢子被抛进了地球表面温暖的海洋中。这颗珍贵的生命种子，受到了某种催化作用，在经过了一系列化学反应和生物反应之后，形成了最原始的生命。从此，地球上有了生命。这种生命的原始起源大约发生在33亿年前，地球上从此开始了一个全新的、有生命的时代，从一个无生命的星球变成了有生命的行星，并且越来越美丽。

射电天文学和宇宙化学的迅速发展为人类研究生命起源提供了契机。20世纪60年代，科学家们发现在宇宙空间中有大量的有机分子，同时也在那些落入地球的陨石中发现了近20种氨基酸和10多种烃类物质。但是，宇宙发生说只解释了生命是从宇宙空间移居到地球上来的，并没有揭示出生命起源的真正原因。1953年，美国化学家做了一个关于生命起源的实验。从此，没有人再相信维克拉玛辛和霍伊尔等人的假说了。

斯担利·米勒是美国圣迭戈大学的一位科学家，他于1953年进行了一个有趣的化学实验。他先把氨气、甲烷、氢气和水蒸气等气体，按照"地球原始状态"时的组成比例混合在一起，装入一个玻璃瓶中。然后，他用电流模拟

米勒在做氨基酸生成实验

闪电，轰击这些气体。闪电是今天常见的气候现象，同时它也很古老，它在地球最原始时期就存在了。一个星期后，米勒惊喜地发现，在玻璃瓶中出现了一种橘黄色气体，这是以前没有的。米勒对这种气体进行了测定，测出大量氨基酸等有机物质存在于这一气体中。此后，德国的科学家格罗茨和维森霍夫也进行了与米勒相类似的实验，他们先按照"地球原始状态"配置气体，然后用紫外线长时间照射这些气体，结果也得到了氨基酸。

在20世纪60年代，科学家奥罗利用氰化氢等物质，成功地合成了生命物质腺嘌呤，它是核酸的重要组成成分之一。1963年，波兰的佩鲁马等科学家利用紫外线照射，得到了一种在生命体中用于传输能量的重要物质ATP。这些实验有力地证明：在一定的能量条件和物质条件下，无机物转化为有机物、简单的有机物转化为复杂的生命物质的进化过程，即使没有生物酶的作用，也完全有可能在地球上实现。

就这样，一种新的学说——化学进化说，开始被越来越多的人接受。

这个学说认为，早期地球的大气中存在着大量有机分子，这些有机分子在漫长的时间里逐渐产生了一种相互关联的结构，这种结构能临时组合在一起。又过了许久，这种分子周围出现一层黏稠状的东西，它能随着外界环境的变化，排放出一部分有机分子，也能接受另一类有机分子。这种复合化的分子被看作是最初的生命形式，它已经具备了最简单的代谢和繁殖功能，形成了生命的基本特性。这种最低级的生命形式结构极其简单，连今天最简单的微生物都比它复杂许多，但它们已经具备了生命的基本特征，能靠自然选择来进化成各种各样的高级生物体。

但是地球生命诞生的奥秘仍没有解开。科学家们发现，在太阳系的八大行星中，木星、土星、海王星和天王星的大气成分主要是氨气（NH_3）、甲烷（CH_4），而火星、金星等类地行星的大气，则主要是二氧化碳（CO_2）。于是，有人提出了这样的问题：为什么就可以断定"原始状态"时的地球大气中，一定含有甲烷而不是二氧化碳呢？

最近，德国和法国的两位科学家在格陵兰 38 亿年前形成的古老的石英岩层中，发现了单细胞有机物的内含物。这种细胞外观上呈椭圆形或是丝状体，一般具有鞘。它的内含物由生命物质组成；它的细胞壁和鞘的结构以及繁殖方式，与现代的酵母菌几乎相同。这样的单细胞有机物大约需要 5 亿年时间才能形成。因此可以推测，生命应该在 43 亿年前才开始形成。

根据最新的考察结果，人们认识到生命的出现与行星的诞生几乎是在同一时期实现的。

美国科学家经研究发现，在其所含有的能量的作用下，普通的泥土也可以合成氨基酸等生命物质。科学家还发现，地球上凡是有深而大的断裂带的地方总会有许多大型油气藏。这表明这些油气藏可能来自地下深处，也就是说在地球内部曾经发生过有机物的大规模合成。

虽然地球生命诞生的奥秘目前仍无法解开，但是这么多新的重要发现也让寻求生命起源的历程变得奇妙有趣了。我们有理由相信，终有一天人类将解开生命起源之谜。

关于生命起源与演化的生物进化论

科学家们推测：微生物诞生之后生活了很长时间，直到大约在 5 亿～6 亿年之前，最早、最原始的藻类和动物才开始在原始海洋里出现。那时候，陆地上还看不到生命的迹象，没有森林，没有动物，甚至连一根草都没有，只有光秃秃的岩石和荒凉的土地。

在原始时代的海洋里，除了小得看不见的海藻类绿色植物以外，已经出现了很多低等动物。那个时候，统治整个海洋的是一种叫作"三叶虫"的动物，模样很像今天的虾。它们是当时最能适应地球环境的生物。

三叶虫统治地球几亿年时间，但后来还是灭绝了。其中有一种进化成了能够捕捉别的水生动物的水蝎，适应环境的能力较三叶虫强，但是它后来跟三叶虫一样，也因不能适应环境而灭绝了。

三叶虫和水蝎灭绝以后，在淡水溪流的泥底里出现了一种新的物种。这种动物的身体又小又扁，行动迟钝，适应环境的能力极强。它们是地球上最原始的脊椎动物。它们全身长着鳞，身体的前部长有骨片，而且已经有了脑，科学家将这种动物称作"甲胄鱼"。

大约过了 7500 万年，有一种甲胄鱼发展进化，演化成真正的鱼类。它们拥有了脊梁骨和一副能支持全身肌肉的骨骼，它们有腭，嘴巴可以自由地张合。它们的身上长有鳍，尾巴能在水中有力地划动。它们的身体也比原来大了，体形呈流线型。这些新器官有利于它们在水中自由地游动和抵御敌人。

这种鱼不习惯待在淤泥里，而是喜欢游来游去，看到什么可吃的东西就吞下去。流线型的身体使它们在水里行动自如，鳍和尾巴可以帮助它们迅速逃离危险。虽然它们没有甲胄鱼的那副盔甲，可是生存能力和自卫能力却比祖先们更强了，因而它们更适应周围的环境。

这些鱼不断地繁衍发展，它们后代的踪迹在淡水中随处可见。后来，它们一部分子孙成群结队地迁移到了海洋里，并在那里定居下来。那时候正值鱼类发展的高峰时期，它们的种类特别多，样子也千奇百怪，地球的所有水域都是它们活动的范围。古生物学家把这以后的 5000 万年，叫作"鱼的世纪"。

在鱼的世纪里生活着两种极为重要的鱼，一类是鲨鱼和它的近亲，它们用鳃呼吸，且骨骼都是软的；另一类是已经有肺的鱼类，它们的骨骼都是硬的。后一类鱼占多数，已经灭绝了的总鳍鱼就属于这一类。

众所周知，肺这种器官能从空气中吸取氧。在鱼的世纪里，经常发生干旱。遇到干旱的时候，成千上万没有长肺的鱼类因缺氧而死去，时间一长，没有长肺的鱼就渐渐灭绝了，而长肺的鱼得以幸存。

过了若干年，地球上的气候又变了，干旱渐渐减少，溶解在水里的氧气又多了起来，足够供给鱼类用鳃来呼吸。于是，鱼肺的作用和功能渐渐退化，有些鱼的肺变成了一个能装空气的囊，叫作"鳔"。

在鱼的世纪的末期，陆地上已经布满了羊齿类的森林，森林中的植物有的高达 10 多米。这样就为脊椎动物准备了丰富的食物。

大约在 3.65 亿年以前，长着肺的总鳍鱼从水里爬了出来，逐渐在陆地上生存繁衍开来。它们的骨骼同两栖动物的蛙类的腿内骨骼比较相似，它们的胸部和腹部还长有成对的鳍。由于总鳍鱼具备了在陆地上生活的能力，所以后来逐步进化成为陆生动物。

原始两栖动物最初由总鳍鱼进化而来，它们在陆地上生活得很艰难。离开了

所有生物都起源于海洋，它们向不同的方向进化，形成许多分支，经过千百万年，许多物种灭绝了，取而代之的是新的生命形式。

水，它们明显地感到地球强大的吸引力，所以它们一生中有大部分时间待在水里，靠吃小鱼和虫子为生。它们也将柔软成团的卵产在水里。

几千万年以后，这些古代的两栖动物也逐渐灭绝了，只留下了诸如青蛙、蟾蜍（癞蛤蟆）和蝾螈之类的动物生活在温带。这时候，适应能力更强的原始的爬行动物开始出现。

爬行动物产下的卵外面有一层硬壳保护着，从而可以离开水直接在陆地上孵化。爬行动物的四肢离得很近，更适于支撑身体的重量。胸肌和肋骨的活动能帮助它们进行呼吸，同时，使血液循环系统也更有效率。依靠这些优点，爬行动物成为陆地上的统治者，开创了一个"爬行动物时代"。

爬行动物又不断分化成许多种类，恐龙就是其中的一种。"恐龙"这个名字的意思是令人恐怖的爬行动物，它是动物世界中体积最庞大的一种。

大约在7000万年以前，地球环境急剧变化，曾经统治地球的恐龙没有逃脱灭绝的命运。只有一些体积较小的爬行动物存活了下来，逐渐进化成现在的蛇、蜥蜴和鸟类等。另外有一种小型恐龙，也进化成了鸟类。

有一些最初从爬行类发展来的小动物，开始变得活跃起来。小动物们像老鼠那么大，跟祖先相比，它们有两个特点：第一，它们的血是温热的；第二，浑身长毛。在此以前，大多数脊椎动物的血液都不能保持恒定的温度，常常变化。如果周围环境的温度改变了，它们的血温也会随之改变。这些长毛的温血动物就是恒温动物。在恐龙灭绝以后，恒温动物得到了很大发展，并最终演变成了最古老的哺乳类动物。

与爬行动物相比，哺乳动物的优点更多，如它们的毛和热血能抵御寒冷。并且，它们有高度发达的大脑和感觉器官，在沼泽地带干涸的时候，它们可以机智灵活地找到食物，得以维持生命。另外，它们传宗接代的生殖方式也更为有效。它们不会生出爬行动物那样的蛋，而是让胎儿留在母亲的身体里加以保护，并且在发育过程中供给它营养物质，从而促进了后代的成长。

在以后漫长的年代里，地球上又出现了更高级的哺乳类动物。其中有一种动物，后来逐渐统治了新世界，它就是灵长类动物。灵长类动物一般生活在树上，其分化出来的分支有狐猴、猿类、猴类和人类等。

那么，今天这些生活在地球上的生物物种是怎样繁衍下来的呢？许多科学家做出了种种假设，而达尔文的"生物进化论"是最科学的一种解释。

他在《物种起源》一书中详细论述了有关生命起源的许多问题，提出了"生存竞争"这一中心论点。在生存竞争中，有利的变异能更好地适应生存环境，可以保存下来，并繁衍特质相同的后代，而那些不利的变异将被消灭。适者生存，不适者淘汰，这就是大自然的法则。在自然界中，一切生物都是少数几种生物的直系后代，并非上帝创造的。在生存竞争中，物种经过自然选择的优胜劣汰，逐渐产生新物种，从而实现了物种的不断进化。达尔文认为自然界中生物的物种是不断变化的，不断地由低级向高级、由简单向复杂发展，无数考古事实都证明了这一点。生物的进化完全是自然选择的结果。

达尔文的"进化论"取代了"神创论",从根本上否定了"上帝创造世界和生物"的谬论。由此,我们更加确信生命的起源和繁衍是遵循"适者生存,不适者淘汰"的自然法则进化而成的。

生命是从火中诞生的吗

地球上的生命是如何起源的,科学家们对这个问题一直探究不止。很多人都达成了一种共识,那就是地球上的生命起源于水,最早诞生于海中。可是最近一段时间以来,西方有些科学家又提出了一种新的看法,他们认为40多亿年前最早在地球上出现的第一批生命(即原始生命)起源于火,也就是说"生命是从火里诞生的",这种新看法得到了全球科学界的关注。

1981年8月3日,美国《新闻周刊》发表文章报道:1980年美国的圣海伦斯火山喷发,当时火山释放出来的高温和喷发出来的有毒的化学物质,使附近苏必利湖中几乎所有的生物遭到了灭顶之灾。但是,最近有一个令人吃惊的消息传来:美国俄勒冈州大学的科学家们在该湖中发现了一些微生物,这些微生物非常类似上文提到的40多亿年前在地球上最早出现的第一批生命——原始微生物。这所大学著名的微生物学者约翰·贝洛斯说:"火山喷发时释放出极大的热量,它能够把一些最基本的原始气体变成蛋白质和其他大分子。"——这是地球上最早产生生命的第一步。

圣海伦斯火山爆发把硫和一些金属倾撒在苏必利湖中,这样就有大量的金属和硫磺淤积在湖中,高温还把火山口里的表面覆盖着硫磺的岩石加热到华氏194度——这个温度正好是一些奇怪的细菌能够生存繁衍的适当条件。这些生存在湖中的奇怪的微生物"皮肤"有很多孔,它们就利用这些孔吸收诸如铁、锰、氨、硫、碳等养料。这些细菌是厌氧型微生物,它们根本不靠氧气生存。而且根据一些科学家的推测,最早在地球上出现的第一批生命——微生物就是厌氧菌,它们生存不靠氧气。

最近,还有一些科学家在位于南美洲西北部厄瓜多尔共和国的加拉帕戈斯群岛火山爆发后冒出的一个深达2.5千米的地下热水坑中,第一次发现了一种非常奇特的细菌——微生物,它们以吞食化学物质为生。这种吞食化学物质的细菌通过纯化学综合过程把氢硫化物的化学能转变为一种新陈代谢的能源。它们能在极其恶劣的条件下迅速地传宗接代,且繁殖率极高。一些科学家推测,这些细菌可能就是最早在地球上出现的第一批原始细菌,它们是地球上所有生命的祖先。

以上新发现的奇怪细菌可以证明,因为在火山喷发时有大量的硫酸及硫化物,所以即使在高温热液中,生命仍然可以存在和繁殖。美国迈阿密大学的番迪尼·佛克斯模拟上述的环境和条件做了类似的试验。试验中他发现,氨基酸——蛋白质的构成原料,在几分钟内就可以聚合成类似蛋白的分子,而且它会在不到24小时的时间中成为类似细菌的生物体。通过以上材料我们可以推测,在40多亿年前,也就是在地球诞生后不久，火山喷发的热液可能曾是原始生命产生的最早的环境，是地球上第一批生命的发源地。可以预料，科学家们通过研究这些新发现的奇怪细菌，在不久之后就可以非常清楚地了解地球上的原始生命究竟是如何起源的，从而给关注此事的人们以肯定的答复，解开人们心中沉睡很久的谜。

解开孪生子同步信息之谜

科学家曾做过这样一种研究，他们对两个从小就被分开的孪生子进行调查，这两个人在30年后重新相遇时，发现两人不仅都受过法律教育，而且，两人有着同样的爱好，他们都爱好木工制作和机械制图。更不可思议的是，两人的前妻的姓名也一样，儿子的名字也完全一样，甚而至于续娶妻子的名字也一样，并且他们都喜欢去佛罗里达州度假。

另外，科学家们也调查了许多多胞胎。三名刚出生的三胞胎兄弟分别被送到三个不同背景和文化的家庭中抚养，等到几十年后他们重新相逢时发现，虽然三人成长在不同的环境里，但是却拥有许多相同的习性，譬如，三人都喜欢吃意大利菜，喜欢听摇滚乐，喜欢摔跤，而且三人的智商虽然都很高，但数学却同样不及格。此外，三人都曾经受过精神医生的治疗。在三个人重逢时，他们拿出的香烟竟然是同一个牌子的。

中国在近年来也开展过双胎或多胎的遗传研究，结果也同样发现了不少这种神秘的同步信息现象。据此，人们还能说这些事例完全出于巧合吗？这里面会不会有什么必然的内在联系存在呢？

科学家们对孪生子这种"同步信息"现象进行了非常深入的研究，可是得出的结论都极为不同。

一种观点认为，在双胞胎或多胞胎中存在的一些疾病和性状的相似性，是因为受精卵分裂时的时间因素在起着作用。而且当一个受精卵分裂为两个相同的受精卵时，所用的分裂时间越短，那么二者相似的程度就越大。

第二种观点认为，孪生子之所以会产生同步信息，应该是由于他们之间的生物电接收器和释放器同步"运行"的缘故。每当一方的生物电作用器开始启动时，另一方会在极短的时间内感受到，并且会释放出相同的生物电，从而就形成了孪生子在思想和行为上的同步现象。

最后一种观点认为，孪生子之间心灵上的感应现象，可能是一种四维空间遗传现象，它比普通遗传现象更为复杂。因为孪生子的遗传因素基本上完全相同，所以能表现出很多相同的性状或疾病，另外，如果再加上相同的时间因素，就会产生同步信息，从而表现出同步的一致性。

可以说，以上三种观点，虽然都有一定的合理性，在一定程度上揭示了孪生子同步信息的奥秘，但是三者也都存在着一些不是很严密的地方，因此，时至今日，还没有一种观点得到普遍赞同。据此，人们认为只有等待科学水平的进一步发展才能彻底揭开孪生子同步信息的秘密。

男人为什么比女人容易患色盲

人体眼内视网膜上的锥细胞产生了人类的色觉。色觉的产生过程是由于各种光线的不同混合以及锥细胞的三种色素（感红、感绿、感蓝）按不同比例分解，从而产生了色觉，蓝天、青山、白云、绿草也就随之而产生了。由于某种原因，如果一个人对红光的刺激缺乏辨别能力，则成为"红色盲"，依次类推有"绿色盲"、"紫色盲"等。当一个人红绿两种颜色均不能辨认时则称他为"红绿色盲"。如果某人对于红、绿、蓝三种颜色均不能辨认，则他就是"全色盲"。对于全色盲的人来说，全世界没有什么美丽的色彩，一切五彩缤纷的东西，在他的眼里都是黑、灰、白，就如看黑白电视机一样。这种全色盲的患者并不十分多见，红色盲、绿色盲以及红绿色盲在现实生活中则较为常见。色弱与色盲产生的病理原因一样，不过是分辨能力较正常人差，而比色盲者要强罢了。

人类认识色盲只有100多年的历史。1875年在瑞典发生了一次严重的火车相撞事故，在事故调查中，两辆火车司机都肯定自己是按信号灯指示驾车的，没有违规操作。最后发现其中一位司机是色盲患者，根本无法分辨红色和绿色，以致酿成大祸。

从此以后，各个国家对于汽车、飞机、火车、轮船的驾驶员的从业资格进行了严格规范。同时，对驾驶员也进行严格筛选，对今后参加这个工作的人员也提出了要求，规定患有色盲、色弱的人不能从事驾驶员工作。其后，军事、印染、艺术、纺织、化学、医药等一些与色觉密切相关的行业也制定了对色盲、色弱的限制规定。这些限制和规定，并不是对于色盲和色弱人的歧视，而是因为在这些与色彩有着密切关系的行业中，一旦色觉上出现问题，往往会造成不可估量的损失。

在后来的观察研究中，医学家们发现男性的色盲发病率明显高于女性，并且男性呈显性，女性呈隐性。譬如：父母都是色盲，其所生的儿子则因其为男性，色盲呈显性而表现为色盲，而其女儿则会因色盲呈隐性而表现为色盲基因携带者，但其本身并不是色盲。其女儿结婚后

这是一幅视网膜的切面图。视网膜是眼睛的感光层，视杆和视锥细胞（黄色）接受光的刺激并把信息沿神经杆维（粉红色）发送给大脑。

所生的儿子有一半的机会可能是色盲，即如果有两个儿子，那么其中的一个可能就是色盲。同样，其所生的女儿则有一半的机会是色盲携带者。

通过专家临床观察发现，色盲多为先天性遗传而来，也就是说，色盲不会由后天发生的疾病而产生。其病因在患者的父母身上，其发生原理可能是由于锥细胞缺乏某种或全部感光色素所致。由于感光的合成不足可能产生色弱，或继发性视网膜炎、视神经炎等疾病。与色盲不同的是，色弱既可以是先天性的，也可以是后天其他疾病引起的。而对于为什么男性色盲患病率高于女性这一问题，专家们的解释是这样的：在人体中男、女遗传因素上存在性染色体的差别，男性性染色体为XY，女性的为XX，因而，其遗传基因很可能与性染色体有关。但是，对于具体的原因，专家们仍不能提供进一步的解释，因而，对这一问题，医学界尚无定论。看来，色盲之谜还有待人们进一步去探索，色盲成为男性"专利"的原因总有一天会真相大白。

人体自燃之谜

人体自燃现象最早见于17世纪的医学报告，时至今日，有关的文献更是层出不穷，记载也更为详尽。那么，什么是人体自燃呢？人体自燃就是指一个人的身体未与外界火种接触而自动着火燃烧。

1949年12月15日，美国新罕布什尔州的一个53岁、名叫科特里斯的妇女在家中被烧死了。曼彻斯特警方在调查中发现，那具不像人形的恐怖尸体躺在房间的地板上，可是房间内的物体却没有遭到丝毫破坏，而且壁炉也未曾使用过，甚至在其他地方也找不到火种。美联社报道说："该妇人在燃烧时一定像个火球，但是火焰却没有烧着她家里的任何木料。"这事实令人惊诧。

1951年佛罗里达州圣彼得堡的利泽太太被人发现在房中化为灰烬，房子也是丝毫未受损坏。在这个案件中，调查人员使用各种现代科学方法，以确定这一神秘意外的来龙去脉。可是，虽然有联邦调查局、纵火案专家、消防局官员和病理专家通力合作研究，历时一年仍然没有把事件弄清楚。

在发生事故的现场除了椅子和旁边的茶几外，其余家具并没有严重的损毁，可是在屋内却出现了一种奇怪的现象：天花板、窗帘和离地4英尺以上的墙壁，铺满一层气味难闻的油烟，在4英尺以下的墙壁却没有。椅子旁边墙上的油漆被烘得有点儿发黄，但椅子摆放处的地毯却没有烧穿。此外在10英尺外的一面挂墙镜可能因为热力影响而破裂；在12英尺外梳妆台上的两根蜡烛已经熔化了，但烛芯依然留在烛台上没有损坏；位于墙壁4英尺以上的塑料插座也已熔化，但保险丝没有烧断，电流仍然畅通，以至于护壁板的电源插座没有受到破坏。与一只熔化了的插座连接的电钟已经停摆，上面的时间刚好指在4点20分。当电钟与护壁板上完好的插座连接时，仍然可继续走动。附近的一些易燃物品如一张桌子上的报纸以及台布、窗帘，却全部安然无损。

在世界其他地区亦有像利泽太太这样人体自燃的事例，而且自燃的形式多种多样，有些人只是受到轻微的灼伤，另一些则化为灰烬，更令人不可思议的是，受害人所睡的床、所坐的椅子，甚至所穿的衣服，有时候竟然没有烧毁。更有甚者，有些人虽然全身烧焦，但一只脚、一条腿或一些指头却依然完好无损。在法国巴黎，一个嗜好烈酒的妇人在一天晚上上床睡觉后自燃而死，整个身体只有她的头部和手指头遗留下来，其余部分均烧成灰烬。

在以前发生过的人体自燃事件中，男女受害人的数目比例大致相同，年龄从婴儿到114岁的老人都有，其中很多是瘦弱的人。他们有的人是在火源附近自燃，有的人却是在驾车或是毫无火源的地方行走时莫名其妙地着火自燃的。

但是，时至今日，现代科学界和医学界都否定人体自燃的说法。有人虽然曾经提出一些理论，但是一直没有合理的生理学论据足以说明人体如何自燃甚至于化为灰烬，因为如果要把人体的骨髓和组织全部烧毁，只有在温度超过华氏3000度的高压火葬场才有此可能。那么，至于烧焦了的尸体上尚存有未损坏的衣物或者是一些皮肉完整的残肤就更令人觉得有些神秘莫测了。

人体为什么会有"生物钟"

在世界上，整个生物界好像都在按着同一个时刻表在有规律地运转着，例如夜晚万物入眠，清晨鸡啼鸟鸣。当你每天都需要在某一特定时刻内醒来，在开始几天可能必须借助于闹钟之类的提醒，可是，日子一久你就会惊奇地发现，当不再借助闹钟时，你仍然能在大约这个时刻里醒来，中间的误差甚至相差不了几分钟。

这说明，人体内部有一定的生命节律，有一种类似时钟的机构，这种结构不依赖外部条件而自行运转，指挥人体的正常生理活动，这就是人体的生物钟。可是，究竟是什么使人体产生了生命节律，这个控制节律的生物钟在哪里？

有人根据达尔文的进化学提出了进化学说，这种学说认为，人类之所以有生物节律，是因为生存的需要，人类只有在生理上、行为上适应了环境的节律，才能得以生存。人类在长期的进化过程，使得体内有利的基因能够得到遗传，这样，就使后人出现天生的生物节律来，而这种节律又受到周围环境的影响。

另有一些人认为，人体的生物节律是外源性的，也就是说控制生命节律现象的动因，是某些复杂的宇宙信息。人类对广泛的外界信息，如电场变化、地磁变化、月球引力以及光的变化等特别敏感，这些变化的周期性能够引起人体生命节律的周期性。也有人认为，生命节律是由人体自身内在的因素所决定的，因为人即使在恒温与隔绝的地下，也能够表现出近乎于24小时的节律。还有人认为这种生物节律是由人体内的激素调节控制的，诸如女性的月经等。

最近几年中，美国科学家又提出了一个更加接近完美的学说。他们发现人类的脑垂体下部有一小串神经细胞，如果它受到损伤，生命节律就会被完全打乱。所以他们认为生物节律的正常运转是由大脑内某些专门的神经元控制的，可是这种看法到目前没有得到明确的证实。

日本科学家也有了一个新的发现：原来人类的生物钟同时钟并不同步。人类生物钟的周期是 24 小时 18 分钟，也就是说人类生物钟每天比时钟慢 18 分钟。

既然人体生物钟每天会晚 18 分钟，那么为什么生物钟与时钟这种不同步现象不会累计起来最终打乱人们的生活规律，从而让人醒来得一天比一天晚呢？研究者说，光线会通过影响体内激素水平和体温等多重因素来不断重新设定生物钟，这种解释应该是比较合理的。

哈佛大学的神经生物学家已确定了生物钟所在的部位，它位于大脑的后部，由特殊的细胞组成。它的两大部分分别位于大脑的两个半球。

人体为什么会发电

在如今这个电气化的时代里，人们生活中每一处都可以说是离不开电。于是有人幻想，如果人体自身能发电该多好啊。然而世界上确实存在着这样的人，对于这样一位身体会发电的人来说，能发电可并不见得是一件好事。

在意大利罗马南方的一个村子里，住着一位名叫斯毕诺的 16 岁青年人，他的叔父艾斯拉模·斯毕诺在 1983 年 8 月首先发现了他的奇异之处：每当斯毕诺来到他家时，他家里的电气产品就会发生故障，而且他身边的床还会无缘无故发生自燃，油漆罐也会着火爆炸等。

英国的贾姬·普利斯曼夫人是另一个会发电的人的例子。贾姬的丈夫普利斯曼先生是位电气技师。但他的夫人却时时发"电"：一旦她靠近电器，电器制品就会损坏，电视会自己转台，灯泡会爆炸……她已经毁坏了 24 台吸尘器、9 台除草机、12 台吹风机、19 个电饭锅、8 台电炉、5 只手表、3 台洗衣机。

科学家用尽各种办法来研究以求解开这个不可思议的人会发电之谜。他们从电鳗的健康与发出电能的相关关系得到启发，纽约州立监狱的南萨姆医师用囚犯做实验，用"肉毒菌"让被实验者暂时得病，暂时发电的现象在

奇异的人体发电现象

病人身体上出现了。这时从病人的体内可以检测出大量的静电。不过，病人的身体一旦恢复健康，发电的现象便消失了。

这个实验证明，人的生理机能的失衡引起了人体的发电现象。

而韦恩·R.柯尔博士认为，从理论上来讲，约3立方厘米的人类肌肉细胞可以产生40万伏特的电流。他试验利用冥想在肌肉中产生静电，实验取得了成功。

其实人人都可能隐藏着会发电的潜力。

如果照柯尔博士所说，通过冥想就能发电，那么，就让我们在日常生活中多多冥想吧，那样的话，我们的电气化时代就名副其实地来到我们身边了。

人类细胞会不会衰老

世界各国科学家都孜孜以求地致力于探索生命衰老之谜，延长人类生命这一课题。中国科学家经过多年研究，到目前为止已初步发现，人类细胞衰老的主导基因P16在人类细胞衰老遗传控制程序中居于主要地位，揭示了P16基因在衰老过程中高表达的原因，从而可以说是初步揭开了人类细胞衰老之谜。

北京大学医学部教授童坦君和张宗玉是这一课题研究的负责人。他们在接受记者采访时表示，这个研究项目采

泡囊将大量微粒运送进细胞
细胞质
能够生产许多蛋白质的细胞器
细胞膜
溶酶体拥有能分解物质的酶素
微绒毛吸收来自细胞外的被分解的物质
中心粒帮助细胞分裂，生成新的细胞。
细胞核拥有细胞内最多的基因
线粒体能从食物中获取能量

细胞结构示意图

用的是国际公认人类细胞衰老模型，它通过对人类细胞衰老的主导基因P16的作用机理及其调控的研究，从而初步阐明了P16基因的作用地位，P16基因不仅是细胞衰老遗传控制程序中的主要环节，而且它还可以影响细胞寿命与端粒（细胞的生物种）长度。它主要是通过调节Rb蛋白的活性，而不是激活端粒酶起作用的。同时研究还发现，负调控机制减弱是在细胞复制性衰老时，P16基因高表达的重要原因。

研究人员在研究过程中发现P16基因存在一个负调控的元件。此负调控元件相当于P16基因的刹车装置，它的基因序列为GAAGGT。研究人员还发现了掌管这一刹车装置的蛋白质因子，这个因子的分子量约为24000道尔顿。通过进一步研究显示：年轻细胞的这种蛋白质因子可与负调控元件结合，从而抑制P16基因表达，而衰老的细胞因为缺乏此因子，所以造就P16基因高表达。

另外，研究组还采用细胞衰老的4项定量指示，共同证明：抑制P16基因表达，不仅可以延长细胞寿命，减轻衰老程度，而且还可以减缓端粒长度的缩短速度；反之，如果增强P16基因表达，不仅会缩短细胞寿命，加重衰老程度，而且还会明显加快端粒长度而缩短其速度。

童坦君表示，生物衰老的基本单位是细胞衰老，它也是人类老年病的共同基础。"一切生物学关键问题必须在细胞中寻找"已经获得当前生物学家的共识。通过"衰老细胞与分子机理研究"这一课题研究，我们至少可以说，可以利用基因重组技术来进行调节人类某些细胞的寿命。

2001年8月，美国科学研究人员也发表研究报告表示，在破解人类寿命之谜的路途上科学界又前进了一步，科学家们已经发现，决定人类寿命的"长寿"基因位于第4号染色体上。

这份研究报告的两位主要撰写人来自美国波士顿，其中的一位是儿童医院的孔克尔，另一位是贝斯以色列医院的托玛斯·波尔斯。

报告中指出，决定人类寿命长短的基因位于第4号染色体上，但是，它们的数量并不确定，可能是几个，也可能只有一个。孔克尔发表声明说："在低等生物体中，仅有少数几个基因会影响寿命长短，这是众所周知的。"现在看来，这种情况在人体中也同样存在。

食物在胃中是怎样被消化的

在古代，医学还不发达，人们一度认为胃是"磨子""蒸锅"。人们发现虎、猪、豹、羊吃进的骨头、肉块、粮食和草料经过胃消化后，都变成了一堆糊状物，基于各种原因，人们认定胃有"磨子"或"蒸锅"的作用。

对于此种说法，意大利生理学家斯帕兰札尼持怀疑态度，他决心做实验来弄清胃的真实功能。在反复思考后，斯帕兰札尼设计了这样一个实验：在一个金属管中塞进一块生肉，同时在这个金属管上扎许多小孔，然后将两端塞严，以防肉掉出来，接着，他让一只山鹰吞下这个特殊的金属管。过了一段时间，斯帕兰札尼取出金属管，发现小管完好无损，两端的盖子也还原封不动地盖在上面，但让人感到奇怪的是，管中原来的生肉块变成了一些黄色的液体。

斯帕兰札尼通过这个实验，弄清楚了胃消化肉的过程原来是一个化学过程。但是这一过程是如何进行的，黄色液体又是如何产生的，他还是没有弄明白。

1822年6月2日，在美国靠近加拿大边界的密执安小岛上发生了一起猎枪走火事件，这次纯属意外的事件揭开了有关胃的消化过程的秘密。

那一天，年轻人圣马丁在集市上被猎枪误伤，子弹打穿了他的胃。当地驻军军医鲍蒙特闻讯赶来，帮助他止血治伤。一年后，圣马丁恢复了健康，但是腹部却留下了一个直径约2.5厘米的瘘口。鲍蒙特通过这个由一层薄膜覆盖的洞口，可以直接对胃的消化过程进行观察。

经过长达 11 年的观察，鲍蒙特最终明白了胃液含有稀盐酸，具有很强的消化功能和杀菌作用。他还发现蛋白质在胃中能转化为氨基酸，并观察到胃壁内覆盖着一层淡红色的黏膜。于是，鲍蒙特公布了他的研究结论："胃液具有很强的溶解能力，它能溶解包括坚硬的骨头在内的各种食物，是一种最普通的天然溶剂。通过观察得来的大量证据说明，胃液溶解食物的作用完全是一个化学过程。"

鲍蒙特的研究初步揭开了胃的消化秘密，从此人们对胃的科学探索不断深入。德国科学家施旺 1836 年发现了胃蛋白酶，俄国生理学家巴甫洛夫 1894 年发现了引起胃液分泌和胃的运动的神经反射过程都是由于食物的刺激。至此，人们总算对胃的性质和机理有了基本的了解，并进一步得知：胃进行活动和消化人类吃的各种食物用的是相同的方式。当一个人愤怒或焦虑时，他的胃酸分泌增多，消化加快；而在他颓丧或忧郁时，其胃酸分泌减少，消化减缓。如果食用"刺激性调味品"及大量饮用烈性酒则会大大刺激胃酸的分泌，使其猛增。

虽然大量能够消化各种蛋白质的胃酸和胃蛋白酶聚集在胃里面，但这些胃酸和胃蛋白酶并不会消化掉由蛋白质组成的胃自身。科学家们对此产生了浓厚的兴趣，又开始了对胃的深入研究。

美国密西根大学医学系著名教授德本曾做过一次实验，他把手术中切除下来的胃放在一个容器中，然后将按人体胃液配制的盐酸和胃蛋白酶加入容器中，并置于 37℃温度条件下，结果发现胃被溶解掉了。实验中的胃无法克服胃液的消化作用，但人体中的胃却丝毫不受影响，这令德本教授百思不得其解。

德本教授突然想到胃壁内那层黏膜，他猜想是黏膜上的细胞具有防护作用。通过多次实验，他弄清楚了胃壁细胞所分泌的脂类物质，的确具有隔离胃酸与胃组织的功能，这种脂类物质不仅可以防止 pH 值低于 1.5 的胃酸对胃的腐蚀，还能防止粗糙食物对胃的机械性损伤。德本教授经过进一步研究，发现当这类脂类物质受损，被胃酸腐蚀后，胃腺中的黏液细胞就会加快分泌黏液，将一层黏液膜覆盖在胃壁表面，这层黏液膜不会被胃酸溶解，可以保护胃壁。倘若情况更为严重，组织内的新生细胞就会取代脱落下来的老细胞，从而，完成黏膜细胞的自我修复。因此，胃虽然不具有抗腐蚀能力，但它能凭借自身的特殊机能，避免被胃酸消化、腐蚀，从而达到自我消化和自我修复之间的动态平衡。

人们对此可能仍有许多不明白的地方，比如，人们对一些胃病就无法理解。有人问道：胃既然能自我修复，那么人为什么会得胃溃疡呢？德本教授对此做出了详细的解答：胃壁黏膜并非铁板一块，当破坏的程度超过了黏膜的自我修复能力时，胃酸就会渗透黏膜腐蚀胃，从而导致胃溃疡。

然而一些人仍然不接受德本教授关于胃不会自我消化的解释。原因有两个，一是没有足够的科学证据，二是这种起屏障作用的物质的整个构成还没有被完全弄清楚。这样，人们自然就会设想，胃不会被消化的原因或许是另外一些尚未被发现的防护机制。人们对胃的探索还会不断深入下去。

破译人体血液循环之谜

在17世纪以前，由于盖伦的血液运动学说中充满了神秘色彩，而教会很需要这种宗教气息，因而，盖伦的学说为不可动摇的经典理论。

曾因怀疑及试图修正盖伦理论的比利时医师和解剖学家维萨里，被流放到耶路撒冷。因批评盖伦的理论而被安上异端罪名的西班牙医生塞尔维特也被宗教裁判所判处火刑，惨死在日内瓦。然而，教会和经院哲学的黑暗势力丝毫吓唬不了追求科学真理的进步学者们，他们坚强不屈地继续进行观察和实验，从不同的侧面驳斥盖伦的理论体系。

哈维正是这样一位真理的探索者。他在帕多瓦大学求学开始，不断地对动物进行解剖、观察与研究。在长期的观察过程中，他积累了大量的实验记录材料，通过这些材料，他逐渐发现盖伦的血液运动理论与解剖学事实相距甚远，显得漏洞百出，自相矛盾。

经过一次次坚持不懈地研究，哈维终于发现了人体血液运动的奥秘。他发现，人体中的动脉血液从心脏里流出来，然后又经过静脉回到心脏，

人体血液循环示意图

如此周而复始，始终向着一个方向循环着。依靠这种血液循环，人体的新陈代谢才能正常进行。他的这一重大发现，找到了当初他的导师不能解答的问题的正确答案，并最终揭开了千百年来的血液循环之谜。

1616年，哈维在为圣巴多罗买医院做的系统医学演讲中，第一次把酝酿已久的、与盖伦学说截然不同的血液循环运动思想公布于众。在演讲中，哈维提出了"心脏水泵"说，即心脏像个水泵，血液的循环运动由心脏的搏动而引起。

人们对哈维的这一发现议论纷纷，支持的和反对的人各执一词。有人警告哈维，让他记住维萨里被烧死的惨痛教训。但哈维并没被困难所吓倒，他沉着冷静，坚持不懈地工作着。为了使自己的观点更完整严密，他对40余种动物进行了心

脏解剖、结扎、灌注等实验以及大量的尸体解剖。经过无数次科学实验、观察，他更坚信自己的发现是正确的。

1628年，哈维的《动物心血运动的解剖研究》一书在法兰克福出版了。这本又译为《心血运动论》的专著凝聚着哈维20多年的心血和坚强不屈的革命精神。

德国出版商菲茨热心承担了该书的一切费用，使它得以顺利出版。作为世界科学史上最重要的著作之一，它宣告了盖伦体系的彻底解体，终止了长达1500年之久的错误理论，并提出了血液循环的基本规律，论述了完整的血液循环运动理论。该书还开拓了近代生理学的活体解剖实验法，把人体生理学和运动生理学确立为科学。哈维勇敢地冲破神圣不可侵犯的传统与权威的束缚，在斗争中确立了科学的新学说。这一伟大功绩和他百折不挠、无所畏惧的革命精神，一直为世人所敬仰，他对科学和真理的不懈追求也鼓舞和启迪了后人。

1675年6月，哈维在伦敦逝世。在哈维诞辰300周年的日子，人们在伦敦为他举行了纪念大会，以此来纪念他的科学功绩。大会由著名科学家赫胥黎主持，到会的人数众多。不久，人们又为他建立了铜像和纪念馆。1905年，美国成立了哈维学会。哈维的学说至今对学术界的影响颇为巨大，而他高尚的品格也受到人们的崇敬。

为什么人类有不同的血型

人与人之间血型的差异就好比每个人头发颜色的差异。你的血型一般属于四大基本血型之一：A型，B型，AB型，或者O型。你的血型取决于红细胞和血浆（大部分是水，是血细胞的生存环境）里的蛋白质类型。

血细胞里的蛋白质叫作凝集原；血浆中的蛋白质叫作凝集素。凝集原分为两种，分别为A和B；凝集素也可以分为两种，叫作a和b。

比如，艾米丽是A型血，也就是说她的红细胞里有A凝集原，血浆里有b凝集素。莉莉是B型血——B凝集原和a凝集素。杰夫是AB型血，他的红细胞里既有A凝集原又有B凝集原，但血清里没有凝集素。胡安是O型血，红细胞里没有凝集原，但是血清里含有a、b两种凝集素。

你的身体会把含有不同凝集原的血液当作外来入侵者。如果A型血的艾米丽被输入了B型血，她血浆里的b凝集素会使入侵的血细胞凝集在一起，血细胞因此而不能在血管里自由地移动，因此不能把氧气运送给组织，比如大脑，从而危及生命。B型血也同样排斥A型血。对于O型血来说，A型血和B型血都是入侵者。为了避免医疗事故，病人在接受输血前都要进行血型测试。

然而，没有一种血型的血会排斥O型血，因为O型血的红细胞里没有凝集原来抵御其他血型的血。所以O型血的人又被叫作"万能供血者"，因为他们可以为任何血型的人供血。

由于AB型血中既含有A凝集原又含有B凝集原，它与其他任何血型的血混合在一起都不会发生凝结，所以AB血型的人可以接受任何血型的血。因此，跟杰夫同血型的人又被叫作"万能受血者"。

与头发颜色相同的是，你的血型直接取决于你父母的血型。而且，不同血型在人群中的分布与种群的发源地有关。

因为世界各地的人都在接受这样或那样的血液化验，所以科学家们发现了血型在不同地区的分布规律。在美国，41%的高加索人是A型血；源自非洲的美洲人中，有27%是A型血。在秘鲁，几乎所有的印第安人都是O型血。在亚洲中部，B型血最为常见。

人类的血型为什么会有差异，科学家至今也不太清楚，但是人们却已经发现了血型与某些疾病之间有趣的联系。比如，O型血的人比其他血型的人更容易患溃疡症。A型血人群中，胃癌的发病率明显较高。

更有趣的是，科学家发现，人类的血液组蛋白与一些细菌和病毒表面的蛋白极其相似。如果入侵的病毒刚好具有与人类血型蛋白相似的表面蛋白，那么你身体里的免疫系统就很可能会将入侵的病毒当作自身的细胞，器官和组织也会向它们敞开大门。例如，导致淋巴腺鼠疫的细菌，表面覆盖着与O型血细胞的表面蛋白很相似的蛋白。因此，O型血的人最容易得上这种疾病。淋巴腺鼠疫起源于东南亚，后来逐渐向西蔓延。14世纪，淋巴腺鼠疫席卷欧洲，夺去了欧洲1/4的人的生命，被称为黑死病。亚洲中部是淋巴腺鼠疫蔓延最慢的地区，这里又同时是O型血人群密度最低的地区之一。这表明，O型血对于生活在淋巴腺鼠疫泛滥地区的人们来说，是一个不利条件。相比之下，A型、B型、和AB型血的人则获得了生存优势。科学家坚信，血型与疾病之间的联系，必将成为揭开人类血型起源之谜的有力工具。

人类心脏具有自我修复能力吗

人类的心脏能自我修复吗？对于这个问题最近又有了新的解答。长期以来，科学家们确信人类的心脏不能像其他器官一样自我修复，尽管医学工作者注意到，动物的细胞组织能够移动并且修复伤口，但是人们仍然怀疑人类的心脏也具有自我修复的能力。哺乳动物的大脑非常复杂，如果脑细胞发生病变，损伤或死亡后

心脏结构示意图

是无法自我修复的，也就是说大脑受到的创伤是不可恢复的。所以目前治疗脑病主要是通过体外培育脑细胞，然后再移植到脑部。不久前人们还认为，在成年人的脑中不存在在胎儿期非常活跃的干细胞。但是意大利和美国医学专家通过研究发现，在鼠类的前脑中存在着这种未成熟的脑细胞，而且在大脑皮层的特定区域的干细胞能发育成为成熟的脑神经细胞。

在这个实验中，医生们设法使实验鼠大脑皮层部分的细胞自然死亡，然后激活实验鼠大脑皮层深处的干细胞，这样，干细胞开始增殖，并逐步发育成脑神经细胞，并且，这些脑神经细胞的轴突与其他细胞相连，可以说是完全取代了受损的脑神经细胞。这一实验使得科学家首次发现哺乳动物的脑细胞可以完成自我修复。

另外，医生们对接受心脏移植手术后的患者进行长期观察，结果发现，患者的心脏肌细胞和血管组织的增长速度非常迅速。令人惊讶的是，移植过来的心脏有些被原心脏的新生细胞组织所取代。这次实验也向人们表明，人类的心脏具有自我修复能力。

在心脏医学研究史上，这项发现是重要的里程碑。人类的心脏同样具有自我修复能力，打破了传统的医学理论，从而为心脏病治疗提供了新的科学依据，随之不久，新的心脏治疗方案将很快诞生。

人脑记忆的奥秘

记忆，简而言之，就是过去经历过的事物在大脑中的反映。若用现代信息论的观点来解释，记忆就是把感知的信息传入大脑，在外部的刺激下，大脑中会留下化学（或其他的）印迹，这些印迹能保留一定的时间而不消失。在这段时间里，我们若想再现输入的信息，只要回忆一下就可以了。概括地说，信息的贮存就是"记"，信息的再现就是"忆"。

除了人类之外，其他有神经的动物，包括牛、羊、鸡、狗、猫、燕子、蜜蜂……也都有一定的记忆本领。假若没有这种本领，它们在离家出走后，肯定是回不来的。

人的记忆与动物的记忆比较起来，要复杂、高级得多，而且，人的记忆能力也有高低不同。从古至今，记忆力非凡的人不在少数。例如，蔡文姬是我国汉朝时期有名的女文学家，她的父亲蔡邕的400多篇作品因战乱而散失，她凭着惊人的记忆力把它们背录了下来，使之直到今天还在世上广为流传。卡斯帕洛夫是俄罗斯著名的国际象棋冠军，他能够熟记近万个棋谱，他的脑海里贮存着1000多人的地址和400多位朋友的电话号码，从来没有记混过。

记忆在人的心理活动中的重要地位是显而易见的，如果没有记忆，人类知识经验的积累、高级认识活动的进行以及个性的发展都将是不可能的。那么，记忆的本质是什么呢？人究竟为什么能记忆？人们为搞清这两个令人感兴趣的问题曾进行过长期的探索。最早，对记忆进行探索的是古希腊哲学家柏拉图。他认为，记忆就如同火烤蜡纸，蜡纸上出现的许多景象就是记忆的信号。很明显，这个猜测只是一个虚无的想象，并不是建立在事实根据的基础上。

现在，随着科学技术的日新月异，人们对记忆的认识越来越深入。

有人认为，记忆与乙酰胆碱有密切的关系，该化学物质具有传递信息的功能。如果让产妇服用一种具有分解人体乙酰胆碱功能的叫作"东莨菪碱"的药，产妇就会失去对手术的记忆。美国医生也曾做过临床试验，如果老年人的记忆力出现衰退现象，服用一定的乙酰胆碱药物即可使其记忆力有所好转。这再次表明：乙酰胆碱与记忆确实有一定的关系。但它为什么能够具有促进记忆的功能，它是否就是贮存记忆信息的物质，人们还没有彻底弄明白。

1958年，瑞典神经化学专家海登首先提出了记忆贮存在蛋白质分子（或多肽－蛋白质片段）里的理论。随后进行的若干实验似乎也证明了这一点。例如，世界著名的生物化学家乔治·昂加尔分析比较过两种大白鼠脑细胞的化学物质，发现未受过记忆训练的大白鼠脑细胞中的蛋白质、多肽含量比受过训练的大白鼠的要低很多。并且，他进一步指出，记忆就是脑细胞中多肽分子迅速形成的结果，一种记忆就代表着多肽分子的一种排列组合顺序。

有的科学家对这种观点并不认可，他们重新做了昂加尔的实验，结果发现有2/3的大白鼠效果不明显。因此，海登的"蛋白质分子记忆"学说面临着极大的挑战。

另外，美国的科学家通过实验研究还发现，人脑中的促肾上腺皮质激素和黑素激素不但能促进人的记忆，而且还能治疗多动症，增强注意力。有人美其名曰"天才药"。这两位"不速之客"是如何提高人的注意力和记忆力的，至今仍然是个难以说清的谜。

总之，要想打开记忆的"密码锁"，我们还有很长的路要走。当前许多脑专家和化学专家研究的热点是：记忆究竟涉及哪些物质，它们是怎样工作的，不同事物的记忆区域究竟在人脑的哪些部位，记忆超群的人与一般人为什么会有差别，这些差别主要体现在哪些方面……至今，这些问题还都没有结论。日本已把脑科学列为21世纪重大科研课题之一，正不遗余力地加强这方面的研究。也许在不久的将来，人类将解开人脑记忆的奥秘。

人体变矮之谜

众所周知，人在从孩童走向成年过程中，向来都是由矮变高的。可是关于人越变越矮的事例也是古已有之。究竟是什么会导致某些人由高变矮呢？在神话故事《西游记》中，孙悟空会七十二般变化。他与妖怪斗法时既能变成顶天立地的巨人，又会变得小如芥籽，人不可见。然而，现实世界中却发生人由高变矮的奇怪事例，着实令人惊奇不已。

20世纪60年代，有位居住在意大利西西里岛的卡塔尼亚城年仅15岁的姑娘，名叫安达尼娜·达密尔，正值青春发育时期，突然得了一场怪病，身体不断缩小、变矮。仅仅3个月的时间里她的身高足足缩短了1/3，甚至于说话的功能也随之退化，后来竟然像3岁娃娃那样"奶声奶气"了。

在中国古代也发生过这样的怪事。在宋代科学家沈括写的作品《梦溪笔谈》里，也记载过这样一件怪事：一个曾在颍州做过官的吕缙叔"忽得疾，但缩小，临终仅如小儿"。《太平广记》记载有个叫魏淑的人"忽感异疾，其体日缩，未周年即如婴儿，不得坐立言语"，最后他只能由其母亲和妻子抱坐怀里度日。

有关专家认为，这种生长逆转现象可能是由于病人的脑垂体激素停止分泌的缘故。当脑垂体激素停止分泌时会使对人体蛋白质合成起重要作用的酶失去活性，从而造成蛋白质合成迅速减少，于是人体的组织细胞就开始萎缩。人体长高是因为人体组织细胞的大量增生，一旦人体组织细胞萎缩，人的皮肤、肌肉也会随之萎缩，这个是能够理解的，但至今令人不解的是：已长成的骨头也能够变短吗？

1982年美国发现一个妇女，她就是越长越矮。在其18岁时身高为151厘米，及至到了30岁时身高仅有132厘米了，12年中身高缩短了19厘米。她43岁时身高又降到了129.5厘米，此后下降速度更快了，50岁时身高只有111.8厘米。这几十年中，她全身骨痛，并曾多次骨折，脊柱前凸。最后她全身挛缩，50岁时体重只有34千克。据诊断，她得的是代谢性骨病——成年型磷酸酶缺乏症。这种病是一种极为罕见的遗传病。主要是脊椎距离变窄导致躯干缩短；大腿发生弯曲变形，故下肢变短。结果她的身高缩短了34.2厘米。

可是古今中外报道的越变越矮的人，是否都得了这同一种病呢？这个问题恐怕难以解答，但想来恐怕不是。那么究竟是什么原因使他们由高变矮的呢？相信这个困扰人们很久的谜将会随着人类科技的发展而大白于天下。

人脑能不能"死而复生"

"死而复生"是从古至今许多人追求的目标，人脑的死亡就预示着人的死亡，如果人脑能"死而复生"的话，那么，人不就能死而复生吗？科学技术的发展，似乎正在一步步把这个"死而复生"的神话变成现实。

2002年1月中旬，世界上的实验获得成功：一只大脑在超低温下完全阻断血流达80分钟之久的实验猴"死而复生"。这次手术

人脑结构示意图

是上海长征医院、昆明医学院附属二院和南京军区福州总医院联合进行的一次攻关项目。这项神经外科研究领域的重大突破给人们提出了一个重要问题：猴脑能复活，人脑是不是也能复活呢？

在常温下，人和动物的大脑血流阻断的极限是 5～8 分钟，一旦超过这一极限就会因脑缺氧而死亡。可是在这个实验中为什么这只猴子能断血 80 分钟而不死呢？

说到底，它的保护神是超低温。科技人员在研究中发现，脑温每降低 1%，细胞的耗氧量就降低 4%，而达到脑温比体温降低 20℃ 时，脑细胞几乎不耗氧。所以脑温越低，脑细胞承受缺血、缺氧的时间就越长，也越能保护脑神经元。

猴脑复活，对人脑损伤修复有着非常重大的意义。猴脑与人脑在解剖学上差异非常小，二者的血管造影等几乎完全一致。应该说，在实验猴身上成功的脑部手术，在人脑手术中也有极大的可能会成功。

上述在超低温下的脑部断血再复苏的手术，比较适用于那些特重型颅脑伤、颅底肿瘤和巨大动脉瘤患者。它不仅能减少手术过程中大出血的危险，从而为医生赢得更多的时间，使手术变得简单和容易，而且在人脑损伤修复中采用这种脑部断血方法不会对病人其他脏器造成损害。

对于植物状态患者，现在的先进医疗设备和技术可以长期维持其呼吸和心跳，并能从体内排除废物，可是这不等于患者还活着，当然也不能说死者还可以复活。所以，人们通常所说的"植物人"中有很大一部分可能已经死亡。正确做法是，要尽快地、仔细地对脑干或脑干以上中枢神经系统进行系统性检查，以确定究竟是否已经发生脑死亡。如果确实已经证实发生了脑干死亡或者大脑皮质弥漫性坏死所导致的永久性植物状态，那么就要停止一切以复苏为目的的医疗活动。

一般来说，脑干死亡 = 脑死亡 = 死亡。

其实，如果发生了弥漫性脑损伤，一般来说大脑皮质死亡要先于脑干死亡，所以采用脑干死亡作为个体死亡的判定标准更具有保守性、安全性和可靠性。举个例子来说，当人体缺氧时，脑细胞对缺氧耐受时间分别为：大脑皮质大约 4～6 分钟；中脑 5～10 分钟；小脑 10～15 分钟；延髓／脑干 20～30 分钟。

在人死后，如果借助器官保存液可以使各种离体的器官安全保存一段时间：小肠大约 2 小时，心脏 6 小时，肝脏 24 小时，肾脏 48 小时。这种方法可以说就是死中有"生"，不过这种"生"已经不能说明生命个体的继续存在了。

◎ 人体不腐之谜

古今中外，人体不腐的事情非常多，这一现象引起了科学界和医学界专家们的高度重视。他们对这一现象进行了多方面综合考察，但是人体究竟为何会不腐呢？

中国古代僧人用秘方保存肉身的事例也甚多。唐代高僧元际禅师的肉身，历经千年至今仍然保存完好，被学术界视为"世界唯一奇迹"。可惜的是，现在这国宝级的文物却不在中国，而在日本。肉身现存于横滨鹤见区总持寺，被日本视为"国宝"。

在唐贞元六年（公元 790 年），91 岁高龄的元际禅师知道自己来日不多了，于是悄然返回故乡湖南衡山的南台寺。从此时开始他便停止了进食，只嘱咐门徒把他平日搜集来的百多种草药熬汤，每天他都要豪饮10多碗。饮食后小便频繁，大汗淋淋。门徒见到这种情况，纷纷劝阻，元际禅师只是笑而不答，仍然继续饮用这种散发芬香的草药汤。一个月后，他更加清瘦了，可是脸色红赤，二目如炬。有一天，他端坐不动，口念佛经，安详地圆寂了。这样又过了月余，禅师的肉身不但不腐，而且还散发出芬芳。门徒们感到非常惊讶，认为这是禅师功德无量的结果，特地建了寺庙敬奉。千百年来，香火非常兴盛，一直持续到清末民初。

20世纪30年代，军阀割据，战乱频繁。潜伏在湖南一带，以牙科医生为掩饰身份的日本间谍渡边四郎早就知道元际禅师肉身的价值，于是他便乘乱毒死了寺内的小和尚，把元际禅师肉身隐藏了起来。不久以后，这个寺庙毁于兵火之中，世人都以为禅师的肉身也一起遭劫了。直至抗日战争末期，渡边看到日本侵华军大势已去，便偷偷地将肉身伪装成货物，装船偷偷运回了日本。

渡边刚开始将肉身辗转放置在他所在的乡间，后来又将之移置在东京郊外一座小山的地下仓库里，并且秘而不宣。直到1947年渡边病重身亡时，人们才从他的日记本中得知这一重大秘密。日本当局立即派人打开仓库，发现了禅师的肉身。只见禅师盘腿而坐，双目有神，俨若活人。专家们认为，一般的木乃伊，只是人工药物制的"躯壳"，不足为奇。可是禅师的肉身一直暴露于空气中仍能千年不朽，实在是世界唯一奇迹。经检查，禅师腹内无丝毫污物，体内渗满了防腐药物，嘴及肛门也都被封住，这些可能都是肉身不朽的主要原因。至于他临终前饮用的大量汤药究竟是什么草药，已经无法考究了。

无独有偶，国外也有这样的奇事。有着悠久历史的意大利西西里岛的古老遗址中，至今还保留着旧石器时代绘画的驿罗萨里奥洞窟教堂。这个教堂有一个神秘之处：在这里的地下，竟沉睡着8000具木乃伊！这着实令人惊叹不已。

在教堂的地下有个墓室，在墓壁两侧密密麻麻地站立着许多木乃伊，这种情形令人胆战心惊。

而真正令这座地下墓室在世界闻名的却是8000具木乃伊中一个年龄仅有4岁的木乃伊女童。

这名名叫伦巴尔特·劳扎丽亚的女童，死于1920年12月6日。她死后，她的母亲十分悲伤，特地将巴勒莫的一位叫萨拉菲亚的名医请来并且向他恳求："请您想方设法让我孩子的遗体永不腐败，这是我唯一的祈愿。"

据说萨拉菲亚医生使用了数种药剂为这个女童做了特殊注射。时至今日，80多年过去了，这个女童仍安然地躺在一个单独的玻璃棺内，无论从什么角度去看，都会令人觉得她依然是活人。凡是看见了女童的人，都会情不自禁地发出感叹：呵，她还活着！

她的面庞仍像生前那样红润、丰满，肌肤也是那样粉嫩、光滑，依然那样可爱、美丽。此时此刻谁能相信，她已死了80多年了呢？事实上，即使对于众多的科学来说，女童的永不腐朽也是一个无法解开的谜团。

但是，令人遗憾的是，医生萨拉菲亚在给女童做了不腐处理之后不久，便突然死去，死因无法查明。而且在他死前，对保存遗体的秘方也是只字未露。所以，人们无从知道女童不腐的最终原因，那一秘方也成了永远的谜。

人体天线是怎么回事

芝加哥的一名男子说，他小时候掉了一颗牙齿，大约在1960年，牙医用金属丝将一个套子拴在他的牙床上。从那以后，他开始明显地听到脑袋里有音乐声，尤其是在户外的时候。他说音乐轻柔而清晰，但他分辨不出是哪个电台。一两年之后，新牙医解下了金属丝套子，音乐也停止了。另一个美国人在1947年也曾有过类似的经历，当时她乘火车从家乡克利夫兰去罗德岛上学。她说自己的头部接收到了某个广播电台，并持续了大概10分钟，她记得听到的是商业节目，还有一个广播员的声音。她曾有几个牙齿里面填充过银，但她记不清楚是不是在这件事之前填充的。

最有名的例子发生在喜剧女演员露西·鲍尔身上。她说在1942年，自己临时用铅填充了几颗牙齿，过了几天，她晚上在加利弗尼亚开车的时候忽然听到了音乐。她写道："我弯下腰去关收音机，但它本来就关着。音乐声越来越大，我才发现声音是从嘴里发出来的。我甚至听出了是哪首曲子。我的牙齿嗡嗡作响，被鼓点敲击着，我以为自己昏头了。我想，这是见什么鬼啦？然后声音开始平息。"第二天，她在摄影棚里满腹狐疑地把这件事讲给演员巴斯特·基顿听，基顿笑着告诉她说，那是因为她牙齿里的填充物收到了广播，他有个朋友也遇到过这种事。当然，这个故事可能被好莱坞夸大了，但是在20世纪30年代和40年代，当美国各地安装了功能强大的AM发报机之后，的确有许多当地居民说从栅栏的铁丝、浴缸和牙齿填充物上发出了音乐。这完全是民间传说，还是具有科学依据的事实呢？

一些科学家说，只要有合适的条件，人的嘴完全可以像收音机电路一样工作。收音机电路最基本的构成只需要三部分：天线，用来接收广播电磁信号；检波器，一种把无线电波转换成人耳可以听到声音信号的电子元件；转送器，即任何能实现喇叭功能的东西。他们说，在极少数情况下，人的嘴能够达到这种构造。人体具有导电性，可以充当天线。牙齿里的金属填充物和唾液反应，能像半导体一样检验波音频信号。转送器可以是嘴里任何能振动并产生声音的东西，例如松动的填充物。

其他人不认同这种想法，说听起来像无线电波的东西，其实只是一种化学反

一些人的牙齿真的能收听广播吗？或者，清晰的广播声音只是嘴里的化学反应？

应，由嘴里的填充物和唾液中酸的奇特作用引起。当然，这只是理想化的情况。

不管怎样，虽然通过牙齿听到音乐的报道偶然还会出现，但此类事件的多发时期已经过去 40 多年了。这是否与收音机的过时或与牙齿填充物类型的变化有关呢？我们也许永远都不会知道。

人为什么会感到疼痛

古人曾有过疼痛在心还是在脑的争论。直到现在才知道，痛是由脑感知到的。至多经过 1 秒钟，大脑就知道脚趾被刺痛了。丘脑最先感到痛，而辨明痛的部位和程度的任务是由大脑皮层完成的。

那么，如果脑子根本没有过疼痛又会怎样呢？一只狗若在隔离状态下养大，从出生以后它就未经历过碰撞或擦伤的痛苦，它忍受针刺的能力与众不同，鼻子碰到燃烧的火柴也不马上跑开，它比在正常环境下饲养的狗有更多的"忍痛"能力。

巴甫洛夫的试验进一步证明：饥饿的动物为了获得生存所必需的食物，哪怕是经受电击、烧灼的痛苦也在所不惜。因为"脑子"告诉它们，这时食物比疼痛更重要，因此也就不怕痛了。在精神专注或其他特殊情况下感觉不到痛，究竟是什么原因呢？

有一种"闸门控制"的理论，在国际上流传甚广。根据此种理论，神经系统只能处理有限的信息量，这中间有一道"闸门"，过多的信息将被拒之门外。比如，脚趾踢痛了，用手去抚摩几下，这种疼痛和抚摩的感觉到了"闸门"那里，就只能"合二为一"地通过。一半是疼痛，一半是抚摩的快感，与刚才全是疼痛的感觉相比觉得抚摩以后痛的程度轻多了。

但"闸门控制"理论对疼痛的解释并未做到尽善尽美。"幻肢痛"就是一个未解之谜。据统计，切去肢体的人中有将近 30% 有过或轻或重的"幻肢痛"现象，有些人甚至在许多年后还无法消除它。1995 年一封读者求医的信件在一家报纸上刊出，说是他母亲虽因工伤绞断右臂达 30 多年之久，可患处一直疼痛不止。

为什么截肢、断臂者在截肢、断臂之后仍感肢体存在且有疼痛的感觉呢？对此问题美国一位科学家曾在 1996 年发表论文指出，因为肢体被截后，大脑中感知该肢体的信号就会发生转移，邻近的感知信号与之混合，因而能同时感知两种感觉。至于为什么会有疼痛，对此最可能的解释是：过去脑子留下的对切肢之痛的"印象"太深刻了。

对于一般人来说，不同的人对同等程度的刺激的感受不同。一般说来，女性比男性怕痛。根据有关的研究资料，除了大腿骨部外，人体

研究表明，人在受伤后，先是由丘脑感到疼痛，同时由大脑皮层辨明疼痛的部位和程度。

奥秘世界大讲堂

生命奥秘

一四七

各部位的疼痛都是女比男怕痛。女子更怕痛的原因或许是因为女性纤细柔弱,也可能是由于女性自以为是"弱者",不以喊痛为耻。但"男子汉大丈夫"们却要逞英雄,既使疼痛难忍也不肯轻易叫痛。美洲的印第安年轻男子,常用钩子穿过皮肤,把自己吊起来,从此为娱乐方式并引以为荣。此时他们谈笑自若,似无痛感。

长期以来,疼痛是医学界唯一难以定义而又不能客观测量的病症。但科学家相信,对疼痛的研究将在疼痛是否与性格有关,是否有疼痛记忆,如何测定疼痛程度等方面。让我们对新的研究成果拭目以待吧。

怀孕的男孩

曾有报道说,在成人切除的囊肿里发现了头发和牙齿。维琴妮亚·鲍德温博士是温哥华的儿科病理学家,她对阿拉木詹做出诊断,说他属于重复畸胎。这种畸形十分罕见,在发育早期,双胞胎中的一个在另一个周围生长,未发育完全的胎儿成了另一个健康胎儿体内的寄生物。这个胎儿长20厘米,附着在阿拉木詹的血管上,一直生存在哥哥肚子里。

在过去的200年中,只发现了70例重复畸胎,但鲍德温博士相信实际的畸胎人数比这个统计数字多。

"出现双胞胎的时候,他们对资源产生竞争,也许只有一个胎儿能存活。根据身体结构和双胞胎共有的胎盘的生理状况,环境发展可能对其中的一个胎儿有利。如果血液流动不平衡,就可能出现危险。对身体信号敏感的女人会告诉你,她们发现有什么事不对劲,但不知道发生了什么,但也许任何迹象都没有留下。如果异常双胞胎中的一个在发育早期夭折,它常常消失得无影无踪。"

医生不知道是什么导致了重复畸胎。一种理论说这只是在双胞胎的胚胎发育中出现的一种危险情况。双胞胎可能由两个卵子分别受精而来,也可能是由一个受精卵分裂成两个而来。前者是异卵双生的双胞胎,后者就是同卵双生的双胞胎。胚种细胞是最后长成生殖器的细胞,它最早在与胚胎连接的卵黄囊中发育。在少数情况下,同卵双生双胞胎的两个卵黄囊是连在一起的。如果一个胎儿的心脏先发育,健康胎儿的血液就会传送到卵黄囊,再通过连在一起的卵黄囊传给发育较迟的胎儿的动脉里。这会使第二个胎儿的心脏停止生长。胚胎进一步发育的时候,卵黄囊正常地长回胎儿体内。在重复畸胎的情况下,健康胎儿会把另一个胎儿连同它的卵黄囊一同收回到体内。如果作为寄生物的胎儿得到大量的血液供应,像阿拉木詹的弟弟一样,它就能活下去并长出可以辨别的特征,例如腿和手指。

范伦蒂娜·弗斯瑞柯娃是负责给阿拉木詹做手术的医疗组的组长,她说:"这个病例非常奇怪。我们给他做扫描的时候简直不敢相信自己的眼睛。我们在他体内看到一个轮廓清晰的胎儿,还不小。他寄生在男孩的身体里将近7年。胚胎明显是男性的,就这样躺着靠哥哥生存。从技术上讲,胎儿虽然从哥哥身上分离出来之后失去了供给,但它还活着。我们从未听说过这种事。感谢上帝,校医坚持让他来医院。如果继续拖延下去，我们也救不了他了。"

阿拉木詹终于脱离了苦海，他的父母为了让孩子免受心理伤害，没有告诉他"怀孕"的事，骗他说是因为吃了没洗的水果生病了。他母亲格尔娜拉说，孩子问她是不是有什么东西从他肚子里拿走了，她只好让孩子先出去，好编造故事。她啜泣着说："我没听完就让他不要问了。医生告诉我这个消息的时候我险些晕过去。我当时惊呆了，真的不想听到这种事。我们知道他有点儿超重，但是怀孕？……"

具有透视功能的女孩

10岁那年，娜特莉亚切除了阑尾。很不幸，医生把消毒棉忘在她肠子里，所以她不得不进行第二次手术。手术1个月之后，她忽然相当详细地描述出母亲的内脏情况，虽然她还不知道各个器官准确的名字。她父母相信女儿的特异功能是由那次拙劣的手术引起的。

娜特莉亚的母亲忧心忡忡地带她去精神病医生那里看病，女孩却看出了医生有胃溃疡，而医生的确患有此病。娜特莉亚有超能力的消息传开了，她在萨兰斯克医院接受了严格的测试。在一次测试中，医生让她观察一个病得很严重的女孩。娜特莉亚事先不知道患者的病情，却辨认出了所有的疾病。超声波检查证实了她的判断。还有一次，医生让她观察一位患癌症的女士。娜特莉亚说："我看着她，没发现哪里不正常，只是有一个小囊肿。"后来的检查证明娜特莉亚是对的。虽然很多医生很自然地对此表示怀疑，但医院的主治顾问医师艾莉娜·卡什说："她判断的正确率非常高。"

2004年1月，娜特莉亚前往英格兰接受电视节目"早间新闻"的采访。她在那里准确地判断出4个陌生人的身体状况——一个没有左肾，一个脊柱受损，一个脾脏做过手术，还有一个肩部有旧伤。节目的住院医生克里斯·史蒂尔确认了此事。

对人体最黑暗角落中最细微的病症，常规超声波检查往往发现不了，她却能辨认出来。她说："我可以看到人体的整个器官。很难解释我是如何发现具体疾病的，但我能感觉到从受损器官发出的信号。我的第二视力只在白天工作，晚上它就休息了。"

娜特莉亚能够透视人体并生动而详细地描述出来，对此俄罗斯科学家至今也无法解释。虽然在美国她的表现不佳，在7个人里只看出4个人的病症，但她通过护照上的照片就能判断出此人得了什么病，这引起了日本科学家的兴趣。从一张小照片上，娜特莉亚立即发现那个人患有肝癌。对面前接受检查的7个人，她还准确地给他们做出诊断。东京大学的木村昌郎教授专门研究有特异功能的人，他说："我们做了全面的测试，发现最奇怪的是她能够对照片运用超能力，即使是护照上的小照片也可以。她观察照片，就能清楚地看到疾病所在。她无疑具有某种我们还不能解释的天赋。"

尽管怀疑者还不完全相信，但俄罗斯的人们却盼望着向她咨询。她每天会接到20多个电话，她家外面也经常有人排着长队。她从不拒绝任何人，也不收取任何报酬。她希望接受进一步的实验来找到一些答案。她说："我没什么好隐藏的，让他们尽管对我做实验吧。也许他们能够找到我第二视力的根本原因。"同时她在莫斯科学院学习医学。"会使用医学术语的话，我最终的判断就能更精确。我必须了解所看到的东西。"

"人体辉光"形成之谜

在许多古今中外的宗教绘画中，画家为了显示神佛的超凡、伟大，往往在其头上画上光环。其实，撇开宗教上的象征意义不谈，即使是生存在现实世界中的任何一个凡夫俗子，他们身上同样也有一道光环，只不过不为人的肉眼所见罢了。

英国一名医生华尔德·基尔纳早在1911年采用双花青染料涂刷玻璃屏，首次意外发现了环绕在人体周围宽约15毫米的

悉达多降生人间　印度绘画

发光边缘。其后不久，苏联科学家西迈杨·柯利尔通过电频电场的照相术把环绕人体的明亮而有色的辉光拍摄了下来。于是，这一有趣的发现得到了全世界众多国家的科学家的广泛关注。20世纪80年代后，日本、美国等相继使用先进高科技仪器对"人体辉光"进行研究，试图把"人体辉光"之谜公之于众。"日本新技术开发事业团"采用了具有世界上最高敏感度的、用于检测微弱光的光电子倍增管和显像装置，成功地实现了对"人体辉光"的图像显示，并把这种辉光称为"人体生物光"，他们还把这一科研成果应用到医学研究上去。他们对志愿接受检查的30位病人进行了生物光测试，这些病人既包括1岁婴儿也包括80岁老人。最后的测试结果表明，甲状腺功能衰退者、甲状腺切除者及正常人在睡眠时、夜间，在新陈代谢减缓的同时，其生物光强度也会同时减弱。日本医学界认为，检测人体生物光能如实地反映出人体新陈代谢的平衡关系，而且可以通过光的变化来测定病人新陈代谢的异常和人体的节律。

尤其令人惊奇的是，科学家在研究"人体辉光"的照片中发现，照片中的光晕明亮闪光处，恰恰与中国古代针灸图上标出的针灸穴位相吻合，而每一个人又都有一种独特的辉光样式。另外，美国科学家研究指出，辉光在人体内疾病产生前，会呈现出一种模糊图像，好像受到云雾干扰的"日冕"；而人体癌细胞生长时则会出现一种片云状的辉光。苏联研究人员曾对酗酒者进行"人体辉光"追踪拍摄，他们发现饮酒者在刚刚开始端杯时，环绕在手指尖的辉光清晰、明亮。当人喝醉酒之后，指

尖光晕会变成苍白色，同时他们还发现光圈无力并且向内闪烁着收缩，变得黯淡异常。他们对吸烟者也做了类似的试验：一天只吸几支烟的人，其辉光基本上保持正常状态；而当吸烟量逐步增大时，"人体辉光"便会呈现出跳动和不调和的光圈；如果是位吸烟上瘾的人，辉光就会脱离与指尖的接触而偏离中心。

现在，对"人体辉光"的研究正在深入的进行过程中。各国专家试验将其应用到医学上，甚至还有人设想把它应用到保健上，如在家庭中设立"辉光档案"，通过电脑监测装置进行"遥控保健咨询"。另外，"人体辉光"会随着大脑活动的变化而发出程度不同的光辉，所以有人据此想把它应用到犯罪学上，譬如在对犯人进行审问时可以发现其是否企图说谎等。

但是，截止到目前为止，"人体辉光"的成因还是个谜。有人认为，这是人体的密码文字；有些科学家则认为，"人体辉光"是自然界一切生命的特别现象，是好像空气一样的复合物；还有人说这是一种由水气和人体盐分跟高电场相互反应的结果。总之，众说纷纭，莫衷一是。但"人体辉光"确实以其特殊的魅力吸引着众多的科学家为之探索，相信我们总有一天会揭开这个谜的。

舍利子是怎样形成的

舍利子是得道高僧的象征，据传，佛教创始人释迦牟尼圆寂后，弟子阿难等人在火化其遗体时，获得了很多舍利子。并将这些舍利子分为三份，一份升天，一份入龙宫，还有一份留存人间。

但是舍利子是如何形成的？千余年来，这一直是佛学者和医学界、生物学界研究者的一个重要课题，迄今为止，产生了多种说法。

有一种说法认为：气功家在修炼气功过程中，在调神、调息和调身的气功三要素要求下，人的思维活动长期处在运气自如、恬淡虚无的绝对虚静境界，最大限度地获取自然界的真如能量，达到天人合一，内外身心充分融洽，精气神相依转化，从而生发出大无外、小无内的混元（阴阳环抱的太极）现象，这样全身的精力和物质力量逐渐凝结聚集，就出现了舍利子。但这种说法似乎太过玄秘。

香港某报曾发表《佛门舍利子本是钙化结石》一文。该文认为，"所谓舍利子，其实是人体内的结石，尤以肾结石和胆结石为多。"文中还揭示了舍利子的形成原因："因为僧人起居以坐为主要姿态，而吃进体内的又多是植物纤维，不易消化，加之长期取坐姿，体内纤维堆积过多，久而钙化成结石。"文中还举出了实证的例子：最近在香港圆寂的保贤法师，火化后发现为数达八九十粒的舍利子。但是仍然存在着疑点：保贤的死因和有否结石症。

著名老中医董竞成在《法音》撰文，指出：有些以坐禅甚至通宵坐禅而不卧为修持的僧人，他们吃的也是素食，多是植物纤维，他们死后火化，却不一定发现舍利子，而不长期坐禅和没有长期素食的人也能出现舍利子。这就证明了舍利子的形成，与长期取坐姿与素食没有必然的联系。

佛教典籍《元镏绩霏雪录》曰："舍利，按佛书室利罗，或设利罗，此云骨身，又曰灵骨。有三种色，白色骨利、黑色发舍利、赤色肉舍利。"又《金光明经舍身品》说："此之舍利，乃是无量戒定慧香之所熏馥。"佛家也就沿着这种说法而发挥。台湾圣严法师认为："肉食者死后火化也有舍利子，此与肉食与否无关，凡是修定，或是疑心、懈心而达到修身目的的人，烧了会有舍利子。通常说，要修持戒、定、慧三学的人，才有舍利子。但是舍利子本身是人体分泌物的结晶和凝结，它有若干程度的神圣和神秘，为佛教徒所重视，但未必是佛教徒的大事，因为这还是属于界内色身的变现，终究不出无常的范围，这才是圣者所重视的。"

关于人死后火化出现舍利子的科学原理，目前还没有一个可靠的证据，还需要医学界、生物学界尤其是佛教界的相互配合与共同研究。

经络、穴位是怎样发现的

中国针灸的经络、穴位在世界医学中占有一席之地，其功效让世人不可思议。那么这一神奇的医术是怎么发现的呢？考古学家从不同地方的石器时代遗址中出土的用来戳皮肤的石制尖锐工具来看，这种医术的起源似乎可追溯到石器时代。

针灸学在秦汉时期得到了充分的发展。1993年春，在四川省绵阳市永兴镇双包山发掘的2号西汉木椁大墓后室中，出土了一件髹有黑色重漆的小型木质人形，上面有一些针灸的经脉循行径路，但没有文字和经穴位置的标记，只用红色的漆线来表示这些径路，在木色烘托下格外清晰。这是迄今为止在世界上所发现的最早的标有经脉的木质人体模型。后来在长沙马王堆3号墓出土了帛书《经脉》。书中论述了人体内十一经脉的循行、主病和灸法的古灸经。这也是有关医学理论基础的经脉学的古文献。另外，中国古代医学还有一部宝典是《黄帝内经》，它是春秋战国及西汉时期，不少古代医学家的宝贵经验总结，积累了各时代的医学成就。

任脉图

其中介绍9种不同的针，按用途分，可分为大针、长针、毫针、圆针、锋针等类型。各种针有3～24厘米长。书中编列了医治各种病痛和疾病方式的365个穴道，并为之一一命名。书中指出，金针虽然价格昂贵，但因其能刺激身体的功能，所以医治某些疾病格外有效。而银针则有显著的镇静作用。河北汉代中山靖王刘胜墓出土有4根金针、5根银针，能识别的有金质毫针、锋针和银质圆针，而有的因残破不能识别针型。

黄帝创意施行了各种《黄帝内经》中的医疗方法，尔后中国历代还有许多帝王，对生理学，特别是对神经系统，有浓厚的兴趣。例如，据称公元1世纪，王莽在医生和御属协助下曾切开一名敌对者的尸体，用竹签来研究人体神经系统。无独有偶，1000年后，宋徽宗雇了一个画家，画出被肢解的一名罪犯尸体的器官。在徽宗之前，宋仁宗叫工匠打造了一个铜人，铜人身上显示出人体的整个神经系统。这个铜人还用来做医官院学针灸的学生学习和考试的指导实物。据记载，凡针灸科学生考试，先在铜人体外涂蜡，把水灌到体内，要求被考查者向指定的穴位进针，下针准确，则蜡破水出，否则就没水出来，这使成为检验学生的好手段。宋仁宗有一次因病昏厥，御医束手无策，最后只好找到一位民间医生来进行针灸。这个医生用针刺进了仁宗脑后一个不知名的穴位，刚一出针，宋仁宗就苏醒过来，睁开双眼，连声称赞"好惺惺"，夸赞医术高明。"惺惺"在当时就是高明的意思，惺惺穴这个名字便由此而来。在古书中，类似这种创新的例子很多。治疗全身麻痹、妇人难产、小儿脐风、腹痛、心口痛、头痛、风湿、五官科等病甚至是起死回生，针灸均能做到。

针灸医术的高明，是中国古代人民对世界医学的巨大贡献，但它究竟为何有这么多功效还需进一步研究。

揭开人类长寿之谜

在现实生活中，百岁寿星如今已不算奇事。那么，在正常情况下，一个人的寿命应该是多少呢？美国的生物学家海弗利克提出的"海弗利克极限论"是现代生物生命科学解释人类衰亡现象的权威学说，该学说指出：人类的正常细胞大约分裂50代以后就停止分裂而死亡，并得出细胞分裂一代的周期为2~2.4年。根据他的理论推算可知，人类的平均寿命应在100~120岁。

但这只是一家之言。事实上，世界上有些人的寿命远远超过了120岁。据记载，英国的弗姆·卡恩活了207岁，他是目前世界长寿纪录的保持者；而南美洲的一位妇女玛卡兰珠则活了203岁；日本的满平夫妇是世界上最长寿的夫妻，妻子活到173岁，丈夫活到194岁；埃及的伊巴也·艾高米，165岁时仍每周两次步行去菜市场买菜，此间他要行走9.7千米的路程。他有130个子孙。据调查，世界范围内超过120岁的人，可谓不胜枚举。看来，120岁还远非人类寿命的"极限"。

近年来，一些科学家取得了可喜的成绩。他们研究发现，合理的膳食、体育运动和激素治疗，都能延缓甚至逆转人体衰老的过程。

人类衰老的过程在一定程度上受每天进食量的影响。科学家的研究表明，如果减少任何一种动物每天的进食量，就能防止各种疾病的发生，并能使它们的寿命延长 50% 左右，这一规律从原生的水蚤到哺乳类动物都已得到了实验证实。为了确定这些在动物实验上反映出来的成果是否适用于人类，美国的医学专家们正在观察一组被严格节食的猴子的衰老过程。猴子是人类的"近亲"，这项试验可以帮助人们进一步了解节食对延长人的寿命的作用。

体育锻炼可推迟衰老。塔夫脱大学的玛利亚·菲亚泰隆领导的 1 组研究人员正在做这项实验，他们让一组 90 岁以上的老年男女在固定的体育器械上锻炼腿部肌肉，每周 3 次，每次用腿提重 15 分钟。这种训练对 90 岁以上的老人来说强度是非常大的，因此每次训练结束时，这些老人都筋疲力尽。然而，8 周以后，老人的肌肉都大为改善，他们步行的速度是训练前的 1.5 倍。他们还让 60 岁以上的老人在固定蹬车和划船器上进行锻炼，长期的训练使他们的心脏输血功能提高了 1/4，并消耗了大量的体内脂肪，胆固醇的水平也有所下降。

生长素是人脑垂体分泌的一种能调节人类生长、发育和衰老过程的激素。通常，脑垂体分泌生长素的功能在人 30 岁的时候开始下降。但是，在 60 岁左右的老人中，脑垂体具有分泌生长素功能的仍占 2/3。美国威斯康星州医学院的丹尼尔·鲁德曼和他的同事对一组年龄在 61～81 岁的男性老人给予一定剂量的生长素。6 个月后，这些脑垂体已丧失分泌生长素功能的老人的体态发生了明显变化，他们由胖变瘦，皮肤也变得厚实而有弹性，许多人感到精神焕发，体力充沛，仿佛年轻了 10～20 岁。当然，我们也绝不能由此而认为使用生长素就能延缓衰老。

科学家们一直致力于人类衰老的遗传学基础的研究。现在，科学家已经用人工培养人的皮肤细胞的方法找到了"衰老基因"，这种基因能阻止细胞的增殖，迫使细胞衰老。通过全世界科学家的共同努力，人的衰老之谜终将真相大白于天下，到那时，延年益寿、青春常驻将不再是梦想。

睡眠时也能学习吗

小宝贝们每天睡那么多时间，真令那些坐在课堂上犯困的大哥哥们羡慕。他们那么自由地呼呼大睡，是不是太不公平了？

芬兰科学家最近发现婴儿在睡眠状态下也能进行学习，在睡眠中，才两三天大的婴儿就能学会区分发音相似的元音。

研究人员在处于睡眠状态下的婴儿头部连接上一个微型传感器，然后在婴儿耳旁反复播放两个不同的元音，再观察与微型传感器相连的监视器中显示的婴儿脑电波的变化。其中一组婴儿接收了 1 小时的声音信号，而另一组婴儿则收听了 5 小时，观察结果是，后一组婴儿脑中有两种不同的脑电波，这就可以得出上文所讲的结论。

似乎只有婴儿能在睡眠状态下进行学习，原因可能是婴儿的睡眠与成人相比更加积极、活跃，大脑的工作方式也与成人不一样。据比利时神经学家皮埃尔·马凯介绍，在睡眠状态下，在学习过程中启动的某些神经组依然会发挥作用，这表明大脑在睡眠中会处理新学到的东西，对于婴儿来说，在睡眠状态下可能比清醒时学到的东西还要多。

美国马萨诸塞州理工学院神经学家马修·威尔逊的实验证明，不但婴儿可以在睡眠状态下进行学习，老鼠也能在睡梦中进行记忆和学习。

看上去安然入睡的小宝贝，说不定正以自己的方式学习着。

威尔逊和他的助手把微小的电极插入老鼠脑中负责记忆和学习的海马状突起处。威尔逊训练这几只老鼠在一个圆形的跑道上兜圈子。他发现这几只老鼠的神经细胞活动的节奏各不相同，同一只老鼠有相同的神经细胞的活跃程度。进一步研究发现，这些老鼠在睡觉做梦时，神经细胞也在活动，虽然节奏并不完全相同，但神经细胞的活动肯定与它们在醒着时圆形跑道上的经历有关。这就表明老鼠夜间会梦到与它们白天的活动有关系的东西，它们白天的活动在梦中像放录像似的重新经历一遍。

人多数时候梦到最近发生的事，但偶尔也会梦见很久以前发生的事，老鼠可能也是这样。威尔逊推测，是为了巩固记忆，老鼠才在做梦时重温白天的活动，这也就是在学习。

对儿童的早期教育来说，这项新成果具有非常重要的意义。科学家建议年轻的父母们，最好不要让婴儿睡在过于安静的环境中。对那些家族里有过学习障碍史的孩子们，这项研究成果显得尤为重要，利用睡眠过程促进大脑的发展，虽然可能没有办法彻底解决这些孩子面临的问题，但是或许至少能够减轻他们在日后学习上遇到的障碍。

这项成果可能让成年人很沮丧，因为在睡眠中学习是婴儿的特权，成人没有了睡懒觉的借口。

睡眠的奥秘

1907年，法国研究人员雷纳·里加德勒和亨利·庇隆宣布了一项计划：他们想方设法让一些狗连续6～15天不睡，然后抽出这些狗的脑脊液，把这些脑脊液注射到别的清醒的正常狗的体内。结果，两人发现接受注射的清醒的狗很快就睡着了。于是他们认为这种存在于长期不睡觉的狗的脑脊液中的物质，即人称"睡素"的物质，就是大家要寻找的"瞌睡虫"。不过由于当时无法进一步提炼出"睡素"，所以也找不到"瞌睡虫"的原形。

1963年，莫尼尔等人用兔子代替狗作为研究对象，重复了这些实验，并改进了实验方法，后来终于成功地发现了一种存在于动物体内的"睡眠因子"。因为它是一个9肽物质，所以人们也叫它"睡眠肽"。

拉佩海默是美国哈佛大学的生理学家。在1967年，他让山羊连续48小时以上不睡，然后抽出山羊脑脊液，把它注入清醒的猫或兔的脑脊液中，其用量仅仅是万分之一克重，可是已使受试的猫、兔整整沉睡了7个小时。拉佩海默给老鼠注入0.1毫升的山羊脑脊液，结果发现这只老鼠在夜间该觅食的大部分时间也在酣睡。看来，"睡眠因子"的威力巨大无比，能让老鼠在其活动最猖狂的夜晚也待在洞里昏睡。后来人们发现人尿中也有"睡眠因子。"

但有人反对这种说法。反对者所持的理由是：世界上诞生过一个双头女，她们都有头、手、脚，以及独立的神经系统，但仅有一个共同的躯干，虽然她们的血液循环系统是联成一体的，然而她们并不同时入睡。常常这个睡着时另一个还久久不能入睡。要是真有"睡眠因子"，则她们应该同时入睡，但事实并非如此。

对于睡眠的真正原因，目前科学界还没有一致的结论。有人认为睡眠可以降低大脑和身体的温度，也有人认为睡眠可以增加人体的免疫力。而目前人们所持的一般看法是：大脑这个司令部指挥我们的一切活动，而我们的活动则是通过遍布全身的神经进行的。消耗大量能量之后，脑细胞出现了疲劳。脑细胞在疲劳后，会自动从兴奋状态转入抑制状态，这是我们身体的自卫本领之一。这样，人在睡过一段时间后，能量就能重新积聚，有助于消除疲劳，也有利于再学习和劳动。据说，经验和记忆也是通过睡眠才保存下来的。事实上，脑和整个神经系统以至全身最彻底的一种休息方式就是睡眠。

因此，一个人必须睡觉，极度疲劳的士兵更需要睡眠。为了能抽时间睡一下，他们甚至在行军过程中打瞌睡，虽然两腿仍在走。有人曾经以一批健康人为对象做试验，发现在连续72～90个小时不睡眠时，他们就出现了各种"精神异常"的症状。当停止试验并让他们睡了9小时后，这些异常现象也就消失了。

如果缺少睡眠的脑细胞的疲劳不能消除，其疲劳达到一定程度，"司令部"的工作就会发生"混乱"，全身的新陈代谢也会失去平衡，最后导致衰竭死亡。

所以，人类在有充足的饮用水供应的情况下，可以十几天甚至几十天不吃食物，并且仍能生存。但要是有这么多天不睡觉，人就会衰竭而死。可见睡眠真的很重要。

但是，我们不妨动动脑筋再反过来想一想：人体内是不是还有"清醒因子"呢？因为，我们会睡到一定时间就醒来，有时又会辗转不眠。据说，在1940年科学家们就发现了脑中有"清醒中心"。可"清醒因子"很难找到，迄今为止，人们也没有找到它。

人类虽然一生都要睡眠，但睡眠时间会因年龄不同而有所差异。新生儿整天的活动几乎都是睡觉。2～4岁的小孩睡12小时左右，5～6岁的小孩睡11小时左右，7～14岁时，孩子需睡10小时，15岁以后则睡眠时间减少，大约8小时就可以了，60 开外的人，睡眠时间则更少，常常降到 6 小时以下，甚至更短。据统计，25 岁左右的健康人的睡眠时间平均为 368.3 分钟，而古稀老人则只有 300.5 分钟。

古人"日出而作，日落而息"，其睡眠时间相对要多些。爱迪生发明电灯以后，电灯彻底地改变了人们的生活规律。现代人要过"夜生活"，电影和电视也把人们从瞌睡的状态中吸引过来，让人们变得兴奋无比。人们总想努力赶走"睡眠之神"，从而造成睡眠时间的减少。据调查，在 1960 年，日本国民的平均睡眠时间是 8 小时 13 分，1975 年为 7 小时 52 分，15 年间缩短了 21 分钟，日本女性的睡眠时间则更少，一般要比男子少半个或 1 个小时。

作为给人"加油""充电"的一种方式，睡眠是补足精力、以利再战的一种"最佳营养品"。所以经常少睡无益于健康。

睡眠不定可能影响健康和危及工作。美国《时代》周刊曾刊登了一篇题为《昏昏欲睡的美国》的文章，文章中透露："数以百万计的美国人通常只睡 6～7 个小时，甚至 5 个小时。""人们得不到足够睡眠，就不能进行思考，因此，他们不能做出适当的判断和无法保持长时间的注意力集中。"这给人们及其生产生活带来了严重的后果。文章说道："美国每年有 20 万起交通事故与打盹有关，比如一些重大的铁路和空中灾难就与司机睡眠不足有关。人为的错误在所有工作场地事故中占 60%～90%，而在人为的错误之中，睡眠不足同吸毒、酗酒和设置失灵一样，是一个重要因素。"文章还说，睡眠不足也会导致学生成绩下降。

人们会问：成年人是不是必须睡足 8 小时呢？人们举办了一次讨论睡眠问题的国际会议，通过会议讨论得出的结论是：不必都得睡 8 小时，不同的人对睡眠的需求时间也不同。例如，一个营养条件很好的人就不需那么多睡眠时间，并能很快恢复体力。

长期形成的习惯对睡眠有很大的影响。唐戈博士是澳大利亚的健康专家。他对睡眠进行了长达 15 年的研究证实：生活习惯、身体素质、从事职业乃至遗传等多种因素决定了一个人需要睡眠时间的多少。唐戈发现，在巴西赤道附近居住着的土著居民，在数百年来一直保持着每天睡 4 小时的习惯。因为当地四季闷热，夜间难以入眠。长期的短时间睡眠却未导致他们白天的倦意，这是"习惯成自然"的结果。唐戈又发现，在北极地区居住着的因纽特人每天要睡足 11 小时。一旦没睡足 11 小时，他们就会在白天哈欠不断。唐戈认为，北极有半年时间的黑夜，这一特殊的自然环境造成了因纽特人"贪睡"的习性。在调查中唐戈还看到，阿根廷有个家族，这个家族的好几个人都可以三四昼夜不睡而仍然精神饱满。

许多材料记载，名人睡眠时间大多较少，这可能是因为他们充满责任心和进取心。例如，俄国的彼得一世每天睡眠时间只有 5 小时；发明家爱迪生常常每天只睡二三小时却仍然精神焕发；拿破仑、雨果、路易十四、丘吉尔、撒切尔夫人……许多历史上和当代的名人每天睡眠时间都很少，不足 5 小时。科学家和大画家达·芬奇则更典型。传说为了尽可能地挤出时间用于科学和艺术研究，他限定自己每天只许睡 1.5 小时，并为此制订了详细计划，具体做法是：每 4 小时打瞌睡 15 分钟，这种方式被他称为"分段多次睡眠法"。假如此说可靠，那么达·芬奇在当时的生活、医疗条件下能够活上 67 岁，也属奇迹了。与此形成鲜明对比的是著名科学家爱因斯坦，他每天非要睡上 10 个小时不可。

  美国和德国的科学工作者对睡眠问题进行了一系列调查，他们从 80 万份调查表中发现，每晚睡眠 10 小时的人易突发心脏病或中风，寿命也较短，而仅睡 7 小时的人则寿命更长，且不易患病。这可能是因为睡眠过多，造成血液流动缓慢，容易引起血液"凝结"的缘故。由此看来，过长时间的睡眠对人的身体有害无益。人究竟该睡多长时间，还得从健康出发，因人而异。

动物奥秘

动物觅食智慧

动物之间靠什么进行交流

动物复活之谜

有些动物的肢体为何能再生

动物鼓气的奥秘

恐龙为什么会突然从地球上消失

世界上还有恐龙存在吗

……

动物觅食智慧

人类常称自己为"万物之灵",殊不知,也有不少低等动物极为聪明。它们觅食时表现出的智慧足以让人类赞叹不已。

生活在澳大利亚的雌性袋鼠,在腹部有一个育儿袋,这是它们的"作案工具"。它们"偷窃"的东西就放在这个育儿袋中。袋鼠在逃跑时身体站立,靠两只后脚跳跃,袋口向上,所以一点儿都不用担心"赃物"会滑出来。

雌袋鼠腹部的育儿袋除了是小袋鼠的安乐窝外,还是存放食物的天然"储藏室"。

袋鼠偷到东西后,除非你逮住它,否则只能看着你的东西有去无回。

更有趣的是老鼠偷鸡蛋,看后让人不得不承认老鼠确实聪明。鸡蛋圆溜溜、光滑滑的,而老鼠的嘴那么小,爪子那么短,怎么办呢?于是聪明的老鼠决定采用"集体合作"的方式:先让一只老鼠用四只爪子把鸡蛋抱在怀中,然后同伴咬住它的尾巴用力拖,从而将它连同鸡蛋一起拖入洞内。

黄鼠狼偷鸡是出了名的。可黄鼠狼究竟是如何偷走比自己重 1~2 倍甚至 4 倍的鸡的呢?我们知道鸡有夜盲症,黑夜中什么都看不见。黄鼠狼恰恰利用了鸡的这一弱点,钻了空子。它敏捷地骑在鸡背上,猛地一下咬住鸡脖子让它叫不出声来。然后用尾巴不断拍打鸡屁股,让鸡朝自己指挥的地方走。就这样,吓得六神无主的鸡被黄鼠狼赶到没有人烟的地方,然后黄鼠狼就会把鸡狠狠咬死,喝干血吃完肉,才心满意足地离去。

刺猬则是充分利用浑身的尖刺来搬运食物的。特别是它运枣的方式令人叫绝:它先爬到枣树上,摇晃树枝,把枣晃下来,然后爬下树,往枣上一滚,身上的尖刺扎住了许多枣,最后刺猬再爬回洞中快乐地享用。

屎壳郎运粪的办法也很高明。它利用滚动原理,把粪弄成一个球形推着粪滚动前进,这样就轻松多了。因而有一个歇后语叫"屎壳郎搬家——滚蛋"。

下面讲讲抱石砸海贝的海獭,它只分布在北太平洋中,体长约 1 米,重 40 多千克。它的取食方式非常特殊。

海獭头小,躯干肥大呈圆筒形;前肢短,后肢长,鳍状,善于游泳与潜水,常采食海胆、海贝等。当采到海胆时,它往往用两个前肢各抓一个海胆,互相用力碰撞,使海胆的壳碎裂,然后舔吸海胆的内脏。对海贝这类有坚硬外壳的食物,海獭会同时从海底捡来石块,连同海贝一起挟在前肢下松弛的皮囊中,浮上水面后立即仰游,然后用石块作砧,将海贝壳击碎,吞食贝肉。据有人观察,一只海獭在1.5个小时内可采回54个贻贝,在石头上撞击2237次,期间一连几次潜水都携带着同一块石头。

这样看来,人类可不要小看动物觅食的智慧!

动物之间靠什么进行交流

根据生活常识,众所周知的动物语言主要有:听觉信号,比如鸟用鸣叫声来呼唤异性或者对竞争对手发出警告;味觉、嗅觉信号,像狮子、老虎等凶猛大型食肉哺乳类动物用尿液和体味来表明自己的活动领域及其"势力范围";视觉信号,如狗会竖直耳朵、尾巴、脖子上的毛来表示自己的攻击意识,在想讨好主人、表示服从的时候,它则会对主人摇头摆尾。除此之外,还有许多信号是我们不熟悉或是无法感知的。比如蚂蚁会在路上留下同伴所熟悉的化学信号以便于把同伴引到自己已发现的食物处,还有电鱼类用电气信号来传递信息,而现在这些还都是我们所难以明白的。科学研究发现,动物所使用的信号,只有简单的"开""关"之分,其中一部分信号能够长期维持,甚至有些已成为动物身体的一项特征而可持续一生。众所周知,鸟类大多用斑斓的羽毛来显示其性别。比较起来,羽毛更加华丽醒目一些的往往是雄性的鸟类,而大猩猩则是用其头部的大小或是形状的差异显示性别。此外,大多数鸟类甚至可以将自己的年龄用羽毛来显示。黑背鸥就是个很典型的例子,它在雏鸟、1岁、2岁、3岁、4岁和5岁以上这些不同的年龄段,分别用不同的羽毛来标识不同的年龄。

从生物学理论来看,种类互相交流的机制在任何一种生物之中都存在,但往往表现出一定的差异性。为什么信号偏偏对动物而言显示出那么大的重要性?科学家给出的解释是:自动物降生之日起,信号便成为动物最依赖的生存手段。不具备独自生存能力的"幼儿",刚出生时要完全依靠庇护和喂食,这样对于"母亲"和"孩子"来说,最重要的就是掌握能彼此认出的特别信号,而这一过程要在短短几分钟内完成。

为达到互相沟通的目的,每个动物家族都有独一无二的叫声、音调、动作、姿态和气味,且各有各的含义。对其深入研究是很有意思甚至是让人感到很奇怪。当长尾鼠发现空中的飞鹰时,就会用单调而冗长的声音报警;如果老鹰飞到地面,长尾鼠就每隔8秒钟报一次警;而如果发现狐狸在地面上,则发出急促的叫声来提醒同伴。而母鸡则能用多达8种声音来报警;在与狗争食时,雌猫会用低沉、阴郁而又强烈的叫声表示抗议。南极半岛的海豹找寻配偶时发出的叫声则可多达21种,听起来声调短促而低沉;而麦克默多海峡的威德尔海豹则能用34种洪亮的叫声来进行交流沟通,持续时间也比较长。据研究,威德尔海豹可以丝毫不受外来语言的影响,只学习本地区同种海豹的"独创语言"。日本科学家也发现,一种在太平洋海域生活的海豚,和大西洋海域的海豚是同一种类,但它们之间却不能进行有效的沟通。这是由于它们都有各自独特的"方言",而通用的语言仅有50%。

除了有声语言，动物语言中还广泛存在无声语言，例如超声语言、气味语言和声波语言等。不同的动物往往采用一种或一种以上的语言形式来满足交往的需求。

超声语言是动物利用自己发出的超声波进行沟通和联系。比如海豚这种智商颇高的海洋生物就能够用超声波与同伴对话和研究问题。而且让人感到好笑的是，当一只海豚在"讲话"时，其他的海豚轻易不会去打扰同伴的"讲话"，而是静静地在一旁"听"着，都显得非常有礼貌。

气味语言就是利用气味的方式来做信号。自然界有100多种昆虫传达信号时使用气味的方式。有一种雌性害虫，当遭到敌人袭击时，便会释放出一种淡淡的气味，来通知和掩护同伴逃命。而哺乳动物则几乎全都在一个充满气味的世界中生活着，尤其是雌兽，在将自己的和别人的子女进行区分时，往往借助于它们之间不同的体味。

震动的声波则是蟋蟀和大象等动物传递信息的特有方式。研究表明，在种类繁多的蟋蟀中，有几种不能鸣叫的雄性蟋蟀，原因是它们不具备发音器，但它们仍有自己特殊的方法向雌蟋蟀传递信息。它们震动身躯，依靠身体部分的物理震动来传递声波。当然，这样极微弱的声音，不仅人类听不到，而且别的蟋蟀也不可能通过听觉器听到，所以只能推测，它们之所以能够感觉得到，可能是借助于物体传导来的震动。而且，这种让科学家们大为吃惊的震动的波形与鸣声的波形完全一样。

而大象的"声波传递信息"机制则与蟋蟀完全不同。美国斯坦福大学的研究人员在东非研究发现，大象通过地震波向远方的同类传递信息，其"地震交流系统"极为复杂。它们通过跺脚或用嘴发出声音的方式震动地面，并使震动传播得很远。大象在佯装进攻时，往往扇动耳朵并跺脚，这是它在觉察到危险到来时采用的一种防卫机制，同样可以产生震动。大象在区别同类发出的警告和问候信号时也是通过地震波，即使当时并不能听到同类的声音。大象们会对相应信号做出相应的反应，而且雌象的感知更加敏感。研究发现，大象发出的地震信号不仅能表明它的方位，而且还能反映出它是愤怒还是恐惧，或是其他的情感。

科学家们越来越重视动物们这些丰富多彩的语言，"动物声学"的兴起便是对动物语言研究日渐科学化、系统化的有力证明。"动物声学"就是研究动物的发声机制、声信号特征、声信号接收、声信号加工和识别，以及动物声通信与动物声呐系统的崭新学科。这门科学属于生物物理学，目的在于帮助人们通过更多研究，搞清同一种类动物之间声音的识别和交往，不同种类动物之间声音的区别

吸引异性注意时，蟋蟀会发出悦耳动听的鸣叫声。　　打斗时，雄性蟋蟀的鸣叫声非常有力。

和隔离，以及动物声音在种群和群落之间的形成和进化过程。

动物声学与人类生活和生产活动联系十分密切。比如，要想提高玉米产量，可以播放模拟出的蝙蝠叫声以驱逐夜蛾；通过控制海洋生物声场，人们可以判断鱼群的位置、数量乃至种类；想要提高捕鱼量，人们可以利用电子发声器引诱鱼群定向聚集。再如，人们还能用动物的异常表现来预报破坏性很大的地震，很多动物在地震前都会有异常表现，这些异常反应，很可能是由地下岩石剧烈活动时发出的次声引起的；人们可提前15小时准确地预报台风的强度和方位，就是在水母耳的启发下做出的台风警报器的功劳；人们仿照蝙蝠的声音系统制成的一种"眼镜"可以帮助盲人辨认出前方不同的障碍物，这样他们就可以方便地上下台阶或是在草地中的曲折小路上行走。另外，安装驱鸟器可以改善飞机飞行的安全状况；安装驱鼠器可使粮仓中的粮食免受鼠害；为使害虫的行为发生混乱，并且损害其繁殖力，有的昆虫学家根据昆虫气味语言的特性，用一种强烈的气味来冲淡和扰乱害虫的气味，这样便可以减少农业虫害。还有很多类似的例子，此处就不一一列举了。

大自然中蕴藏着无穷的智慧。人类通过研究动物语言，极大地推动了发明创造新技术的科学进程。人类对动物的日渐了解，也进一步加深了对自身和对世界的深层认知，对人类未来的发展具有无穷的意义和价值。

动物复活之谜

科学家们通过实验，观察到许多生物复活的现象。一位科学家早在1917年就做了这样一个实验：把蚯蚓放在玻璃罩里，玻璃罩里有吸水剂，在吸水剂的作用下，蚯蚓的皮肤皱得很厉害，水分严重流失，它的体重减轻3/4，体积缩小1/2，就跟死了一样。然而，当把它放到潮湿的滤纸上时，这条干瘪的蚯蚓渐渐膨胀起来，竟然死而复生。但也有许多科学家认为，蚯蚓身体虽然非常干燥，但它并没有真正死亡，遇水后，它吸收水分就开始活动起来，这不能说是死而复活。

正当干燥动物的复活之谜引起激烈争论时，另一个复活之谜又引起了人们的争论。一位美国科学家在1938年做了这样一个实验，把从水中取出的金鱼的表面稍微干燥之后，就把它放在液态空气中，液态空气的温度低达−200℃。经过10～15秒钟后，再把冻僵的金鱼放回温水中，它又活转过来。另一些科学家认为，冰冻动物的复活与干燥动物的复活一样，实际上动物都没有死，并不能说是死而复活。

如果说实验中的动物"死亡"时间太短而显得不可信的话，那么下面的事实就让人迷惑不解了。在19世纪，有个法国工人劈石头时，曾经从一块石头里发现了4只蛤蟆，这块石头是100多万年前形成的石灰岩，而这些蛤蟆居然还能活动。同样的例子还曾发生在北美洲墨西哥，在一个石油矿中，人们挖出一只沉睡了200万年的青蛙，它复活后，还存活了两天。

至今，这些谜仍未解开，但对于复活现象的研究使人们联想到：是不是可以利用干燥或冷冻的方法使动物或人在一段时间内停止生命活动，然后再使之复活，以延长动物或人的生命呢？

现在，这一设想已经变为现实。科学家已经利用这一原理给人治病并获得成功。他们曾经冷却患有肿瘤的病人的身体，5天5夜后病人被放在温暖的地方，竟然清醒过来了。几次人工睡眠之后，病人的病情有了明显好转。这项试验的成功，使人们对延长生命充满了信心。

有些动物的肢体为何能再生

在中学的生物实验课上，有时可以看到这样的现象——草履虫身体中段产生缢痕，越变越深，最终分裂成两个完整的个体。在自然界中，许多动物都有很强的肢体再生能力，只是它们不像草履虫那样，为了繁殖后代才一分为二，而是为了自我保护。

节肢动物中的虾、蟹也有这种非凡的本领。螃蟹头胸部有5对步足，有了它们，螃蟹可以快速地横行，其中第一对末端呈钳状，叫螯足。当步足被敌害抓住时，螃蟹就会弃足而逃，以保住自己的生命。旧的足失去了，它还会重新长出一只新的足来。

其实，它们的步足的基部有一个折点，当它遇到危险或剧烈刺激时，在这个折点部位会发生"自切"，也就是自动折断。因为在折点上长有瓣和肌肉，所以在足折断以后，能迅速止住流血，不久新的足也就长出来了。

生活在海洋中的章鱼也有类似的本领。章鱼的腕手在平时是很结实的，但当它的某只腕手被敌害擒住时，这只腕手就像被刀切断一样地迅速脱落，肌肉回缩。掉下来的腕手还会用吸盘吸在某种物体上蠕动，借此吸引敌人的注意。章鱼并不是整个腕手都断了，而是断在整个腕手的4/5处，腕手断掉后，它的血管自动闭合、极力收缩，因而失去的血液很少。6个小时后，闭合的血管再次通畅，血液被输送到受伤的组织，结实的凝血块将腕手上的伤口盖好。十几个小时后伤口就能完全愈合，同时，新的腕手也开始慢慢生长。一个半月后，就能恢复到原长的1/3。

不过，这些动物的肢体再生能力与海参、海星、海绵相比，可就是雕虫小技了。

海参在遇到敌人时，能倾肠倒肚，把内脏抛给敌人，既能让敌人得到"美餐"，又能干扰敌人的注意力，只需要很短的时间，它的躯壳内又能造出一副内脏，而且海参又有了逃命的工具。

海星更是"才能卓越"，由于海星主要的食物是贻贝、牡蛎、杂色蛤等养殖场的饲养物，因而是养殖场的大敌。养殖工人把海星捉起来，碾成肉末后再投入大海，结果每一块海星碎块都能在短时间内形成完整的新海星。这让养殖工人哭笑不得。

而海绵则是动物界中的肢体再生之王，它有无与伦比的再生本领。海绵也能像海星那样，在身体被弄得"粉碎"时尚能保存生命，并能在海中把每一块都长成一个新的海绵，然后各自独立生活。即使它的身体被捣烂，只要条件良好，残碎的混合物仍能重新组成小海绵的个体，而这一过程，只要几天就能完成。

有人曾怀疑是水生环境促使一些生物具有了肢体再生能力，其实不然，很多爬行动物也有这种本领。众所周知，蜥蜴的尾巴又细又长，在被敌人抓住时会自动脱落，而且会不停地跳动，吸引敌人的注意力。那尾巴仿佛是自然生成的能够切断的构造，断后并不流血。

太平洋帛琉群岛上的小褐蜥蜴被人们抓住时，它能一瞬间蜕掉自己的皮，然后赤裸裸地钻到石缝里去。更高级的哺乳动物也有具备这种能力的。山鼠是像松鼠般的小兽，要是被猛兽抓住了尾巴，尾巴上的皮就会立即脱落，山鼠可以趁机带着光秃秃的尾巴逃跑。家鼠、黄鼠等也有这种保护自己的本领。

兔子的皮像牛皮纸一样薄。当兔子的肋部被猛兽咬住时，它常常一挣就逃离而去，给敌人留下一块皮毛。奇怪的是伤口不会出血，掉皮的地方很快会长出新毛来。

动物的这种自断和再生现象，能够使它们有效地逃避敌害的攻击。这是生存斗争中长期适应环境的结果。

动物的这种再生本领引起了科学家的关注。怎样使人的断肢重新长出来？研究动物的再生能力，无疑对此问题大有裨益。

美国学者贝克尔在研究中发现了一种生物电势：蝾螈的肢体被截开后，会产生一种生物电势，残肢末端的细胞通过电流获得信息，开始分裂，形成新的组织，等到新的肢体长出来后，这种电势就消失了。青蛙失去的肢体不能再生，研究表明，青蛙在肢体受伤后就不会产生这种电流。有人切断老鼠前腿的下部，并让电流从此通过。实验的结果令人震惊，老鼠又重新长出了肢体。

这些是否说明人类已经揭开了动物肢体再生的秘密？当然不是，因为现在这项技术还没有形成系统理论，而且也不是所有的有再生能力的动物的再生过程都相同。但是，可以肯定地说，不久的将来，人类一定能揭开动物再生的奥秘，到那时，就再也不会有人会因为失去肢体而成为残疾人了。

动物鼓气的奥秘

相信很多人都从电视节目中看到过气功大师们神奇的本领。他们有的"刀枪不入"，有的"千斤压不坏"，真让人大为称奇。实际上，他们都曾拜师学艺，通过特殊的技巧才拥有了这些本领。但在动物世界里，却有一些"无师自通"的"气功高手"，它们的"表演"也许更能让你赞叹。

在一望无际的大西洋里生活着一种叫海刺猬的海洋动物。它浑身长满了长刺，平时这些刺都紧贴在身上，可一旦遇到危急情况，它们就会齐刷刷地竖立起来，像一

海刺猬
遇到危险时，海刺猬会竖起长刺攻击入侵者，体积突然间膨胀了许多。

根根钢针，异常锋利。还有一种斜齿鲨也生活在这里，它们十分凶猛，经常以海刺猬为食，有时候斜齿鲨一次竟能吞下 10 只海刺猬。但与此同时，灾难也一同来临。海刺猬被鲨鱼吞进肚子以后，并没有死，而是施展出它的神奇"气功"，使身上的刺根根竖立起来，在鲨鱼胃里"四面出击"，直到把鲨鱼的肚子刺破，斜齿鲨反而成了海刺猬的美味佳肴了。

除了海洋动物以外，有些陆地动物也是了不起的"气功大师"。

有一种生活在西班牙的马德里地区的绿色的"气功蛇"，它的功夫极高。夏天天气变热，"气功蛇"喜欢到空旷的平地乘凉。有时候，它会从草丛里爬到光滑的马路上，却不担心生命受到威胁。当载重汽车即将到来时，它能在很远的地方通过地的颤动感觉到，但它并不会立即爬走逃命，而是迅速将肚里贮气囊的气体输送到全身，让汽车从自己身上压过。然后，这位"气功大师"才安然无恙地慢慢爬走。

在非洲的赞比亚，有一种叫拱桥鼠的动物被当地的土著居民称为"气功专家"。当人用脚踩它时，它会拱起脊背，将锁骨抵在地上，施展出它特有的"硬气功"，使身体像一座拱桥。拱桥鼠可以承受相当于自己体重 100 多倍的物体却仍安然无恙。比如，当一个 60 千克重的人踩在大约 500 多克重的拱桥鼠上身上，它却像没事儿一样。可能是因为正在运气的原因，即使使劲儿用脚踩它，它也会硬挺住。直到人把脚抬起来，拱桥鼠才会立刻溜之大吉。猫如果遇到这些会气功的老鼠，恐怕也只能"望鼠兴叹"了。

由此可见，动物们在长期的生存竞争中，在自然界"优胜劣汰，适者生存"的法则作用下，的确练就了很多神奇而有趣的生存本领，比如上面讲的"鼓气神功"。但这种神秘的鼓气功能究竟包含了怎样的奥秘，却仍是生物学家们不能尽解的谜。希望在不久的将来，人类能够了解其中的奥秘，更好地了解我们的动物朋友。

恐龙为什么会突然从地球上消失

"青蛙、恐龙见光即死。"如今在虚拟的网络空间，人们常常把网上长相丑的人喻为恐龙，究其原因无外乎丑得难以见人。然而恐龙真的是因为害羞而从此隐匿于世的吗？当然不是。神秘的恐龙不见影踪却还是个谜，无人能解。

大约在 2 亿多年前，中生代到来的时候，地球上出现了恐龙。在接下来的 1 亿多年里，恐龙的家族愈来愈庞大。可是到了后来，它们好像在一天之内突然消失得干干净净，颇为令人诧异。

地球上，曾经有很多生物种类出现后又消失，这是一个生物演化史中的必然阶段。但是像恐龙这样一个庞大的占统治地位的家族，怎么会突然之间就从地球上消失了？速度之快，数量之多，不能不引起我们的种种猜测。在 6500 万年前白垩纪结束的时候，到底发生了什么使恐龙和另外一大批生物统统死去，科学家们对此一直争论不休。在众多争论中，陨石撞击说得到大家的普遍认可。

陆生恐龙和巨大的海洋爬行动物大约在6700万年前灭绝，地球当时可能受到巨大陨石的撞击，太阳被灰尘遮掩，导致了一个"漫长的冬季"，于是植物死掉了，大部分以植物为食的爬行动物以及以爬行动物为食的动物也相继灭绝了。

幸亏我们现在获得了一些珍贵的恐龙化石，才使得科学家们的研究工作能够顺利进行。我们希望不远的将来，恐龙消失之谜会被解开。同时我们应该知道，任何一种生物都要历经产生、繁荣、灭亡的全过程。这是大自然铁的规律，并不会因为哪一物种的庞大强盛就发生改变。恐龙灭绝了，随后又出现了一个又一个崭新的时代，更多更高级的生物把地球装点得更加美好。

伴随着科学技术的高速发展，人类研究活动愈来愈深入，有些人就曾幻想让恐龙复活。但这可能实现吗？科学家告诉我们，这并非绝无可能，但希望只能寄托于为数不多的一些珍贵的琥珀。众所周知，有些小生物，它们在生活过程中落入了松树一类植物所分泌的树脂中，被树脂包裹着，经历了几百万几千万年的变化后，就形成了琥珀。由于生物被密封后脱水，再加上树脂具有很强的抗生素作用，因此，琥珀中的化石可以在相对稳定的状态下保存生物的一部分结构。恐龙复活的希望就在这里。试想，有一只中生代的蚊子，它刚刚吸完恐龙身上的血液，就恰巧被树上滴下的树脂包住了。几千万年之后，这样一枚琥珀又碰巧被我们发现，那么，机会到了。假使我们能够从那只倒霉的蚊子身上获取恐龙血液里的一点点DNA片段，从而得到恐龙的遗传密码，然后进一步获得整个恐龙的全部遗传基因，从而为克隆出一个恐龙打下基础。这是现代生物工程技术为我们描绘的美丽蓝图。

复活恐龙的工程无疑是庞大而又繁杂的。但随着克隆技术的不断升华，克隆品种的不断增多，或许真的有一天突然消失的恐龙又能回到这个地球。

世界上还有恐龙存在吗

以往只能在好莱坞大片中看见的恐龙，如今却横空出世，再次复活，这可能吗？

一般学者都认为，在距今6500万年左右，地球正值中生代白垩纪和新生代第三纪两个地质时期的过渡时期，恐龙突然从历史舞台上消失了，杳无踪迹，全部灭绝了。但目前国际学术界却有不少的学者对此提出异议，在他们看来，恐龙并没有全部灭绝，直到今天，地球上依然还残存着活恐龙。

目前，许多国家的学者正在兴致勃勃地努力寻找活恐龙。

法国《科学与生活》杂志总第778号曾发表过美国学者瓦尔特·奥芬堡写的《活

着的恐龙》，在印度洋的小巽他群岛，有一座大约 13 千米长的小岛——"科莫多岛"，在科莫多岛及其周围小岛总共不到 1500 平方千米的范围内，至今还存活有"科莫多龙"。

近几年以来，一些西方科学家认为在非洲刚果东北部僻远的利科勒地区（桑加河与乌班吉河之间）大片未开垦的热带雨林与几乎无人涉足的沼泽地带，至今仍可能生存着"活恐龙"。因为这一带的地理条件与生态环境，同 6500 万年前的"恐龙时代"相差无几。据美联社记者沃伦·E.利里报道，美国芝加哥大学的著名生物学家、稀有动物考察家罗伊·麦克尔博士以及鳄鱼专家詹姆斯·鲍威尔等，于 1980 年和 1981 年对刚果稀有动物进行考察后不久，曾发表了刚果泰莱湖地区至今仍可能存在着"活恐龙"的推测和论断。

除上述一些事例外，在其他一些国家和地区，也曾纷纷传说发现过类似恐龙的巨型怪兽，有一些学者据此还猜想，它们极有可能是恐龙的后裔或变种。以上种种只是假说和尚未最后定论的发现，事实上是对当今生物进化史和动物分类学的挑战。由于恐龙大量繁殖的年代距今天远不可及，当时人类尚未出现，因而人类根本不可能亲眼看到 6500 万年前的恐龙世界真相。所以科学家们只能从大量的化石来研究和推断恐龙的特征、生活习性及其演化历史的大致情况。迄今为止，西方许多科学家仍然坚持种类繁多的恐龙不可能在 6500 万年前突然神秘地全部灭绝的论断，他们坚信恐龙的后裔或由恐龙演化而来的变种，至今还可能生活在地球上。

6500 万年以前，恐龙是否真的全部灭绝了？如果真的灭绝，又何以能够转瞬即逝？科学家们正努力破解这一个又一个的谜团。

恐龙与鸟类有血缘关系吗

恐龙与鸟之间有什么关系？一般说来，恐龙是庞然大物，要么凶猛无比，要么非常笨重。总而言之，与天空中飞翔的美丽的鸟是截然不同的两种动物。实际上，恐龙和鸟类之间的差别并不如人们想象的那么大，他们之间存在着很近的亲缘关系。

先说小型兽脚恐龙，不仅个头小，且在形态上与鸟类十分相近。现在大部分古生物学家都认为，鸟类就是由这类恐龙演化而来的。甚至有人干脆认为：鸟就是活着的恐龙。

1996 年和 1997 年，在中国辽宁北票四合屯地区发现了几件震惊世界的脊椎动物化石标本，起先，研究人员把它归为鸟类，即后来引起世界瞩目的"中华龙鸟"和"始祖鸟"。"中华龙鸟"的结构有些类似于鸟类，"始祖鸟"的结构也非常类似于鸟类。后来，古生物学家进一步研究了"中华龙鸟"，发现它实际上是一种较为原始的小型兽脚类恐龙。不仅如此，研究还证明了"始祖鸟"实际上也是一种小型兽脚类恐龙，只不过它的形态比"中华龙鸟"更为接近于鸟类。总体上"始祖鸟"与发现于中亚和北美的一类小型兽脚类恐龙——驰龙科的一些属种十分接近。发现于辽西地区的另外一类长羽毛的兽脚类恐龙"尾羽鸟"则与繁盛于亚洲和北美的窃蛋龙类相近。这样，过去认为是鸟类独有特征的羽毛现在不再局限于鸟类当中了，有些恐龙也有羽毛。

人们过去认为叉骨、胸骨、中空的骨骼、很长的前臂和能够侧收的腕部是鸟类的骨骼特征，只有鸟类具有孵卵行为，照顾幼雏。而今，科学家们发现小型兽脚类恐龙也具有同样的习性。人们不禁感到疑惑：恐龙和鸟怎么区分？我们知道有些恐龙有翅膀能飞翔，现在如果说它也是一种鸟，只是它的羽毛在成为化石过程中完全消失了也未尝不可。的确，现在人们在地层中发现的恐龙化石令学者们也弄不清楚是恐龙还是鸟，但至少说明恐龙和鸟类或许有着一定的亲缘关系。英国古生物学家沃克尔在给发现"孔子鸟"化石的侯连海的长信中列举孔子鸟的许多特征与晚三叠世发现的初龙类异常接近，因而她认为鸟类起源于初龙类。美国著名鸟类学家费杜希亚认为鸟类的一些特征与意大利发现的晚三叠世的初龙类接近，因此也持有相同看法。

或许，鸟与恐龙几千万年以前真是一家，或许根本就是"素不相识"。最终的定义，还有待我们的科学家们找出实证，为鸟与恐龙"拉上关系"。

大象会给自己造墓吗

传说中临死的大象会非常主动地跑到自己的坟地去自筑墓穴，这是真的吗？要是果真如此，那么大象墓地就是一个天然的聚宝盆了，因为不朽的象牙可是价值连城的。

苏联探险家布加莱夫斯基兄弟俩，曾经前往非洲的肯尼亚寻觅象牙。某日，他们攀上了森林中高高的岩石山顶，朝前方望去，突然发现对面山上散布无数白色的

年迈的大象总会离开象群，找个僻静处自掘坟墓埋葬自己。

动物尸骨。有一头大象正步履蹒跚地跑到尸骨堆旁，无力地叫唤了一声便瘫倒在地。

"那里肯定是大象的坟地！"兄弟俩异常兴奋，沿着干涸的河谷，迅速朝大象坟地奔去。但是颇为不幸的是，他们在半路上遇到了猛兽的袭击，转而又陷入深不可测的沼泽地，好容易摆脱了困境，最终仍未能到达目的地。

大象坟地真的存在吗？人们对此半信半疑。

近来，有许多学者对大象坟地存在都持否定意见。他们认为发现大象墓地一

说纯属捏造。因为捕杀大象攫取象牙是违反法律并要受到制裁的，所以偷猎者杀害大象之后，总要掩饰说："我们偶然发现了大象的墓地，才拾到这么多的象牙。"

但是大象在临死之前，行动确实与往常不同，它们往往总要离开象群，步履维艰地在某个地方销声匿迹。或许大象在临死之前，跑到某个僻静的场所或是有水源的地方去与世诀别。虽然大象的寿命可长达90多岁，但平均寿命只有30～40岁。

在动物保护区，人们也可以看到大象的尸体，但与整个大象死亡的数量相比较，可谓微不足道。这些死亡的大象究竟葬身何处，会不会集中在某一块地方结束生命？是否因为热带气候炎热，大象的尸体很快被风化分解，或被其他食肉动物当成美餐佳肴呢？显然，这种可能性也确实存在。

大象坟地或许只是一个"纯属虚构"的故事，要不然怎么迄今为止，仍没有哪方资料给予任何确切考证呢？但大象临死前的神秘举动又确实令人费解。

狐狸为何会给同类开"追悼会"

人都谓狐狸刁钻狡猾、诡计多端，可有谁知道狐狸同仇敌忾、兄弟情深的一面颇让人感动。一只狐狸的死会引发全体狐狸的震怒与愤恨。为纪念这只狐狸，它们还会举行一场隆重的"追悼会"。

那是20世纪50年代初期的一个冬天，广西南丹县月里乡一个青年猎手在山间打得一只周身通红的狐狸。他非常高兴，那毛皮正好可以给自己的爱妻做一件狐皮毛领大衣。

他将狐狸放在铺了稻草的谷桶底板上，小心翼翼地开膛剥皮，不一会儿，一张2尺多宽、油光闪亮的狐狸皮即被竹签撑开，晾了起来。那30多斤的狐狸肉烧了满满一锅。村里男女老少都来品尝这美味佳肴。

饭后，黄昏将近，两个邻村的姑娘准备回家，刚走到村口，就听得一阵凄惨的叫声，抬头一看，黑乎乎一片。两个姑娘吓得面无血色，上气不接下气地跑回村里，大声叫喊："狐狸来了……"

青年猎手见两个姑娘如此狼狈，说了句"胆小如鼠"，就背了支猎枪走出家门，边走还边说："来了，再打两个，就够做一件全毛大衣了。"众人也都一起跟了出来。

行至村边，一看，全都不由自主地惊呆了，只见几百只红、黄、绿、白、花的狐狸把村子团团围住。它们个个眼中冒火，虎视眈眈地望着那张悬在竹竿上的狐皮。村民们谁都没有见过这种阵势，一时都吓得心惊胆战，忙不迭地叫着："快把那张狐狸皮还给它们……"

青年猎手无奈地取下狐皮向远处扔去，随着"扑"的一声，狐皮落在大草坪中间，顿时，所有的狐狸都围拢上来，形成一个内径五六米的圆圈，它们一个个站在那里垂头丧气，没有一点喧闹声。

不一会儿，一只浑身鲜红的大狐狸踱到中间围着狐狸皮默默地转了一圈，随后慢慢地退回狐群。接着黄的、绿的、白的、花的狐狸好像事先开了预备会一般，派出代表上前向这张狐皮告别。

人们从门缝和窗洞朝外张望，这群狐狸似乎富有人性，颇似《聊斋志异》里狐狸精的种种故事，只当是大祸临头，个个吓得面如土色。

不多时，这群狐狸又都一齐低了头，静静地站了约有一两分钟，然后伴随着一声尖厉的叫声，那张狐狸皮被一只花狐狸叼起，在这群狐狸的簇拥下离开了村庄。

从此，这个村子附近再也看不见有狐狸出没的踪迹了，而村民们也不敢打狐狸取皮做大衣了。

狐狸这一面还真是让人开了眼界。可见，在狐狸家族里，亲情可谓是至高无上的。一旦有狐狸遭到不幸，全体狐狸将会倾巢而出。

但有关追悼会一说，科学家们还需做进一步研究。

难解的旅鼠投海自杀之谜

自杀是人类的一种高级行为，奇怪的是，在自然界中，动物也会自杀，而最令人奇怪的莫过于旅鼠这种动物了。它们竟会成千上万地集体投海自杀，是什么力量或因素驱使这些生命力旺盛的家伙甘心离弃这个世界？这真让人百思不得其解。

旅鼠的栖息地在北欧斯堪的纳维亚半岛的挪威和瑞典一带。它们个头很小，最大的身长也不过15厘米。它们平时居住在高山深处，主要以树根、草茎、苔藓为食。就像自己的名字一样，每当遇到食物极度缺乏的灾年，它们就会几十万只，甚至几百万只地大规模迁移，数量之大让人吃惊。更令人无法理解的是，为什么它们偏偏要拼命地奔向大海，走向死亡呢？

文献中最早关于旅鼠自杀的记载是在1868年。那是一个阳光灿烂、晴空万里的春日，一艘满载旅客的轮船正航行在碧波荡漾的海面上。突然，船上的人们发现有一大批旅鼠在海中游泳。它们一群接一群地从海岸边一直游向挪威海的深处，大片大片的旅鼠在汹涌的波涛中蠕动，游在前面的游到精疲力竭时便溺死在大海里；奇怪的是，跟随其后的旅鼠却像什么也没发生一样，继续前进，直到溺死为止。最后，数以万计的旅鼠的尸体漂浮在海面上，让人望而生畏。

发生在1985年春天的旅鼠自杀现象，其记述更为详细。旅鼠成群结队、浩浩荡荡地挺进挪威山区，所到之处，庄稼被吃得一塌糊涂，草木被洗劫一

旅鼠迁徙
通常年份，挪威旅鼠迁移路线包含斯堪的那维亚的苔原和俄国西北部，尽管如此，在旅鼠大迁徙年里，当旅鼠大量繁殖时，迁徙大扩张时有发生。

空，甚至连牲畜也被它们咬伤。一时之间，当地的人们为鼠灾烦忧不已，经济上也蒙受了巨大的损失。但是，在四月份的时候，旅鼠大军像突然收到什么命令似的，以每天前进50千米的速度，直奔挪威西北海岸。当它们在行程中遇上了悬崖峭壁，许多旅鼠便自动抱成了一团，形成一个个大肉球，勇敢地向下滚去；当受到河流阻挡时，走在前面的旅鼠便毫不犹豫地跳入水中，为后来者用身体架起一座"鼠桥"。这样，许多旅鼠死在路途上，但活着的又会继续前行。它们遇水涉水，逢山过山，不理会任何自然因素的干扰，勇往直前，几乎是沿着一条笔直的路线奔向大海的。来到海边后，它们一群接一群地纷纷跳下大海，并且奋力往前游去，直到像前文所述的那样，力竭溺水而死。

　　旅鼠为什么要集体"自杀"呢？至今人类还没找到正确的解释。

　　有人认为是生存的压力导致数量庞大的旅鼠不得不进行种类竞争，在得不到充裕的食物和生存空间的情况下，它们必须另找生路。但是它们为什么非得自杀呢？而且生活在其他地方的旅鼠不会有这样的举动，北欧地区的旅鼠有何特别之处呢？一些生物学家因此又做出了进一步的解释，他们指出：在若干万年前，挪威海和北海都比现今窄得多，因此旅鼠很容易便能游过大海，从此在旅鼠的遗传本能中就形成了这种横渡海洋的迁徙习性。可是如今的挪威海和北海比过去宽得多，然而旅鼠的遗传本能却像从前一样，它们照样迁移，当然会淹死在海中。可这一解释有一个很大的漏洞，那就是旅鼠一般以北寒带所有的植物为食，按理说，即使它的密度达到每公顷250只，也不会出现食物危机。再说旅鼠在迁移过程中，也从不停留在食物丰富、地域宽广的地带，似乎它们是为了比优越的生存条件更为重要的目的而前进，所以旅鼠向外迁徙，以至于集体自杀的原因并不能归结于缺少足够的食物和生存空间。

　　经过一系列研究，苏联科学家对此又提出了新的想法，企图解开这一谜团。他们认为，在1万年以前，北冰洋的洋面在地球寒冷的冰期中冻结了，风和飞鸟分别把大量的沙土和植物的种子带到这个巨大的冰盖上。正因为如此，一到夏季，原来的汪洋大海就成了水草丰盛之地，旅鼠在此生存不成问题。只是由于冰期后，全球温度升高，北冰洋又恢复了原来的面貌。而如今旅鼠就是为了去寻找那块水草丰盛的地方才要向北方迁徙，而且最后跳入巴伦支海的。这一解释虽然听起来很有道理，但是也找不到充足的证据，只能说是差强人意。

　　还有人提出，旅鼠种群数量的急剧增加使种群生存压力也随之增加，因此旅鼠的肾上腺增大，它们的神经变得高度紧张，整个种群都开始焦躁不安。与此同时，它们又有非常强烈的运动欲望，所以借助分散和迁移进行运动。其中还有一部分旅鼠想要跑到食物稀少的边远地区，这样因为生存条件恶劣就会迫使繁殖能力下降，以稳定种群数量。旅鼠擅长游泳，因此它们更萌生了横渡江河湖泊甚至横渡大海的想法，可是最后还是因为体力不支而被淹死。

　　当然，这种说法也有明显的漏洞。一些科学家指出，通常情况下，群体密度高的后果，要到下一代才会受到影响，而上一代旅鼠是不会觉察得到的。

除此之外，有些科学家在旅鼠的生命周期上做了一番研究。他们发现，当旅鼠在其数量急剧增加的时候，体内的化学成分和内分泌系统会发生变化。有人认为，这些变化可能正是生物体内控制其种群数量的"开关"。当其数量多到一定程度时，就会促使该种群大量的"集体自杀"。但科学家还无法确定旅鼠的这种行为到底是"集体自杀"，还是因为在迁移过程中"误入歧途"坠海而死，也许将来会有人解开生物界中这一大难解之谜。

就目前已取得的成果表明，不论旅鼠真的是"集体自杀"还是在迁移过程中"不小心"坠海而死，能够肯定的是，旅鼠的这一行为既有自身生理上、行为上和遗传上的因素，又有外部环境条件的影响。看来，人类要想最终破解这个谜，还需要一段漫长的历程。

骆驼不怕干旱的奥秘

骆驼素有"沙漠之舟"的美称，它是常年穿行于沙漠地带的人的必备工具，也是他们的忠实伴侣。骆驼之所以在沙漠中受到如此"器重"，与它能耐干旱酷热的特性有关。那么，到底是什么使骆驼有如此能耐呢？

许多游牧民族能在沙漠中生存下来，靠的就是骆驼。骆驼早在几千年前就被驯服，并被用作重要的驮畜。骆驼可以在炎热和缺少水源的条件下，日行30千米以上。同时骆驼的奶、肉、皮对人类都很有用。

骆驼的身体结构非常适应干旱酷热的沙漠生活。骆驼的四肢长，两个脚趾岔开，脚柔软、宽大，脚底有宽厚的纤维质弹性脚垫，有利于在平坦松软的沙地或雪地上行走。它的肘部、膝盖和前胸长着6个角质垫，休息时，蹲伏在地上就不会被灼热的沙砾烫伤。骆驼两眼的长睫毛是双重的，能像帘子一样挡住沙子，不被风沙迷眼。它的耳朵外布满细毛，能阻挡风沙侵入。骆驼灵敏的视觉和嗅觉能让它轻而易举地发现距离很远的水源，带领在沙漠中迷路的人找到水草丰美的绿洲。寒冷的沙漠夜晚，骆驼依靠蓬松的皮毛保暖。炎热的白天，骆驼的体温可以随外界温度的升高而自动调节，避免自己被晒伤。

有的学者认为，骆驼抗旱的关键在于它的驼峰内贮存着大量胶质脂肪，驼峰可以随着气温而增大或缩小。天气炎热时，驼峰里的脂肪被消耗得差不多了，驼峰就变得又低又软；到了秋天天气转凉，驼峰又渐渐鼓起来。骆驼不吃不喝时就靠驼峰里的脂肪氧化分解来补充营养、能量和水分。据统计，贮存在驼峰中的1克脂肪经过氧化后，可产生1.37克水。因此，假定一只骆驼的驼峰中有大约40千克的脂肪，也就相当于骆驼贮存了50多千克的水。

还有学者认为是骆驼的肝脏在起作用，才使得它特别能耐干旱。骆驼的肝脏的作用可以使大部分尿素得到循环利用，这样，骆驼体内流失的水分大大减少，尿中毒的情况也不会发生。

另外，科学界还有一种"水囊"说，这是由意大利自然科学家蒲林尼提出的。

骆驼难得出汗，这可以节省身体里的水分。

独峰驼

骆驼在长时间缺水后，可能会减掉40%的重量。

骆驼只需饮水10分钟，就可以补充身体所丧失的水分。

他认为骆驼的胃有三个室，其中最大的一个叫瘤胃，瘤胃里有许多肌肉带将瘤胃分隔成几个部分，起到了"水囊"的作用。在取水方便时，骆驼能利用"水囊"贮存一些水；不方便时，则可以取出贮存的水用以解渴。

然而"水囊"说很快就被美国生理学家施密特·尼尔森推翻了。通过解剖，他发现"水囊"其实很小，根本起不到贮水器的作用，而且它并不能真正地与瘤胃的其他部分隔离开。他认为骆驼耐旱的秘密在于骆驼本身经得住脱水。在沙漠中，失去12%的水，人就会中暑死亡，而骆驼即便失去相当于体重25%的水时，也不会妨碍它的生存，只是体重略微下降。对此尼尔森是这样解释的：人失去的水来自血液，人一旦失水，血液浓度就会大大提高，心脏的负担就加重了。而骆驼失去的水却是来源于它的体液和组织，而不是血液，因此不会有什么危险。而且骆驼即使严重脱水，一旦补充水分，就会马上恢复。

尼尔森对骆驼为何耐旱的解释看起来很合理，但也有很多人不同意这种说法，并且似乎也不是没有道理。例如日本学者太田次郎曾写过一本名为《生命的奥秘》的书，他在书中表示，骆驼出色的保水能力才是它耐旱的主要原因。因为骆驼很少出汗，体温也很稳定，只有在最热的时候才稍微出点汗。

最近，科学家又有新的发现：骆驼呼出的空气的湿润度较低。据研究，骆驼独一无二的鼻子是这个系统的关键所在。一般动物在呼气时，由于排出的空气温度和体温相同，肺部的水分被大量带出。而骆驼呼出的空气温度比体温低。由于冷空气比热空气含水汽量少得多，因此，骆驼通过呼吸丧失的水分比一般动物少45%。

尽管目前人类对骆驼为何抗旱已经提出了多种不同的解释，但似乎并没有人能够提出一种足以征服各家学说，彻底解释这一现象的理论。"沙漠之舟"的秘密对于我们而言仍是迷雾重重。

老马识途的奥秘

《韩非子》中记载，春秋时候，齐桓公率兵去攻打孤竹国，返回时找不到原来的路，大家都不知道该怎么办。这时管仲站了出来，他说，可以让老马带领众人顺利回国。齐桓公和众人都认为这是不可能的事情。可是，由于暂时没有别的办法，只好先试一试。人们找来一匹老马，放开缰绳，由它自由活动。只见这匹老马伸长脖颈，嘶叫几声，它没有乱跑，只是低头嗅了嗅地面，就走向一条崎岖的山路。大约过了一个多时辰，在老马的带领下，众人果然顺利地找到了回国的路。

还有一个老马识途的故事。汉代有个地方官叫鲍子都，有一天他到京都去，路上遇到一个年轻书生。这名书生身患急病，奄奄一息。书生死后，鲍子都检查他的遗物，发现有一部书、一匹马和一个口袋，袋里装了10块银饼。鲍子都安葬了书生，他取出一块银饼购买了棺材，将书和剩下的银饼放进棺材内。料理好丧事以后，鲍子都骑上书生的马，任它走动。不久，这匹马到了京都的一个大宅院。鲍子都下马打听，知道这是关内侯的宅院。鲍子都拜见了关内侯，把路上遇到的事情讲给关内侯听，关内侯惊讶地说这匹马是自己儿子的。他命人将书生的棺材运回京都，打开棺材，发现里面正是他的儿子。

人们试图找出老马能够识别路途的原因。经过研究，人们发现马在走路的时候，鼻腔里不时发出呼呼声。这是马在保证自己的呼吸气管畅通，它用呼气的方式来排除那些钻进鼻腔里的灰尘，让嗅觉神经细胞发挥作用。科学家发现，马的鼻腔分为两个部分，包括呼吸区和嗅区。呼吸区能分泌黏液，它在鼻腔的前部，能减少进入鼻腔的灰尘；嗅区布满嗅觉神经末梢，它们在鼻腔的后上方，担当着分辨食物的种类、区分出水质的好坏的重任。老马识别路途的本领主要就是依靠嗅区的作用。

另外，在识别路途的过程中，老马的听觉和记忆力也发挥着作用。它的记忆力很强，能记得气味和声音，在迷途中不管道路多么曲折，它都能重回原地。在草原上，依靠发达的嗅觉，马群能找到远处的水源。

马的大耳翼可以随意灵活转动，而且，马耳位于马身体的最高点，对远方的声音有很高的敏感度。此外，还有一种特别的感受器位于马的内耳中。科学家们通过实验，发现这种感受器就像人的眼睛一样，能辨别周围环境中物体的远近和运动的方向。所以马有发达的听觉，能感觉各种音量高低、音色、音调不同的信号，从同类的叫声中，它们能区别同伴的性别。

人们很早就用马来为耕地、运输、战争、畜牧、游猎、探险、娱乐、体育比赛等活动服务。除此之外，马浑身是宝：马肉可食用；马皮可制革；马鬃可用作琴弦；马骨可以制成胶；马粪则可用来培养蘑菇；马的血清还可制药，用于防破伤风。

综合以上种种原因，老马识途的本领也就不足为奇了。但人类又面临着一个新的问题：是否能模仿老马的鼻子和身体其他相关部位的构造来制造出一种仪器，使它也有识别道路的功能呢？到那时，或许它能取代指南针，使迷路的事情不再发生。

母山羊单性繁殖之谜

水＋母羊＝小羊，人们不禁要问羊爸爸到哪去了？世界就是这么奇怪，小羊自始至终就生活在单亲家庭，压根没有也不需要羊爸爸。这是怎么回事？

据说这种单性繁殖法被人们称为母山羊"水压窝"繁殖方法。

经过多次考察证明：民间采用"水压窝"繁殖山羊的历史很长，起码可追溯到1850年左右，用这种方法的范围也很广泛，因为是传统的习惯做法，所以人们都习以为常，没有感到有任何奇怪的地方。

这次调查主要在江苏、安徽等地。有关人员做出了如下推测：

根据用水注射、浇泼或"水压窝"等方法均能使处女羊或经产羊受孕的说法，可认为母山羊天生有单性生殖的能力，即母羊的卵细胞通过水的作用，产生物理、化学或生物的刺激，自身分裂发育而获得"单亲羊"。

另有"处女羊'水压窝'不受孕"的说法，这种生殖方式也可能属于"先夫受精"，即处女羊在第一次交配后，有若干数量的卵细胞与精细胞结合成为特殊休眠状态的受精卵，在水的刺激下，可以激活，正常分裂发育成胎羊。

为了证实此种山羊繁殖方式，并揭开其中的一些谜，繁昌县科委在1980年11月制定了母山羊"水压窝"繁殖的试验方案，并成立了"安徽省繁昌县科委驻宜兴山羊单性繁殖研究室"，自1980年12月至1981年8月，对16头母山羊做了87次"水压窝"试验。结果，几头羊先后受孕，有的经剖腹取出了子胎，有的顺产子胎，母山羊"水压窝"在人工试验条件下取得了成功。

山羊孤雌繁殖的发现和研究，必将对生物学的基础理论和实践产生深远影响。然而，它的机理又是如何的呢？目前，这还是一个无法回答的问题。

另外，孤雌繁殖所得的后代所产生的变异，也是一个未解之谜。凭借当代的遗传学理论，因山羊只存在一条X染色体，它的后代应该只能是雌性羊，且外貌应与其母一致，但"水压窝"试验结果表明：繁殖的后代雌雄兼有，而且毛色等外貌特征亦可能产生变异。

由此看来，要真正弄清母山羊单性繁殖之谜，还需要多门学科科学家的共同努力。这个世界只有未被认识的事物，却不存在不能被认识的事物。

绵羊"多利"是怎样克隆出来的

1997年2月，一只名叫"多利"的绵羊诞生了。这只绵羊在生物界引起了轩然大波，一时间，克隆成了大家的热门话题。尽管如此，人们仍然不明白多利是如何被克隆出来的，甚至对于克隆本身也是一知半解。这是因为克隆虽然属于一门生物技术，但非常冷僻，就算是生物学家也会因为没有研究过而缺乏对它的了解。

克隆是从英语单词clone音译过来的，原来仅用在植物上，是指用幼苗和嫩枝以无性繁殖或营养繁殖的方法培养植物。现在，克隆已经不仅仅局限于植物了。只要由一个体细胞获得两个以上的细胞或生物体，由一个亲本系列产生DNA系列，就都是克隆。由此可见，在现在，克隆就是指一种无性繁殖的方法。

其实，在日常生活中，我们会经常接触到克隆技术。每当春暖花开的时候，我们就会看到植物扦插的实验。剪下植株的一根枝条，通过扦插就会得到许多相同的植株，这些植株的遗传物质也相同。这就是克隆。

在低等生物中，细菌、涡虫就是通过克隆来进行繁殖的。亲体分裂成两个子体，两个子体脱离亲体成为独立的个体。

科学家们曾经认为无性繁殖在高等生物中是不存在的。他们认为，一个成熟的体细胞不可能无性繁殖成为一个完整的动物，因为含有一个动物完整的遗传信息的体细胞已经特化了。也就是说，肝细胞只能由肝组织产生，乳腺组织也只能由乳腺细胞组成……而多利的诞生却开创了高等动物也能克隆的先河，人类的认识也开始发生转变。

让我们看看多利诞生的全部过程，了解多利究竟是怎样被克隆出来的。

科学家首先从一只母绵羊的乳腺中取出一个本身没有繁殖能力的细胞，在母体外培养，经过大约6天，再分离出它的细胞核来备用。接着，科学家再从另一只母绵羊身上取出具有繁殖能力的未受精的卵细胞，去除里面的细胞核，换上备用的细胞核。最后，通过放电激活，使这个"新"的卵细胞分裂，就像正常的受精卵那样。进行到一定阶段后，幼小的胚胎就形成了，最后再把这个胚胎移植到第三只母绵羊的子宫内。

此时，前期的工作已经完成，以后的过程像正常的怀孕后期一样，在第三只母绵羊的体内，胚胎不断生长，最后分娩生产。从严格的科学角度说，多利只有一位亲生母亲，那就是第一只提供乳腺细胞核的母绵羊。

1998年，"多利"自己也当了母亲，4月13日，它顺利地产下一头名叫"邦尼"的小羊羔。"邦尼"的父亲是一只威尔士公山羊。

多利的诞生使得科学家们把目光转向了人类自身。可是，至今仍牵涉到道德伦理等方方面面的问题，什么时候才会出现"克隆人"还是一个谜。

候鸟迁飞之谜

曾经有这样一个说法："衡阳有回雁峰，故雁飞万里，至衡阳即北归。"王勃也有诗说："雁阵惊寒，声断衡阳之浦。"说的都是大雁迁徙的情景。

然而令人想不到的是，我们熟悉的大雁竟然不是"本国鸟"。雁的老家在西伯利亚一带。每年秋冬季节，它们成群结队地向南迁飞，主要沿两条路线飞行：一条路线经由我国东北经过黄河、长江流域、到达福建、广东沿海地区，甚至远至南洋群岛；另一条路线经由我国内蒙古、青海，到达四川、云南，甚至远至缅甸、印度。它们虽然选择了温暖的地方越冬小住，但对故土念念不忘，第二年春天，又经过长途跋涉飞返故乡西伯利亚。

每年秋天，北雁南飞是鸟类世界里一道独特而美丽的风景。像大雁这样因季节而迁徙的鸟类，我们称之为候鸟。而这种因季节不同而变换栖息地的习性则叫作季节性迁飞。

迁飞不是候鸟的专利，有些昆虫也有迁飞的习性。美洲有一种君主蝶，外形非常漂亮，被喻为百蝶之王。每年秋天，这种蝴蝶便成群地从北美出发，飞越3000多千米的距离去南方过冬。冬天，它们在墨西哥、古巴、巴哈马群岛和美国加利福尼亚南部生活，到第二年春天又开始北飞。在途中它们会进行繁殖，随着老的一代死亡，新一代君主蝶被孵化出来以后，又沿着父辈的路线飞往南方过冬。

君主蝶就这样一代接一代地传下去。

鸟类和昆虫为什么会具有这种迁飞的特性？它们每年又是怎样迁飞的呢？

科学家们推测，候鸟随季节迁飞的原因可能有两个：一是因为冬天北方寒冷，南方温暖，候鸟迁往南方可以躲避严寒；二是为了寻找充足的食物源。因为秋季以后，北方一派肃杀的景象，万物失去生机，食物非常缺乏。候鸟到南方可以找到比北方丰富得多的食物。但这些说法都不足以让人信服，比如，为什么其他鸟类不迁飞呢？它们不也需要寻找食物吗？另外，既然南方温度适宜、食物丰富，为什么候鸟不在南方留居，却要在来年春天辛苦地迁回北方呢？这些问题都得不到很好的解答。

另一个问题是，候鸟是怎样准确无误地按照一成不变的路线往返于南北方的栖息地？它们在迁飞过程中靠什么来定向？这是一个十分有趣而又难解的问题。视觉定向对于短距离飞行虽然适用，但对于长距离飞行就不够了。

关于鸟类怎样定向的问题，科学家提出了许多推测。有人认为鸟类可以根据太阳的位置来定向，按照这种说法，由于太阳位置移动而产生的那部分时差，鸟类又是通过什么办法补偿的呢？因此，科学家认为，候鸟体内可能有一种能够精确计算太阳移位的生物钟存在，利用这个生物钟，它们能对白天的时间进行比对。但这也有问题，因为在没有太阳的夜晚，这种说法就无法解释了。于是，又有了星星定向的推测。可是没有星星的夜晚，它们仍旧照飞不误，这样星星定向的推测也被排除了。因此科学家又转而研究地球的磁场、偏振光、气压、气味等是否与候鸟的定向有关。

目前，科学家已经初步确认，蝴蝶的季节迁飞是遗传因素作用的结果，但自然界多种鸟类和昆虫季节性迁飞的谜仍没有完全解开。人们期待下一步的研究能使我们揭开大自然更多的奥妙。

候鸟渡海之谜

候鸟渡海曾引起四方学者的各种争议，就是到了今天仍是不得其解，但诸家之言也并非全无道理。

英国学者奥烈史有自然淘汰说。树的果实或昆虫到了冬天就会减少，故鸟儿为了寻找更丰富的食料而准备向南方转移。最初只是移至很近的地方，但是飞得愈远者获得的食物愈好。鸟自然领悟了此点，渐渐地延长了移动的距离。所以奥烈史认为鸟类是为了寻求食物才移动的。

另有学者把"渡海"的起源与冰河时代结合在一起说明。按照他们的说法，过去地球有三四次被大冰河掩盖的时期，此时鸟也随着冰河的成长期及减衰期向南北移动，从而慢慢地养成了渡海的习惯。

还有一种学说与鸟的所谓"趋光性"有关，认为鸟喜欢去光线最多的地方，所以在太阳因四季变动而在赤道的南北移动时，鸟也自然跟随。最近有学者通过调查研究得出如下结论：在渡海期之前，鸟因阳光照射时间延长，而在体内积储脂肪，并且因为性荷尔蒙的作用活泼而无法稳定下来，所以鸟儿只能渡海移至别处。

除此之外，候鸟又是依赖什么而能正确地飞往远方目的地的呢？

德国教授克黎玛利用叫作"向星鸟"的鸟做实验后，确认了候鸟决定渡海方向的事实，并于1950年发表了这个学说。由此证实了鸟具有与太阳时间、方位有关的感觉，这种感觉被称为"体内时间"。

至于鸟在晚上渡海一事，德国的科学家凭借天象仪通过实验证实鸟可凭借星空判定方向，但是在阴天或没有星星的晚上候鸟该怎么办呢？

瑞士的莎达博士利用雷达进行实验，他在渡海季节，把雷达指向候鸟渡海路线上经常经过的地点。结果表明，在晴天时候鸟的踪迹总是会通过雷达的涵盖区域，但在云变厚之后这种现象便不再出现，说明了在完全阴天时鸟会迷失方向。

孰是孰非，候鸟专家们仍然在研究，进行马不停蹄的探索与追寻。

鸵鸟真的胆小吗

多年来，人们总是将鸵鸟称为胆小的动物，因为它遇到危险总是把头颈平贴在地上，然后钻进沙里"掩耳盗铃"。

其实，这种看法是不科学的。鸟类学家发现，鸵鸟栖息在非洲热带沙漠草原地区，那里气候炎热，阳光强烈，鸵鸟发现敌害后，虽然可以拔腿快逃，可是，在干燥的环境下奔跑对自己是很不利的。因此，鸵鸟便将长脖子平贴地面，身体蜷曲一团，凭借自己暗褐色羽毛伪装成岩石或灌木丛，加上雾气的掩护，就不易被敌害发现。尤其是未成年的鸵鸟，常用这种方式逃生。如果此举难以奏效，它们便会在敌害出现时一跃而起，迅速逃离。

鸵鸟的翅膀在进化过程中，逐渐失去了最原始的作用——飞翔，虽然不能飞了，但它跑得却很快。鸵鸟身高达2.75米，其步幅可达3米，每小时可跑70千米，远远超过狮子的最大速度（每小时60千米）。

鸵鸟蛋乃是蛋中之王，大约重1.35千克，相当于25～30个鸡蛋的大小。鸵鸟蛋一样可以吃，但是要有耐心，因为要煮熟它，至少需要两小时！

经过39～42天的孵化后，小鸵鸟便可从鸵鸟蛋壳中爬出。看管小鸵鸟的任务主要由鸵鸟爸爸承担。除此之外还要为小鸵鸟觅食，对它们进行"培训"，而鸵鸟妈妈则负责保护自己的子女。

科学家格日梅克亲眼看见了这样的情景：一只公鸵鸟领着8只小鸵鸟及在旁边观察周围动静的母鸵鸟。突然间，一只鬣狗向小鸵鸟们发动袭击。公鸵鸟马上领着"孩子"躲到安全的地方，而母鸵鸟则英勇无比地迎了上去，用脚扑，用嘴啄，鬣狗招架不住，只得连连后退，母鸵鸟也不停"手"，一直追了大约1千米远。

古代，鸵鸟羽毛通常被用作士兵头盔饰物。到了17世纪，航海家才把鸵鸟羽毛带到欧洲，不久以后，皇宫的裁缝们用它来装饰女性的服装。到20世纪初，由于对鸵鸟羽毛的需求量大幅增加，南非还办起了鸵鸟养殖场。

如今，鸵鸟的羽毛主要用来作为连衣裙、扇子、帽子和戏剧服装的装饰品。

看来，缩头缩脑的鸵鸟还真够大胆，紧要关头，不但毫不畏惧，反而能迎面而上。或许这就是父母之爱的伟大力量。

啄木鸟为何不得脑震荡

提到啄木鸟，人们立刻联想到它的一堆称号，例如"森林的医生""忠实的护林尖兵"等。黎明时分的森林里，不时传来啄木鸟敲击树木的"笃、笃、笃……"的声音，那是啄木鸟在给树木看病。

啄木鸟头骨
通过对啄木鸟头骨的分析，得知其不得脑震荡的原因是因为它的头部有一套防震装置能够保护自己。

啄木鸟主要以天牛幼虫、蠹虫幼虫、象甲、伪步行甲、金龟甲、蚂蚁等为食物。啄木鸟能把潜藏在树干中的害虫掏出来除掉，这些害虫有时能把树活活地咬死。啄木鸟的长嘴就像医生的听诊器一样，它用这个又硬又尖的长嘴敲击树干时，发出笃笃的声音。这些声音能准确地反映出害虫躲藏的位置。啄木鸟用嘴先啄开树皮，像凿子一样在树上凿个洞，然后插进害虫的巢内。啄木鸟的舌头又长又细，向外伸出，有14厘米长。嘴里容纳不下那么大的舌头，就只好穿出下腭，向上伸进右鼻室内。左鼻孔则留作呼吸之用。它有两根能伸缩的筋长在舌根，长着许多肉倒刺的舌尖则能分泌黏液，因此，它总是可以准确无误地钩出隐藏得很深的害虫，甚至是幼虫和虫卵。

一般的鸟儿都是站在树枝上，而啄木鸟却是攀缘在直立的树干上。原来，啄木鸟的4趾是对称分布的，有2个向前，2个向后，趾尖上的钩爪非常锐利，能帮助啄木鸟牢牢地站在树干上。它的尾巴是支撑身子的支柱，羽轴硬而且有弹性。这样，啄木鸟不仅能抓住树干，还能够沿着树干快速移动，自由地上下跳跃，甚至是向两侧转圈爬行。

现在，全世界已发现的啄木鸟约有180种，如红头啄木鸟、橡树啄木鸟、绒啄木鸟、大斑啄木鸟、黑啄木鸟、北美黑啄木鸟、黑背三趾啄木鸟、绯红背啄木鸟、红腹啄木鸟等，都属于䴕形目啄木鸟科。除澳大利亚和新几内亚外，啄木鸟的足迹几乎遍布全世界，其中南美洲和东南亚的数量最多。每天，1只大斑啄木鸟能除掉害虫1000多只。据估计，在成千亩的树林里，只要有4只啄木鸟，就可以控制害虫的蔓延。

繁殖季节，雄啄木鸟常用敲击空树干或发出短促的、尖锐的叫声来吸引雌啄木鸟前来婚配。一对啄木鸟在树上凿三个以上的树洞当作自己的巢穴。其中一个巢洞专门用于产蛋育儿，平时，雌鸟和雄鸟各占据一个巢洞，每年更换一次巢洞。每年5月啄木鸟产5枚左右的蛋，经过10天的孵化后，只需一个多月，雏鸟就长大了。

利用特制的电影摄影机，美国科学家菲力普·梅依惊奇地发现，啄木鸟找虫吃的时候，每啄一次的速度非常快，达到每秒555米，是空气中的音速的1.4倍。头部摇动的速度约每秒580米，甚至高于子弹出膛的速度。照这样计算，啄木时，啄木鸟头部受到的冲击力是其重力的1000倍。如此快的速度，难怪树干很容易被凿穿。在这样强烈而长久的震动下，啄木鸟为什么不会得脑震荡呢？

通过对啄木鸟的头部进行解剖，科学家发现它的头部有一套防震装置，能够保护啄木鸟。啄木鸟尽管有非常坚硬的头颅，但骨质却很疏松且充满气体，像海绵一样。颅壳内有一狭窄的空隙在外脑膜与脑髓间，这一空隙使震波的传导变弱了。它的脑组织从头部的横切面上可以看出是很细密的，再加上啄木鸟头部两侧还有起防震作用的肌肉系统。而且，啄木鸟啄树的时候，头部和喙都保持直线运动。这样，我们就可以理解为什么啄木鸟啄树时不得脑震荡了。科学家从中获得启示，制成了防震头盔。

然而，科学家的研究也同时表明，并非所有的啄木鸟都吃害虫，有的啄木鸟喜欢吃树木的果实；有的则喜欢在树干上啄一些小洞来吸食树的汁液，损害了树的健康。看来，我们还需要进一步评判啄木鸟的功过是非。

几维鸟为何能产下巨蛋

几维鸟是新西兰的国鸟，是新西兰特有的动物。它属于鸟类，却不像鸟。它的大小与母鸡差不多，产下的蛋却比母鸡产的蛋大得多。这究竟是怎么回事呢？

几维鸟每年只产两三枚蛋，虽然数量少，却个个是精品，每枚蛋重达400克，而它们自身的重量才不过1600克左右；几维鸟的蛋长约13厘米，而它们自身的长度一般也只有45厘米左右。小小的几维鸟居然能产下如此"巨大"的蛋，真是令人惊叹。有一些科学家认为这是自然进化的缘故：大蛋有利于几维鸟日后的成长。几维鸟蛋中的蛋黄是大鸟专为幼雏准备的食物，幼雏出壳后就靠蛋黄维持生命，蛋黄的重量占整个鸟蛋的61%。尽管如此，蛋黄仍然满足不了小鸟的营养需求，于是小鸟变瘦了。过了约18天，小鸟就开始出去自己找食吃。科学家们认为几维鸟的雏鸟的营养需求非常大，只有富含营养的大蛋，才有可能使它们存活下来。

有些科学家却另有看法，他们认为，几维鸟蛋并不是真的大，而是显得大，实际上是在长期进化过程中身体本身缩小了。据研究，几维鸟的祖先是平胸鸟类，这种鸟体形巨大，和鸵形目、鹤鸵目、鸸鹋科等鸟类生活在一起。然而，自然条件的改变使它们的身体发生了改变，而鸟蛋的尺寸却保持原样，因此，几维鸟蛋显得巨大。

至今，仍没有找到确切的答案，然而几维鸟的许多奇异的特征却引起了人们的注意。

几维鸟的翅膀很小，几乎没有，所以又称无翼鸟。遇到危险时，它会借助其健壮的腿逃跑。几维鸟有一张长嘴，在休息时，这张嘴可以当作第三条腿来支持身体的平衡。它的鼻孔长在嘴前，不同于别的鸟类。它叫时发出"几维、几维……"的声音，所以取名几维鸟。

几维鸟的生活习性十分独特，它们白天休息，夜里出来觅食。它以蠕虫、蚯蚓、蜥蜴、老鼠和贝类等为食物。几维鸟的食量非常大，一次能吃几十条蚯蚓，一天能吃五六百条蠕虫。几维鸟还有一个十分独特的本领：它能从海水里捉鱼吃，甚至能从树洞里拖出兔子。几维鸟不怎么怕人，它常常冒冒失失地闯进屋子里，赶也赶不走，一不留神，它就把屋里的叉、匙等小物件拖走了。

据说，几维鸟曾经数量很多。欧洲移民来到大洋洲之后，由于大量捕食，现在几维鸟已濒于灭绝的境地。现在，只有新西兰有几维鸟，且只有5个品种，数量很少。新西兰政府为了保护几维鸟，特地帮它建造了住处。这对保护几维鸟非常有好处。

群鸟为何"投火自尽"

1957年，英国人吉恩在其专著《印度野生动物》中最早向世界公布了"群鸟投火自尽"的现象。这本专著是吉恩对印度贾廷加村及其周围地区动物的情况进行了详细调查后写下的，他的发现震惊了整个生物学界，贾廷加村也因此名声大噪。群鸟自杀的过程与飞蛾扑火这样的"自杀行为"相似，但表现得更为复杂，这让生物学家们兴趣顿生。

20世纪中叶，吉恩来到了贾廷加村，亲眼目睹了群鸟自杀的全过程。那是一个夏天的夜晚，天上没有星星和月亮，夜黑得吓人。吉恩静静地等待着，耳边时时响起树木被南风吹动的呜呜声。一会儿，村里有人点亮了一支火把，然后又有很多火把被点亮……等点燃了上百支火把后，只见成群的小鸟突然从村子的北面飞来，一只接着一只扑向了火把。群鸟一只压着一只，一群跟着一群，向火把扑去，有的当即就死了，没死的也被烧成重伤，而且拒不进食。就这样，追光而来的小鸟无一幸存。

1977年，印度科学家森古普塔博士也慕名来到贾廷加村，并对这一奇怪的现象做了长期的研究，在广泛的调查和反复的实验中发现了一些规律。森古普塔发现，群鸟自杀的现象发生在每年的八九月份，是在刮南风和村子里有灯火的时候，并且这些鸟总是由北向南，逆风飞向村庄。因此，他认为这种现象是定时、定地以及定方向的。

森古普塔博士向印度、美国和欧洲的50多位著名鸟类学家发出了信函，向他们谈了自己的看法。他认为，贾廷加村处在一个断裂带上，四周极有可能蕴藏着丰富的磁铁矿，这些地质因素可能会导致地磁感应和地心引力的瞬间变化。群鸟自杀的根本原因便在于此。森古普塔博士还认为，还有一些因素对群鸟集体自杀有一定诱发作用。如气候条件，特别是白天和夜晚的变化，季节的变化，风和大气压的变化。鸟类在这些特异的地磁场和气候变化等多种因素的影响下，惶恐不安地从栖息处逃了出来。就在这时，贾廷加村又突然由漆黑变得灯火通明。在这种条件下，本来已经头昏脑涨的鸟儿们便演出了以上那幕悲剧。

森古普塔的看法遭到了一些科学家的反对。印度的一些林学家认为，地磁异常和气候条件异常并不足以解释群鸟集体撞火自杀的行为。他们认为，鸟类的集体自杀完全是因为灯火突然点亮才引起的。他们甚至设想，其他地方也能像贾廷加村一样，只要有灯光突然出现，鸟类也一定会蜂拥而来。

尽管群鸟投火自尽有明确的文字记载，但迄今为止还没有一个确切的说法。

这些科学家还试图用实验的方法证明自己看法的正确性。他们在贾廷加村外竖起了一座高高的钢塔，钢塔的顶部装有几只大功率的灯泡，灯泡亮起时，整个村子被照得亮如白昼。可一连过了几个月，只有几只鸟儿飞到了灯塔上，而不像科学家们期待的那样，鸟儿们会大群大群地飞来。

当然，森古普塔的解释也得到了众多科学家的支持。美国纽约州立大学的沃尔克特博士做的一个非常有意思的实验有力地支持了森古普塔的结论。沃尔克特博士将微型线圈缚在信鸽的身体上，再用无线电遥控的方式改变信鸽身上线圈的磁场方向。实验发现，本来头脑清醒的鸽子突然变得惊慌失措，辨不清方向。

不过，也不能就此认为森古普塔的理论可以准确地解释群鸟投火自尽的现象，因为他没能解释另外的很多问题。比如，他虽然断定是地磁场的异常和气候条件的变化引起了群鸟的自杀，但他没有对这些因素为什么会引起鸟类自杀做出科学的、详细的说明。诸如此类的问题还有很多。

企鹅为什么不会飞翔

企鹅生活在南极洲，由于其憨模憨样而深受人们的喜爱。企鹅的头又黑又亮，与脖子、背部的颜色一样，可是胸腹部却是白色的，企鹅身上黑白两色相映成趣，仿佛是一位穿着燕尾服的绅士。它们的尾部可以用来支撑身体。它们常常昂首伫立，俨然是南极的主人，企盼着远方的客人，因而被称作企鹅。

全世界大约有 18 种企鹅，其中数量最多的是皇企鹅和阿德利企鹅，它们主要居住在南极大陆上。皇企鹅直立时身高可达 1.2 米，最大者体重达 45 千克，因此被称作"皇企鹅"，意思是"企鹅之王"。皇企鹅也是世界上最大的海鸟。相比之下，阿德利企鹅的身高不超过 30 厘米，体重只有 6 千克左右，非常矮小。

企鹅对爱情比较专一，但是只在繁殖期它们才成对地待在一起。繁殖期间，它们通过叫声和动作辨认对方。有人用十多年的时间对企鹅进行观察，发现 82% 的企鹅一直维持原配。但是，有 1/4 的雄企鹅在繁殖季节里死去，因为它们无法找到自己的配偶。有时，企鹅也会重新寻觅配偶，但这种情况只发生在一些很特殊的情况下，例如丧偶等。有时，两只雌企鹅会大打出手，只是为了争夺一只雄企鹅，而被争夺的雄企鹅只与获胜的一方交配。

白头偕老的企鹅

企鹅是不会飞的鸟,大多生活在南极。它们身上有厚厚的脂肪,可以隔热保温。寒冷的冬天成年企鹅和小企鹅簇拥在一起取暖。

雌企鹅产下蛋后,雄企鹅会和它一起欢快地"歌唱",周围的企鹅也会一起"唱歌"向它们表示祝贺。在产蛋期间,雌企鹅长期无法进食。在孵蛋期间,雌企鹅会暂时离巢觅食,雄企鹅则担当孵蛋的重任。一般间隔两个星期,雌企鹅和雄企鹅会交替执行孵蛋的任务。就这样轮流孵蛋,直到幼雏出世。也有些企鹅只由一方孵蛋,但这样会非常累。因为企鹅的孵化期很长,少则一个多月,多则两三个月,在这么长的时间里,企鹅要在狂风和严寒中不吃不动地孵蛋,直到孵出小企鹅。因此孵蛋者的体重会减少40%,形容枯槁。

小企鹅出世后,必须靠亲鸟喂养,半年后才能独立生活。企鹅抚养幼雏有两种方式:一种是由企鹅父母共同抚养,像在孵化期一样,雌企鹅和雄企鹅轮流交替工作,一方守护巢穴,另一方出去觅食;第二种则是企鹅父母把小企鹅交由几只老企鹅来抚养,就像父母将孩子送到爷爷奶奶那里一样。尽管如此,小企鹅的成活率却很低,有3/4的小企鹅会夭折。有的失去幼崽的企鹅父母会从别的父母那里抢夺小企鹅来喂养,甚至不惜用武力,于是一场不可避免的恶斗就发生了。

企鹅有很多特殊的本领。首先是认路本领。科学家曾经做过一个实验,用一个封闭的盒子装上几只企鹅,运到很远的地方后,放出这些企鹅。令人惊奇的是,这几只企鹅竟然能返回原来的繁殖地,它们没有依靠任何标志,而且是沿着最短的路线。科学家们对它们的这种本领极感兴趣,但至今无人知道其中的奥秘。第二是企鹅父母能准确地认出自己的亲生小企鹅。原来,小企鹅之间的气味和鸣声有非常微妙的差异,根据这些差异,企鹅父母们能准确地认出自己的幼崽,令人惊讶的是,它们几乎没出过差错。另外,企鹅还有很强的时间观念。每年,它们在同一时间返回自己从前的繁殖地,并能精确地计算出幼崽的出生时间。往往等它们算好时间从大海返回后,幼崽刚好出世。当然,企鹅的生物钟也会有失误的时候,即使这样,它们记忆时间的能力也已经十分令人惊叹了。

企鹅是南极洲鸟类中最大的宗族。企鹅的头和喙与鸟类都是一样的,还有两只翅膀,不过不能飞翔。但是,在海里它却能像鱼一样欢快地遨游,速度高达每小时18千米。

经过长期演化,企鹅的双翅变成了鳍翅,像船桨一样短小而扁平,已经失去了飞翔的能力。它的两只脚非常靠近尾部,短而且粗壮,因此平时只能跳跃着行走,或者借助嘴巴和鳍脚爬行。遇到危险时,企鹅会连滚带爬地行动,显得十分可爱。

虽然至今未能发现4500万年前的企鹅化石,但是古生物学研究表明,企鹅应该出现在5000万年前的第三纪,但是,无法寻找到新的证据。谈及企鹅的起源,大家都很关心的是究竟企鹅的祖先会不会飞翔?还是后来在漫长的进化中,企鹅才变得不会飞的呢?

企鹅的许多特征都表明它的祖先会飞翔，尽管企鹅的鳍翅变得又短又平，像桨一样，但仍属飞翼，这种结构是腕和掌骨联合在一起形成的，非常适合飞羽和翻羽的附着，而这种结构是飞翔时所必需的。虽然企鹅的翻羽早就退化了，但支撑翻羽的结构依然存在。不仅如此，企鹅和飞翔鸟的胸骨特征也很相似。比如企鹅的胸骨处明显的有龙骨突起，飞翔肌肉就是附着在这里的。

科学家们指出，企鹅还有一个突出的特征能证明它的祖先会飞，这就是它的身上存在着尾踝骨。鸟类的祖先是由蜥蜴进化而来的，它们继承了一个长尾巴，这个长尾巴是由脊椎骨组成的。进化过程中，在流体动力和运动的作用下，鸟的尾骨逐渐萎缩，最终仅用于支持呈扇形排列的尾羽，成为一块小小的骨节，这就是尾踝骨。从最早的始祖鸟到现代的飞翔鸟，都存在着这块尾踝骨。而且，飞翔鸟由于在飞行中调节肌肉的活动及协调身体的动作时，要求非常迅速，因此，小脑非常发达。而企鹅的小脑也相当复杂而且发达，这也可以作为它的祖先会飞的一个证据。此外，同翅膀发达的飞翔鸟一样，企鹅也是把喙插在翅下睡觉的，而不会飞的鸟一般不会有这种姿势，这也说明企鹅和飞翔鸟之间必然存在某种联系。也有许多科学家对上述观点持否定态度，科学家孟兹比尔认为鸟类的起源有多种，企鹅不像其他鸟类是从鸟类祖先进化来的，它是直接由爬行类演变而来的，它的祖先并不会飞翔。也就是说企鹅的鳍翅不是所谓的翅膀的变异，而是从爬行类的前肢演化而来的，它并没有经过飞翔的阶段。

近年来，科学家将南半球的企鹅和北半球已经灭绝的海鸦联系起来，将它们的构造进行对比后发现，在企鹅和美洲沿岸发现的海鸦化石之间一定有着某些联系。海鸦化石距今有3000万年，而且都不会飞行，所以有的学者提出企鹅起源于北大西洋的海鸦。企鹅的骨骼体形有许多地方与海鸦十分相似，尤其表现在适应水面游泳和潜水方面。但仍存在一个问题，就是没有确切的证据判断它们之间的亲缘关系，因为它们位于两个不同的半球，而且它们的化石几乎出现在同一个时代。

在南极洲，古生物学家曾发现一个高约1米、体重约9千克的化石，与现在的企鹅非常相似，而且具有两栖动物的特征，或许这个化石就是企鹅的祖先。

无论以上何种解释，都由于缺乏足够的证据而得不到人们的一致认可。目前，动物学家们仍无法完整地解释企鹅的祖先是否会飞翔。

◎ 信天翁为何袭击美军

信天翁是一种终日漂泊在海洋上的海鸟，只有在繁殖期，才会暂时远离海洋。科学家们曾做过一个实验：在信天翁身上做一个标记，结果发现它迁飞一次的距离长达8000千米，甚至可环绕地球飞行。

信天翁的外形非常像海鸥，体形又粗又壮，有的信天翁体长达1米。就是这种小小的海鸟，在第二次世界大战期间，曾经击退了装备精良的美军，这令许多人惊异不已。这究竟是怎么回事呢？

1942年的夏天，在第二次世界大战期间，美军获知日本海军要抢占中途岛。在当时的情况下，中途岛在战略部署中占有不可估量的地位。谁先占领了中途岛，谁就可能占尽先机。美国显然也清楚这一点，为了破坏日本的这一企图，他们派出了一艘战舰去占领中途岛旁边的一个不知名的小岛。

美舰开始驶向无名荒岛，到了距荒岛1海里时，天渐渐地黑了。侦察参谋尤利斯奉命带领由10名侦察兵组成的侦察小分队，上荒岛去侦察。

在夜幕的掩护下，他们偷偷地登上了小荒岛。这时，有人看见不远处有一条灰白色的围墙，围墙足有半米多高。尤利斯想："这是谁修筑的围墙呢？难道这岛上有人不成？"于是，他将侦察兵分成两组，从两路对围墙进行勘测。靠近围墙后，发现围墙原来是由一大群熟睡的信天翁组成的。这些信天翁实在是太多了，它们一个挨一个地睡在那里，远远看去就像一堵围墙。他们放下心来，可是要想登上小岛，必须从这些熟睡的鸟儿中间通过。

在尤利斯的指挥下，侦察兵们小心翼翼地从熟睡的鸟儿中穿过。然而，不知道是谁不小心踩到了一只信天翁，岛上的鸟儿都惊醒了。数以万计的鸟儿在鸟王的带领下飞上半空，向这些不速之客发起了猛攻。它们用上了身上的所有"武器"，用尖嘴啄，用利爪抓，还用翅膀拍打。在它们的"痛击"下，侦察兵们被打得抱头鼠窜。他们只得拔出匕首与这些海鸟们进行搏斗。信天翁在侦察兵的刀下，纷纷惨叫着跌落到地上。终于，信天翁被击退了。

侦察兵们累坏了，正准备坐下来歇一会儿的时候，第二群信天翁又开始了新的进攻。可以看得出来，它们的进攻非常具有组织性，侦察兵们只好重新拿起武器进行自卫。两个小时的激战过后，信天翁的第二次进攻又被击退了。侦察兵们实在是太累了，疲倦使他们很快就睡着了。

天亮了，醒来的侦察兵们惊奇地发现自己睡在信天翁的尸堆上，大约有1米厚，40米见方。

大家以为危险已经过去了，便起身准备继续搜索整个荒岛。忽然，天边飘来一朵朵的乌云，向荒岛涌了过来。侦察兵们驻足观察，等到乌云飘近了，他们才看清楚原来那些乌云都是由众多的信天翁组成的。这些信天翁可能是先前战败的信天翁搬来的救兵。它们发起了猛烈的第三次进攻。不过，这一次，它们不再与侦察兵们进行肉搏，而是采取了低空盘旋的新战术。然后向侦察兵们头上拉鸟粪。又臭又黏的鸟粪劈头盖脸地浇下来，像轰炸机一样。很快，岛上就堆了厚厚的一层鸟粪。侦察兵们手上的刀顿时失去了作用，他们试图撤退到附近的棕榈林里躲藏。但是，信天翁立刻就识破了他们的计谋。一部分信天翁飞下来拦住他们的去路，它们用自己的尖嘴和利爪狠狠地攻击侦察兵们。在撤退的过程中，一名士兵哈森被围攻得满地打滚。另一名士兵汤姆的冲锋枪和匕首都被信天翁叼走了，眼睛也被啄瞎了。尤利斯等人则侥幸地逃进了棕榈林内。他们通过步话机向舰上呼救。得到允许开枪的命令后，他们便端起步枪向岛上的信天翁进行猛烈的还击。不一会儿，附近海域的美军快艇和十几架飞机都前来增援。顿时，信天翁遭到美军陆上、海上和空中三方草丛中的雄信天翁向雌信天翁发出求爱的信号，亮出漂亮的羽翼。

火力的夹击。但是，信天翁并不甘心失败。尽管荒岛上放眼望去都是信天翁的尸体，但是越来越多的信天翁从其他的岛上飞过来。它们在荒岛上低空盘旋，一有机会就俯冲下来展开攻击。两个小时过去了，战争依然在激烈地进行着。侦察兵们依然被围困在棕榈林里。没有办法，美军只好又动用了轰炸机和毒气。他们还开动了推土机来推开鸟的尸体和粪便。不仅如此，他们还出动了坦克。坦克慢慢地开进了棕榈林，在火力的掩护下，被围困了一天的侦察兵才被解救了出来。

就这样，人和鸟之间的战争整整持续了一天。直到天黑，信天翁才停止了进攻。趁着信天翁罢战，美国的军队赶紧修了一条简易的飞机跑道和公路。他们以为，信天翁不会再前来攻击了。

但是，天一亮，无数的信天翁又从天而降。它们立刻占领了美军费了九牛二虎之力修建的飞机跑道和公路。美军采取了种种措施，都无法令信天翁们离开荒岛。信天翁各个一副视死如归的模样。不仅如此，不少的信天翁还向美军的飞机发起攻击，许多飞机的螺旋桨和发动机都被撞坏了。到了最后，美军损失惨重，只好无奈地下令撤离这个荒岛。

此消息传出后，科学界十分震惊。许多科学家都前来进行观察和研究。然而，经过了很长一段时间，科学家们都无法解释为何信天翁的战斗如此有组织性，也不明白是什么力量使它们舍生忘死地保卫自己的家园。

长途飞行的鸽子为何不会迷路

古时候就有"飞鸽传书"一说，人们之所以选择鸽子来完成送信的重任，是因为鸽子可以把信送达后再准确地回到主人的身边。那么，鸽子为什么不会迷路呢？科学家们经过研究发现，那是因为鸽子有利用地磁场导航的能力。

众所周知，地球是一个巨大的磁体。地球的地理北极大致对应着地磁场的磁南极（S极），而地球的地理南极则大致对应着地磁场的磁北极（N极）。这两种矛盾的称谓给说明带来了很大的不便，因此，习惯上称位于地理北极附近的地磁极为"磁北极"，但它具有S极的磁性；而位于地理南极附近的地磁极则被称为"磁南极"，但它具有N极的磁性。地球上的所有物体只要是带磁性的，都要受到地球磁场的作用力——排斥力或者吸引力的影响。那么，鸽子是怎样掌握方向的呢？科学家们发现，鸽子的眼中有一块突起的骨头，称为"磁骨"，鸽子正是通过磁骨测量地球磁场的作用力来为自己的飞行定向的。

科学家们曾做过这样的实验。他们选取20只具有大致相同飞行素质的鸽子，把一块磁铁装在其中10只鸽子的翅膀下，而另10只翅膀下则被装上等重的铜片，然后它们被一起放飞。结果，装有磁铁的10只鸽子到4天后才有1只疲惫不堪地飞了回来；而装铜片的10只鸽子在1天之内只有1只没有返回。这是因为鸽子翅膀下的磁铁干扰了地磁场对它的影响，从而破坏了它的磁性导航功能。

鸽子这种卓越的飞翔技能和认路的本领，为人类做出了很大的贡献。第一次世界大战期间，法国的凡尔登城被德军包围，其通信设备被炮火彻底破坏。在这种万分紧急的情况下，人们利用鸽子终于顺利完成了通信联络。早在20世纪50年代初，我国就已经训练了正式列入军事编制的军鸽。它们为在深山老林执行任务的边防军传送情报，不管距离多么遥远，地形多么复杂，每次都能圆满地完成通信任务。

除了鸽子以外，科学家们还在蝴蝶、蜜蜂以及海豚等多种可以认路的动物身上发现了类似于"磁骨"的东西。这种生物磁性物质的发现，无疑为人类研究动物打开了一扇新的大门。此后，人们对这一现象的研究将更加深入。

蝙蝠与夜蛾靠什么"斗法"

蝙蝠号称"活雷达"，因为它能在夜间随意飞行捕捉"猎物"，却不会撞到障碍物。这就使蝙蝠成为很多小飞行动物的"克星"。但有一种动物却能轻易地避开它，那就是夜蛾。这一点引起了科学家们的极大兴趣。

人们通过电子仪器发现，蝙蝠在飞行时，口中可以发出几万赫的超声波。当碰到昆虫或障碍物时，这种超声波会被反射回来，被蝙蝠的两个耳朵接收。传到神经中枢以后，蝙蝠便可准确地判断出目标和距离。因此，这种超声信号是蝙蝠能准确地捕捉到昆虫、避开障碍物的"秘密武器"。

由于超声波的频率在两万赫以上，人的听觉是感觉不到的，所以人听不到这种声波。和其他波动一样，超声波可以在各种媒介诸如固体、液体、气体等物质中传播，并且速度和声波相同；而且在两种媒质的交界面上，也会发生反射和折射。所不同的是，和普通声波相比，超声波频率高，波长短，所以它像光波一样，可以集中向一个方向传播。在传播中即使遇到很小的障碍物，也会发生反射。

科学家们发现，正是这种精确的超声波定位系统，即声呐系统，保证了蝙蝠捕食昆虫不会发生判断失误的情况。有时它在短短一分钟内可以捕捉19只蚊子，其速度之快让人不得不佩服。但蝙蝠在捕食夜蛾这种昆虫时却并不顺利。科学家们反复研究后，终于发现了夜蛾不易被蝙蝠捕捉到的秘密。

原来，夜蛾具有一套精妙的反声呐系统，可以对抗蝙蝠的侦缉。夜蛾是一种害虫，危害棉花、玉米和果树。在它的胸腹之间，长有特殊的"耳朵"——鼓膜器。这种鼓膜器能听到20万赫的超声波。因此，当蝙蝠发出超声波时，它能听到并及时逃避开。即使在充满噪声的情况下，夜蛾的鼓膜器也能非常灵敏地分辨出蝙蝠发出的声波，它的灵敏度比世界上最好的微音器还要好。

对抗蝙蝠的另一个"法宝"，是夜蛾的振动器。这是一种长在关节上的振动器，它能发出一连串的超声波，干扰蝙蝠的超声波，使它无法摸清夜蛾的准确方位。

有些夜蛾身上还长有一层绒毛，这层绒毛也有保护作用。这种绒毛能吸收蝙蝠发出的超声波，使得蝙蝠的"声雷达"的作用距离因收不到足够的回声而缩小，从而使夜蛾得以逃出蝙蝠的"罗网"。

夜蛾的精妙的反探测系统为武器设计者打开了新思路。受蝙蝠高超的"超声定位"系统和夜蛾的反声呐系统的启发，科学家们准备研制一种新的抗干扰的雷达装置。这项技术一旦获得成功，将在军事侦察、天文、气象观测中广泛应用并发挥巨大威力。

所以说，大自然是人类创造活动的不竭的灵感源泉。随着人类对大自然认识的不断加深，相信我们可以发现更多令人惊叹的奥秘，创造出更多的为人类造福的仪器。

昆虫在水中是怎样呼吸的

大家知道，人在水里是不能呼吸的。但是，地球上有很多昆虫却是生活在水下的。只要是生物都要呼吸，那么水下昆虫是怎样进行呼吸维持生命的呢？

生物学家们对昆虫的进化过程进行研究，发现昆虫的祖先是有鳃的。只是在它们离开海水到陆地上居住时，鳃才慢慢退化消失了，取而代之的是一种用来呼吸水面以上空气而不呼吸溶解在水里氧气的新器官。而那些从陆地重新回到水里生活的昆虫，为了适应水里的生活环境，必须改变呼吸空气中氧气的呼吸系统。水生昆虫们为了能在水中呼吸，慢慢演变出各种各样巧妙的办法。

通过水肺进行呼吸便是其中的一种。水肺是一种昆虫所带的气泡，这个气泡具有与鳃类似的作用。它与昆虫身上的气门连接在一起，使动物能够在水底呼吸空气。水肺里的氧气被昆虫逐渐消耗时，气泡里的氧气压力逐渐降低，当这种压力降到比附近水里的氧气的压力小得多的时候，水中较高浓度的氧就会渗入水泡内氧浓度较低的气体中，通过这种方式水肺可以补充消耗掉的氧气。通过这样不断地消耗，不断地补充，昆虫从它的水泡里所获得的氧，要比水泡里的原有氧气多得多。一只昆虫把从陆地上呼吸的氧气带到水里，大概只够它使用20分钟，然而由于水泡可以不断从周围的水中补充到氧气，因此它在水里的生存时间可以长达36个小时。

使用潜游通气管呼吸空气是另一种比较常见的办法。水中的幼虫就是用这种方式呼吸空气的。潜游通气管长在它们身体后部，这样，它们吸取空气时，只要浮到水面上，把这根管子伸出水面就行了。潜游通气管的口上有一些瓣膜，在水里的时候，这些瓣膜是紧闭的。当潜游通气管的尖端

龙虱是一种水生食肉性昆虫，它能在翅膀下卷住一串气泡，使它可以在水中呼吸。图中的龙虱正在捕食一条小鱼。

露出水面后，瓣膜就自动张开。这主要是因为水对瓣膜的外部表层有一种吸力，当通气管伸出水面时，水的吸力作用可以使瓣膜的叶片向外向下展开，从而使这根管的呼吸孔露出来，它就是这样呼吸到空气的。水虻幼虫的通气管与上文提到的稍有不同。在它的通气管的尖端长了一些扁状细毛，这些细毛围成一个圆圈。幼虫浮游于水面时，细毛会在水的作用下向外展开，使幼虫牢牢定在水面上，这时呼吸孔随之张开。当呼吸结束幼虫再次潜到水里的时候，扁状细毛又自然地向里弯曲，形成一个储备空气的气泡。

还有一些以蜉蝣、蜻蜓和石蚕蛾的幼虫为代表的昆虫用气管呼吸。这类昆虫仍然保留了陆上昆虫具有的气管，所不同的是，它们的气管与鳃相连，因为鳃可以过滤溶解水里的大量氧气。这些鳃像稀疏的羊齿叶子一样，有的从腹部向外延伸，有的则是由胸部和头部向外延伸。蜻蜓幼虫的构造与此稍有不同。它们的鳃长在消化管后端，呼吸时需要借助身体外壁的伸缩来完成吸水排水的过程。这些鳃的作用是可以把氧气通过鳃的表面送入气管。大部分蜉蝣的幼虫长有7对鳃，一般为椭圆形扁甲状，覆盖在腹部两侧。其中除了第7对是静止的以外，其余位置靠前的六对则是不停颤动的。第一对像橹那样摇晃，接着后面几对依次颤动，有点儿像"多米诺骨牌效应"。这样一来，水可以源源不断地流到鳃里，到达最后一对鳃时把水放出。此时，水里的氧气已被全部吸收，这时蜉蝣便会去寻找新的含氧水。当水里含氧量较高时，蜉蝣的鳃颤动的节奏较慢。如果水里氧气较少，鳃便会加速颤动。这时，在幼虫身体两侧出现晕轮形状的东西。

还有一些昆虫无须浮出水面就可以吸取空气中的氧气。一种名叫水蝎的水虫是它们需要的典型代表。这种昆虫的腹部长着一个针状的不能伸缩的呼吸管。有些甲虫和蝇类的幼虫，也能够在水里呼吸空气。它们的特殊之处在于，它们需要的空气是从水生植物的细胞空隙里取得的。有一种蚊虫长在沼泽地带，它的幼虫也有一个尖针状的通气管，它就是通过把这根通气管刺入香蒲和菅茅之类的水草组织内部来吸取空气的。除了上述几种昆虫可以在水里呼吸空气外，寄生虫也有这种本领，它们使用的是宿主积存的空气。

由此可见，水生昆虫虽然生活在水下，但仍能通过各种各样的办法进行呼吸。这使人们不得不对它们的生存本领发出由衷的赞叹。通过对它们的研究，说不定人类很快就可以发明一种比目前的潜水设备更轻便的潜水器呢！让我们拭目以待吧！

蚊子是怎样吸血的

蚊子是最让人类头疼的小昆虫之一。因为它们通过吸食人的血液，大面积地传播疟疾、丝虫病和黄热病等疾病。可人类又总是拿它们没办法，因为它们总是有办法让人类的各种灭蚊措施变得无效。只要夏天到来，它们就在黑暗中向沉睡的人们肆无忌惮地伸出"魔掌"。

为了研究蚊子是如何吸血的，以及蚊子如何通过吸血传染疾病，科学家选择了埃及伊蚊作为研究的突破口。

埃及伊蚊是所有蚊种中最危险的一种蚊虫，它不仅传播黄热病，同时也比其他任何种类的蚊虫传播的疾病更多。可这样一个极具杀伤力的小东西，外形却美丽异常，它身上布满了银白色和黑色鳞片相间的斑纹，看起来犹如一只会飞的华南虎。

埃及伊蚊喜欢吸食人血，但并不是所有的埃及伊蚊都有此嗜好，科学家们发现只有雌蚊才会如此。为了证明这一点，他们将一只雄蚊的喙尖轻轻地接触人的皮肤，结果发现雄蚊并没有做出任何反应来试图刺入人的皮肤去吸血。

雄蚊和雌蚊的这一区别在它们还是幼虫的时候就表现得非常明显。雄蚊幼虫在刚开始学会寻找食物时只吸甜液，如鲜花蜜或水果汁液，而且当人们把甜液和血液摆在它面前时，它也会首先选择前者。可雌蚊幼虫就不同了，它也会吸食甜液，但一旦有血液可以选择时，它的首选却是血液。有意思的是，科学家发现大多数雌蚊幼虫在吸饱甜液之后，在3个小时左右的时间里对血液不再感兴趣。在这段时间内纵使将一只手放在它的面前，它也会不予理睬。这个现象表明雌蚊在喝饱甜液之后，某些诱发它吸血的功能被抑制了。至于为什么会这样，目前科学家还是一无所知。

科学家还发现埃及伊蚊主要靠触角上的微小感觉器官来寻找人的气味，并通过这个气味去寻找吸食目标。下面这个实验就证明了这一结论：把一只饥饿的雌蚊的两个触角都除掉，那么，这只雌蚊就会对近在咫尺的人视而不见，即使将雌蚊直接放到人手上，它通常也不会去吸血。究竟是什么气味诱使雌蚊前来吸血呢？目前科学界还没有统一的定论。不少科学家认为乳酸、皮脂、氨基酸以及各种激素都可以吸引雌蚊，而有的科学家则认为三磷酸腺苷能引起雌蚊的刺入行为，更有科学家推测5－导向磷酸腺苷可以导致刺入后的吮吸行为。可是这些结论都还需要更进一步的证实。

为了认识雌蚊吸血行为的全部过程，科学家对它进行了仔细解剖，结果如下：雌蚊头部正前方有一个凸出来的喙，喙包括上唇和下唇。上唇是一个尖锐的口针，它能形成一个翻卷的导血沟。上唇两侧有两个细长的上颚，其下又有两个较大的针状下颚，其末端呈细锯齿形。在它们的下面是一个扁平的口针，叫作下咽。沿着下咽往下则有一个单独唾液管。下唇较大，有鳞片，唇的尖端有两个多毛的叶状物，叫作唇瓣。这个下唇形成一个深槽，槽内隐藏着一小束长的、逐渐变细的淡黄色的刺吸口针，统称为口针束。口针束既有刺针的作用，又有食物管的作用。

蚊子的口部放大图

蚊子吸血示意图
雌蚊用刺吸口针刺穿皮肤
雌蚊的刺吸式口器
蚊子把抗凝血素排到猎物血液中防止其凝固
血管

这就是雌蚊吸血所使用的工具的构造。当蚊虫一沾上人的皮肤时，它的唇瓣就迅速张开，口针束中呈细齿形的下颚随之以极快的速度刺入皮肤组织。血液通过口针束流入导血沟，随后流向腹部。在吸血的同时，雌蚊还不忘时刻警惕外界的突然袭击。它身上有一类似气压计的特殊器官，可以迅速测量出极为微小的气压变化。一旦气压随着袭击的发动而有所异常时，雌蚊便会当机立断，马上逃之夭夭。

当雌蚊吸饱血后，它就马上抽出刺入皮肤的口针束。口针束从皮肤中一抽出，就向上方和前方弹起，然后缩回到下唇的深槽中去。至此，吸血才算大功告成。

科学家通过研究雌蚊吸血的姿势，发现雌蚊在吸血时有一个很奇怪的惯用姿态，那就是在少于3条腿支撑身体的情况下，它会放低腹部，并展开1只翅膀，形成了一个稳固的基础以继续吸血。这一下引起了科学家的兴趣：难道雌蚊的腹部与它吸血有什么必然的联系吗？于是他们将雌蚊的腹神经索在它的胸部和第一腹节之间切断，结果雌蚊在腹部饱胀之后仍会继续吸血，直到腹部胀破。而在腹神经索完好无损的情况下，雌蚊就算被砍断了其他肢体也能控制吸血量。这就说明腹神经索是控制雌蚊吸血多少的一个信号源。

尽管在对雌蚊的仔细研究过程中，科学家对蚊子吸血的方式、过程等已经有了比较全面的了解，但对于怎样根据这些知识来有效地防止蚊子传播疾病，还是一个需要进行更深入研究的问题。

蝉为什么要"引吭高歌"

炎炎夏日，树上的蝉总是"知了、知了……"地叫个不停，令人心烦意乱。细心的人会发现，蝉刚开始叫的时候是低沉的"咚咚"声，然后逐渐变成烦人的噪声，震耳欲聋。天气越热它们叫得越欢，而且时间还越长。可是只要一到傍晚，凉风一吹，蝉们就默不作声了。

有意思的是，古代文学家为了抒发自己的情怀，常常以蝉为诗，他们认为蝉只吃树上的露水，不沾俗尘，是一种十分高洁的动物，所以常用它喻指自己的品行高洁，从而来咏叹自己的怀才不遇。

尽管如此，人们对蝉的认识还是从它的噪声开始的。在动物世界中，蝉可算得上是一个出色的"鼓手"。在它的腹部两侧各有一片薄膜，叫作声鼓，一块盖片覆在其外。里面不仅有鼓膜，还有一个完整的扩音系统，由1个音响板、2片褶膜和1个通风管组成。蝉在高歌时，你不要以为它是用锤敲鼓，相反它是使肌肉徐徐颤动，拉动鼓膜，振动空气，又在褶膜里使发出的颤音扩大，然后从音响板上将颤音反弹回来，音量就变得更大。接着，只要一张开穴上的盖片，鼓声就传扬出来了。

蝉为什么要如此"引吭高歌"呢？原来，这嘹亮的歌声是求偶的表现，希望引起其他蝉的注意，这标志着它就要举行"婚礼"了。一般成年雌蝉都不会发出声音，只有成年的雄蝉才会引吭高歌。

蝉可算得上是世界上最长寿的一种昆虫，然而它却要在地下度过大半生。幼虫一般要在地下生活两三年，长的可能要五六年。现在，科学家所了解的寿命最长的蝉是美洲的 17 年的蝉和 13 年的蝉，也就是说它们每隔 17 年或 13 年才孵化一次。蝉所遵循的生命循环是十分奇异的，所以科学家叫它周期蝉。

蝉的幼虫从地下钻出来的时候，会在地面上留下一个个小圆洞，像蜂巢一样。这时的蝉还没有翅膀，最为坚强有力的是前腿。它们爬上树梢或草丛，蜕掉一层浅黄色的蝉衣后，就变成了有翅膀的蝉。

成年后的雄蝉很快就会发出求偶的鸣声，这些声音对雌蝉来说，就像是一种美妙的爱情乐曲，从而使"婚礼"的进程加快了。受精后的雌蝉会把嫩枝劈开，把卵产在枝叶内。完成延续种族的任务后，雄蝉和雌蝉于几个星期后就死去了。

虽然成年的蝉死去了，但生命依然在循环不息。嫩枝内的受精卵不久便孵化出来，新一代的生命又开始了。

美国的科学家发现，蝉至少有 20 个不同的族群，各自根据自己的生命周期进行繁殖。因此，每年都有不同族的蝉出现，这样来看 17 年的周期似乎也就不长了。

也许很多人会问，蝉为什么要大半生都过着暗无天日的地下生活呢？蝉在地下度过漫长的幼虫时期，通过树根得到水分和营养，这样就可以几度寒暑。生物学家认为，蝉的这种繁殖方式有一定的自然保护意识。因为这样可以使蝉少受鸟类等捕食动物的攻击，从而保存了有生力量。

英国科学家于不久前证实了蝉和蟋蟀等能担任天气预报的工作。原来，蝉和蟋蟀频繁发出的特殊声音与气温有很大关系。科学家们据此绘制了一张图表，从而可以预报第 2 天早晨是冷还是热。

夏日，人们早已熟悉了蝉的聒噪，然而细细了解蝉之后，才发现居然有这么多的学问。看似很寻常的一件事，背后竟蕴藏着如此深奥的道理，看来大千世界还有无数的奥秘等待人类去发现。

蝴蝶为什么要迁飞

蝴蝶漂洋过海时总是成群结队、浩浩荡荡。

它们为何要兴师动众地进行如此庞大的迁移工程呢？

有昆虫学家认为，昆虫迁飞是为了逃避不良的环境条件，此乃物种生存的一种本能行为。它与遗传和环境条件有关。与此同时，他们提出两种假说：

第一种认为：迁飞就是昆虫对当时不良环境条件的直接反应，如食物缺乏、天气干旱、繁殖过盛等。如大菜粉蝶，如果它寄生的植物不能为它提供美味可口的食物来源，它就会迁飞，去寻找适合自己的。相反，如果它寄生的植物已能满足它的需要，它就不用迁飞了。

第二种认为：某些环境条件的变化，会影响到昆虫的个体发育，致使昆虫发育成为一种迁飞型的成虫。它们往往在形态、生理状况和行为方面与居留型成虫有明显的不同。光照周期、温度、种群密度、食物条件的不同，都可能使成虫在生理和飞行能力上产生明显的分化。

但以上两种假说，并不能解释众多种蝴蝶迁飞的现象。如美洲的大斑蝶，每当冬天来临之前，它们就纷纷结群，从寒冷的加拿大出发，飞到墨西哥的马德雷山区过冬。来年春天，它们又成群结队地飞回北方。每当蝴蝶迁飞时，蝶群如行云一般，遮天蔽日。有人曾测算过迁飞的蝴蝶数量，有300多亿只。且个个目标明确，直飞目的地，从不开小差。它们每年定期在固定的两地之间迁飞，不会错走他乡。科学家目前仍觉不可思议。

弱不禁风的小小蝴蝶，为什么有飞越崇山峻岭、漂洋过海的巨大能量？这股能量是从哪里来的呢？从动力学角度来看，蝴蝶是飞不了那么远的。

苏联科学家米哈伊洛夫娜和斯维塞尼戈夫认为，蝴蝶迁飞时使用了先进而节能的"喷气发动机原理"。某种粉蝶在飞行中有1/3的时间翅膀是贴合在一起的，它们巧妙地利用自己翅膀的张合，使前面一对翅膀形成一个空气收集器，后面一对翅膀形成一个漏斗状的喷气通道。在每次扇动翅膀时，喷气通道的大小、进气出气口的形状及长度，还有收缩程度都有序地变化着。两翅间的空气由于翅膀连续不断地扇动而被从前向后挤压出去，形成一股喷气气流。一部分喷气气流的能量用来维持飞行的高度，另一部分所产生的水平推力则可用来加速。蝴蝶就是用这种"喷气发动机原理"来漂洋过海的。但它们又是如何操纵这个"喷气通道"的呢？

谜中有谜，近来有科学家正在用雷达对蝴蝶迁飞进行跟踪追查，但愿蝴蝶群迁之谜底早日得以公布于众。

探究萤火虫发光的内在机理

萤火虫流动的荧光常在夏夜给人们带来无尽的遐想，让孩子们获得谜一样美丽的想象。这些荧光五颜六色，有淡绿色、淡黄色，也有橘红色和淡蓝色。

萤火虫美丽的荧光可不简单，它带给科学家的启示可不少呢！科学家们根据萤火虫的内在机理，人工合成冷光，用在含有易爆瓦斯的矿井和弹药库中，也用于水下作业。

在医学上，科学家将从萤火虫身上提取的腺苷磷酸与癌细胞相结合，根据癌细胞内腺苷磷酸发亮的强弱程度来判断癌细胞生长的程度极其活跃情况。

在工业上，腺苷磷酸可用于

三磷酸腺苷是萤火虫"活灯笼"美誉的能源，它们集聚在一起发出的光不亚于一只灯泡发出的光，这得益于其腹部有一个发光器的缘故。

探测金属的污染和分析过滤金属元素，亦可鉴定水的污染情况。在航天上，腺苷磷酸在探测太空是否有生物存在上也可大显身手。

夏天的夜晚，当人们看到一个个小亮点一闪一闪地在夏天凉爽的夜风中游来游去时，不用猜就知道是萤火虫。但与此同时，人们也很想知道萤火虫是怎样发光的。

萤火虫是一种世界性昆虫，世界各地都有，而且种类繁多。萤火虫身体扁平细长，一般来讲，都是雄虫有翅，雌虫无翅。全球总计约有 2000 多种不同的萤火虫，而且基本上都能发光。不仅是萤火虫的成虫，它的卵、幼虫、蛹也都能发光。它的这种特殊的本领是用来招引异性和"求爱"的。

可萤火虫为什么能发冷光呢？科学家们通过研究揭示了这个秘密。原来在萤火虫的腹部有一个发光器，发光器上有发光层，其表皮是小窗孔状的。在发光层下面是反光层。这些发光层上包含有几千个发光细胞，每个发光细胞里都有荧光素和荧光酶。荧光素在荧光酶的作用下，可以和氧化合发出荧光，而氧气是由发光器周围的气管供应的。

那么，萤火虫的光亮为什么忽明忽暗呢？主要原因是当气管输送的氧气充足时，荧光强；当氧气减少后，荧光便会变弱，甚至完全熄灭。但是，在萤火虫体内有一种叫作三磷酸腺苷的特殊物质，这是一种高能化合物，它能一次次地为萤火虫再度点亮"活灯笼"提供能源。每当荧光变弱时，荧光素在与三磷酸腺苷相互作用后便重新再生而发光。

单只的萤火虫发出的光虽然微弱，但如果把许多萤火虫放在一起，它们发出的光就可以抵上一个灯泡发出的光。我国古代有个著名的故事说的就是一个书生怎样借萤火虫光读书的。晋朝时的车胤非常喜欢读书，但他家境贫穷，点不起灯。因此他想了一个办法，他用很薄的纱布做了个小口袋，然后抓很多萤火虫放到里面。到了晚上萤火虫都发光了，于是他就借着这个光亮读书学习。

在国外，也有一个与萤火虫有关的真实故事。那是 1898 年，在美军与古巴的战场上，著名的哥加斯医生正在为伤兵施行手术，不料灯突然灭了。这时他急中生智，用一个装满了萤火虫的瓶子发出的光亮，成功地完成了手术。据估计，集中三十七八只扁甲萤在一起，它们就可以发出相当于 1 支蜡烛燃烧的光亮。

萤火虫发光的特性给了科学家很大的启发。最近几年，科学家们先是从萤火虫的发光器中成功地分离出了纯荧光素，后来又从中成功地分离出了荧光酶。此后不久，又用化学方法人工合成了荧光素，科学界称之为冷光源。目前，我们日常使用的光源，一般只能把 1/10 的电能转化成光能，而剩下的 9/10 都被转化成热能而损耗掉了，所以，发光效率很低。由于发电需要消耗大量的煤、油等不可再生性能源，不仅不利于环境保护，而且也很不节约。而荧光素是可再生资源，用它发光不用担心能源枯竭的问题。而且冷光源光色柔和，不会对人的眼睛造成刺激和伤害。除此之外，冷光源还有一个最大的优势就是它的能量转化率极高，它可以将几乎 95%的化学能转化成光能，大大地提高了资源的利用率。

根据目前科学界对冷光的研究成果，我们可以预见：在未来人类生产和生活中，冷光将以其无与伦比的优势替代电光，并广泛地应用于制衣等领域。人们的生活将因冷光而更精彩。

蜘蛛结网的奥秘

夏季，在树下乘凉时，人们常常会看见蜘蛛在树枝间结的网。这些像八卦阵一样的网在蜘蛛的捕食过程中发挥着奇妙的作用。这些蜘蛛是怎样结网的呢？

全世界的蜘蛛约有4万种，属节肢动物。它们胸部长着8条腿，腹部有许多构造复杂的纤细的丝管的丝囊，共有3对。它们能吐出不同颜色的蛛丝，通过梳、拉、织、绞等方法，能制造出如陷阱、网巢、育儿袋和通信线路等的各种蛛网来。

蜘蛛有很奇特的繁殖方式。雄蜘蛛成熟较早，常常主动出击。对于雄蜘蛛的求爱，雌蜘蛛不但不愿意接受，还对雄蜘蛛进行攻击，甚至吞掉它。雄蜘蛛接近雌蜘蛛时，总是小心翼翼的，还百般爱抚雌蜘蛛。雌蜘蛛有时张开前螯来咬，雄蜘蛛只好夹住雌蜘蛛的毒螯，趁机向雌蜘蛛的孕囊里射精，然后仓皇逃离。蟹蛛则利用强劲的丝来求爱，它把对象捆绑起来，系在地面上强行求爱。

受精后，雌蜘蛛就开始编织卵袋，这仿佛成了它日常生活中最重要的工作。卵袋鸡蛋般大，非常复杂，而且十分精致。这种蜘蛛先用长丝在树枝和树叶之间搭好架子，然后织出一个1厘米深的像白缎子一般的口袋，这个袋子专门用来盛放蜘蛛产的卵。然后，它会在袋口织一个盖，盖子盖上后，就可以保护那些已经盛放在袋子里的卵了。接着，蜘蛛又开始织丝绒，使卵能暖暖和和地待在袋子里。它吐出棕色的丝团包住卵袋，这层丝被拍打成疏松的绒胎后，蜘蛛又在外面再包上一层厚厚的白色外衣。最后，再织一条美丽的深褐色的带子，围在最外面。这样，全部的工作才算完成，于是蜘蛛就离去了。

蜘蛛的生命很短，一般不超过八九个月。到了深秋，蜘蛛的生命也就快到尽头了。可是，那些住在卵袋里的小家伙却温暖而安全地度过了严寒的冬天。春天来了，在阳光的照射下，卵孵化出来了。这时，卵袋自动被打开，里面爬出来一些幼小的蜘蛛。它们一出来，就会在树枝上拉出丝来，风一吹，它们就带着各自的丝随风飘散。

蜘蛛一般在夜里织网，它是典型的近视眼，而且没有耳朵。蜘蛛织的网有很多形状，有圆形、三角形，也有多边形，种类不同，形状也就不同。正是依靠各种不同的网，蜘蛛才能从容地应付各种不同的事情。

有人说蜘蛛属于智能动物，此话不无道理。首先，它是个化学家，从织出的丝网的形状、颜色和大小就可以看出这一点；其次，它还是个数学家，从蛛网分角度、卵袋自动张开可以看出来；它还是个自动控制专家，从小蜘蛛乘降落伞飞散各地等可以看出这一点。实际上，这只是蜘蛛在长期生存斗争中形成的一种本能。

蜘蛛在结网前，会先架一条"天索"。据科学家观察，蜘蛛架天索有两种办法。第一种方法是：蜘蛛先找一个固定点，将丝固定其上，自己拉着丝下垂到地面，然后爬到对面的屋角或树枝上。在爬的过程中，不断地放丝，到目的地后，用脚把丝收到合适的长度，再找一个新的固定点固定丝，这样，天索就架成了。不过这个方法比较辛苦。

另外一种方法则非常有趣。蜘蛛从自己所站的树枝或屋角，引出许多根丝，这些丝的长度都足够到达对面。在风中，这些丝一直飘荡着，蜘蛛不时地触摸蛛丝的固着点，等到其中一根丝拉不动了，天索就架成了。原来，在风中丝的另一端吹到了对面，黏在了树枝或其他东西上形成了新的固定点。

据观察，大蜘蛛一般在傍晚结网，小蜘蛛却是在白天结网。它们先从后腿的吐丝器抽一些丝固定在树枝或树叶上。然后，它吐出一根丝横穿过来，丝上有一个白点，这就是网的中心。接着，它拉着一根丝向中心走，拉得很紧，其余的丝聚到中央的白点去，这样重复进行。走一段，加上一条辐线。当然，加上的辐线在整个蛛网上是平衡的。辐线的数目是有规律的，一般说来，角蜘的网有21条辐线，有带的蜘蛛有32条，丝蜘有42条。蜘蛛所拉的辐线把蛛网分成许多份，每一份的夹角基本相等。

这一切做好之后，蜘蛛就开始绕着中心盘旋起来。它先在半径上做一条螺旋线，这条线只是辅助线。然后，蜘蛛走出来，从外圈开始盘旋着走向中心，一边走一边在半径上放上螺旋线。在走的过程中，到达每个地方的辅助线时，就把这些丝聚成小球，放到半径上。螺旋线越靠近中心，每圈间距就越小，越绕越密，终于分不清圈间距了，就像数学上的对数螺线。对数螺线无限接近中心，却永远不能到达中心。

探究蜜蜂发声和蜇人身亡的奥秘

蜜蜂一直是勤劳者的象征，它们不知疲倦地采集花粉。每当听到"嗡嗡……"的声音时，我们就知道：蜜蜂又开始工作了。但你知道蜜蜂的叫声有什么作用吗？

研究者发现，通常蜜蜂飞行时，发出的嗡嗡声在175～200赫之间；而在给花授粉时，蜜蜂常常夹紧翅膀，并发出频率在300～400赫之间的嗡嗡的声音，远高于平时的声音的频率。原来，授粉时的高频率嗡嗡声，可以使散发出的花粉形成花粉尘雾，一部分花粉就很容易落到蜜蜂身上。英国剑桥大学的赛利·考柏特和他的同事们发现，蜜蜂特别喜欢那些干燥的粉状花粉的花朵。尤其在温度较高、湿度不大的环境下，蜜蜂喜欢光顾花朵。此时，蜜蜂发出的叫声会让大量花粉落在自己身上。虽然人们还不知道蜜蜂怎样用声波授粉，但是这种方式显然是经过蜜蜂精心设计的。

但是，蜜蜂也有让人害怕的一面，那就是它那根又尖又细的刺。许多调皮的小孩都有挨蜇的经历。

蜜蜂的刺蜇起人来人会感觉很疼，这是因为里面含有酸的缘故

蜜蜂刺的特写镜头

其实，蜜蜂常常是冒着生命危险螫人的。原来，蜜蜂的螫人刺针长在腹部末端，是由一根背刺针和两根腹刺针组成，刺针尖端有很多小倒钩，刺的后面连着内脏器官和毒腺。当蜜蜂刺针螫入人体的皮肤以后，小倒钩牢固地钩住了皮肤，蜜蜂拔刺时，一部分内脏也被刺拉了出来。这样，蜜蜂就死去了。所以不到万不得已的时候，蜜蜂是不会螫人的。当蜜蜂螫到某些昆虫时，它可以顺利地拔回刺针，使自己免于一死，因为那些昆虫的身上一般覆盖着硬质表皮。

无论怎样，蜜蜂是一种益虫，我们应该对其进行保护。

蜂群是由三种成员组成的，主体是工蜂，且它们都是雌蜂，这些雌蜂有7万只左右，但是，都不会生育。此外，还有一只蜂王和许多雄蜂，数量有600～800只。这个群体有十分稳定的结构和非常精细的分工，是一群高度合群的昆虫。工蜂的主要工作是修巢建房、清理垃圾、采花酿蜜、守卫门户，此外还要侍奉蜂王和哺育幼蜂。

建蜂巢时，工蜂腹部下面的4对蜡腺便开始分泌蜂蜡，利用这些蜂蜡来建造蜂巢。工蜂的蜡腺发育很快，只用12～18天。工蜂在建房前会饱餐一顿蜂蜜，这样大量的蜂蜡就能源源不断地分泌出来。

蜜蜂还是自然界中的建筑师。几千甚至数万间蜂房才能组成一个蜂巢，它们都是六棱柱体，而且大小相等，底面是一个倒立的锥形，是由3个锐角都是70°32′的全等的菱形封闭起来的，而且蜂房的容积几乎一样，都是0.25立方厘米。蜂房是相互嵌接的平行排列的结构，组成的蜂巢非常精巧。这种结构的住房十分符合几何学原理，并且能省下大量的材料。在一昼夜内，一个蜂群盖起的蜂房能多达几千个，速度惊人。

探寻海豹的定位技术

大自然在创造万物的同时，也赋予了它们各不相同的生理构造和特殊的生存技巧。海豹的"特异功能"就是能够在海水中自由地游来游去而不受风浪的阻挠。海豹究竟是靠什么来导航定位的呢？这一点不得不让人对它产生好奇心。

由于海豹长期生活在水中，它身体的各种器官已经逐渐地适应了海洋环境，发生了很大的变化。为了能在水中快速游泳，追捕鱼类，海豹的外形已演变成了优美的流线型。因为这样的体形可以将涡流产生的高强度的水流噪声降到最低，使海豹能顺利地接收到目标的噪声。

首先发现海豹具有导航定位系统功能的是美国科学家波尔特。1961年，他来到了一个人

敏锐的胡须有助于海豹在水下掌握航向
外耳，很灵敏
光滑的流线型的身体
大而肌肉发达的前鳍
后鳍帮助走路

海豹外部形态构造示意图

迹罕至的荒岛上，该荒岛距旧金山有几十千米远，这里到处是海豹和海狮。一个偶然的机会，他发现一只海狮似乎丧失了视力。经过仔细观察后，他确信这只海狮已双目失明。然而，他又发现，丧失了视力的海狮在水中仍然行动自由，照样灵巧地捕捉小鱼，与健康的海狮相比似乎没什么异样。百思不得其解之际，他对这两种动物产生了极大的兴趣，于是开始进一步研究海狮、海豹的发声。他选择圣迭戈的动物园中的海狮、海豹进行研究。首先他录下了它们的声信号，然后经过认真分析研究，终于发现它们不是用耳朵，而是靠声波在水下探测和定位的。

借助声波，海豹不仅能在漆黑的水下探知水下物体状态，而且连这些看不见的物体的内部构造和大小也"一目了然"。因此，有了声波，即使在黑暗中它也能准确地捕获食物。有一次，有人在不透气的袋中装满了它们爱吃的小鱼，可它们依然能顺利地找到小鱼。更为奇妙的是，借助声波，它还可以在一定的距离内分辨出装在袋中的牛肉、马肉和鱼。

研究人员还发现，除了灰海豹以外，大多数海豹所发出的声波是能够听到的。而且，海豹还具有非凡的听觉本领。

它们的耳朵也出奇地灵敏，不仅可以听到很远的声音，而且还能根据声音分辨出物体的特征。人类由此开始成功研制出一个很有趣的声呐导流罩，实际上就是一个"人造海豹耳"。

人们仿照海豹耳的构造研制出了声呐导流罩之后，水听器的性能也有了不小的改进。以前，舰船在全速前进时，对敌人潜水艇的位置探测不准。现在，利用声呐导流罩就可以探测得非常准确了。

目前，海豹耳为科学发明带来的灵感，大多还只是用于军事技术的改进。希望在不久的将来，关于海豹耳的研究成果能够得到更广泛的应用。

海豚的语言系统为何如此发达

很长一段时间以来，语言被看作是人类的特有功能。殊不知，鸟有鸟语，兽有兽语，很多其他动物也有自己的语言，它们能用特有的信号在同类之间传递信息。被誉为"水下智者"的海豚就有非常发达的语言系统。人类对此投入了极大的关注，为此，科学家们进行了大量的研究工作。

海豚是生活在水里的哺乳动物，和鲸、鼠海豚一起被称为鲸豚类动物，海豚的身体外形已经和它的陆生祖先大不相同了，它已经完全适应了海中生活。它的体形变成了流线型，减少了游泳时的阻力；脖子短而硬，有利于高速游泳；前肢演化成胸鳍，后肢完全消失，鼻孔移到了头顶，能在水面上自由地呼吸；肌肉发达的尾部是强有力的推进器。

海豚是非常聪明的动物，它有与人类大脑相似的沟回，记忆力极强。它虽然视力不佳，但是耳朵却有"看"东西的超常本领。它能通过头骨，特别是下颌骨来接收和传导声音，然后它的"骨头接收器"再把声音传至内耳。不仅如此，海豚的智慧还表现在它能模仿人类的简单的音节和听懂人类的语言方面。海豚如果接受一段时间的训练，就可以和人交流，能按人发出的指示进行表演。

科学家们在研究中发现，海豚的声讯系统非常复杂。法国著名生物学家布斯耐尔教授有一个有趣的发现，即用木棒击水可以引来海豚。

这个现象是在非洲发现的。那里的渔民有一种特殊的捕鱼工具，那就是海豚。他们先在岸边支网，然后一个人用木棒在水中用力击水，发出很大的"啪啪啪"声。用不了一刻钟，在远处地平线上便会出现一排小黑点。当这排小黑点慢慢游近后，你会发现，原来它们是由一群海豚组成的。随着海豚越来越接近岸边，大批的鱼儿被它们驱赶到了岸边。成群的鱼儿为了逃命，惊恐万状地跃出水面，正好落入渔民的网中。通过这种有趣的捕鱼方式，渔民们轻轻松松就捕到了大量的鲜鱼。

此后，在美国佛罗里达海岸，布斯耐尔本人在众多的海洋生物学家面前亲自演示了这种捕鱼方法，现场所有的人无不惊得目瞪口呆。甚至有人认为他是在施魔法呢！

许多人都很奇怪，那么这种情景是如何出现的呢？经过大量的研究和分析，研究人员终于有了答案。原来，木棒击水的声音很像海豚喜欢吃的一种鱼发出的声音，因此渔民用棒击水时海豚误认为发现了食物。非洲渔民正是巧妙地利用了海豚的这种特性才轻易地捕捉到大量的鲜鱼。

但海豚的这种系统，有时也会给自己惹来麻烦。在日本的渔场里，经常有海豚成群结队地闯入袭击鱼群。尽管渔民们怨声不断，但由于海豚是一种受国家保护的海洋动物，各国都严禁捕捞、伤害海豚，以免破坏生态平衡。那么，怎样可以做到既不伤害海豚又保护鱼群呢？日本一个渔业研究所的科学家制造了一种塑料的、身长4米的人造虎鲸。他们在虎鲸肚子里装了一部录有虎鲸叫声的声波发射机，不停地进行播放。由于虎鲸是海豚的天敌，因此海豚一听到虎鲸的叫声，便会害怕地离开渔场逃命去了。

除了十分完善的声讯系统以外，生物学家还发现海豚拥有丰富的"词汇"。它们能发出一系列像哨声一样的声信号作为通信信号。美国科学家研究发现，大西洋海豚和太平洋海豚一共能发出32种不同的叫声，其中9种是两者通用的，另外大西洋海豚经常使用的有8种，太平洋海豚经常使用的有7种。海洋学家们认为，不仅同种海豚之间可以利用声波信号进行通信联络和交流，而且不同种的海豚之间也可以通过这种信号进行对话。

海豚这种海洋动物如此聪明，那么它是否也可能具有与人类的语言表达能力相似的能力呢？为此，美国生物学家厄尔·默奇森曾做了一个试验：厄尔训练了一只雌海豚，名叫凯伊。他为凯伊准备了20个问题，然后，将两个圆球放在凯伊面前，它推红圆球表示有，推蓝圆球表示没有。厄尔把一些大小各异、形状不同的物体放入水中，问凯伊："那里是否有东西？"凯伊经过一番探测，很快给出了正确的回答。

接着，厄尔就物体的形状提出问题："这个物体是圆的吗？"结果，不论什么形状，凯伊都能给出准确无误的答案。厄尔想考一个有难度的问题，于是他在水中悄悄放入一块三角铁，不料凯伊早就察觉出来，立即做出了正确回答。

不仅如此，海豚学习语言的能力也很强。美国学者贡·利里教授曾做过一个这样的实验：他将1～10的数词用英语教给海豚。几星期后，海豚竟能模仿人的声音将这些数词说出来。更令人惊奇的是，它的同伴竟然也会说！原来，海豚能在几秒钟之内把所学的知识教给同伴，而它的同伴学会这些知识也只需要几秒钟的时间。

目前，对海豚这种聪明的海洋动物的研究仍在大量地进行。语言能力是区别人与动物的标志之一。海豚具有如此发达的语言系统，因而很多科学家推测，聪明的海豚可能与人类存在某种联系。

鲸为什么要喷水

一望无际的大海波涛汹涌，人们却很容易发现活动在几千米范围内的鲸类。原来，鲸有一个缺点使自己很容易暴露，那就是鲸喷的水柱。

通过鲸喷出的水柱的高度、形状和大小，人们可以辨别鲸的种类和大小，例如9～12米高的水柱一定是蓝鲸喷的。从远处进行观察，就能发现鲸类并判别其种类。

现在有77种鲸生活在海洋里，主要可以分为须鲸、齿鲸两类。须鲸有11种，分布于全世界的海洋中，地鲸、鳁鲸、露脊鲸等都属于须鲸。它们是一种以水中生物为食的大体积动物。它们的牙床上没有牙齿，只有刚毛，这可以帮助它们把小鱼和鳞虾等从水中分离出来。它们利用脑袋上的两个呼吸孔进行呼吸。齿鲸包括66种，其中包括深受人们喜爱的海豚。与须鲸不同，齿鲸长着尖尖的牙齿，主要用来捕获鱼类和乌贼等食物，而不是用于咀嚼食物。齿鲸的呼吸孔合二为一。齿鲸除了分布于全世界的海洋中外，南北美洲、亚洲和非洲的某些河流、湖泊中也有分布。

从名字上看，很多人都以为鲸是鱼。其实，鲸是哺乳动物，而且还是地球上最大的哺乳动物。鲸在很久以前就是一种完全意义上的哺乳动物，而且是唯一生活在水中的哺乳动物。一开始，它们是生活在陆地上的四足哺乳动物，后来才到海中生活。它们在漫长的岁月中逐渐适应了水中的生活。为了适应海洋的生活环境，它们的身体成为光滑的流线型，而尾巴则变得非常有力，像桨一样，前肢进化为鳍，掌部和趾数都发生了变化，为了呼吸方便，鼻孔居然跑到了脑袋的顶端。

鲸的体长1.25～30米，体重23～150000千克。大鲸像一条巨型鱼，因为脖子短，头与身体好像直接连在一起。骨骼也是从头到尾逐渐变细，像鱼类一样。蓝鲸有30米长、150吨重，是到目前为止世界上发现的最大的动物。它的舌头能毫不费劲地支撑起一头小象，蓝鲸的庞大由此可窥一斑。像一般的哺乳动物一样，鲸是胎生动物。在出生时，幼鲸的头是朝前的。幼鲸一般是在水中被生下来的，刚出生的小幼鲸的鳍还不硬，但是它们一出生便能在水中游泳了。在繁殖地，鲸过着群体生活而且有着非常严格的规则，所有的鲸都会自觉遵守。幼鲸总是跟母亲一起玩耍，有时还要骑在母亲的背上，依靠母亲的力量浮出水面。

那么，鲸为什么要喷水呢？原来，尽管生活在水中，鲸仍旧要呼吸大气中的氧气。鲸有一个很大的肺，如蓝鲸就有一个重约1500千克的大肺，如此大的肺，能容纳15000升空气。这样大的肺容量，对鲸来说大有好处，鲸只需过一段时间到海面上呼吸一下空气就可以了。但是这个时间不能太长，一般过了十几分钟后，鲸就要再次浮出水面，呼吸空气。

此外，鲸还有一个独特的鼻子。与别的哺乳动物不同，鲸的鼻子外面没有鼻壳，头顶两眼的中间就是鼻孔开口的位置。有的鲸有两个鼻孔，但是靠在一起，有的鲸干脆将两个鼻孔合并成一个鼻孔。

鲸在呼吸空气时，先要排出肺中大量的废气。由于压力非常强大，喷气时能发出像小火车的汽笛声那么大的声音。废气冲出鼻孔时，强大的气流把海水带到空中，就像有喷泉出现在蓝色的海面上一样。在寒冷的海洋里，肺内的空气较空气中的温度高，肺中呼出的热空气遇冷凝结成小水珠，也能形成喷泉。在深水里，鲸的肺中的空气在巨大的压力下强烈地压缩，压缩的蒸汽在扩散的时候，也能形成喷泉。

由此可见，鲸喷水是为了呼吸空气中的氧气，产生美丽的喷泉是由其奇特的身体构造所造成的。

鳄鱼为什么要吃石头

鳄鱼有个奇怪的习性，就是喜欢吃石子。有时候，为了找到合适的石子来吃，它们甚至千里迢迢地去寻找。难道它真把这些石子当作食物吗？如果不是，它干吗要吃石子呢？

恐龙是鳄鱼的近亲。美国有两位地质学家曾发现一具大约距今8000万年的恐龙化石，在它的肋骨骨架中也有大大小小的许多的石块，据统计，多达197块。科学家们推测这些存在于恐龙胃里的石块可能与鳄鱼胃里的石块发挥着相同的作用。

正在吃食的鳄鱼
当鳄鱼猎食成功后，会吃石头帮助消化。

科学家们经过观察和研究，终于了解了鳄鱼吞吃石子的原因。尽管鳄鱼的嘴能张得很大，而且满嘴利齿，似乎只吃大动物，其实不然。比如，扬子鳄就只以小的东西为食，例如小鱼、小虾、小昆虫及青蛙之类的东西。而且它在吃东西时，总是囫囵吞食，并不用自己尖利的牙齿进行咀嚼，就像鸡鸭的胗里有助于磨碎食物的小沙砾一样，鳄鱼就是利用石子磨碎食物的。因此，鳄鱼吞食石子的第一个作用就是帮助消化。

在狂风暴雨的海面上，满载货物的船往往能顺利地到达目的地，而空船却常常经不起风浪的袭击。因此，鳄鱼吞食的许多石子起到了"船只压舱物"的作用。鳄鱼吞食石子后，体重增加了，有助于它潜泳。

鳄鱼身上的一层厚厚的盔甲，除枪弹外，没有什么能够穿透。它的利齿并不咀嚼食物，但是，它一旦抓住猎物，猎物就几乎没有生还的可能，它把猎物拖入水中，最终猎物窒息而死。它能整个吞下小的动物，但大的动物如象、鹿等就没那么容易了。它只好把那些大的动物放在水里，等它们腐烂软化后再吃，这样就容易多了。

鳄鱼看似凶猛，它会一边吞食那些弱小动物，一边流泪。但是，据科学家们研究，那只是一种生理现象，而不是痛苦的眼泪。通过流泪，它能把身体里的盐分排出来。和海龟等一样，鳄鱼体内多余的盐分不能通过尿来排出，由于肾脏功能严重不足，因此只能靠一种特殊的盐腺来进行补充，而此盐腺正好位于眼睛附近。所以鳄鱼是以流泪方式排出盐分，在不吃猎物时，它也会流泪。

尽管鳄鱼很凶猛，但大多数的鳄并不会随意地攻击人类。河流和湖泊是它的栖息地，它主要吃水生昆虫、鱼类、蛙类和蛇等，水鸟或小动物也是它的食物。中国长江下游芜湖、太湖等地有一种扬子鳄，它们只在夜间才外出觅食，而白天则居住在自己的洞穴中，并不伤人。扬子鳄是一种活化石，现存的只有500只左右，全部都生活在中国，属一级保护动物。目前世界上仅有两种淡水鳄，扬子鳄便是其中之一。

希腊毒蛇"朝圣"之谜

世界上虔诚的教徒千千万，有谁听过毒蛇也朝圣，且坚定执着之心丝毫不逊于人类呢？

传说在很久以前，希腊有一个美丽的小岛，人们安居乐业，过着自由自在的生活。突然有一天祸从天降，一帮强盗突然袭击了这个岛，并不怀好意地将年轻漂亮的修女关押起来。圣母显然明白这帮强盗的歹意，为使纯贞的修女们免遭强暴，于是就把她们都变成了毒蛇。眼看着美女变成了毒蛇，强盗们吓得落荒而逃，可是毒蛇却再也不能变回美貌的女子了。为了报答圣母的恩德，它们每年在希腊人纪念上帝和圣母的日子里，都会不约而同地到这个小岛朝圣。它们从居住地爬出来，一直爬到这个小岛上的两座教堂，最后停靠在教堂的圣像下面。像是受谁指挥似的，在这里盘结10多天后，才渐渐离去。这种毒蛇带有剧毒，被它咬了，毒性会扩散全身致死，但它们却似乎颇通人性，世代与小岛居民和平共处，从不伤害这里的居民。岛上的居民也敢触摸它们，或将它们缠绕于身上，据说这样可以驱邪治病，保佑岁岁平安。

自始至终让人百思不得其解的是毒蛇朝圣的日子，为什么都选在希腊的重要节日，而它们又是怎么知道纪念上帝和圣母的日子的呢？难道教堂会在这几日发出吸引它们的特殊气味引诱它们前来？更奇怪的是来朝圣的毒蛇头上，都有一个跟十字架极为相似的标记，难道它们会发出同类能识别的声音，让同类成群结伴都来此朝圣？这种朝圣现象据说已持续了100多年，毒蛇也会言传身教，教育自己的后代继续去朝圣吗？

对这一奇怪的现象，人们议论纷纷。或许，这就是神的旨意；也或许这就是此种毒蛇的一种生理本能的表现……我们期待着动物学家们给我们一个令人信服的解释。

青蛙大战之谜

战争与和平是人类社会永恒的话题，战争与和平也是动物世界不变的定律。

1970年11月7日，马来西亚森吉西普的一处大泥潭里，成千上万只青蛙互相撕咬，声震四方。事后池水中蝌蚪、蛙卵和死蛙遗尸遍地都是。

1977年，在中国广州市郊也发生过群蛙大战。春夏久旱，直至9月初才下了一场大雨。雨后的第二天，在近郊公路旁的一个水坑里，数百只青蛙叫声大作，有的在水面追赶，有的用前肢打架，也有的十几只抱成一团，相互鏖战。

美国史密逊博物院为揭示青蛙大战等自然奇景的秘密，于1956年专门成立了"短暂现象研究中心"。这个研究中心虽然只有6名职员，但是分布在185个国家、岛屿和地区的2800多名科学家却都是该中心的通讯员，至今已经报告了1000多宗类似事件。

动物学家调查研究后认为：青蛙的战争是蛙类"群婚"及繁衍后代的一种特殊现象。

一般来说，在中国南方1—10月，在北方4—8月，是青蛙的生殖季节，这期间，尤其是某个雨后清晨，常会看到成群青蛙聚集在池塘、水田里，雄蛙的外鸣囊像小布袋一样不断地扩大和缩小，这是青蛙在争鸣求偶。这个时候，雄蛙尤显活跃，常游于水面，有时还搂抱其他雄蛙，向对方挑战。当雄蛙抱上雌蛙后便不再鸣叫，它的前肢紧紧地搂住雌蛙的胸侧，雌蛙即背着雄蛙钻入水中，开始交配。

蛙类争鸣求偶的现象在风调雨顺的年头比较分散，但若是遇上久旱无雨的年头，蛙类本着寻觅水源的习性，会从各方汇聚到有水的池塘或水田里，可能就会出现成千上万只青蛙大汇聚的奇异景象。有时青蛙还会在"群婚"中死得不明不白，这极有可能是它们的叫声引来了若干蟾蜍，而蟾蜍皮肤会分泌一种毒素，使青蛙中毒而死。

众多青蛙，你争我夺，殊死搏斗，难道仅仅只是为了追求心爱的配偶吗？爱情的力量是否太伟大了？目前，科学家们仍在对此大战进行深入探查，希望不久以后就能真相大白。

植物奥秘

植物自我保护机制的成因
植物光合作用之谜
植物也能用语言交流吗
植物也有感情吗
食虫植物为什么喜欢"吃"虫
阿魏草和阿魏蘑菇的"神通"
……

植物自我保护机制的成因

人类是有智慧的生命，具有自觉的自我保护、防御侵害的意识，而动物也具有自我保护的本能，当有敌害出现时，它们会逃走或用独特的方法去抵御。然则，大多数人可能认为，植物受到昆虫侵害时只会逆来顺受，它们既没有手反抗，也没有脚逃跑。它们没有办法对这些昆虫进行自卫反击。

植物学家们经过长期观察发现，面对敌害，植物并不是无动于衷，它们会用独特的方法保护自己。比如，受到舞毒蛾的侵害以后，橡树的叶子就会集中地分泌一种叫作单宁的化学物质。吃了以后，舞毒蛾就像吃了迷魂药一样，它们迷迷糊糊，反应迟钝，行动缓慢。

有一种赤杨树受到枯叶蛾的攻击时，它们的树叶就会转移营养，并迅速分泌出更多的单宁酸和树脂。吃不到好东西，这些蛾子就只好飞向了另一棵赤杨，以为可以寻找美味佳肴。结果那棵赤杨已经接到了敌害入侵的信号，也迅速把营养成分转移到身体的其他部分，而且还分泌出大量有毒液体，等待着那些枯叶蛾。

植物的这种自我保护方式引起了科学家的兴趣，他们通过各种方式观察、研究植物，试图搞清这种自我保护机制形成的原因。他们发现，植物对于妨碍自己生存的其他植物，也会表现出自我保护的行为。有一个实验：科学家们从种植着野草的花盆里取出一些水来，浇到苹果树的根部，苹果树也在花盆中，经过观察，发现苹果树吸收这些水后，生长速度明显地减慢了。经过分析，科学家得出结论认为，野草能够分泌一种化学物质对苹果树造成危害。

那么，植物为什么会做出这种似乎是有意识的反应呢？目前，科学家对这一问题还无法做出令人满意的解答。但可以肯定的是，植物的自我保护机制是普遍存在的，它们独特的保护方式应该是在长期的生存竞争中，通过自然选择而逐渐形成的。至于自我保护机制形成的具体过程和原因，还有待科学家的进一步研究。

植物光合作用之谜

作为地球上最重要的化学反应，光合作用对大多数人来说，好像并没有什么太大的秘密，它的过程无非就是吸收二氧化碳，放出氧气。然而，尽管光合作用的发现距今已有200多年的历史，并且已有多位科学家在光合作用前沿研究上频频摘取诺贝尔奖，但其内在复杂机理仍被重重谜团笼罩。科学家坦言，要真正揭开"绿色工厂"的全部谜底，仍有很长的一段路要走。

为什么科学家们要对光合作用进行研究呢？这是因为人类所需要的各种生产生活资料都是由光合作用产生的，如果没有光合作用就不会有人类的生存与发展。所以，对光合作用的研究是一个重大的生物科学问题，同时又与人类现在面临的粮食、环境、材料、信息问题等密切相关。现在世界上每年通过光合作用产生2200亿吨生物质，相当于世界上所有能耗的10倍。要植物产生更多的生物质，就需要提高光合作用效率。通过高新技术转化，我们甚至可以让有些藻类在光合作用的调节与控制下直接产生氢。根据光合作用原理，还可以研制高效的太阳能转换器。

光合作用与农业的关系同样密切，农作物干重的90%～95%来自光合作用。高产水稻与小麦的光合作用效率只有1%～1.5%，而甘蔗或者玉米的效率则可达到50%或者更高。如果人类可以人为地调控光能利用效率，农作物产量就会大幅度增加。

近年来，空气里面二氧化碳不断增加，产生温室效应。光合作用能否优化空气成分，延缓地球变暖，也很值得探索。光合作用研究，还可以为仿真模拟、生物电子器件、研制生物芯片等提供理论基础或有效途径，对开辟21世纪新兴产业产生广泛而深远的影响。正是这些，使得光合作用研究在国际上成为一大热点、难点。

早在一个多世纪以前，科学家就已经知道了光合作用，但真正开始研究光合作用还是在量子力学建立之后，人们也越来越为它复杂的机制深深叹服。

现在，科学家们已经知道，光合作用的吸能、传能和转化均是在具有一定分子排列及空间构象、镶嵌在光合膜中的捕光及反应中心色素蛋白复合体和有关的电子载体中进行的。但是让科学家们觉得不可思议的是，从光能吸收到原初电荷分离涉及的时间尺度仅仅为 10^{-17} ～ 10^{-15} 秒。这么短的时间内却包含着一系列涉及光子、激子、电子、离子等传递和转化的复杂物理和化学过程。

更让人惊奇的是，这种传递与转化不仅神速，而且高效。在光合膜系统中，在最适宜的条件下，传能的效率可高达94%～98%，在反应中心，只要光子能传到其中，能量转化的量子效率几乎为100%。这种高效机制是当今科学技术远远不能企及的。

那么，光合系统这个高效传能和转能超快过程到底是如何进行的？其全部的分子机理及其调控原理究竟是怎样的？为什么这么高效？这些都是多年来一

树叶从太阳那摄取阳光

糖分养料贮存在树叶里

空气中的二氧化碳进入树叶

有些养料变成了汁液。汁液从树叶到树根，在植物体内循环流动，为植物生长提供能量

植物在制造养料的同时，将氧气释放入空气中

树根从土壤中汲取水分，水分沿着树干，向上输送给叶子

植物的光合作用

直困扰着众多科学家的谜团。有科学家说：要彻底揭开这一谜团，在很大程度上依赖于合适的、高度纯化和稳定的捕光及反应中心复合物的获得，以及当代各种十分复杂的超快手段和物理及化学技术的应用与理论分析。事实上，当代所有的物理、化学最先进设备与技术都可以用到光合作用研究中。

光合作用的另外一个谜团是：生化反应起源是自然界最重大的事件之一，光合作用的过程是一系列非常复杂的独立代谢反应，它究竟是如何演化而来？美国亚利桑那州立大学的生化学家罗伯特教授说："我们知道这个反应演化来自细菌，大约在25亿年前，但光合作用发展史非常不好追踪。有多种光合微生物使用相同但又不太一样的反应。虽然有一些线索能把它们联系在一起，但还是不清楚它们之间的关系。"罗伯特教授等人还试图透过分析5种细菌的基因组来解决部分的问题。他们的研究结果显示，光合作用的演化并非是一条从简至繁的直线，而是不同的演化路线的合并，把独立演化的化学反应混合在一起。也许，他们的工作会给人类这样一些提示：人类也可能通过修补改造微生物产生新生化反应，甚至设计出物质的合成的反应。这样的工作对天文生物学家了解生命在外星的可能演化途径，也大有裨益。

我国著名科学家匡廷云院士曾深有感触地说："要揭示光合作用的机理，就必须先搞清楚膜蛋白的分子排列、空间构象。这方面我们最新取得的原创性成果就是提取了膜蛋白，完成了ＬＨＣ－Ⅱ三维结构的测定。由于分子膜蛋白是镶嵌在脂质双分子膜里面的，疏水性很强，因此难分离，难结晶。"现在，中国科学院植物所经过多年努力已经提取了这种膜蛋白，在膜蛋白研究上，我国已经可以与世界并驾齐驱。

那么是否可能会有那么一天，人们可以模拟光合作用从工厂里直接获取食物，而不再一味依靠植物提供呢？科学家们认为，这在近期内不可能的，因为人类对光合作用的奥秘并不真正了解，还会很多问题需要进一步弄清楚，要实现人类的这一长远理想，可能还要付出更为艰辛的努力。

植物也能用语言交流吗

英国专家在很早的时候就知道植物有"语言"了。他们的研究结果表明，在正常情况下，植物发出的声音节奏轻微、曲调和谐，但遇到恶劣的天气情况或某种人为的侵害时，它们就会发出低沉、混乱的声音来表现它们的痛苦。据英国专家介绍，植物的语言被称为"微热量语"。人们通过一种特殊的仪器——植物探测仪，把仪器的线头与植物连接，人戴上耳机，就能够听到植物说话的声音了。

但是，除了能够听到植物说话之外，人们还想知道植物到底说了什么。研究表明，各种植物在生长过程中，能量交换的过程是时刻进行的。这种交换虽然很缓慢、不易觉察，但交换过程中微弱的热量变化和声响还是可以察觉的。如果把这些"动静"用特殊的"录音机"录下来，经过分析，我们就能解开植物语言的密码，明白它们说什么了。如果你能听懂植物的话，那么它会告诉你什么样的温度、水分和养料是它最喜欢的。

苏联的科学家通过电子计算机与植物进行交谈。据苏联《真理报》1983年2月2日的报道可知，计算机通过与植物特殊的连接后，根据它所"听到"的在屏幕上打出数据。然后，另一台计算机来解读这些数据，绘出简单的图表。人们根据这些图表就能明白植物说了什么，人与植物的交流就是这样进行的。

其实，这个过程并不神秘。科学家们用计算机询问植物一些问题，植物通过自身的形状变化、生长速度等向人们传递一些信息。这些信息必须通过仪器解码才行，而且即使是解码之后的信息，也只有专家才懂。但目前这种状况已经有所改善。意大利的科学家发明了一种能与植物直接交流的对讲仪。只是在目前来看，这种先进的对讲仪也只能与植物进行很初级、很简单的交流，因为它只能辨别出诸如"热""冷""渴"等单词。

美国学者在研究中证实：植物缺水时也是会发"牢骚"的。因为植物缺水时，其运送水分的维管束会绷断，而维管束绷断时会发出一种"超声波"。这种声音很低很低，一般情况下是听不到的，因为它比两人说悄悄话的声音还低1万倍。目前，人们发现，渴了能发出这种"超声波"的植物有苹果树、橡胶树、松树、柏树等。

尽管人类对植物语言的了解到目前为止仍然是非常有限的，但是，不管怎么说，能听到植物"说话"，能知道植物说些什么，仍然算得上是科学的一大进步。如果人类能真正听懂植物的语言，那人类的农业生产将发生一个历史性的飞跃。但愿人与植物间的交流能获得成功，届时人类的粮食短缺问题将会有所缓解，人类也将彻底从饥荒中解放出来。

植物也有感情吗

相对于人类和各种动物而言，植物常被认为是一种低级的生命形态。它们不言不语，默默地生长着，似乎真的"草木无情"。其实不然，植物虽然不像人类或动物那样具有丰富的情感，但是它们对外界各种刺激做出的反应，却远远出乎人们意料。所以，这个意义上说，植物也是有感情的。

如果你用手碰一下含羞草，它就会像少女一样羞涩地低下头；花生、大豆的叶子到了夜晚就会紧紧合拢……这一切都是植物对外界刺激所做出的反应。

令人感到惊奇的是，植物对人类才会欣赏的音乐也有很高的鉴赏能力。法国一位园艺学家曾做过这方面的一个实验。他把耳机套在一个番茄上，每天播放3个小时的音乐。结果，这个番茄成熟后比一般番茄大许多。

还有人曾专门用仪器对植物的感觉做了记录。美国著名的测谎机实验者克里夫·巴克斯特曾在1966年把测谎机的电极连在一种热带植物——龙舌兰的叶子上，然后浇上充足的水，结果测谎机把植物饥渴喝水的"情景"记录了下来，很像人在短暂的感情冲动时反应的情景。

日本"新世纪"公司经过长期研究后发明了一种能够测定植物对外界刺激反应的机器。为了了解花草的"感性状况",他们先用一种叫"蜘蛛抱蛋"的花草做试验,把这个用电池作动力的小装置放在花盆边,把两根电线分别夹在"蜘蛛抱蛋"的叶子和茎上,第二根电线插进土里。"蜘蛛抱蛋"受到外界刺激时会发出一种电脉冲,装置会感受到任何细小的变化,然后通过电线把植物脉冲传递给装置里面的扬声器,扬声器会发出一种类似鸡蛋在杯子里煮爆了的噼啪声,声音随着脉冲增强而提高。更让人惊奇的是,若植物的主人与它对话时它则会很高兴,当主人走近它以至于它能感受到他的呼吸和体温时,植物能够感受到将要发生什么,并在10秒钟内快速做出反应。

专家认为,未来人与植物的"联网"也许会成为现实。人与植物交流的效果比对植物放音乐的效果要好得多。

食虫植物为什么喜欢"吃"虫

地球上很多地方都分布有食虫植物。食虫植物主要分布在热带和亚热带地区。根据目前的统计数据显示,地球上的食虫植物共有500种左右,其中,在我国境内的约有30种。这些食虫植物"猎手"身上都具有特殊的武器,一是香饵或伪装,用来诱捕昆虫,像气味、花蜜、颜色等;二是各种陷阱;三是具有分泌溶化昆虫的消化液。

捕蝇草是一种珍奇植物。18世纪中叶,科考人员在美洲的森林沼泽地里进行科学考察时发现了这种植物。这种植物有一个美丽的名字——孔雀捕蝇草。其叶子是长形的、厚实的,叶面上长着几根尖尖的绒毛,边缘上还有十几个齿牙。每片叶子中间有一条线,把叶子分成两半儿,可随时开合,就像开屏的孔雀一样,十分漂亮。

平时,捕蝇草像敞开的蚌壳一样,还有一种香甜的气味散发出来,诱惑那些贪婪而愚蠢的昆虫上钩。捕蝇草的叶子只要一经昆虫触动,就会迅速地折叠起来,边上的齿牙也互相交错咬合,虫子就被关在陷阱里,成了它的食物。它的叶子既是

捕蝇草捕食昆虫的过程

- 闭合的捕捉器
- 红色的捕捉器吸引昆虫
- 触发毛
- 捕捉器的内表面
- 消化腺
- 触发毛 齿
- 传感绞链
- 捕蝇草
- 捕蝇草圆裂片的显微图

1. 昆虫落在捕蝇草的叶片上,碰到叶内表面的触发毛。
2. 捕蝇草叶片的两个圆裂片猛然关闭,昆虫被困于陷阱内。
3. 捕捉器关闭30分钟后,就开始了消化过程。

用来捕捉猎物的武器，又是消化器官。陷阱里会分泌出消化液，将昆虫消化掉。这个叶子就像一个"临时胃"，虫子越挣扎，叶子就夹得越紧，分泌的消化液就越多。猎物很快就被"吃完"了，然后叶子又设下新的陷阱，等待别的虫子上钩。然而，这个漂亮的猎手一生中只有3次打猎的机会，然后就逐渐枯萎，再也不能狩猎。

在沼泽地带或潮湿的草原上生活着一种植物猎手，叫"毛毡苔"。那里繁衍着众多小虫和蚊子，它们都是毛毡苔捕获的对象。

茅膏草是一种淡红色的小草，它的叶子大小就像一枚硬币，上面长着许多既能伸开又能合拢的绒毛。一片叶子上有200多根绒毛，它们像一根根纤细的手指。在绒毛的尖上有一颗闪亮的小露珠，这是绒毛分泌出来的黏液，散发出蜜一样的香味。昆虫闻到香味禁不住诱惑，就会迅速飞过来，碰到绒毛时，绒毛上吸引昆虫的黏液就会黏住昆虫。这时候绒毛就像手一样握起来，抓住昆虫，不让它跑掉。接着，绒毛又分泌出可以分解昆虫的蛋白酶。然后，茅膏草的叶细胞就把消化后的养料吸到植物体内。一切结束后，它的绒毛就又伸开了，等待着新的"猎物"，就像刚才什么也没有发生过一样。

最有代表性的食虫植物要属猪笼草。它看上去像普通的百合花或喇叭花，有的还能散发出香味，这些香味像紫罗兰或蜜糖一样吸引着昆虫的到来。它是一种生活在我国海南岛、西双版纳等地的绿色小灌木，这些地方一般有潮湿的山谷。

每片猪笼草叶子尖上，都挂着一个长长的带盖的小瓶子。由于它们很像南方运猪用的笼子，所以被称为"猪笼草"。它身上的瓶子色彩鲜艳，异常美丽，有红的、绿的、玫瑰色的，甚至还镶着紫色的斑点。而且，与别的植物猎手一样，这些瓶子能在瓶口和内壁处分泌出又香又甜的蜜汁。闻到香味，小虫子就会爬过去吃蜜。正在享受之际，小虫子的脚下突然一滑，一头栽进了瓶子里，再也爬不出来了。小瓶子里盛的是酸溜溜的黏液，被黏液黏住的小虫子成了猪笼草的一顿美餐。

不仅陆地上有这种吃虫的植物，水里也有，比如狸藻。狸藻没有根，它漂浮在池塘的静水里。这种水草的叶子伸展开来，就像丝一样，长达1米。有很多扁圆形的小口袋长在它的茎上，口袋的口上有个小盖子，盖子都是向里打开的，盖子上长着能"绑"住昆虫的绒毛，口袋里能产出消化液。上千个小口袋长在一棵狸藻上，每个小口袋就像是一个小陷阱。狸藻在水里分布开来，上千个小陷阱形成一个陷阱网。小虫子不小心撞进网里，只要碰到小口袋盖上的绒毛，小口袋盖就会张开，小虫就随着水进入了陷阱，小口袋很快合上，把小虫子囚禁起来。这时候，口袋的内壁分泌出消化液杀死小虫子。小口袋很快就会恢复原来的样子，等待下一个猎物的到来。

为什么这些植物要"吃"虫子呢？一些科学家认为，这也许跟它们生存的环境有关。食虫植物一般分布在贫瘠的地方，例如生长在酸性沼泽地、泥炭地上、水里、平原、丘陵或高山上。这些食虫植物居住的地方一般缺少养分和阳光，它们的生存受到威胁，但那里一般有很多昆虫，它们学会了捕食昆虫的本领，这种本领使它们能在当地生存下去。当然，这只是人们的一种猜测，很多问题现在都无法解答。比如，为什么这些植物的感觉非常灵敏？在它们体内又是怎样传递着外界的刺激信息的呢？它们是否有神经系统和大脑呢？这些问题都有待于人们进一步研究。

阿魏草和阿魏蘑菇的"神通"

中国古书有"山有葱，下有银；山有薤，下有金；山上有姜，下有铜锡；山有宝玉，木旁枝皆下垂"的记载。应该说，很久以前，人类就已经懂得利用植物找矿了。

植物为什么有这种神奇功能呢？原来植物根系深深地扎在地下，不停地从土壤中汲取养料。假如地下有矿床，矿床的矿物元素就会通过土壤传到植物根系，这样就会使植物的分布和植物的性状受到影响。人类若是仔细观察这些植物，便会从中得到一些启示，从而顺利地找到矿床。

在戈壁滩上生长着一种叫作阿魏草的多年生草本植物。这是一种较为名贵的中药。在每年四五月份的时候，冰雪刚刚消融，这时在阿魏草根茎枯烂的地方，便会长出一棵棵乳白色的伞状蘑菇，这就是阿魏蘑菇。

1978年，地质队两名钻工到野外去捡阿魏蘑菇，他们在采集中无意捡到了一块黑褐色石头。经过采样化验，发现这块黑褐色石头中竟然含有较高的铜和镍。后经钻探，在这里找到了一个含量很高的铜镍矿。这是近几年地质找矿的一个重大发现。

为什么在阿魏蘑菇生长的附近竟能找到铜镍矿床？正如我们上面所说，铜镍矿对阿魏草产生了影响，阿魏草又影响了阿魏蘑菇，所以在生长着阿魏蘑菇的地方很可能就有铜镍矿。

阿魏草、阿魏蘑菇的分布具有比较明显的地域性：阿魏草多产于低洼处，主要分布在阿尔泰山脉西南坡，往北则比较稀少，性状也发生了很大的变化。对于阿魏草、阿魏蘑菇在富矿带、贫矿带、矿区、非矿区有规律的变化，科学家们将做出进一步的研究和探索。

探寻植物在高原上生长奇特的奥秘

意大利的马可·波罗是13世纪著名的旅行家，他曾到过海拔极高的帕米尔高原。在他笔下的这片不毛之地，在海拔2100～3800米的高处并不是生命的荒原。那里仍然生长着许多植物，有各种各样的果树，也有美国的橡树和木岑树、西伯利亚地区的落叶松，还有远东地区的五加皮等。这些在极端恶劣的环境下生长的植物，具有一些不同于一般植物的"特异功能"。它们不仅能承受冬季-30℃的严寒，也能承受夏季35℃以上的酷暑。它们的生长速度还特别快，植株和果实也长得非常大。比

生长在高原上的土豆一个足有2千克

如，橡树每年能长高3米，一株向日葵竟长出50个花盘，大土豆一个就有2千克重……

在扎伊尔和乌干达交界处，有一个名叫卢文佐利的地方，海拔3300米，在那里生长着一种在平原上很不起眼的小植物——石南。这种在平原上长不了多高的植物在那里竟能长到25米高；金丝桃在欧洲最多只有半米高，但在那里能长到15米。为什么在高原上生长的这些植物会出现如此奇怪的现象呢？科学家们对这些高原上的植物生长状况以及高原环境进行了考察和研究。他们发现，高原地区的地理环境和气候条件能够促使植物加速生长。比如在帕米尔地区，空气新鲜而干燥，二氧化碳含量极为稀少；在卢文佐利地区，降雨量很大，气温很高，土壤中的矿物质含量非常丰富。此外，高原地区紫外线的辐射与平原地区相比要强得多，而这些高强度、高剂量的紫外线有可能使控制植物生长的细胞染色体产生遗传突变，从而改变植物的生长速度。

步行仙人掌"步行"的奥秘

动物之所以被称为动物，是因为它们有自由行动的能力。而植物没有腿，没有脚，只能留在原地不动。然而，奇怪的是，有些植物似乎打破了这一常理，它们不会常年厮守着方寸之地，而是四处"行走"。

葡萄是我们常见的一种植物，它伸出的卷须能不停地向周围四处探索，如果遇到可攀缘的物体，就会紧抓不放，同时"顺竿爬"，从而开花结果，长得枝繁叶茂。此外，很多住宅、教堂的墙壁从远处看是一片令人心旷神怡的翠绿色，这就是人们常说的"爬山虎"。它的学名叫地锦，又名常青藤、红葛。虽然葡萄能到处"游走"，地锦能"漫游"四壁，可它们的根茎依旧立在原地而无法动弹半步。因此，它们还不能算是真正会"走路"的植物。

在戈壁、沙漠地区生长着一种"步行仙人掌"，它可以称得上"步行高手"了。与葡萄、地锦不同，这种仙人掌能够连根带茎一起四处"行走"，可谓居无定所、四海为家。

可是，不管怎样，"步行仙人掌"仍旧是植物，它又怎么会"步行"呢？

植物学家经研究发现，"步行仙人掌"的根由一些带刺的嫩枝组成，它不会扎进土壤很深。因为戈壁、沙漠经常刮风，"步行仙人掌"就可以在风的帮助下四处"走动"，风停后，它就在

萨瓜罗仙人掌，这是世界上最高的仙人掌之一，约20米高，同时它也是最大的仙人掌，生长在美国南亚利桑那州、东南加州和西北墨西哥州的干旱山麓和沙漠地区，它有1米粗，6吨重。

新的地方"落脚"生长。

但是,"步行仙人掌"的根既然不能深深地扎进土壤,在干旱的环境里,它如何吸收养分呢?原来,奥秘在"步行仙人掌"的叶茎里。它的叶茎非常肥厚,既能从空气中吸收营养,又能将其贮存。而它的根只管"步行",吸取养料的作用并不大。

大树"自杀"之谜

自然界中有很多未解之谜。例如,大量的海豚和鲸曾经集体自杀,究竟是什么原因至今未被世人所知。

据报道,一只印度大象因踩伤一个小孩而跳河自杀。在我国东北的大兴安岭林区,有一种老鼠看到自己偷来的粮食被人挖走,就会爬到树上,找一个三角形的树杈,把脖子伸进去,四肢下垂,"畏罪"自杀。这些动物自杀已经让人惊奇不已,但更令人惊讶的是植物也会自杀!

生长在非洲赤道地区的一种"自焚树",阳光照射1小时左右,这种大树就会连枝带叶化成一堆灰烬。

在我国天山山脉中部有一种白藓树,一到冬末春初就会第一个破土、开花,而夏天到来时,正当硕果累累的时候,这种树就会自焚身亡。

大树为什么会自焚?原来白藓树的叶片中有一种叫作"醚"的物质。由于夏季干旱炎热,气温较高,当气温超过燃点时,就会发生自燃现象,从而导致整棵树被焚。

还有一种树更为奇特。在毛里求斯岛上有一种棕榈树,寿命长达100年。当末日来临之时,它会在一天之内散落全部的花朵和树叶,然后干枯而亡。由于这个原因,人们为其取名"自杀树"。这种百年老树为什么要"自杀"呢?人们百思不得其解,还有待科学家们去探究其原因。

行踪不定的马尾藻

马尾藻是一种普通的海藻,可是生长在大西洋的马尾藻却与众不同,它们连绵不断地漂满约450万平方千米的海区,以至于这个海区被称作马尾藻海。

马尾藻海位于北大西洋环流中心的美国东部海区,约有2000海里长、1000海里宽,如果把北大西洋环流比喻成车轮,那么马尾藻海就是这个车轮上的轮毂。

1492年9月16日,当哥伦布的探险船队正行驶在一望无际的大西洋上时,忽然,船上的人们看到在前方有一片绵延数千米的绿色的"草原"。哥伦布欣喜若狂,以为印度就在眼前。于是,他们开足马力驶向那片"草原"。当哥伦布一行人驶近草原时,不禁大失所望,原来,那"草原"却是一望无际的海藻,即今天的马尾藻海。

马尾藻海有"海上坟地"和"魔海"之称。这是因为许多经过这里的船只,不小心被这些海藻缠绕,无法脱身,致使船上的船员因没有食品和淡水,又得不到救助,最后饥饿而死。

马尾藻海一年四季风平浪静,海流微弱,各个水层之间的海水几乎不发生混合,所以这里的浅水层的营养物质更新速度极慢,因而靠此为生的浮游生物也是少之又少,只有其他海区的1/3。这样一来,那些以浮游生物为食的大型鱼类和海兽几乎绝迹,即使有,也同其他海区的外形、颜色不同。相反,这里却成为马尾藻的"天堂",上百万吨的马尾藻肆意在这里生长,形成了一片辽阔的"海上大草原"。

马尾藻海除了蔚为壮观的"海上草原"之外,还有许许多多令人费解的自然现象。马尾藻海位于大西洋中部,形状如同一座透镜状的液体小山。强大的北大西洋环流像一堵旋转的坚固墙壁,把马尾藻海从浩瀚的大西洋中隔离出来。因此,由于受海流和风的作用,较轻的海水向海区中部堆积,马尾藻海中部的海平面要比美国大西洋沿岸的海平面平均高出1米。

马尾藻海究竟是怎样形成的呢?如果把大西洋比作一个硕大无比的盆子,北大西洋环流就在这盆中作圆形运动。而马尾藻海则非常安静,所以许多分散的悬浮物都聚集在这里,海上草原就是这样形成的。但是,马尾藻海里的马尾藻究竟是怎么来的,人们还没有找到一个肯定的答案。有的海洋学家认为,这些马尾藻类是从其他海域漂浮过来的。有的则认为,这些马尾藻类原来生长在这一海域的海底,后来在海浪作用下,漂浮出海面。

最令人称奇的是,这里的马尾藻并不是原地不动,而是像长了腿似的时隐时现,漂泊不停。一些经常来往于这一海区的科学家经常会遇到这样的怪事:他们有时会见到一大片绿色的马尾藻,然而过了一段时间,却不见它们的踪影了。在这片既无风浪又无海流的海区,究竟是何种原因使这片海上的大草原漂泊不定呢?这至今仍是个谜。

会预报地震的植物

日本科学家研究发现,含羞草等植物可用来预测预报地震。正常情况下,白天含羞草的叶片是张开的,到了夜晚叶片就闭合了。如果含羞草出现了白天叶片闭合而夜间张开的情况,便是发生地震的先兆。例如,1938年1月11日上午7时,含羞草叶开始张开,但是到了10时,叶片全部闭合,果然在当月13日发生了强烈地震。1976年日本地震预报俱乐部的会员,曾几次观察到含羞草的小叶叶出现反常的闭合现象结果随后都有地震发生。由于植物具有预报地震的奇特本领,所以人们称赞它为地震的"监测器"。

20世纪70年代,中国曾发生过多次地震,科学家调查了地震前植物出现的异常现象:1970年中国宁夏西吉发生5.1级地震,震前一个月,距震中60千米的隆德县在初冬蒲公英就提前开了花;1972年中国长江口地区发生4.2级地震,震前附近地方的山芋藤突然开花；1976年7月中国唐山发生大地震，震前那里出现竹子开花，柳树枝条枯死，一些果树结果后又再度开花等不正常现象……

那么，在地震前夕，植物为什么能感到地震即将来临呢？科学家认为，地震在孕育的过程中由于地球深处的巨大压力，便在石英石中造成电压，于是就产生了电流，植物根系受到地层中电流的刺激，便在体内出现相应的电位变化。例如，日本科学家用高灵敏度的记录仪对合欢的生物电位进行长期测定，并认真分析了记录下来的电位变化，发现这种植物能感知震前的电流刺激，出现显著的电位变化和较强的电流。比如，1978年6月10日和11日，连续两天测得合欢出现异常强大的电流，果然当地在11日下午发生了7.4级的地震，余震持续10多天，合欢的电流也随之慢慢变小。

植物不仅能够预测地震，还能将地震情况记录下来。美国科学家哥尔顿·杰可比发现，树木的年轮具有记录地震的作用。这位植物学家在阿拉斯加州的某地发现松树的年轮长得很不规则，相互挤在一起，于是他查阅有关资料，在1899年这里曾发生过大地震，并且震后地面有些上升。对此，杰可比给出了这样的解释，由于发生地震后，树木的生长环境发生了很大变化，从而影响了树木的生长。比如，地面上升或下降，能改变地下水对树木的供应；地面的裂口会损坏树根，从而影响树木对水分和养料的吸收。这些环境变化，都会在树木的年轮上留下痕迹。因此，经历过地下断层活动期的树木，在它的年轮上都会记录下当时地震的有关情况，为人类研究地震、预测地震，提供了有益的资料和数据。

当然，人们对植物能预测地震的研究还刚刚开始，科学家预言，随着研究工作的逐步深入，再结合其他手段，利用植物这个天然的地震"监测器"，肯定会对地震预报有着积极意义。

最致命的种子

在植物中蓖麻籽产生的毒素很可能是最致命的，毒性是氰化物的6000倍，数千年前就被人们当作一种神奇的植物。它的神奇就在它的种子里。种子的50%由丰富的油脂构成，但是为了防止油脂被吃掉，里面还含有蓖麻毒素。蓖麻毒素对于几乎所有的动物来说都是一种极具毒性的天然蛋白质。还有少量的蓖麻毒素存在于蓖麻叶中。这种毒素，一旦被吸收，就会抑制动物体内蛋白质的合成，使细胞逐渐坏死和凋亡。

对于人类，中毒后死亡过程要稍微长些，最终会出现痉挛、肝脏和其他器官坏死等症状，目前科学家还没有研制出有效的解毒剂。最常见的中毒途径是

蓖麻籽的用途广泛，不仅可以用来炼油，还可以提炼出高致命性的毒素。

误食了蓖麻籽。蓖麻毒素可以以气态,即气溶胶的方式出现,或金合欢树叶具有保护自己的能力，它们能大量分泌单宁酸，增加叶中的单宁酸含量，而且被羚羊吃过叶子的金合欢树，不仅自身分泌出更多的单宁酸，还能迅速向周围的金合欢树发出"有危险"的警告，让同伴们也增加叶中的单宁酸浓度。于是，许多羚羊因为食用了这种树叶而受害。冬季食物较少，羚羊又被围养在不大的公园一角，没有更多的选择其他食物的机会，只能大量吞食金合欢树叶。这就是很多羚羊莫名其妙死去的原因。

　　不仅金合欢树有"互通情报"的本领，其他植物也有。科学家早就注意到，在美国西雅图的一座森林里，每当4月初，当第一株柳树被当地的一种毛虫袭击时，它周围的柳树甚至30米以外的柳树都很快采取"自卫"措施：柳叶中增加生物碱的含量，使叶子变得苦涩难吃而又无法消化。这些毛虫常常会因为"食物"无法消化而纷纷死去。显然，被毛虫侵犯的柳树迅速向同伴们传达了"有敌来犯"的情报，从而保护了其他的柳树免遭虫害。

　　曾有两位生物学家做过这样的试验：他们在温室里放了45棵盆栽杨树，其中同一间屋子里放了30棵，远处的另一间屋子里放了15棵。他们将30棵树中的15棵的叶子打破。52小时后，两位科学家对树叶进行了分析发现：已打破叶子的15棵杨树与在同一屋中的另外15棵杨树的叶中都含有大量的抗害虫物质，而在远处另一间屋中的杨树叶却和先前一样没有变化。

神奇的致幻植物

　　体内含有裸头草碱的墨西哥裸头草蘑菇，人一旦误食，就会变得肌肉松弛无力，瞳孔放大，不久就会情绪紊乱，对周围环境产生隔离的感觉，如同进入梦境一般，但受害者从外表看起来没什么特别，好像还是很清醒的样子，因此所作所为常常使人感到莫名其妙。

　　这就是一种致幻植物。"致幻植物"，指的是那些食后能使人或动物产生幻觉的植物。具体地讲，就是有些植物因体内含有某种有毒成分，如四氢大麻醇、裸头草碱等，当人或动物吃下这类植物后，可导致神经或血液中毒。中毒后的表现多种多样：有的情绪变化无常，有的精神错乱，有的头脑中出现种种幻觉，常常把真的当成假的，把梦幻当成真实，从而做出许多不正常的举动来。

　　美国学者海·姆，曾在墨西哥的古代玛雅文明中发现有致幻蘑菇的记载。以后，人们在危地马拉的玛雅遗迹中又发掘到崇拜蘑菇的石雕。原来，早在3000多年前，生活在南美丛林里的玛雅人就对这种具有特殊致幻作用的蘑菇产生了充满神秘感的敬畏，认为它具有无边法力的"圣物"，能够将人的灵魂引向天堂，恭恭敬敬地尊称它为"神之肉"。

　　国外有不少科学家相继对有致幻作用的蘑菇进行过研究，他们发现在科学尚未昌明的古代，秘鲁、几内亚、印度、西伯利亚和欧洲等地有些少数民族在进行宗教仪典时，往往利用致幻蘑菇的"魅力"为宗教盛典增添神秘气氛。

而人们利用的致幻植物，除了墨西哥裸头草蘑菇，还有哈莫菌和褐鳞灰等物。当人服用哈莫菌以后，服用者的眼里会产生奇特的幻觉，一个普通人转眼间变成了硕大无比的庞然大物，一切影像都会被放大。据说，猫误食了这种菌，也会慑于老鼠忽然间变得硕大的身躯，而失去捕食老鼠的勇气。这种现象在医学上称为"视物显大性幻觉症"。

大孢斑褶生的服用者会丧失时间观念，面前出现五彩幻觉，时而感到四周绿雾弥漫，令人天旋地转；时而觉得身陷火海，奇光闪耀。

褐鳞灰生的致幻作用则是另外一种情形。服用者面前会出现种种畸形怪人：或者身体修长，或者面目狰狞可怕。很快，服用者就会神志不清、昏睡不醒。

最危险的陷阱

猪笼草有许多不同的品种，但都是昆虫的陷阱。其边缘处十分润滑，它们从掉入叶笼里的昆虫尸体中获取养分，为花和种子提供氮。猪笼草最复杂的部位是它们像藤一样的叶子。每一个猪笼草的叶端都有一个像伞一样的盖子，叶笼里分泌着许多消化酶。这种叶子色（通常是红色）、香（花蜜的香味，后来变成腐烂的尸体的气味）、味（很好吃的茸毛）俱全，当昆虫爬到它润滑的边缘，便会无一例外地滑进这致命的陷阱里，很可能还会陶醉在它芳香的蜜腺里。

猪笼草的两部分（叶笼和盖子）都很润滑，哪种昆虫容易被哪个部分吸引住就要看情况而定了（爬行类昆虫容易被长在地上的叶笼所吸引，飞行类昆虫则容易被悬在上面的盖子所吸引）。猪笼草的内壁有许多润滑的蜡质，掉进去的昆虫将很难爬出去。还有些猪笼草更甚一步，它们的表面有一层水，使得昆虫一下就滑到了它们的叶笼里。有些猪笼草还会耍诡计，当它们的叶笼干燥时，蚂蚁会被它们散发的蜜汁的香味所诱惑，蚂蚁们不会立即进去，而是去通知同伴们来分享食物。当蚂蚁们返回时，猪笼草的叶笼已经变得滑润了，最后所有的蚂蚁都掉进去了。

还有一类猪笼草与一种长着特殊的腿的蚂蚁有共生关系。这种蚂蚁能在叶笼里进进出出，帮助猪笼草找来昆虫的尸体，它们吃掉尸体，留下排泄物给猪笼草，因此它们加速了猪笼草的氮的释放。

最臭的植物

有时我们人类所厌恶的气味对于有些动物来说，它们并不讨厌。事实上发出臭味的巨型海芋可能是最高和最重的花了，它那难闻的气味能让那种吃腐肉的昆虫和黄蜂兴奋，它的气味对我们是否有害还在检测之中（在这方面它还有竞争者，甚至包括比它更大的花），但是巨型海芋产生大量的恶心气味却能使人晕倒。

巨型海芋的花由花瓶状的佛焰苞（一种包含或衬托花簇或花序的叶状苞）组

成，至少有 1.2 米高，从巨大的块茎上快速生长，重量可达 80 千克，最终长成肉穗花序，穗由上千朵细小花朵组成，花高 2.4 米以上。气味主要来自穗的上部，为了能传播得更远，穗在夜晚散发出类似氨气、腐肉、臭鸡蛋气味的同时，也散发出热量和蒸气，气味散发每次持续 8 小时左右。

这种气味吸引了那些传授花粉和爱吃腐肉的昆虫。但是人们很少看见它被传授花粉，可能是因为它每隔 3～10 年才开花，而且花期只有 2 天的缘故吧。一旦花朵枯萎，犀鸟便会传播它的种子，花朵被高达 6 米的巨型叶子所取代。该叶子可制成食物，直到有一天该块茎长成另一朵发臭的花。

动作最快的植物

植物的运动也许有局限性，并且它们没有肌肉，但是它们有许多别的运动方式。维纳斯捕蝇草能利用弹力使它的两片有裂片的叶子猛地闭合，并将昆虫困于其中。它所杀死的昆虫可以给它提供生存所需的氮和其他的基本的矿物质，还可以使它得以在缺少营养的沼泽地生存。

每一个裂片的上边都比下边拉得更紧（它的细胞在水的压力下会拉长），裂片由于张力会往回弯曲，就像弓箭一样。它用花蜜引诱昆虫，这些花蜜是它通过叶片边缘的腺体分泌出来的。当它那 6 个叶片当中的几片或者敏锐的感觉引发运动时，它就发出化学—电子信号使得细胞间的水转移，这时它才不会再紧紧拉伸着，立即就关闭了陷阱。

维纳斯捕蝇草还有别的神奇之处。它能"判断"在它的陷阱里的生物是否已经死去。它是通过数是否有两根或者更多的毛发在刺激它而判断出来的，如果没有什么刺激了，它的陷阱就停止工作。当酶（里面有杀菌剂可以阻止细菌和真菌）释放出来时，它的叶片就紧紧地闭合起来，将猎物渐渐消化掉。大约 1 周后，陷阱又开始准备工作了。

只有狸藻属植物在速度上能与维纳斯捕蝇草抗衡。它们在水下用铲子样的陷阱捕捉微小的生物，能在极短的时间内迅速合拢叶片。

长得最快的植物

竹子是一种奇怪的植物。它们是高大、茂盛的草，开始时，大约 1250 种不同类型的大多数竹子都一直在长高。一旦它们成熟了，它们就停止生长，不管它生存多久（有些竹子要存活 100 年以上）。它们会发出更多的嫩芽。这样一来，一片竹林，当它们停止长高时，就会变得密不透风了。

竹子的花期也很古怪。许多种类的竹子一生当中（7～120 岁之间）只开一次花，开完花就会死亡。也就是说，一种竹子的每一棵竹子播种和死亡几乎发生在同一时期（这对于大熊猫就是个特别的问题了，它们除了竹子以外什么也不吃，那么每 30～80 年它们就会面临全面的饥荒，因为这时当地的竹子都开花了）。

竹子对于人类而言也很重要（有 1500 多种文件是用它记录下来的），世界上有多达 40% 的人离不开它。至于龟甲竹，它具有巨大的能量，开完花后还能继续存活，并且被人类作为农作物广泛种植，它是长得最高的大型竹子之一，而且很可能还是长得最快的竹子。据记录，一根嫩芽仅仅 1 天就能长 1 米，即每小时长 4 厘米，8 周后就又长了 20 米。它真的是你能亲眼看着长大的草木哦。

现存最古老的无性繁殖生物

这种非比寻常的灌木是大约 70 年前被一位自学成才的自然学者德尼·金发现的。当时他在塔斯马尼亚岛西南部的一座山谷里淘锡。但是那块地方最近被火烧掉了，这种植物就再也没被看到了。后来，在 1965 年，金在一处凉爽的山脉上的雨林地区又发现了一些这样的灌木。它被确认为新的种类，属普罗梯亚木科（它最近的近亲在智利，表明过去澳大利亚和南美洲曾经连接在一起），将它命名为金冬青树就是为了纪念金。

这种树不结果，它在遗传上是三倍体的（通常生物都是有两对染色体，而它有三对染色体）。因为它不能通过性来繁殖。它那迷人的花朵从来不结籽，它只能通过根发芽才能长出一棵新的植物。这也就意味着所有 600 棵左右的植物都是同样的遗传基因。

特别的是，在同一地区搜集到的这种树的叶子化石看起来与活的叶子一模一样，科学家通过碳 -14 测量法，发现它们至少有 43600 岁。正因为此，以及它会无性繁殖，生物学家相信现在的金冬青树和化石中的树是同一种树。这种最古老的无性繁殖的树种，打败了石炭酸灌木（11700 岁）和以前的纪录保持者北美越橘（大约 12000 岁）。当智人（人类的现代种类）和穴居人同时出现时，金冬青树就开始出现了，但很不幸的是，这种古老的树现在正面临着灭绝的危险。

生长面积最大的植物

蜜环菌是地下的无性繁殖的物种当中极其巨大的真菌类。蜜环菌长得大的缘故在于它的"鞋带"，或者它的根状菌束——平行的菌丝（像树根一样延伸开来），被一层坚硬的、黑色的外壳所覆盖。这些鞋带状的菌类为了寻找食物——饱经风霜的古树或者已经枯死的树木，通常要伸展到很远的地方，然后传回营养物质给主要的菌丝群，被称为原植体（无根、茎、叶分化的植物体）。它们渗透到活的树的树皮里，通常是较年轻的树，它们吮吸树木边材（树木的树干形成层内的新生木质，通常色泽较浅，传导水分比树心部更为活跃）里面的水分和养分。如果这棵树不能采取适当的方式进行防卫的话，这些根状菌束就会蔓延到树根，并且有力地缠住这棵树，从这棵即将死去的树木上吸取营养物质。经过数年，新的群体又形成了，它们全是那些原来的生物体的无性繁殖。

经过DNA鉴定，这群世界上最大的菌群——蜜环菌，是一种生长在俄勒冈州的蜜环类菌体，在有些地方能蔓延生长到5千米长，估计至少有2400年的历史（也可能比这一年龄还要大2倍）。在秋季，它会发出大量的子实体，但是这些单个的孢子与那些生存时间较长的菌类相比要小些。较大的蜜环菌一般生长在欧亚大陆的大片的松树林里（它们尤其喜欢某些松树）。但是菌类植物也很奇怪，它们是森林循环系统中的一部分，能为新生植物创造空间，也能增加有机物质的土壤，以便为树木提供营养物质。

现存最高的树

至高巨树现在也许是世界上最高的树，并且是最高的活着的生物体。这项最高纪录确实被报告过——一种在澳大利亚的维多利亚生长的巨型山地岑树。1855年一棵被砍倒的此树经测量高达114米。如今这种巨型山地岑树生长在塔斯马尼亚州高约97米。现在最高的树是加利福尼亚红杉。

红杉被大量地砍伐，因此很可能以前的高度比现在的还要高。但是究竟有多高呢？2004年科学家根据计算，还考虑到诸如地球引力以及水的摩擦力的限制等因素，推算出加利福尼亚红杉很可能能长到122～130米。

一棵树有50或60层楼一样高是什么样子呢？首先，这些树会发出整棵树的新芽，被称为复树干。有一棵被研究的红杉的树冠覆盖了整个森林——有209根复树干。它们中的大多数相当小，但是最大的直径达2.6米、高40米。在树干的分权处和大树枝上聚积了大量的土壤，从那里长出蕨类植物、灌木以及别的树，而不是红杉。上面还有大量的昆虫、蚯蚓、软体动物，甚至还有相当大的蝾螈。

最令人疼痛的树

诚然，任何一棵树都有可能会出现在你身边，并且许多树你如果食用了就会中毒，但是除此以外，还有一种树，你只要从它身边擦过就会引起难以忍受的剧痛，这种树就叫作螫人树。我们在世界的许多地方都可看到它，但是唯有分布于澳大利亚的螫人树最毒，能引起最持久的疼痛。在澳大利亚有6类螫人树，其中两类——北部的树叶会发光的螫人树和南部的巨型螫人树，它们长得很大，跟大树一样。另外4类则长得像灌木丛。在这6类螫人树当中，据说最令人疼痛的是长得像灌木丛、树叶像镶了花边的螫人树。但是目前这种树已经被破坏得差不多了。

它们除了根部以外，周身乍看起来就像覆盖着一层绒毛，其实这些绒毛状的东西是大量的小玻璃纤维，内含毒素。你只要一碰到此树，就会导致皮肤被许多玻璃纤维螫伤。这些玻璃纤维刺入皮肤就像一根根的针，而且无法拔出来（有时候澳大利亚的急救用品箱里就有一种蜡质的除毛工具）。中了这种毒会引起发热、发痒、肿胀，有时候还会起水疱，据说只要一接触到受伤处就会产生难以忍受的疼痛，可恶的是这种疼痛还会持续数年，难以消失。这种玻璃纤维能渗透到大多数的衣服内，有时候还会通过空气传播。奇怪的是，这种刺并不螫伤其他的动物，昆虫甚至有些当地的哺乳动物还以这些树叶为食。而受其困扰并把它带到澳大利亚的很可能是狗、马和人类。

最有希望的石油树

在非洲生长着一种树，高 7～8 米，一年四季都是光秃秃的枝条，看上去没有叶子，人们叫它光棍树。其实光棍树也有叶子，可能是因为它生活在气候非常干旱的地方，所以叶子特别特别小，落得也过于早，人们很少能看到它的叶子就以为它没有叶子。但就是这样的一种外表非常奇怪的树却被人认为是最有希望的石油植物，因为在它肉质的枝条中分泌出来的乳汁里面含有非常非常多的碳氢化合物，这种化合物正好是石油的主要成分，所以有关专家认为光棍树很可能在未来是最有希望的石油植物。这种奇树在中国南方的广东、福建一带也经常能看到。

不怕原子弹的树

第二次世界大战时，日本广岛遭美国原子弹轰炸，变成废墟，全市有死伤达到几十万人，许多树木都被射线摧毁，可是在唐宋年间从中国引种过去的公孙树却岿然不动，顽强挺拔地继续生长着。

公孙树是一种长寿树，在中国山东莒县浮来山寺大殿前就是一棵。这棵公孙树高 24.7 米，粗 12.7 米，相传为商代所植，距今 3000 余年，被当地人们称之为"银杏爷爷"。

公孙树为什么会这样长寿呢？经过研究，科学家分析，它的细胞组织内有 α——乙烯醛和多种有机酸，如银杏黄素和白果黄素等多种双黄酮素，它们往往与糖结合成苷的状态，或以游离的方式存在，具有抑菌杀虫的作用。当病菌侵入其叶子时，叶子的细胞壁增厚，形成了"铜墙铁壁"，病菌就无能为力了。即使有一些病菌侵入了它的机体内部，也会被银杏杀死。但是银杏为何能抵御核爆炸，不怕原子弹的侵袭，这一点还有待研究。

银杏树在时间上早于许多植物——例如花朵。当银杏树首先在 2.8 亿年前出现在地球上时，那时候还没有被子植物——还没有能开花并把种子包入到果实里的植物。其实，作为银杏属家族中的成员之一——最后的幸存者——银杏树刚好处于原始的裸子植物、松类和原始的蕨类植物以及最早的开花植物之间。它经历了翻天覆地的火山的灾害、小行星的碰撞和全面的环境变化，这些变化使得与银杏树早期的同时代的所有植物都逐渐消失，或者进化成别的物种。

银杏树遇到的最大的灾难是冰川。几次巨大的冰川期使得它们于700万年前在北美绝迹，300万年前在欧洲绝迹。但是冰川没有来到中国的东南部的部分地区，并且正是在这些地方它们赢得了一个最新进化的物种——智人的支持。树木被古代的中国人发现，并且被他们种在庭院里。现在，虽然野生的银杏树可能已经灭绝了，但是它们在世界各地的各大城市生长旺盛，因为它们能抵御空气污染，还有治病的疗效。

含酒最多的树

世界上含酒最多的树是非洲的休洛树。

休洛树盛产于非洲东部，在罗得西亚的恰西河两岸尤为常见。它也算得上是世界上最为奇特的树种之一，因为在它树干里能分泌一种特殊的白色的液体，这种白色的液体带有天然的酒的醇香，甚至能让人迷醉，与我们日常见的酒有同样的作用，但是它要比我们做的饮用酒的味道好得多，当地人把它当作天然的美味招待远方的贵客！科学家用了好长时间才终于弄明白为什么休洛树能"酿酒"。原来在休洛树里面分泌的本来是一种含有糖的液体，但是当氧气不足的时候，糖类物质就会发生化学变化，变成含有酒精的液体，休洛树也就因此能"酿酒"了！

吃人的树

有一种会吃人的树生长在非洲的马达加斯加，它像一棵巨型的菠萝，高约10尺，树干呈圆筒状，枝条如蛇样，因此当地人也称它为"蛇树"。美国植物学家里斯尔曾在1937年亲身感受到了这种树的威力：他无意中一只手碰到树枝时，手很快就被缠住了。结果费了很大气力才挣脱出来，但手背上的皮肤被拉掉了一大块。这种树极为敏感，当鸟儿落在它的枝条上，很快就会被它的枝条缠住，一会儿，鸟儿就不见了。

在印度尼西亚的爪哇岛上，同样生长着一种可怕的吃人树。这种树叫"奠柏"，长得很高大，有许多枝条，很多长得像快要断了的电线一样一直拖到地上。这种树能够分泌出一种很黏的胶液，把人牢牢黏住，再将其消化掉。随后，重新展开枝条，等待下一次"饱餐"的机会。所以，当有好心人想要帮它把快要断了的枝条绑好时，吃人树往往会毫不客气地将其抓住，很快，这个人就不见了踪影。

据动物学家研究发现，这种树得以维持生命，完全是依靠腐烂的人和动物的尸体来做养料的。然而，这种树分泌出的黏液是一种极其贵重的药材和工业原料，因此当地不少人以此为生。所以尽管吃人树凶残可怕，但当地人却竭力加以保护，不愿将其砍伐毁掉。当地人为了安全采集这种珍贵药材，在采集前，先养一篓鲜鱼，把鱼一条一条地"喂"给大树，待吃人树"吃"饱后，变得懒洋洋时，人们便可以无忧无虑地采集黏液了。

最能忍受紫外线照射的树

紫外线是太阳光里的一种射线，它会对生物产生影响，特别是微生物，受到一定剂量的紫外线照射，在十几分钟之内就会死亡。紫外线常被用在医院、工厂、学校等场所，进行杀菌消毒。

研究表明，如果用相当于火星表面的紫外线强度为标准，来照射各种植物，番茄、豌豆等只要3个多小时就死去；小麦、玉米等被照射70多个小时后，叶片就会死亡。但有一种植物，对紫外线忍受能力最强，这种植物名叫南欧黑松，它被照射635小时，仍完好无损。科学家估计，像南欧黑松这样的植物，能够在火星上生活一个季节。根据这一事例，人们猜测，在地球以外的行星，如火星上，可能会存在生物。

孢子最多的植物

大多数较大的菌类植物通过从特殊的实体——蘑菇和伞菌——向空中释放大量的极其微小的孢子进行繁殖，这些实体是长在地面上的。有些菌类利用动物、水甚至植物来帮助它们传播孢子，但是大多数的菌类还是依靠风帮它们吹走孢子，有时候会吹到很远的地方。孢子通常通过特殊的会膨胀的细胞而释放出来，这也就意味着大多数孢子不可有干死的风险。当条件达到湿润的状态时，这些蘑菇和伞菌通常就会生长。

生长在温带草地上的大马勃菌

然而，大马勃菌不用寻常的方式，即从菌褶或小孔上散播大量的孢子。相反，它会向内散播，使孢子保持非常湿润，然后逐渐释放出来。如果达到足够湿润的状态，它仅仅在1周左右的时间之内就会成熟，同时膨胀到巨大的体积——有时候达到1米多高。随后它便开始裂开，加上偶尔会遇到动物的碰撞和摩擦，它在数周内甚至数月内把千万亿以上的孢子释放到风中。这种传播孢子的方式并不是最有效的，因为大多数孢子既不会散播到很远的地方，也不会存活下来，这可能也是它需要产生如此大量的孢子的原因吧。但是如果只有几个孢子在条件有利的（有丰富的氮）、附近草原上安定下来的话，那么就算大功告成了。并不是所有的孢子都能长成大马勃菌，这其实是件好事。因为如果它们都存活的话，那么经过了几代之后，大马勃菌的数量就会达到世界上现有菌类的许多倍了。

性别可以转变的树

动物变性不足为奇，黄鳝就是一个很好的例子。这种动物一生中，先是雌的，后来变成雄的。红绸鱼只能由雌性变成雄性，而雄性却不能变换成为雌性。既然动物的性别可以变，植物会不会也能变性呢？当然可以，但为数不多。

北美洲的一种最普通的树木——红枫树，有异乎寻常的变性本领。根据传统，红枫树有时呈雌性，有时呈雄性，有时却雌雄同株。美国波士顿大学植物学家曾经对这种现象进行研究，他们用7年时间共考察了麻省的79株红枫树，记录了每年每株树的性别与开花的数量。考察结果表明，有4株雄性红枫树会开出一些雌性的花序。另外18株雌性红枫树中的6株却会开出少量雄性花序。还有2株红枫树却是雌雄难辨，它们每年在雌性与雄性之间发生扑朔迷离的变化。但大多数红枫树（55株）还是能够一直为雄性的。

红枫树这种性别转变意味着什么呢？波士顿大学植物学家认为，依照常理，雌雄同株植物个体的性变应该大于性别正常的植物，因为它们需要更多的能量来产生性变。可是，事情却不是这样，雌雄同株红枫树的个体并非很大，一般情况下反而小于其他植物。他们推测，这种性别上自相矛盾的树木，可能经历了一个不正常的性发展过程。至于为什么会产生这种现象，科学家们目前还不能给予更详尽的解释。但是随着科技的发展，越来越多这样的植物被发现，印度天南星就是其中的一种。

生长在温带和亚热带地区潮湿的林下或小溪旁的印度天南星是多年生草本。植株有三种类型，分别为雄株、雌株和无性别的中性株。有趣的是，这些不同性别的植株可以互相转变。

经过长期的研究和观察，科学家们发现，印度天南星的变性同植株体型大小密切相关，植株高度值以398毫米为界，超过这高度的植株，多数为雌株；小于这个高度值的植株，多数为雄株。科学家们还发现，植株的高度值在100～700毫米间，都可能发生变性，而380毫米却是雌株变为雄株的最佳高度。

这是为什么呢？原来，植物在开花结实时，需要消耗大量营养物质，只有高大的植株才能满足这种需要，所以大型植株都为雌性。同样原因，小型植株营养补给不足，多为雄株。但是营养的补给不是永远不变的，植物对于营养物质的吸收也不是永远固定的。所以很多印度天南星前一年为雌株（大体型）的，由于结实消耗了大量营养，第二年便变成了雄株（小体型）。雄株变雌株的道理相同。

中性植株的存在，也是由营养条件决定的，当它不能变为雌株时，就暂时为中性株存在。

最大的树荫

在公元70年，伟大的自然史学家之一，老普林尼写道："在印度有一种树的特性是它能自己种植。它把自己强有力的胳膊伸到土壤里……"他写的是不定根，这就是印度榕树拥有世界上最大的树荫的秘密。

像许多无花果树一样，印度榕树能从枝干上发出根来。当树枝继续生长时，这些根会像柱子一样支撑树枝。在印度加尔各答的植物花园被小心照顾的一棵榕树，有2800条支持根，是世界上最大的印度榕树。在亚洲南部，印度榕树被人们仔细地照顾着，并且成为人们聚会的场所——作为市场、学校或者村庄集会的地方，事实上，它们的名字就来源于"商人"或"商贸"，因为那里正是英国商人与当地人进行交易的地方。

还有其他的以不定根而出名的无花果树是"绞死树"，它从别的树的树荫下生长出来，然后长出根将树缠绕起来。最后，它把那棵原来依靠的树缠死，只剩下一棵高大的无花果树。无花果树的成功之处部分在于它们的根的适应能力很强，但是这些根并不总是不定的。当它们像正常的树那样生长时，它们也像树根一样吸收土壤中的水分；当根较细的时候，根就会向外扩展，根长长了就会直接深入到土壤里。有一棵南非的无花果树的根深达120米。

永不落叶的安哥拉百岁兰

一般来说，植物都会落叶。即使是常绿树也不例外，只不过这类植物的树叶寿命相对较长，而且会交替落叶，表面看上去似乎一直都是绿色。那么，世界上有没有永不落叶的植物呢？

百岁兰

在安哥拉靠海岸的一片沙漠里，生长着一种植物，它的叶子常年不落，寿命可以达到100多年，因此被人们称为"百岁兰"，当地人则称其为"纳多门巴"。

百岁兰，属裸子植物，它的茎秆一般为4米左右，露出地面的部分只有20厘米，且匍匐在地上，看上去像一截矮树桩。整株植物只一对叶子，百年不凋，最高寿命可以达到2000年以上。百岁兰的两片叶子长出来后，只会越长越大，不会脱落换新叶。一般来说，叶片宽达1米多，长达10余米，非常珍贵。百岁兰的叶肉腐烂后，会只剩下盘卷弯曲的木质纤维。

那么，百岁兰永不落叶的原因是什么呢？

植物学家认为，百岁兰的生长于条件非常恶劣，当地年降雨量甚至少于25毫米。幸好这片沙漠近海，所以常常有大量的海雾，百岁兰便依靠这些雾水生存；百岁兰的根系非常发达，深深地扎入地下，将吸收到的大量水分送往叶片，雾水又能使叶面保持湿润，所以，虽然生存环境干燥，但百岁兰的叶子一年到头都不会缺水，能保持旺盛的生命力。

另外一个原因在于其叶子的特殊构造。百岁兰形状十分奇特，其叶形似皮带，靠近基端的部分既硬又厚，呈肉质状，而叶尖部分却又软又薄，两片叶子各自朝相反方向延伸。这种构造使百岁兰的叶子不容易失水。

百岁兰和它的叶子二者寿命是相同的，一旦叶子枯萎，那也就意味着百岁兰生命的结束。

最大的种子

这些所谓的复椰子在它们生存的岛屿还没有被人类发现时就给人类留下了深刻的印象。它们过去曾被冲到印度洋的海滩上，水手们曾在海面上捡到过它。在1743年塞舌尔群岛被发现以前，人们普遍认为这些复椰子是一种长在海底的巨树的果实——因此得名"海椰子"或"海上的坚果"。后来，它们被认为来自于马尔代夫群岛，由此得到它的学名。还有一种理论是它们来自伊甸园的性交之树，而且理由是显而易见的：它非常像一位妇女的腰胯部分。很自然的，它们还被认为是催情剂。

现实也是相当奇怪的。海椰子树生长得十分缓慢。它发芽后9个月才长出第1片树叶，第1朵花长出还要过60年时间（有雄性和雌性海椰子树）。两瓣突出的果实要10年才能成熟，树完全成熟长到约30米高可能要经历100年。完全成熟的叶子长度能达到6米。至于坚果，它们可食，还非常像椰子。但是，现在人们已经不可能吃得到它们了。因为海椰子树如今已濒临灭绝，它们的坚果有时候被卖到植物园，每一个的售价都达到800多英镑。

海椰子

科技奥秘

毕达哥拉斯的数学思想源自中国吗
莱布尼茨发明二进制与《周易》有关吗
古印度人制造宇宙飞船之谜
火箭是哪个国家发明的
美国"阿波罗号"到底登没登上过月球
……

毕达哥拉斯的数学思想源自中国吗

作为古希腊最博学、最富于世界文化色彩的人物之一的毕达哥拉斯一生在哲学、科学和宗教方面做出了许多重要的贡献，同时也为我们留下许多难解之谜。其中之一，就是近来有学者提出的毕达哥拉斯的思想源自中国的说法。

毕达哥拉斯最别具一格的思想与他对数字做出的哲学解释密切相关，其中最有趣的是他的数的分类表。毕达哥拉斯认为，从"1"到"10"是神圣的数，"1"是创造者，代表性由"1"产生原始的运动或"2"，接着就产生作为宇宙的第一个数"3"。而在10个数中，"4"比其他任何数都具有更多象征的价值，它既象征宇宙的创造主，又是创造主创造宇宙时的数的模型，因为正是由点、线、面、体这种"4"的流动过程产生出物理对象。"5"处于"10"的中间，是一个中间数，包含了雌性的偶数"2"和一个雄性的奇数"3"。"6"是"5"和"1"相加的结果，是第一个完美的数，它代表生命本性的6个等级，开始于精子，一直到神的生命，最终达到最高点。"7"这个数有独特之处，在10个数中，只有"7"不是任何数的因子，又不是任何数的乘积的数。"8"是第一个立方数，即 $2^3=8$。"9"是"3"的平方，是在"10"以前的最后一个数，所以其地位十分重要。"10"是最完美的数，因为1、2、3、4之和就是"10"。一些学者因此联想到中国易学中的《河图》，《河图》数也由从1到10的自然数构成的。

在毕达哥拉斯学院里，一种所谓"数字幻方"的巧妙的字谜游戏也十分流行，这种"数字幻方"以字母表示的数构成，与中国的《洛书》（或称"九宫图"）很相似，而《洛书》若以数字表示就是一种幻方。由于毕达哥拉斯的数理观念与中国易学的原始象数思想在思维方式上存在着如此惊人的相似之处和一致性，一些学者早就从东西方文化交流史的角度对两者可能的关系和影响进行了探讨。有的学者直接提出，毕达哥拉斯的数论主要接受了来自中国（而非埃及）的影响。英国数学家朗赛洛德·霍格本在其数学名著《大众数学》中更为明确地解释这一看法。他说，"中国上古所传下来的《洛书》，在2400年前便已传入希腊。"（第四章《古代的计数知识》）。

然而，由于缺乏充分的文献资料作为证据，有关毕达哥拉斯的思想源自中国的论断只是假设性的，还有待于人们进一步证明。

莱布尼茨发明二进制与《周易》有关吗

莱布尼茨是德国自然科学家、唯心主义哲学家、数学家。世人都称他和牛顿是微积分的创造人。他对帕斯卡的加法器进行了改进，设计并制造了一种手摇的演算机，提出了他认为与中国"先天八卦"相吻合的二进制，后代计算技术的发展受到影响。

关于莱布尼茨发明二进制与《周易》是否有关，至今仍说法不一，几种观点较为常见：英国剑桥大学的李约瑟——《中国科学技术史》的作者，曾经深入地研究过莱布尼茨的生平，认定二进制应起源于八卦和《易经》。李约瑟说正是受到了东方这些古老图书的启示，莱布尼茨才完成了他的创造。传说莱布尼茨年轻时，曾在巴黎游历，在那里发明了对数表，感觉自己非常伟大，恰好一个曾经到过中国传教的教士带了一轴以拉丁文翻译的名为《伏羲六十四卦方位图》的画卷送给他。对此莱布尼茨非常感兴趣，他认真地研读它，经常苦思其中的奥秘，终于有一天他想通了，想到建立二进制，并将自己的数学发明弃置一旁，对东方人的智慧赞不绝口。他以二进制数学把六十四卦的奥秘说得很明白：八卦中一两个符号及其排列方法，可以使等比级数、等差级数、二元式（二进位）、二项式定理、逻辑数学以反电磁波、音响、连锁反应等原理贯通起来。

《周易》内文
古老的《周易》真的包含了二进制思想吗？

另一种观点认为，17世纪末叶，与在华传教士白进、闵明我等人的通信联系中莱布尼茨知道了八卦图和《周易》。

还有一种观点认为，莱布尼茨发明二进制与《周易》无任何关联。这种观点认为，《周易》卦序与二进制数学毫无关系，甚至有学者指出宋代邵雍所创制的六十四卦方位图"不能算二进制数学"，它们"只不过可以译成二进制数码，却没有二进制算法蕴含其中"。郭书春在1987年11月17日《科技日报》著文认为只要把莱布尼茨发明二进制与他和传教士白进的交往时间表列出来，一切都可解释清楚。1679年3月15日，莱布尼茨的《二进制数学》初稿完成，1696年，莱布尼茨对二进制问题再次给予了关注，送给奥古斯特大公一枚以二进制表为背面图案的纪念章。他还向赴中国的传教士详细介绍了二进制原理。莱布尼茨与在中国的法国传教士白进交往始于1697年。1701年2月15日，莱布尼茨给白进写信，对二进制原理进行了详细说明，白进收到信后发现了中国的六十四卦图与二进制的共同之处。4月7日，莱布尼茨将他的论文《关于仅用0与12个记号的二进制算术的说明，并附其应用及据此解释古代中国伏羲图的探讨》进行修改补充后再送到巴黎科学院，要求公开发表，二进制才被众人所知。然而，莱布尼茨和白进都不知道，他们所说的"伏羲六十四卦图"既不是伏羲创造的，更不是《周易》的，而是北宋哲学家邵雍创作的。

古印度人制造宇宙飞船之谜

在人们的印象中，高速飞行器械肯定是现代人的发明。但是，考古学家的发现却给出了不同的答案。因为，考古发现，古人不但能够造飞行器械，还能造宇宙飞船。

近年来，人们竟然根据印度古文献仿造出了飞行速度达5.7万千米／小时的飞船。当然，从现代科技的角度去看，也许这是小事一桩。这份文献是从一座倒塌的史前时代的庙宇地下室中发现的，这份资料以古代梵文木简写成。而这种飞船就是大名鼎鼎的"战神之车"。

这份资料详细记载了"战神之车"飞船的驱动方式、构造、制造飞船的原料乃至飞行员的训练与服装等众多细节，篇幅达6000行之多。据记载，"战神之车"的飞行速度如换算成现代计算单位应为每小时5.7万千米。

这就是说，当人类发明了火车、飞机、飞船并为自己的发明所陶醉的时候，他们根本就没有想到，这些看来非常现代化的工具在几千年前就可能已经存在了，这真让科学家们尴尬了一回。

说起"战神之车"，还要从印度南部古城甘吉布勒姆的424座神庙说起。这些神庙据说最多时曾达到1000座，因而"寺庙之城"就成为这座城市的当之无愧的称号。在这些神庙中，除了湿婆、毗湿奴、黑天、罗摩等众多古印度的神灵雕像外，还有一种飞船的雕塑。这种被雕成不同样式的飞船上面刻有众多神话人物，但"战神之车"却是它们共同的名称。据说这些飞船就是这些神话人物乘坐的坐骑。

研究者们发现，"战神之车"是一种多重结构的飞船，绝缘装置、电子装置、抽气装置、螺旋翼、避雷针以及喷焰式发动机都装备在了飞机上。文献中多次指明飞船呈金字塔形，顶端覆盖着透明的盖子。这简直就是传说中的飞碟。

这份文献是1943年从印度南部的迈索尔市梵语图书馆一座倒塌的庙宇地下室中发现的。这些神话故事因为它的发现开始变得更加扑朔迷离了，究竟这些人是神话人物还是真实人物？究竟这种飞船是地球人所造还是外星人所造？连科学家们也无法回答这些问题。

驾驶方法也被记在这份文献中，也就是说早在史前时代，飞船和飞船驾驶员就出现在了印度这个地方，这样看来，人类的科技真是神奇。

当然，人类科技的发展是从当代和现代才开始的，这已被众多的事实所证明，那么，对古印度的飞船就只有一种解释看上去显得合理一点，那就是根本就不是人类建造了这些飞船。也许那时的人们看到了一个这样的飞船，而这个飞船却是外星人乘坐着到地球上来考察的，然后根据这个也许被外星人废弃了的飞船，当地人仿造出了其他的飞船，而他们将那些外星人当成了神仙供奉起来了。

火箭是哪个国家发明的

首先在《兵法十二篇》中提出拜占庭皇帝列奥六世（公元866～912年）时士兵用的一种投火器，很有可能是火箭，是意大利人瓦尔图在1450年提出来的。这便是火箭源于拜占庭说之开始。此后有不少英法学者对这一观点表示赞同。

18世纪的英国东方学者哈尔海德则提出了印度是火箭发明国的说法。1776年，在哈尔海德翻译印度《摩奴法典》时，有"火炮或任何种类火器""火炮"的句子。《摩奴法典》汇编了古印度的宗教、哲学和法律，编成时间在公元前3～前2世纪间。如果那时已有火炮或其他种类的火器的话，火药的产生当比此时早。众所周知，世界公认火药是中国古代的"四大发明"之一。与唐初炼丹家和药物学家孙思邈最早记录火药的配方时间相隔千年，众多学者因此对之提出质疑，印度学者赖伊即指出哈尔海德的译文中存在错误。

明朝神火飞鸦

现代火箭的动力结构仍然没有脱离其原理。

美国学者维特认为以上是因为传说、神话被学者当成了史料，因而结论自然是错误的。他这样分析是不无道理的。但那些相信印度起源说的人并不以之为然，因而也只能代表一种观点。在《论火箭的起源》一文中潘吉星认为在1222年印度本土最早出现火箭，那时火箭曾被蒙古军在对花剌子模国王札兰丁实施追击时曾在北印度使用过。这就是说，在1222年以前印度人根本搞不清楚火箭是怎样的东西。

对火箭源于中国这一观点表示赞同的中外学者，一般认为宋代是火箭的最早发端年代。

在鱼豢的《魏略》中始见"火箭"一词，《魏略》中记载魏明帝太和二年十二月，诸葛亮攻郝昭，郝昭射诸葛亮的云梯的武器即是火箭。不过那时的火箭并非用火药来推进的，而是在普通的箭上扎上一些耐烧的艾叶、松香和油脂一类的东西，然后用弓箭射出。

印度火器史学家戈代认为火药和火箭的起源地均是中国，是在14世纪以后才陆续传入印度，而这时中国的火箭已出现很长时间了。

著名的科技史学家李约瑟也说："中世纪中国的最伟大的成就之一是火药和火药武器的发展。"在中国古代典籍中关于火箭的记载也有很多，诸如《宋史·兵志》《武经总要》等。但仍有人质疑中国是火箭发明国的说法。质疑的根据是丘濬的《大学衍义补》，丘濬（公元1420～1492年）这样说："宋太祖时始有火箭，真宗时始有火球之名，然或假木箭以发，未知是今之火药否也？历考吏制，皆所不载。不知此药于何时仿于何人？意者谓在隋唐以后始自西域，与俗谓烟火者同至中国欤？"中国火箭西来说是由英国汉学家梅辉立首先提出的，他认为公元6世纪火箭才传入中国。然而仅凭此一条史料，似乎又有点势单力薄，难以说明问题。因此火箭到底起源于哪一国，还有待于进一步深入研究。

美国"阿波罗号"到底登没登上过月球

宇宙飞船"阿波罗号"登上月球，一直都作为人类航天史的一大里程碑而载入史册，更使冷战中的美国一下在航天领域让苏联望尘莫及，它不仅仅是美国人的成就，更是全人类的骄傲，随着时间的消逝，人们在感受到这一前所未有的狂喜之后，似乎更关心这一壮举的真实性，究竟是伟大的成就还是弥天大谎。

1961年5月25日，时任美国总统肯尼迪代表美国政府向国会宣布在这10年内，将把一个美国人送上月球，并使他重返地面。这就是20世纪著名的美国"阿波罗"登月计划。

这一计划是当时在应对苏联空间技术挑战的形势下提出的。

可是自从20世纪70年代以来，一直有人怀疑登月只不过是美国政府一手导演的一个骗局。怀疑者认为，当时美国在与苏联的太空竞赛中始终处于劣势。美国政府在当时技术条件不具备的情况下，一手导演了美国人首次登月的骗局来重振国威，欺骗国际舆论。

还有一些人公开怀疑整个"阿波罗"登月计划本身就是一个大骗局，人类从来没有登上过月球。据美国盖洛普公司在1999年的民意调查，有6%的美国人怀疑"阿波罗"登月是否真的发生过。

2000年7月中旬，墨西哥《永久周刊》科技版刊载了《20世纪最大的伪造》一文，作者俄罗斯研究人员亚历山大·戈尔多夫对美国31年前拍摄的登月照片提出质疑，立刻引起了广大读者的密切关注。

戈尔多夫认为，所谓美国宇航员在月球上拍摄的所有的照片和摄像记录，都是在好莱坞摄影棚里制造的。他的主要理由如下：

第一，"阿波罗"宇航员在月球表面拍摄的照片，背景都没有星星。月球没有大气遮掩，天空又是乌黑的，星星跑到哪儿去了呢？

第二，照片上物品留下影子是多方向的，而太阳光照射物品所形成的阴影应该是一个方向。

第三，摄像记录中那面插在月球上的星条旗在迎风飘扬，而月球上没有空气，根本不可能有风把旗子吹得飘起。

第四，从摄像纪录片中看到宇航员在月球表面行走犹如在地面上行走一样，实际上月球上的重力要比地球上的重力小很多，因而人在月球上每迈一步就相当于人在地球上跨越了五六米长。

戈尔多夫说，他并不否定当年美国宇航员登月的壮举。他认为，美国宇航员当时是接近了月球表面，但由于技术原因未能登上月球。可是，美国为了表功，为了压倒苏联的锐气而伪造了多幅登月照片和一部摄影纪录片，蒙蔽和欺骗世人几十年。

2001年2月15日，美国的福克斯电视台播放了《阴谋论：我们登上月球了吗？》，通过采访"专家"出示"证据"，最终向大众"披露"了美国航空航天局于20世纪六七十年代在内华达州的沙漠中伪造"阿波罗"登月的真相。

不过，更多的人认为"阿波罗"登月是不可能造假的，最确凿的证据就是历次登月带回来的300多千克月球岩石。月球岩石非常独特，在许多方面和地球岩石不同。

此外，美国传媒神通广大，假如美国政府有欺骗行为，不可能会保密如此之久。

在各方争执不休时，美国于1999年7月20日在华盛顿国家航空航天局博物馆举行仪式，纪念人类首次登月30周年。这也多少表达了美国政府对争论的态度。但是，首次登上月球的尼尔·阿姆斯特朗拒绝参加任何记者招待会、签名或合影，第一个踏上月球的人却如此沉默。这种行为给人们留下了更多的迷惑和不解。

如此看来，真假登月仍是未解之谜，证明登月的只有美国政府，有谁撒过弥天大谎会轻易认错的，提出反驳的最权威的戈尔多夫又是俄罗斯人，谁知道其中又掺杂了多少政治的或个人的因素？解开这个谜团，还有待更多的材料和参与者的证明。

"蒙汗药"是什么药物制成的

在中国古代小说中，行走江湖的武林好汉经常用一种蒙汗药，那么这种蒙汗药真的存在吗？其实，蒙汗药的存在未必不可信。古人对这个问题早有研究，为解开蒙汗药的奥秘付出了艰苦的劳动。总地来说，蒙汗药的药物构成大致有以下几种观点：

一是周草窗《癸辛杂志》说："回回国有药名押不庐者，土人采之，每人少许磨酒饮人，则通身麻痹而死，至三日少以别药投之即活。"李时珍的《本草纲目》也曾著录过"押不庐"，并指出这是一种具有麻醉作用的神草，麻痹效果虽"加以刀斧亦不知"。押不庐在中原大地上很难找到，只分布于西部，因此很难说蒙汗药的主药是否就是押不庐。

二是《齐东野语》记载："草乌末同一草食之即死，三日后活。"草乌末就是草乌研磨的末。草乌是中医常用的药物。经化学分析，乌头碱、新乌头碱和次乌头碱是草乌的主要成分，而乌头碱对人体的各种神经末梢及神经中枢具有先兴奋后麻痹的作用。明定王朱橚的《普济方》中载有用于麻醉的"草乌散"就是以草乌末为主料。因此不可完全否认草乌末也许就是"蒙汗药"的主要成分。

三是宋人周去非《岭外代答》谓："广西曼陀罗花，遍生原野，大叶百花，结实如茄子，而遍生山刺，乃药入草也。盗贼采于而末之，以置饮食，使人醉闷，则挈箧而趋。"曼陀罗是一年生有毒草木，夏秋开花，花冠漏斗状。曼陀罗花又叫风茄花、洋金花、山茄花。

除以上三种说法外，还有"醉鱼草"。醉鱼草，又叫闹鱼草，是一种灌木。花和叶含有醉鱼草甙和醉鱼草黄酮甙，对鱼类尤有麻痹作用。

让人更费解的是"蒙汗药"的解药问题。沈括《梦溪笔谈》说坐拿草心具有催醒作用，但宋苏颂《图经本草》、明定王《普济方》、李时珍《本草纲目》等医书中都没有提到这一说法。当代中医认为可以消除蒙汗药的药性的是毒扁豆碱，但是古代蒙汗药的解药是否是毒扁豆，不得而知。唐孙思邈《千金方》说："甘草解百药毒，如汤沃雪，有同神妙。有中乌头、巴豆毒，甘草入腹即定……方称大豆汁解百药毒，余每试之，不及甘草。又能加之甘豆汤，其验尤奇。"的确甘草具有解毒功能，是常见的中药解毒药。《本草纲目》说甘草对天仙子有解毒作用，而天仙子的主要成分是莨菪碱、东莨菪碱等生物碱。绿豆性寒，与甘草相配，能散热解毒，效果更佳。因此有人说，甘草绿豆汤做解药甚灵。甘草、绿豆都是易得之物，配制又不复杂，它们很有可能是蒙汗药的解药。

到此为止，蒙汗药及其解药的成分究竟是什么这还是一个谜。前人虽然做了大量工作，试图揭开这层神秘面纱，但没有得出十分可信的答案。其中奥秘，尚有待于人们继续考证研究。

转基因作物——福音还是灾星

转基因工程技术作为一门生物高新技术在最近 20 年才发展起来。转基因植物于 1983 年在世界上首次培育成功。转基因植物是指科学家在实验室中通过基因工程方法，改变作物原来的基因构成，培育出的新品种。许多转基因植物产品早就成为人们的食物，和人类生活、健康之间的关系越来越紧密。

那么，转基因作物是人类必需的吗？转基因作物是否安全呢？

一些科学家认为，不能将转基因技术的实用性看得太高。如果认为转基因"无所不能""无所不用"，那是一个极大的错误。根据唯物辩证法，事物有内因和外因两个方面，内因是基础，外因是条件，内因通过外因才起作用。作为内因的转基因，首先得和外部环境结合，否则将发生不了什么作用。首先，从盐碱地里长出的作物天然具有抗盐碱的基因，但这是环境通过自然选择、适者生存而产生的；如果把抗盐碱基因转移到其他脱离盐碱环境的作物上，并不一定能起作用。

转基因技术的另一个问题就是安全性。2001 年夏秋之际，比利时科学家在《欧洲食品技术研究》杂志上发表文章，将他们最新的研究发现公布于众：从美国孟山都公司生产的一种转基因大豆中，发现了奇怪的基因片段。科学家们对该基因片段进行同源性分析，花费了好几个月，但最后仍无法找到它的 DNA 序列。呼吁各国政府：对这种可疑的转基因大豆的定购应暂缓。

孟山都公司对他们遇到的"麻烦"轻描淡写地说：这种基因改造大豆像传统大豆一样安全，只不过有一段基因需要重新测序命名。他们还"很有信心"地称：在对传统大豆的基因进行改良的过程中，无论是注入新基因还是改变原有的基因，都不会产生任何预计不到的不良后果。

就在"大豆事件"引发人们为安全问题争得难分难解之时，一份美国科学家的研究报告在英国权威的《自然》杂志上发表了。科学家在报告中称：他们首次发现转基因作物产生的杀虫毒素（BT）可由根部向周围土壤渗透。他们种下BT转基因玉米25天后发现，BT毒素通过根部渗出物进入周围土壤，仍具有很强的活力，能将虫杀死。但是这些毒素也能使害虫的抗药性增强，而且对土壤的生态环境十分不利，这一点和普通杀虫剂的负面影响没有本质区别。被人们请来"帮忙"的病毒基因，所起的作用可能相反。

另外，"转基因"是人为地从外部"转"来的，很可能会破坏原来基因家庭的亲密与和谐，对生态系统产生影响。因此，它要起正面作用，就必须和作物原来的基因家族成员"搞好关系"，取得必要的"帮助、协作"。它要和相关基因、基因诱导、调控方式、胞质因子进行适宜的结合，甚至要对细胞、组织、个体、群落、相关种群、系统、生物圈等多层次的水平和机制进行调动。

然而也有一些科学家认为，利用转基因技术拓宽了生物育种的思路；从纯技术层面来看，转基因是中性的，对人体不存在利弊问题。根据跟踪观察，转基因农作物及食品的安全性问题，在于转进了是否合适的基因，而不在于转基因动植物本身。他们认为，目前的转基因动植物是人们平时食用起来安之若素的食品，转进的基因大都是动植物自身的基因。部分植物生理学家呼吁，公众应该消除有关转基因食品不安全疑虑。

事实上，探索理想的生物技术与人类休戚相关。因此，采取更温和、更周全的步骤，寻找更符合自然天性的方式，改善作物品种，增加粮食产量，造福人类，这实在是一件功德无量的事情。

爱因斯坦的"相对论"错了吗

大家都知道爱因斯坦创立了两大复杂的理论：狭义相对论和广义相对论。这两大理论构成了当代关于地球认识的基础，人们在学校也大都是这样获得"相对论"的解释的：一辆在公路上飞驰的汽车，你认为它的速度有多快呢？回答是：如果你在同一条路上朝相反的方向行驶，则第一辆汽车是以两倍于汽车相对于道路的速度离你远去的。如果你坐在自己汽车里以同样的速度与第一辆车并排行驶，那么，第一辆汽车相对于你来说没有运动。而目前正在进行的有关相对论方面的研究的目的从微观和宏观两个方面发生的各种进程给予准确解释。爱因斯坦认为，任何物体的运动速度是不可能超过光速的，因为这一方面意味着荒唐，另一方面还意味着必须让时光倒流。

对此有人提出了悖论。

悖论1：

在莉娜·豪领导的一批丹麦物理学家与加弗尔德大学的同行的共同努力下，

成功地使光速降低了近6亿倍——每小时1.6千米。他们通过将激光注入"玻色—爱因斯坦凝聚"系统后获得了这一结果。在这种系统中,原子堆几乎被冷却到绝对零度程度,在这种情况下的原子反应是不一样的:原子几乎是静止不动的,好像"黏合"成了一个大原子。在最新通信技术、信号处理、夜视仪乃至电视中将运用到这种效用。爱因斯坦的理论有些动摇,但暂时还没有被完全推翻。

悖论2:

普林斯顿大学的科学家前不久成功地超越了光速,而且竟然一下子超过了310倍(光速每秒传播速度约为29.7万千米)。由此看来,相对论遭到了彻底推翻。但参与研究的专家认为,爱因斯坦的相对论与超光效应并不矛盾,原因是每一个单独光子速不可能超过每秒30万千米。总地来说,超光速度不可能形成。

人造卫星如何对付"摩擦"

人们大都见过流星穿过大气层被烧掉的现象,那么人造卫星发射时也穿过大气层,为什么没有被烧掉呢?它是如何克服巨大的摩擦力产生的高温呢?

流星在穿过大气层前,原来就具有一定的速度。在地球强大的吸引力作用下,流星与地球越靠近,地球对它也就产生越强的引力,因此它能迅速地增大自己的速度,最后能达到每秒20～70千米。这么高的速度在大气层中运动,流星肯定会受到巨大的摩擦力,使它达到几千度的高温,足以将其烧掉。

人造卫星发射前,相对于地球的速度为零,在发射过程中还要不断克服来自地球的引力,所以开始的速度很慢,以后逐渐增加。按照目前技术条件,第一级火箭发动结束后速度才增加到每秒2～3千米。这时卫星已经离地面50～100千米高,那里的大气密度还不到地面的1/1000。当卫星进入轨道时,速度超过了每秒7.9千米。可是由于高度更高,那里的大气更加稀薄了。所以,在人造卫星发射过程中,虽然由于空气摩擦而产生相当高的温度,但与流星穿过大气层时相比,温度要低得多,所以不会被烧掉。但即使这样,仍然要用耐高温的合金来做火箭的外壳。为了减少人造卫星与大气层的摩擦,一般采用如下的措施不使其被烧掉:(1)尽量将卫星和火箭的连结的外壳造得很光滑,以减少大气的阻力。(2)发射卫星时,一般采用垂直于地面,或基本垂直于地面向上发射的方法,以尽可能快地脱离最浓密的低层大气。(3)与前进方向垂直的火箭横截面越大,产生的阻力就越大,因此火箭要做成细长的。

宇宙飞船返回地球穿过大气层时采用什么方法不让它烧掉呢?通常采用如下这些方法:当飞船返回地球,将要进入大气层时,飞船就像喷气式飞机那样向前进的方向喷气,不过是向前喷,不是向后喷,以减慢飞船的速度。这时飞船开始下降,当它进入大气层时,不是像一块石头那样笔直地从几百千米高空直冲下来,而是通过逐渐转成一个弧形很大的下降轨道,斜着飞下来,通常要绕着地球飞行半圈以后,再把强大的降落伞打开,这时飞船就可以稳稳地落到地面了。

"干冰"是冰吗

有一次，几个地质勘探队员到美国的得克萨斯州去勘探油矿时遇到了一件怪事。他们用钻探机往下打孔，钻到很深的地方。突然，地下的气体以极高的压力从钻孔里喷射而出，并很快地在钻孔中形成了一大堆白色的"雪花"。地质勘探队员们很好奇，于是就上前滚雪球，结果，手上不是起了疱就是变黑了。

原来，那"白雪"不是真正的雪，而是一种"干冰"。干冰也不是真正的冰，因为它是由无色的二氧化碳气体凝结而成的，而不是由水凝结成的。

如果把二氧化碳装在一个钢筒里，然后施加一定的压力，它就变成水一样的液体了。如果温度再降低一些，那它就变成了一种白色的东西，好像冬天的雪花，这就是干冰。然而，它比雪更细一些，并且，因为它的温度低到 -78.5 ℃以下，所以，千万不能直接用手去拿，否则会把手冻伤的。皮肤冻伤后，会出现黑色的斑点，几天以后就开始溃烂。

如果你把干冰放到房间里，它很快就会不见踪影，变成了二氧化碳气体，融入空气之中。这是因为在常压下，干冰不会呈液态，它在吸收一点的热量后就直接转变为气态，这种过程叫作升华。

有趣的是，由于干冰的温度太低，它急剧升华的时候，周围的空气温度也会随之迅速降低，空气里的水蒸气就会凝结成雾。因此，拍电影的时候，常常利用干冰的这个特点，在周围撒点干冰，就可以产生云雾缭绕的景象。另外，如有必要，还可以通过从飞机上往云朵里撒干冰进行人工降雨。

"水火相容"之谜

在日常生活中，人们都把水能灭火视为一个常识。只要哪里发现火灾，消防车就会立刻隆隆地开去，喷出"大水"，很快就能将大火浇灭。然而，水和火绝对是死对头吗？

答案是否定的，因为在特定的条件下，水却能帮助燃烧哩！不知你是否注意到，在工厂或老虎灶旁边的煤堆里，工人师傅常用水把煤堆浇得湿淋淋的，如果有人问他们这样做的原因时，他们会告诉您说："湿煤要比干煤烧得更旺。"

这究竟是怎么回事呢？

锅炉内熊熊的火焰，正是得益于水的帮助。

原来，世界上万事万物，都会按不同的条件来表现自己的独特性格。水也是如此，其实水能助燃，在日常生活上也常可见到，当你在烧开水时，如果壶里水开了溢出来，落到煤炉上，火焰会一下子变得更旺。其中的原因很简单，因为，当炉膛中煤燃烧的温度很高时，加入水，就会和煤起化学作用生成一氧化碳和氢气。

　　一氧化碳和氢气都易于燃烧，如此一来，炉膛内的火就会烧得更旺，这就是水能助燃的奥秘。

　　人们可以做下面的实验证明上述的原理。首先将200毫升水放入烧瓶中，在将粒状硬质煤块放入另一燃烧管中，实验开始时先用小火烧热燃烧管，随后用大火对着煤块加热使煤块变红，同时把烧瓶中的水煮沸，使水蒸气通过燃烧管，此时在另一端燃烧管中点燃，就会出现蓝色火焰。

　　工业上制造水煤气利用的就是上述实验的原理。

　　除碳以外，水和其他非金属元素也能发生作用。

　　在常温下水和氟能发生剧烈反应，生成氟化氢和氧气。

　　在光的催化作用下，氯也可和水起反应，生成盐酸和浓氯酸。

　　至于溴、碘、磷等不活泼的非金属元素，通常就不能和水起反应了。

　　由上述可见，水火有时也可以相容。

激光"百发百中"之谜

　　随着科学技术的发展，激光的应用范围越来越广泛。中国古代的传说中就有"用光杀人"的记载。如《封神演义》中的哼哈二将，可从鼻中喷出使敌人丧命的光，科学幻想中也早就有"魔光""死光"的说法。但直到1960年出现激光后，这些幻想才真正变成了现实。

　　激光技术从20世纪60年代末期开始进入军事领域，激光在军用技术的应用上分为两大类：一是用激光提高现代武器威力或创新军事装备，如激光测距、激光制导、激光雷达、激光通信等；二是用激光直接摧毁目标，如激光武器。作为武器的激光有很多独特的优点。首先，它可以每秒30万千米的光速传播，其他任何武器都没有这样高的速度。它一旦瞄准，几乎立刻就能击中目标。另外，它可以在极短的时间里，在极小的面积上集中超过核武器100万倍的能量，还能很自由、灵活地移动方向，不会造成任何放射性的污染。

　　激光武器分为三类：一是近距离战术型，可用来击落导弹和飞机。1978年美国就是用这类武器进行激光反坦克导弹的试验；二是致盲型，如机载致盲武器就属于这一类；三是远距离战略型。这一类的研制最困难，但一旦研制成功，威力也最大，它可以作为反卫星、反洲际弹道导弹的最先进的防御武器。

　　激光是如何将目标摧毁的呢？科学家们认为有两个方面：一是层裂，二是穿孔。所谓层裂，就是靶材表面吸收激光能量后，被电离的原子形成等离子体"云"，"云"向外膨胀喷射形成应力波向深处传播。应力波的反射导致靶材被拉断，形成"层裂"破坏。所谓穿孔，就是高功率密度的激光束使靶材表面急剧熔化，进而汽化蒸发，汽化物质向外喷射，反冲力形成冲击波，在靶材上穿一个孔。另外，等离子体"云"还能辐射紫外线或 X 光，将目标结构和电子元件破坏掉。

在激光制导导弹中，操纵人员通过不断调整激光束方向，将已发射出去的导弹导引到所要攻击的目标。激光信号经过编码可以对来自一个或数个方向相继发射出来的导弹进行制导，还可用数个指示器分别控制数枚导弹攻击各自的目标。

1972 年美国在越南战场上首次投下激光制导炸弹，由此揭开了激光制导武器应用于战争的序幕。当时，美国飞机用 20 枚激光制导炸弹，将 17 座桥梁予以摧毁，取得了意想不到的战果。

战争中，通信相当重要。命令的下达，军队的集结，进攻的发起……小到分队与分队、士兵与士兵之间的联络，大到各军兵种的配合、协调，所有这些都离不开通信。最早的通信靠人马飞跑传递，举灯燃火为号，以后的通信靠有线电话、无线电报、步话机等。再后来，激光也被用于战场通信。而激光通信具有抗干扰、不易拦截的优点，可以沟通空中、地面和水下，能够在海底、地面、大气空间和外层空间，构成一整套"立体"交叉激光通信网。

激光在模拟、报警和激光对抗等方面也得到了应用。激光模拟器可以对炮弹、火箭和导弹的发射进行模拟，进行人员实战演习培训，评定射击结果，还可用来传递敌我双方坦克交战结果的信息。通常采用的半导体激光器，可精准确定目标和模拟炮弹的三维坐标，并可向目标发送射击结果。近几年激光技术已广泛应用于我军进行的激光红外军事演习训练中，并已取得越来越丰富的经验。

如何测定光速

从 17 世纪初开始，就有许许多多的科学家一直在寻找一种测量光速的方法，并为此做了大量的实验。第一个想出测量光速的方法的人是意大利科学家伽利略。1607 年，他从光走直线的特性中受到启发，做了一个这样的实验：他先让两个手提一盏前面带盖的信号灯的人，分别站在相距 1.5 千米的两个山头上。然后，让第一个人先打开灯盖，对方一看到灯光就立即打开灯盖，将光同信号传出来。伽利略原以为只要测出这段时间，就能计算出光速了，可是在实验中，这两个人的动作衔接时间太长，因此测量出来的数据并不准确，再加上光速又太快，所以这一实验最后以失败而告终。

大约两个多世纪以后，30 岁的法国物理学家斐索仔细研究了伽利略测光速的实验，终于找到了这个实验失败的原因。大家对镜子的反光现象一定都很熟悉吧。光一照射到镜面上便会立即反射，因此一条光线从反射到返回是连续的。这一现象也启发了斐

斐索测定光速的装置

索，他认为只要可以准确地测量出光从发射到返回接收的时间差，就可以准确地计算出光的速度。

斐索对实验装置又做了改进。为了减少误差，他把第二个人换成了一面镜子，只用一只旋转的齿轮代替钟表计时。斐索选择了两个相距7千米的山头，把旋转的齿轮和一面镜子分别放在上面。实验开始了，斐索首先让光通过齿轮的两个齿之间，照到另一个山头的镜子上，光线经过镜子反射后，又从齿轮的另外两个齿之间传回来。这样便可以根据齿轮旋转的速度，计算出光往返所用的时间。斐索的试验得出的结果是，光的速度为每秒钟315000千米。由于斐索的这一贡献，人们称他为"第一个捕捉住光的人"。

物理学家麦克尔逊是历史上第一个获得诺贝尔奖金的美国人。他在精密光学仪器改进以及利用这些仪器进行计量学和光谱学研究等方面做出了卓越的贡献。麦克尔逊也曾测量过光速，而且他的测量结果还是历史上最精确的。

麦克尔逊1873年毕业于美国海军军官学校，因为学习成绩优异而被留校工作。由于理论研究和航海方面实际应用的需要，麦克尔逊对测定光速非常感兴趣。1879年，麦克尔逊的岳父资助他2000美元用来进行光速的测算，麦克尔逊用这笔钱对旋镜装置进行了改进。恰巧当时美国的航海历书局局长纽科姆对这项工作也表现出浓厚的兴趣，于是两人开始合作并得到了政府的帮助。后来，他们进一步改进了光速测量装置。在此后整整50年的时间里，麦克尔逊和纽科姆不断地进行改进和重复测量。不幸的是，在一次光速测量中，麦克尔逊突发中风而去世，享年79岁。他的测量结果是：光速为299764±4千米／秒。这个结果是非常精确的。

大自然的奥秘是无穷无尽的，前人的宝贵经验奠定了后人探索的基础，人类将"上下而求索"。

"跟踪"电磁波

1875年2月22日，亨利希·赫兹诞生于德国汉堡一个中产阶级家庭里。中学毕业后，他继续在德累斯顿高等技术学校学习工程学。当时，他的理想是成为一名建筑工程师。1876年秋天，赫兹在柏林铁道兵团服了一年兵役。退伍后，赫兹进入慕尼黑大学，继续攻读工程学。在此期间，赫兹选修了著名物理学家菲力浦·冯·约里的物理课和数学课。老师的课深入浅出，非常生动，使赫兹对物理和自然科学产生了浓厚的兴趣。

为了能听到著名的数学家亥姆霍兹和物理学家基尔霍夫的课，赫兹申请转入柏林大学学习。很快，这两位老师就将赫兹视为自己的得意门生，并决定从各方面对其进行培养。

1880年3月15日，赫兹取得了博士学位，随后在亥姆霍兹研究所做了两年半助手。此时正值麦克斯韦的电磁理论发表后并没有得到社会的承认之际，有些人甚至公开对其发难。1879年，亥姆霍兹在麦克斯韦电磁场理论的基础上，以"用实验建立电磁力和绝缘体介质极化的关系"为题,设置了柏林科学院悬赏奖,希望通过实验证明麦克斯韦的理论。赫兹做了无数次实验,但始终没有进展。

赫兹用了几年的时间,对有关电磁波的各种不同的观点做了深入的研究与分析。经过比较和鉴别后,赫兹精心地设计了一个电磁波发生器,深入地研究"电火花实验",想通过这一系列的实验证实麦克斯韦高深莫测的电磁场理论。

赫兹先将两个直径为0.30米的铜棒分部接在两块边长为0.40米的正方形锌板上,铜棒的一端又焊上一个金属球,让铜棒与感应圈的电极相连。通上电后,当两根铜棒的金属球靠近时,就会有电火花产生并从一个球跳到另一个球。这些火花说明电流是循环不止的,在金属球之间产生的高频电火花便是电磁波。麦克斯韦的理论便认为电磁波由此就能被送到空间去。

赫兹为此制作了一个电波环,目的是捕捉这些电波,确定它能否被送到空间。这是一个用粗铜线弯成的环状物,环的两端有两个小金属球,球的间距可以调整,就用这个装置来接收莱顿瓶辐射的电磁波。小金属球之间如有火花产生就表示接收到了电磁波。在实验中,如果改变金属球的间距,就会调整接收天线的谐振波片,谐振的时候,就会产生火花。赫兹把这个电波环放到离莱顿瓶10米远的地方,当莱顿瓶放电时,铜丝线圈两端的铜球上果真产生了电火花。赫兹认为,电磁波从莱顿瓶发出后,被电波环捕捉住了,也就是说,电磁波不仅产生了,还传播了10米远。

1887年11月5日,赫兹完成了一篇题为《论在绝缘体中电过程引起的感应现象》的论文。他在论文中总结了电磁波的研究成果,并证明了麦克斯韦的电磁场理论。这篇论文很好地解答了亥姆霍兹提出的悬赏难题,并因此而荣获柏林科学院的科学奖。麦克斯韦深奥的电磁场理论被赫兹用这么简单的自制仪器就得到了验证,从此,再也没有人怀疑电磁波的存在。

这之后,赫兹开始专门研究电磁波,他还对电磁波的传播速度做了测量。实验时,他选择了一个长15米、高6米、宽14米的教室。赫兹在离波源13米处的墙面上安装了一块4(米)×2(米)的锌板,当从波源发射出的电磁波经锌板反射后,便在空间形成了驻波。赫兹首先用检波器对电磁波的波长进行检测,然后根据直线振荡器的尺寸算出电磁波的频率,最后通过驻波法把电磁波的传播速度计算了出来。赫兹于1888年1月将《论电动效应的传播速度》一文圆满完成。论文提出,电磁波在真空中的传播速度同光一样快。

赫兹接下来又进行了电磁波的折射、反射、偏振等一系列实验。实验证明,同光波一样,电磁波同样具有折射、反射和偏振等物理性质。

当时的科学界对赫兹的突出成就给予了高度评价。1893年12月7日,作为波恩大学的教授,赫兹抱病坚持上完了他一生中的最后一堂课。第二年的元旦那天,才37岁的赫兹就离开了人世。为了纪念这位年轻的科学家为人类做出的贡献,人们以他的名字来为"赫兹矢量""赫兹波""赫兹函数"等物理学概念进行命名,并以"赫兹"作为频率的单位。

爱因斯坦"相对论"视域中的宇宙

爱因斯坦在牛顿力学的基础上提出了相对论。自17世纪以来，人们一直将牛顿力学视作全部物理学，甚至整个自然科学的基础，并用它研究任何物体的运动。到了20世纪后，科学家们发现传统的理论体系无法解释在一些新的物理实验中产生的现象。曾经对牛顿力学坚信不疑的科学家们陷入了迷茫，尽管他们无力使新发现和旧理论之间的矛盾调和，但他们仍然不曾怀疑牛顿力学。在这场物理学革命中，爱因斯坦选择的方向明显与其他科学家不同，最终他成功提出了狭义相对论。

相对性原理和光速不变原理是爱因斯坦狭义相对论中的两条基本原理。

狭义相对论可以推导出物体的质量与运动有着紧密的联系，随着运动速度的增加其质量也会增加；此外，还推论出质量和能量可以互换。爱因斯坦得出的质能关系式为：$E=mc^2$，其中 m 表示物体的质量，c 表示光速，E 是同 m 相当的能量。这个爱因斯坦方程式揭示了原子内部隐藏着巨大能量，是原子能应用的主要理论基础，为高能物理学家和原子核物理学家的科学研究提供了便利。

根据狭义相对论的两条基本原理，还可以推导出前人无法想象的推论。比如，飞船上的一切过程都会比在地球上慢；而飞船的速度越快，这种时间的延迟现象就会越明显。打个比方说：假如飞船的飞行速度为每秒钟3万千米，那么飞船上的人过了1年，地球上的人就过了1.01年；假如飞船以每秒钟2999000千米的速度飞行，那么飞船上的人过了1年，地球上的人就过了50岁。这是多么不可思议啊！

有一点需要说明，相对论的效应在低速运动时不容易反映出来，也很难被察觉，因此相对论与牛顿力学的结果非常接近。只有当速度大到能够和光速相比时，才可以改用相对论力学。但在我们现在日常生活中的各个领域，还都必须应用牛顿力学的原理和方式。

1912年10月，爱因斯坦在苏黎世大学任教。在此期间，他继续钻研，进一步对广义相对论的思想进行充实和丰富。1913年，他发表了一篇名叫《广义相对论和引力理论纲要》的论文。这篇重要的论文是爱因斯坦和他的老同学、数学教授格罗斯曼合作写成的，它为广义相对论的建立扫清了障碍。

1915年，爱因斯坦创建广义相对论的工

计算机绘制的图片

这幅图说明的是爱因斯坦关于"弯曲空间"的概念，这是爱因斯坦1915年发表的广义相对论的一部分。

作终于完成了。次年，他发表了自己的总结性论文《广义相对论的基础》。在这篇论文中，他提出了与200年来在科学界占垄断地位的牛顿引力方程不同的新的引力方程。人们将这篇论文称为"20世纪理论物理学的巅峰"。

爱因斯坦后来又在广义相对论的基础上提出了三大预言：光线在太阳引力场中发生弯曲；水星近日点的运动规律；引力场中的光谱线向红端移动。

1919年5月29日发生了一次日全蚀，英国在两个地点派出了两支天文考察队分别进行了独立观测，这次日食方向的星光照片被清晰地拍摄下来。观测结果证明爱因斯坦的预言是正确的。光线不但呈现弯曲，就连弯曲的程度和数值也和爱因斯坦的计算结果相吻合。其他两个预言也在后来相继得到证实。

人们把爱因斯坦誉为"20世纪的牛顿"。他的广义相对论如今已成为现代物理学最主要的理论基础，并宣告了原子理论时代的到来。这一理论还成为20世纪以及其后的世纪里宇宙航行和天文学的主要理论基础。这位著名的科学家于1955年4月18日在美国普林斯顿与世长辞，但他的名字将永远留在人们心中。

地磁场能影响人体吗

自从人类发现有地磁现象存在，就开始探索地磁与生命的关系问题。我们知道，信鸽辨别方向的能力特别强，即使把上海的信鸽带到内蒙古放飞，它仍然会飞回上海。路途中就是遭遇到狂风暴雨，它也不会迷失方向。如此高强的辨别方向的本领让科学家们啧啧称奇。于是他们对信鸽进行研究，做了这样一个有趣的实验。他们在一个阴天的下午，把磁棒和铜棒分别绑在一些鸽子身上，然后运到很远的地方放飞。结果很有趣，绑着铜棒的鸽子，飞行方向正确，都安全返回主人家。而那些绑着磁棒的鸽子却满天飞失去了方向。这个实验说明鸽子辨别方向的能力受到磁场的影响。绑了磁棒的鸽子，识别地磁场的本领受到磁棒的干扰，自然也就迷失方向。

科学家们又对类似的候鸟迁徙现象进行了研究，结果发现候鸟体内也有"雷达"，它们和鸽子一样，能够根据自己的电磁场同地磁场的相互作用来辨别方向。为了进一步证实这一点，科学家们在秋天把候鸟关进笼子里，用布罩起来，不让它们看到外面的世界。这些鸟却倔强地聚集在笼子的南部，准备向南飞。后来，科学家又把笼子放在一种磁场装置里，这些鸟儿就失去了方向，开始散布在笼子各处。可见地磁场是它们辨别方向至关重要的依据。不光鸟类，就是一些昆虫，甚至细菌也会对地磁场有感受能力。有一种细菌，总是一头朝南，一头朝北。从不在东西方向上"躺"着。这就充分说明它也有感知地磁场的本领。有的鱼儿，把它放进陌生的静水池里，它也是朝着南北方向游动。有种白蚁能在南北方向上建巢，因此称这种白蚁为"罗盘白蚁"。

医学家发现，人类的某些疾病与地球的磁纬度也有一定的关系。例如猩红热的发病率就与地磁的变化有关。在一些地磁异常的地方，人们患高血压、风湿性关节炎和精神病的人数，要比地磁场正常的地区高差不多1.5倍。这充分说明，地磁场能使人体患上某些疾病。

有科学家据此认为，地球上生命的存在，和地磁场形成的保护层有密切关系。因此宇宙中各种宇宙射线即使有穿透岩层的能量，却被拒之于磁场之外。没有这个保护层，生物就无法衍生繁殖，人类也不会安然无恙。而其他一些星球，虽然空气、温度、水分适宜，但就因为几乎没有磁场的保护，所以至今尚无生命。正是因为在磁环境下孕育着生命，所以生物与人类有着奇特的感应和适应能力。一些小动物身上的特殊生物罗盘，信鸽、候鸟、海豚等都是这种奇特的感应和适应能力的具体体现。这些动物的器官和组织中，都有着磁铁细粒，因此，它们都有着磁性细胞。正是这些磁性细胞，使它们自身具备生物罗盘而永不迷失方向。

作为高级生命的人类来说，虽然生物罗盘的作用已退化了，但仍有少数有特异功能的人还保留着这种特点。可见，人与磁也有着密切的关系。我们知道，电与磁是难以分开的，电流能产生磁场，磁场能感应电流。在人体内，由于生命活动必然产生生物电流，如心电流、脑电流等。这些生物电流必然产生生物磁场，由心磁图和脑磁图都观测到磁场的存在，尽管生物磁场比起地磁场来小得多，但是研究生物磁场对于了解脑的思维、生命的活动却有着重要的意义。

据说，人的心理状态、喜怒哀乐的精神因素，会直接影响心磁场的强度，而脑的思维情况也由脑子的不同部位的磁信号反映出来。因此可以用人工电磁信号去取代紊乱的电磁信号，从而达到治病的目的。

提到治病，磁的应用可以说是全方位的。像上面所说，电磁信号可以诊断和治疗疾病。另外，还可用药物或针疗等办法，比如中医常用磁石作为一种镇静药。还有现在流行的磁化杯和磁化水，也成为保健物品。更为神奇的是，磁还具有使人类恢复再生功能的巨大魔力！我们知道，原始动物如蜥蜴断了腿或尾巴以后能重新长上，螃蟹掉了螯钳以后还能长出更粗的螯钳。但是高等动物就不行。但通过医学实践证明，在适当的电磁场下可以使断骨的愈合加速，在脉冲电磁场的刺激下，可以使家鼠的断肢再生。因此磁疗的研究，在将来甚至有可能使人类的器官再生。这样，人的生命对于我们来说并不是只一次了，每个人都可以有多次生命。这无疑是天大的福音。

那么，地磁场是如何影响人体健康的呢？科学家们给出的解释有多种，但都不理想。一种认为人体的各部分都有水，水在地磁场中会发生物理化学变化。这样，当地磁场变化后，自然影响到水，也就使人体功能也发生变化，引起某些疾病。有的学者认为，人的各种器官也是有磁场的，即使地磁场发生微弱变化，也引起头脑、血液等周围的磁场发生变化，导致机体功能受影响，功能失常，疾病出现。也有人认为，人是处在不同生态环境之中，因此人的每个器官都带有当地地磁生态的烙印。当地磁变化后，人就会出现生理反常，产生反应，引起疾病。

当然，还有人提出生物膜理论以及其他不同的解释，但都不能使人满意。地磁场到底如何影响人体，特别是对大脑活动以及生理活动的影响，尚没有得到科学的解释。同样，在零磁环境下人类会受什么影响，在宇宙航行或在其他星球居住时，新的磁环境会对寿命有什么影响，也都是未来的课题。

金属为何有"记忆"

1963年的一天，由于实验的需要，一群工程技术人员正在美国海军的某个研究机构中为加工一批镍钛合金丝而紧张地忙碌着。由于他们手中的合金丝是弯曲的，使用起来很不方便，所以在做实验之前得先拉直它们。实验开始后，当实验温度升到一定值时，工程技术员发现他们费了不少工夫才拉直的合金丝竟然又全部变回了原来那种弯曲的形状。后来又多次做了这个实验，得到的结果都完全相同。

利用记忆合金的抗腐蚀性，牙医可用其为牙齿患者做纠齿手术。

经过多次细致而深入的研究，人们终于发现，这些合金之所以具有恢复原有形状的特性，是因为随着环境的变化，这些合金内部原子的排列也会出现变化。如果温度回到原来的数值，合金内部原子的排列也会回到原来的排列方式，其晶体结构也会随之改变。这种具有记忆形状能力的合金被人们称作"形状记忆合金"。记忆合金不仅能重复恢复原态达几百万次，而且不会产生疲劳和断裂。这样的"记忆力"让人感到震惊。

让我们以镍钛合金为例，来看看形状记忆合金具有"记忆"的秘密吧。40℃是镍钛合金的"记忆温度"，也就是说，镍钛合金的晶体结构在40℃上下是不一样的，它的转变温度便是40℃。在转变温度以上，其晶体结构处于稳定状态；在转变温度以下，则处于不稳定状态。假如人们想让在转变温度以下、改变了形状的晶体结构再恢复到稳定状态，那么只要将其加热到转变温度以上，它的稳定状态就会得到恢复，它的形状也会随之恢复到原态。除此之外，镍钛合金的拉伸强度也非常惊人，可达1000兆帕，也就是说，即使在每平方毫米那么小的断面上，你也需要用1000多牛顿的力才能够把它拉断。

除了镍钛合金，人们还开发出了铜系合金和铁系合金等一系列的多种记忆合金。人们充分利用记忆合金的这种神奇的本领解决了航天、工业生产、医疗、电子器具等方面的诸多难题。如阿波罗登月舱的宇航员的形象和声音能从38万千米外的月球传送到地球上来，就是利用了记忆合金这种神奇的功能。阿波罗登月舱要在月亮上设置月面天线，而月面天线的直径便长达数米，科研人员就先用记忆合金制成半球形天线，然后降低温度将其压成一小团装入小巧的登月舱中。当天线随着登月舱到达月球表面时，由于太阳光的照射，其温度就会升到转变温度，天线便恢复了本来的形状。

耐腐蚀性也是记忆合金的一大特点，因此牙医便利用镍钛合金制成一种矫齿丝，借助于人的口腔温度，来为患者做牙齿矫正手术。在使用口腔矫齿丝之前，医生会先为准备矫正的牙齿做一个石膏模型，然后把口腔矫齿丝按照模型弯成牙齿的形状，并将其固定在牙齿上。为了让矫齿丝更加趋向于其原来的形状，每过一段时间便更换一次。牙齿就是在这个变形过程中慢慢得到矫正的。

我们在工业生产中进行铆接工作时，一般是从一边插入铆钉，再用气锤锤打铆钉另一边的头，但如果碰到开口很窄或封闭的容器，就会很难办。这时记忆合金便派上用场了，我们可以事先把铆钉做成两头都是扁的，然后在低温下将其中一端硬压成插孔大小的圆柱状。在铆接时，将铆钉从低温箱中取出来，迅速地插进插孔中，然后把铆钉加热到转变温度以上。这样，原来被压圆的一端就会自动恢复成扁平的形状，容器也就被牢牢地铆住了。

有没有比光子速度更快的粒子

那么究竟有没有一种物体的运动速度比光速还快？如果有，相对论就有必要予以修正，甚至还有可能会被推翻。超光速现象或许会出现在茫茫的宇宙深处，或许会出现在细微的基本粒子中间。

1934年，苏联科学家切伦科夫发现光在真空中的传播速度比在水中的传播速度快，而高能粒子在水中的传播速度会超过光速，此时粒子会拖着一条淡蓝色的发光的尾巴。切伦科夫观察到了这种现象，另外两名苏联物理学家塔姆和弗兰克则对这种现象进行了解释。后来，用来观测粒子速度的仪器也由此产生了。

那么，自然界中是否存在超光速的粒子呢？一些科学家将自然界的粒子分为三类：慢子、光子和快子。美国科学家范伯格认为，快子确实存在，但是它们之间是互相排斥的，也就是说，它们具有负重力的性质。以光速为界线，存在两个宇宙，一个是"快宇宙"，一个是"慢宇宙"，粒子在快宇宙中的运动都是超光速的。

现在，物理学家一直在研究快子在自然界中是否存在，他们试着从快子发光的蓝尾巴下手。可是科学家要想抓住比光还要快几百万倍的快子可不是那么容易的事。

说完微小的基本粒子，再来看辽阔的星空。美国一些天文学家在1972—1974年间观测到，塞佛特星系3C120自身的膨胀速度竟然是光速的4倍。更让人意外的是，人们发现类星体的运动速度竟大大地超过了光速。1977年以来的发现证明，类星体3C273内部的两个辐射源相互分离的速度竟高达每秒钟2880000千米，是光速的9.6倍。这之后，"超光速"的类星体3345和3279相继被人们发现，它们各自的两个组成部分的分离速度，竟分别是光速的10倍和19倍！

科学家们对观测所得的结果发表了各自的意见。有的人认为，我们应该知道类星体离地球到底有多远，如果类星体离地球确实很远，那么它的分离速度肯定是超过光速的。而那些坚信相对论的人则认为这种现象只是一种假象，并不反映真实的运动，它应该被称为"视超光速膨胀"。也就是说，这只是看起来是超光速，事实上却不是。不过，目前获得的许多资料证明，类星体的确离地球非常遥远，就像原来估计的那样，超光速现象肯定存在。

目前解释超光速现象的几种理论都不能让人满意，或许只有等找到了它，人们才可能最后接受与它有关的理论。

钻石是怎样形成并被切割的

所谓钻石，其实就是以最规则形状排列的碳。碳就是那种构成我们身体18%体重的元素。在许多国家，没有一种宝石比钻石更受人青睐。而实际上，钻石和许多其他贵重宝石是一样的。

碳是世界上最常见的元素之一，也是据我们所知生命存在所必需的4种基本元素之一。自然界中的碳元素有3种基本存在形态：

钻石：一种极其坚硬、透明的晶体。

石墨：一种由纯碳构成的质软、黑色的矿石。

富勒烯：一种由60个碳原子组成极其规则的球形分子所构成的矿石。

钻石形成于地下160千米的地幔层熔岩中，该位置的压力和热量都很适合碳元素形成钻石。钻石形成的一般条件是：碳元素受到的压力至少为300万千帕，温度至少为400℃。如果两个条件有任何一个不具备，那么形成的就是石墨而非钻石。在150千米或更深的地下，压力会达到约500万千帕，而温度则会超过1200℃。

今天我们所看到的大多数钻石都形成于几百万，甚至几十亿年前。随着岩浆的剧烈喷发，钻石被带到地面，形成金伯利岩管。大多数喷出的物质都是形成于2000万~11亿年前。由于这种岩管首先在南非金伯利被发现，故以该地名来命名它。当采矿者们试图寻找新的钻石矿时，通常都会先找这种深蓝色岩石。

岩浆从地球的深厚断层中流出，形成金伯利岩管。金伯利岩管中的岩浆就像一部电梯，能在几小时的时间内把钻石以及其他岩石和矿石带出地幔和地壳。虽然这些喷涌的过程很短，但许多都比今天的火山喷发更剧烈。

最后，岩浆在这些金伯利岩管中冷却，形成了含有钻石的圆锥形金伯利岩管。这些金伯利岩管的表面积从2万~145万平方米不等。

钻石也可能在河床中被发现，这些区域被称为"钻石冲积区"。这些钻石同样来自于金伯利岩管，但由于侵蚀作用发生了位移。冰川和水流也会把钻石由其原产地带到几千千米以外。今天，大多数的钻石是在澳大利亚、巴西、俄罗斯，还有婆罗洲，以及包括南非和刚果（金）在内的几个非洲国家发现的。

刚采出来的钻石质地粗糙，必须经过切割和打磨之后，它们才能变成待售的、闪闪发光的宝石。

前面提到，钻石是在高温高压条件下形成的碳分子结晶体。正是由于高温高压的作用，钻石才成为我们所知的最坚硬的矿石。钻石在摩氏硬度表中的硬度是10级。而事实上，钻石非常坚硬，它可以比硬度排名第二的刚玉（形成红宝石和蓝宝石的矿石）要硬10倍到几百倍。

钻石之所以如此坚硬，是因为它具有特殊的分子结构。钻石是由连接在一起形成网状结构的碳原子构成的。每个碳原子都与其他4个碳原子共用一个电子，形成四面体。由5个碳原子结合形成的四面体组成硬度极高的碳分子。石墨，即碳分子的另一种形态，之所以硬度没有钻石高，是因为石墨中的碳原子连接形成了环状结构，每个原子只连接了另外的一个原子。

在钻石进入珠宝店之前，要通过特殊的工艺对其进行切割和造型。切割形成的琢面，可以使钻石熠熠生辉。钻石的切割有4项基本工艺：

切割：为了去除钻石中的杂质或不规则的形状，裸钻会被放在快干水泥中。使用另一块钻石或激光器，沿着钻石的薄弱截面切一道深槽。然后，在深槽中放一个钢质刀片，对着刀片重击，就会把钻石切开。然后，把钻石从水泥中取出来。

锯切：有时，钻石要沿着切开面切，而不能劈开。装有转数为每分钟1.5万转的磷青铜刀片的锯子可以慢慢把钻石切开。激光器也被用来锯开钻石。

粗磨：将钻石放在车床上，和另一颗钻石相互摩擦，在腰部（钻石中直径最大的一面的外侧边缘）形成粗略的抛光面。

抛光：为了使钻石绽放光芒，还要把它放在抛光轮上方旋转的工作臂上。抛光轮上搽有钻石粉，可以使钻石在受到抛光轮挤压时增加其光滑度。

怎样把绝缘体变成半导体

今天，大多数半导体芯片和晶体管都是用硅制成的。你可能听说过"硅谷"或"硅经济"，人们之所以会这么说，就是因为硅是任何电子或计算机设备的核心物质。

硅是非常普通的一种元素，沙子和石英中的主要元素就是硅。你可以查查元素周期表，你会看到硅排在铝的后面，碳的下面，锗（和硅类似，也是一种半导体）的上面。碳、硅和锗的电子结构有一个共同的属性，即每个原子在其外部轨道上都对应着4个电子。因此，这些物质都是规则的晶体。4个电子与周围的4个原子组成完全共价键，形成晶格。我们知道，结晶形状的碳会形成金刚石。而结晶

不活动的半导体示意图

形状的硅是一种银色的，貌似金属的物质。金属可以作为一种很好的导体，这是由于金属中包含可在原子中间任意运动的自由电子，而电子的流动会形成电流。虽然硅晶体看来很像金属，但它们其实并不是金属。硅晶体中所有的外部电子都处于完全共价键中，因此它们并不能随意运动。

一块纯硅晶体近乎一个绝缘体，几乎没有电流可以通过。

我们可以通过掺杂的方式来改变硅的性能，把它变成导体。所谓的掺杂，就是将少量的杂质掺进硅晶体中。有两种类型的杂质：

N 型：在硅中掺入少量的磷和砷。磷和砷都包含了 5 个外层电子，因此，当它们掺入硅晶格时，空间就会不够。第 5 个电子没有可以结合的电子，就成为自由运动的电子。只需要很小一部分的杂质就可以产生足够的自由电子，使电流通过硅晶体。N 型硅是一种很好的导体。N 型硅中的电子带负电荷，这也就是为什么被称为"N"型的原因（N 代表英文单词 Negative，即带负电荷的）。

P 型：在硅中掺入硼和镓。硼和镓都只有 3 个外层电子。当它们掺入硅晶格后，由于一个硅电子没有可以结合的电子，因而在晶格会中形成"空穴"。这些空穴可以导电。空穴可以从周围接收电子，把空穴推向别处。P 型硅是一种很好的导体。

通过添加少量的 N 型或 P 型杂质，可以把硅晶体由性能优良的绝缘体转变为有效的（但导电性不是很强）导体，"半导体"就是因此得名的。

N 型和 P 型硅本身并不奇特，但当我们把这两种硅放在一起，那么交界面的性能就会变得非常有趣。

二极管是最简单的半导体设备，它可以使电流单方向流动。你可能在体育馆或地铁站里看见过那些供人们通过的十字转门，二极管就像一个供电子通过的单向十字转门。

二极管的用途广泛。例如，使用电池的设备通常含有一个二极管，可以在电池装反的情况下起保护作用。当电池偏置时，二极管可以阻止电流流出电池，这样可以保护设备中灵敏的电子元件。

在反向偏置的情况下，理想的二极管会阻止所有电流。有效的二极管通过的电流量为 10 微安，虽然不多，但还是不够理想。如果外加的反向电压足够大，交界面会被击穿，电流就会通过。通常，击穿电压比电流中可能的最大电压要大得多，因此两者是没有关联的。

在正向偏置的情况下，需要有少量电压作为二极管的工作电压。就硅而言，这种工作电压约为 0.7 伏。这一电压可以激发交界面的空穴电子进行结合。

虽然 N 型硅是导体，P 型硅也是导体，但两者结合的产物却不能导电。N 型硅中的负电子被电池的正电极所吸引。P 型硅中的带正电的空穴被电池的负电极所吸引。由于空穴和电子都向错误的方向运动，因此没有电流流过交界面。

如果把电池翻转过来，二极管就能使电流正常流动。N 型硅中的自由电子被电池的负电极所排斥。P 型硅中的空穴被电池的正电极所排斥。在 N 型硅和 P 型硅的交界面，空穴与自由电子相遇，电子填补了空穴。原有的空穴和电子就不存在了，新产生的空穴和电子就会取而代之。这样，电流就会流过交界面。

当二极管由3层半导体而不是2层半导体组成，就会形成NPN或PNP型夹层晶体管。晶体管可以用作开关或放大器。

晶体管看起来像是背靠背放置的两个二极管。我们可以想到，由于背靠背放置的二极管会阻断两条电流的通路，因此没有电流可以流过晶体管。事实的确如此。不过，如果我们在晶体管夹层的中间层施加一个较小的电流，就会有一个较大的电流流过整个夹层。这样，晶体管就具备了开关的性能。一个较小的电流可以启动或关闭一个较大的电流。

硅片就是装有成千上万个晶体管的片状硅。使用晶体管作为开关，我们可以制造出"布尔门"；有了布尔门，我们就可以制造微处理器。

元素到底能有多少种

我们肉眼看得见的物质（如楼房）或看不见的物质（如空气），都是由什么组成的？这一问题曾困扰人们好多年。由于人类的进步，到19世纪初期，经过科学家们的研究，终于揭开了物质世界的面纱：世界上的一切物质都是由元素组成的。从坚硬的石头到软绵绵的棉花；从流动的水到飘浮的云；从人的肌肉骨骼到极小的细菌；从高大的树木到浮游生物……一切都不例外。

那么元素大家庭的成员到底有多少个呢？一开始，科学家们认为只有92个。直到1940年，美国加利福尼亚大学的麦克米伦教授和物理化学家艾贝尔森在铀裂变后的产物中，才发现了93号新元素！他们俩把这新元素命名为"镎"，镎的希腊文原意是"海王星"，这名字是跟铀紧密相连的，因为铀的希腊文原意是"天王星"。镎的发现，充分说明了铀并不是周期表上的终点，说明化学元素远没有达到周期表上的终点，在镎之后还有许多化学元素。镎的发现，鼓舞着化学家在认识元素的道路上继续前进！

不多久，美国化学家西博格、沃尔和肯尼迪又在铀矿石中发现了94号元素。他们把这一新元素命名为"钚"，希腊文的原意是"冥王星"。这是因为镎的希腊文原意是"海王星"，而冥王星是在海王星的外面，是太阳系中的一颗矮行星。钚的发现在当时根本没有引起人们的注意，人们只是把它看作一种新元素而已，谁也没有去研究它到底有什么用处。但当人们发现了钚可以制作原子弹之后，钚就一下子青云直上，成了原子舞台上非常难得的"明星"！而且，钚的发现及广泛应用，人们对元素的认识，进入了一个新的阶段：原来，世界上还有许多很重要的未被发现的新元素哩！

于是，人们继续努力，要寻找94号以后的"超钚元素"。在1944年底，钚的发现者——美国化学家西博格和加利福尼亚大学教授乔索合作，用质子轰击钚原子核，最先是制得了96号元素，紧接着又制得了95号元素。他们将95号元素和96号元素分别命名为"镅"和"锔"，用以纪念发现地点美洲和居里夫妇（"锔"

的原意即"居里")。

西博格和乔索继续努力,在1949年又制得了97号元素——锫;在1950年制得了98号元素——锎。锫的原意是"柏克立"。因为它是在柏克立城的回旋加速器帮助下制成的;锎的原意是"加利福尼亚",因为它是在加利福尼亚州的回旋加速器帮助下制成的。

接着,人们又开始寻找99号元素和100号元素。当人们准备用回旋加速器制造出这两种新元素之前,却在另一个场合无意中发现了它们。那是在1952年11月,美国在太平洋上空爆炸了第一颗氢弹。当时,美国科学家在观测这次爆炸产生的原子"碎片"时,发现竟夹杂着两种新元素——99号和100号元素。1955年美国加利福尼亚大学在实验室中制得了这两种新元素。为了纪念在制成这两种新元素前几个月逝世的著名物理学家爱因斯坦和意大利科学家费米,分别把99号元素命名为"锿"(原意即"爱因斯坦"),把100号元素命名为"镄"(原意即"费米")。

1955年,就在制得锿以后,美国加利福尼亚大学的科学家们用氦核去轰击锿,使锿原子核中增加2个质子,变成了101号元素。他们把101号元素命名为"钔",以纪念化学元素周期律的创始人、俄罗斯化学家门捷列夫。

紧接着,在1958年,加利福尼亚大学与瑞典的诺贝尔研究所合作,用碳离子去轰击锔,使锔这个本来只有96个质子的原子核一下子增加了6个质子,制得了极少量的102号元素。他们用"诺贝尔研究所"的名字来命名它,叫作"锘"。

到了1961年,美国加利福尼亚大学的科学家们着手制造103号元素。他们用原子核中含有5个质子的硼,去轰击原子核中含有98个质子的锎,进行原子"加法":5+98=103,从而制得了103号元素。这个新元素被命名为"铹",以纪念当时刚去世的美国物理学家、回旋加速器的发明者劳伦斯。

在1964年、1967年,苏联弗列罗夫领导的研究小组和美国的乔索及西博格等人,分别用不同的方法制得了104、105和106号元素。但是由于双方都说是自己最早发现了新元素,所以,关于104号、105和106号元素的命名,至今仍争论不休,没有得到统一。

1976年,苏联弗列罗夫等人着手试制107号元素。他们用24号元素——铬的原子核,去轰击83号元素的原子核。24+83=107,就这样,107号元素被制成了。

到目前为止,得到世界各国科学家公认的化学元素,总共有107种。然而,世界上到底存在有多少种化学元素?人们会不会无休止地把化学元素逐个制造出来呢?这个问题引起了激烈的争论。

有人认为,从100号元素镄以后,人们虽然合成了许多新元素,但是这些新元素的寿命却越来越短。像107号元素,只能存在1毫秒。照此推理下去,108号、109号、110号……这些元素的寿命可能更短,因此要人工合成新元素的希望将越来越渺茫。他们预言,即使今后人们还有可能再制成几种新元素,但却已为数不多了。但是,很多科学家认真研究了元素周期表,并推算出在108号元素以后,可能又会出现几种"长命"的新元素!到底孰是孰非呢?迄今为止,尚无定论。

怎样利用克隆技术克隆生物

所谓克隆，就是通过无性繁殖的方式，培育一个基因相同的生物有机体的过程。

2001年1月8日，先进细胞技术公司的科学家宣布，第一只克隆白肢野牛"诺亚"（一种濒临灭绝的、源于印度和东南亚的大型野牛）诞生。尽管后来"诺亚"因意外感染而死亡，但该实验证明通过克隆技术来挽救濒危动物是可行的。

在数十亿年的历史中，大自然一直在对生物进行克隆。比如，当草莓长出长匐茎（茎的一个改良品种），在长匐茎生根的地方就会长出一棵新的植物（克隆植物）。草类（根茎）、土豆（块茎）和洋葱（球茎）也会发生类似的克隆过程。

对于许多植物而言，你可以从它们的植株上切下一个叶片，用它来繁殖一棵新的植物。克隆的过程也是这样。人们可以通过插条来培植植物的原因是：插条的末端会形成一个由非特化细胞构成的结构——"愈伤组织"。如果幸运的话，愈伤组织会生长、分化并形成多种特化细胞（如根和茎中的那些细胞），然后逐渐长成一棵新的植物。

最近，科学家们把特化根分解为根细胞，再把根细胞种植在养分充足的培养液中，通过这种方式来克隆植物。特化细胞在培养液中转变为非特化细胞，再进一步形成愈伤组织。然后，这些愈伤组织在适当的植物荷尔蒙刺激下生成新的植物，新生成的植物的类型与截取根部组织的那棵植物完全相同。园艺家们已经广泛地采用这种"组培繁殖"技术来培育获奖的兰花和其他稀有花卉。

植物并非可进行自然克隆的唯一生物。某些动物（小型无脊椎动物、蠕虫以及某些种类的鱼、蜥蜴和青蛙）未受精的卵子在某些环境条件下（通常存在某种化学刺激）也可以培育出发育完全的个体。这一过程被称为"单性生殖"，生成的新个体是产卵的雌性动物的克隆产物。另一个自然克隆的例子是同卵双生。尽管它们在基因上有别于父母，但它们进行了彼此的自然克隆。

尽管科学家们一直在进行动物克隆实验，但仍然无法刺激一个特化细胞（如皮肤细胞）直接生成一个新的有机体。他们通常的做法是：将特化细胞的基因信息移植到基因信息遭到破坏或被物理移除的未受精卵细胞上。

从植物根部截取的根细胞

用培养液培养的根细胞

根细胞形成愈伤组织

得到的克隆植物

克隆植物示意图

20世纪70年代，一位名叫约翰·戈登的科学家成功克隆了蝌蚪。他把一只青蛙的特化细胞（皮肤细胞或肠内细胞）中的细胞核移植到另一只青蛙未受精的卵子中，该卵子中的细胞核被紫外光破坏了。带有移植的细胞核的卵子长成了一只基因与第一只青蛙相同的蝌蚪。不过，这只蝌蚪没有长成成年的青蛙就死亡了。戈登的实验表明，动物细胞的特化过程是可逆的，他的细胞核移植技术为后来许多克隆实验的成功铺平了道路。

1997年，来自英国爱丁堡市罗斯林研究所的伊恩·威尔莫特和他的同事们成功克隆了一只名叫"多利"的绵羊。威尔莫特和他的同事们把从芬兰多西特绵羊乳腺细胞中提取的细胞核移植到苏格兰黑面绵羊的卵子中，再通过电流刺激细胞核与卵子结合并开始进行细胞分裂。新分裂出的细胞被放入黑面绵羊的子宫中进行发育，几个月之后绵羊"多利"就诞生了。"多利"与芬兰多西特绵羊乳腺细胞的基因相同，但与黑面绵羊不同，这表明"多利"的克隆非常成功。后来，"多利"还通过正常的有性繁殖的方式产下了几只小绵羊。由此看来，"多利"确实是一只真正的健康的克隆动物。

自从"多利"诞生后，世界各国的大学实验室和公司纷纷对细胞核移植技术进行改良。后来，科学家们陆续培育出了一些其他的克隆哺乳动物，包括牛、猪、猴子和老鼠等。

对植物或动物进行克隆的主要目的在于，大量培育具有优良属性的有机物（如获奖的兰花），或基因改造动物（如绵羊，可通过基因改造生成人类胰岛素）。如果单纯通过有性繁殖来大量培育这些植物或动物，很可能会无法获得那些期望得到的优良属性，因为有性繁殖会对基因进行重组。进行克隆的原因还有：对濒危或灭绝的物种进行再培育。

木乃伊是怎样制成的

通常，一个人死后尸体会进行分解，直至在几个月后变为一具白骨。人死后的几个小时内就开始进行分解的第一阶段。在这个被称为"自我分解"的初始分解过程中，含有消化酶的器官（如肠）开始进行自我消化。

在自我分解后就会发生腐烂，即细菌对有机物的分解。在气候温暖的地区，尸体在死后3天就开始腐烂。在几个月之内，尸体就会变为一具白骨。在潮湿而炎热的环境中，细菌繁殖的速度很快，加快了腐烂。在较冷而且干燥的环境中，腐烂的过程很慢，这是因为细菌需要一定的温度和水分才能繁衍。如果环境足够寒冷或干燥，又或者缺乏足够的氧气，细菌就难以成活。在这种环境中，尸体就可能历经几千年都不会完全分解。在大自然中，尸体可能会被保存在冰川的冰块中或泥炭沼的无氧层中。

高温的沙子也可以保存尸体，因为它能将尸体中的体液迅速吸收，使尸体变得干燥。科学家们认为这一自然过程造就了第一个埃及木乃伊。在人工木乃伊技术兴起前，埃及人在没有坟墓或棺材的情况下，会把死者直接埋进沙子中。高温的沙子将体液吸走,将内脏器官保存下来,同时皮肤会卷曲成坚硬的深色的壳。

这些天然的木乃伊很可能燃起了埃及人对来生的信仰。既然尸体在死后可以长期保存,似乎人的灵魂也可以长期存在。

随着来生观念的进一步发展,埃及人开始关心他们逝去亲人的舒适问题。他们开始使用长的柳条筐以及后来的坚硬木箱来掩盖尸体,最终演变为用完全闭合的棺材或坟墓状的遮盖物来进行掩盖。

当然,尸体被完全封闭后,就无法暴露在高温的沙子中了。尸体内仍存有体液,细菌在体内繁衍,肌肉开始自然分解。为了确保在来生既得以存活又享受舒适,埃及科学家们找到了一个可以复制沙漠保存条件的方法。

通过实验,科学家们发现大多数的分解是由内而外进行的。细菌首先集中在尸体的内脏器官,然后再向外扩散。为了防止尸体的腐烂,负责尸体防腐的工匠们意识到,他们必须首先去除尸体中的内脏器官。这一发现再加上天然干燥剂泡碱的发现,就造就了我们今天所熟知的埃及木乃伊。

防腐科学和技术在以后的许多年里不断发展,因此并不存在单一的埃及防腐术。新王国的第 18 代到 20 代王朝(公元前 1570～前 1075 年)是一个制造了许多保存最为完好的木乃伊的时代,这一时代的技术非常具有代表性。

在防腐之前,埃及人要先把尸体送到 "ibu"(一个专门净化尸体的地方),用尼罗河水清洗尸体。这象征着某种重生,也代表了一个人从一个世界走向了另一个世界。尸体清洗后,负责进行尸体防腐的工匠们把尸体就送到木乃伊之屋,在那里开始进行防腐工作。

在木乃伊之屋,工匠们把尸体放在木桌上来去除脑浆。为了打开头颅,他们必须从鼻骨伸进一个凿子去凿击。然后,他们将一根长长的铁钩伸进头盖骨中,慢慢把脑浆钩出。当他们把大部分脑浆清除后,再用长柄勺将其他残余物质舀出。最后,用清水清洗头盖骨。令人惊奇的是,脑部竟然是埃及人从未试图去保存的器官之一。埃及人不确定脑部的功能,不过他们推测在另一个世界可能并不需要脑部。

去除脑浆后,工匠们使用由黑曜岩(一种圣石)制成的刀片,在尸体左侧切开一个小口。他们小心地将腹内器官从小口中取出,摆放在两侧。接着,再切开横膈膜,移除肺。

埃及人相信心脏是人的核心器官,也是情感和思想的来源,因此他们通常会把心脏留在尸体内。其他器官经过清洗后涂抹树脂,再用亚麻布条包好,存放在有装饰花纹的陶罐里。这些器皿被称为"卡诺卜坛",埃及人认为在去往另一个世界的途中,这些小罐能对器官进行保护。

器官移除后,工匠们要用棕榈酒清洗空的胸腔来净化尸体。接着,为了把尸体保存成死者生前的样子,他们会在胸腔中填满香料和其他材料。这样做可以防止尸体变干时,皮肤向胸腔内部收缩。

当工匠们把器官移除并将尸体重新填满后,他们会把尸体放在一块有坡度的木板上,并撒上泡碱粉。埃及人是从尼罗河三角洲西部沙漠地区的湖泊沿岸找到这些粉末（一种钠化合物的混合物）的。与用来干燥早期埃及木乃伊的高温沙子不同，含盐的泡碱可以在不把皮肤完全变暗变干的情况下吸收水分。

工匠们把尸体放在泡碱粉里35～40天，以便尸体完全变干。在这段时间内，必须有人看守尸体，因为尸体散发的强烈气味会吸引沙漠里的食腐动物。当40天过后，工匠们取出胸腔中的填充物，再重新填满泡碱和浸过树脂的亚麻布。在有些朝代，工匠们也会在皮肤下面填充东西，使变干的尸体更像死者生前的样子。填充尸体后，工匠们缝上切口，用树脂层覆盖尸体来防潮。

当沙漠中患病的人就要死时，家人会收集大约372平方米的亚麻布，并把这些布送到对尸体进行防腐的工匠手中。富裕的人家通常会使用曾经覆盖过圣像的布匹，而下层人民使用的是旧布或其他的家纺亚麻布。工匠们选出质量最好的布，把布裁成8～20厘米的绷带。

接下来，工匠们会用裹尸布把尸体包扎起来，然后有条不紊地用绷带把身体各个部分缠好。在把尸体的各部分包裹好后，就要对整个尸体进行包扎。每包扎一层，工匠们都要用热的树脂物质涂抹在亚麻布上，以便把绷带粘在固定的位置。在整个过程中，工匠们会诵读符咒，并把护身符撒在尸体上（为了在另一个世界护身），将它们裹进尸体的各层。

绷带有3个作用：可以防潮。可以使工匠们把木乃伊塑造成更接近死者生前的样子。可以把木乃伊的各部分聚拢在一起。如果没有绷带，变脆变干的木乃伊很可能会碎裂解体。

包裹好木乃伊后，工匠们把坚硬的木乃伊盒（用胶水粘在一起的亚麻布或莎草纸）放在尸体上，然后在头部粘贴一个装饰性的面具，面具通常为死者生前的样子或一位埃及神的样子。

做好的木乃伊会被安放在装饰成人的样子的棺材suhet中。哀悼者将其护送到坟墓，在那里，打扮成胡狼头神阿努比斯的祭司会进行"开嘴仪式"，用圣物触摸suhet的脸，以此来赋予亡人在另一个世界言语、视觉、触觉、听觉和味觉的力量。哀悼者把木乃伊靠墙放置，再把它和它在另一个世界需要的一切物品密封在坟墓中。

19—20世纪掀起了一股古埃及木乃伊的热潮。在这股潮流的影响下，一些人萌发了运用新技术重新探究木乃伊的想法。

最著名的现代木乃伊是为苏联领导人列宁和阿根廷总统胡安·贝隆的夫人伊娃·贝隆制作的。通过对化学反应和过程进行精确控制，列宁的尸体被完好地保存下来。和列宁一样，贝隆夫人的尸体也被精心保存下来，就像她生前的样子。工匠们去掉她的体液，再灌上蜡。贝隆夫人的木乃伊和其他木乃伊看起来很像蜡像馆里的那些蜡人，但它们保存的是一个人的尸体。

20世纪70年代，一些科学家进一步扩宽思路，发明了"生物塑化"技术。在复杂的生物塑化过程中，尸体细胞中所有的水和油脂都被聚合物所取代。尸体具有了塑料的属性：耐久性好，有韧性，无强烈气味，最重要的是，不会发生分解。人们使用塑化技术来为解剖研究和教学保存身体器官，同时也使用该技术来创造艺术品。

自动扶梯是怎样向上移动的

自动扶梯是传送带的一个简单变形。一组转动的环链带动一组台阶做循环运动，可以将许多人匀速升高或降低一段短距离。

自动扶梯的核心部件是绕在两对齿轮上的一组链条。电动机带动顶部的驱动齿轮转动，驱动齿轮又带动环链转动。一部典型的自动扶梯使用 7.35 万瓦的电动机带动齿轮转动。电动机和链条系统装在桁架内，在两层楼梯中间装有金属架。

传送带移动的是一个平面，而环链移动的是一组楼梯。自动扶梯中的每层楼梯都有两组滚轮，分别在两组滑轨上运动。上面的一组（靠近楼梯顶端的滚轮）与转动链条相连，由自动扶梯顶端的驱动齿轮来带动。另一组滚轮随着第一组运动，但仅在滑轨上滑动。

滑轨是彼此分开的，因此每层楼梯都能一直保持水平。在自动扶梯的顶端和底部，滑轨处于水平位置，使楼梯保持平稳。每层楼梯内部都装有许多凹槽，通过这些凹槽，楼梯可以与它前面和后面的楼梯紧密结合。

除了要转动主环链，自动扶梯的电动机还要移动扶手。扶手其实就是缠绕在一组滚轮上的橡胶传送带。该传送带经过了精确的配置，可以与楼梯同步运行，这样就使乘坐自动扶梯的乘客觉得更加平稳。

自动扶梯示意图

摩天大楼是怎样设计建造的

向上盖高楼的主要障碍是引力向下的作用力。假设你背着一个朋友，如果他很轻，你一个人就可以背动他。如果你让你的朋友也同时背上一个人（你的高度就增加了），你可能就觉得太重而背不动了。想要移动几人高的"人塔"，你就必须找更多的人作为底部来支撑上面每个人身体的重量。

不管是金字塔形建筑，还是真正的金字塔或其他用石头建造的建筑物，都是依照这个原理进行工作的。底部需要更多的材料来承载上面的材料不断增加的重量。在用砖和水泥建造的普通建筑物中，每向上盖一层楼，都需要对下面的墙进行不断加固。但达到一定高度之后，再这样做就行不通了。如果下面的楼层已经快没有空间了，盖高楼又有什么意义呢？

19世纪后期，新的生产工艺使制造实铁的长梁成为可能。建筑师们因此拥有了一套全新的建筑材料。与旧式建筑中的实心砖墙相比，窄而相对较轻的金属梁能够承载更多的重量，同时所占空间也很小。比铁更轻也更硬的钢使建造更高的楼宇成为可能。

摩天大楼里垂直的立柱是由两端铆接在一起的钢梁构成的。每层的垂直立柱都与水平大梁相连。许多建筑物的大梁之间都用斜置梁来进行辅助支撑。

在这个巨型三维网状结构，也被称为"上层结构"中，建筑物所有的重量都被直接转移到垂直立柱上，立柱将作用力集中在建筑物底部的小块区域内。位于建筑物下面的底层结构再次将作用力分散开来。

在典型的底层结构中，在每一根垂直立柱的底部都装有扩展底座。立柱建在铸铁板上，铸铁板下方是格床，即多层并置的一排排水平钢梁。格床下面是厚厚的地下混凝土基座。整个结构都由混凝土浇筑而成。

整个结构在地面下一定深度的地方向外延展，把立柱的集中作用力分散到一个广阔的区域。最终，建筑物的全部重量都直接作用在位于地表下方的硬质黏土层上。在自重相当大的建筑物中，扩展基座建在粗大的混凝土或钢筋支柱上，这些支柱会一直延伸到地下的基岩层。

在这一设计中，外墙只需支撑自重即可。建筑师可以按照自己的设想扩大建筑物的外墙，他们甚至可以全部用玻璃来建造外墙。

摩天大楼的设计者们绝不会不考虑电梯的设计。设计摩天大楼的电梯系统，需要平衡好各个因素之间的关系。楼层越高，建筑物容纳的人就越多。容纳的人越多，需要的电梯也就越多。由于电梯升降机井占用空间很大，因此每增加一部电梯，楼层的空间就会相应地减少。为了给人提供更多的空间，就需要增加更多的楼层。在建筑物设计过程中，确定楼层和电梯的数量是一个非常重要的环节。

建筑物的安全问题也是设计时要考虑的主要问题。如果没有19世纪新式防火建筑材料的出现，摩天大楼的建造就不会如此顺利。现在，摩天大楼还配备了性能卓越的喷水灭火设施，在火势大幅蔓延之前，就能将大多数火灾控制住。

同时，设计师们也会认真考虑摩天大楼用户们的舒适度。举例来说，帝国大厦的用户们总能在9米的范围内看到窗户。设计师们只有在考虑结构稳定性的同时，也考虑到建筑的实用性和舒适度，这样的建筑物才是成功的建筑物。

除了重力的垂直作用力之外，风的水平作用力也是摩天大楼需要解决的问题。大多数摩天大楼都可以在任何方向轻易地移动几米，就像一棵摇摆的树，但丝毫不会破坏结构的完整。但如果大楼在水平方向移动的距离过大，用户们肯定会有感觉。

为了使更大型的摩天大楼摆动幅度不致过大，工程师们在大楼的中心特别建造了坚固的衬心。在旧式的巨型摩天大楼中，人们用结实的钢制桁架对中心电梯升降机井周边区域进行加固。新式大楼则在建筑物中心位置建造了一个或多个混凝土衬心。

要使建筑物更加坚固，还必须使它们能够防震。由于整座大楼都会随着地面的水平振动而移动，因此钢梁结构并不会发生扭曲变形。

一些大楼采用了先进的防风减震器。其中的一种方法是，由液压设备推动重达400吨的混凝土在最高的楼层中进行往复运动。先进的电脑系统能够精确测量出风对大楼的作用力，从而会对重物进行相应的移动。

专家们对可以造出多高的摩天大楼持不同意见。有人说，利用现有的技术我们可以造出一座1609米的高楼，也有人说我们需要研制重量更轻、更加结实的建筑材料和速度更快的电梯，当然首先还是要研制先进的摆动减震器。可以想象，未来先进的技术可以使我们建造出高耸入云的城市，还有能够容纳100万甚至更多人的巨型建筑。

未来，为了保护土地，我们不得不建造更高的楼。楼盖得越高，人们就会集中精力进行区域发展，而不会把精力转向尚未被开发的自然区域。由摩天大楼组成的城市应该非常便利：更多的商业设施会在城市集中起来，从而节省了人们的时间。

桥梁为什么能够转移压力

桥梁的种类主要有3种：梁式桥，拱式桥，悬索桥。这3种桥最大的区别是单孔跨径不同。所谓跨径，是指桥的两个支撑物之间的距离，这些支撑物可以是柱、塔或是峡谷的内壁。举例来说，一座现代梁式桥最大跨径可达60米，而一座现代拱式桥安全跨径则可达240～300米。悬索桥作为桥梁技术的高峰，跨径可以高达2100米。

为什么拱式桥的跨径会远远高于梁式桥，同样，为什么悬索桥的跨径可以达到拱式桥的7倍？原因就在于，不同的桥梁在处理压力和张长两种力时方式不同。

所谓压力，就是对其作用物进行挤压或缩短其长度的作用力。

所谓张力，就是对其作用物延展或拉长的作用力。

说明压力和张力的一个常见的例子是弹簧。当你向下挤压弹簧或把弹簧两端向中间挤压时，压力的作用就会把弹簧缩短。当你向上拉伸或把弹簧两端向两边拉开时，弹簧就产生了张力。

任何桥梁都有压力和张力，桥梁设计的目的就是在桥梁不发生变形或断裂的前提下，处理好这些作用力。当压力的作用大于物体的抗压力，物体就会发生变形；当张力大于物体抵抗张力的能力，物体就会断裂。

解决这些作用力的最好方式就是耗散或转移。对力进行耗散，是指把力扩展到一个较大的区域，这样就避免了任何一个点的集中受力。对力进行转移，是指把力从一个较弱的区域转移至一个较强的、可以承受这种作用力的区域。拱式桥可以很好地说明力的耗散，而悬索桥则可以很好地说明力的转移。

就本质而言，梁式桥是一种两端架设在桥墩上的刚性水平结构。桥墩直接支撑桥的重量和桥上所有的交通流量。桥的自重和交通流量会产生向下的直接作用力。从梁式桥的桥面（或路面）表层就可以看到这种压力的作用。在压力的作用下，桥面的表层会缩短。作用于桥面表层的压力会导致桥面的里层产生张力。在张力的作用下，桥的钢梁下端会伸长。为了避免桥发生变形或断裂，必须对施加在桥面上的作用力进行耗散。

你会发现，许多作为过街天桥的梁式桥都选用混凝土或钢筋梁作为承重梁。梁的尺寸，特别是高度，决定了梁的跨径。增加梁的高度，梁就能有更多的材料来耗散张力。为了建造更高的梁，桥梁设计者们在梁里添加了辅助的格状结构，即桁架。辅助桁架可以增加梁的刚性，并大大提高梁耗散压力和张力的能力。一旦梁下压时，压力就会通过桁架进行耗散。

尽管桁架的添加很有创意，但梁式桥的跨径还是十分有限。如果跨径增大，桁架的尺寸也必须增大，直至桁架不足以支撑桥梁的自重为止。

拱式桥是两侧带有拱肋的半圆形结构。压力沿拱弧到拱肋的方向向外扩展。拱的设计即半圆形的设计，很自然地把桥面的重量分散到拱肋上，也就是耗散了压力。拱的自然弧度及其向外耗散压力的能力大大减少了拱下端受到的张力。不过，拱的半圆弧越大，作用于拱下端的张力也就越大。和梁式桥一样，尺寸的有限性会最终压倒拱自身的优势。

悬索桥通过缆索（绳或链）来连接两端，把桥面悬吊在缆索上。现代悬索桥用两座高塔连接这些缆索，也就是说，高塔承受了桥面大部分的重量。

压力向下作用于悬索桥的桥面，由于桥面是悬吊起来的，缆索就会把压力转移到高塔上，高塔再对压力进行耗散并完全导入地下。

张力的作用力是通过架设在两个锚固上的缆索进行耗散的。由于承受着桥的自重和桥上的交通流量，连接桥两侧锚固的缆索被拉长。锚固也受到张力的作用，但由于锚固和高塔一样都牢牢地嵌入地面，它们承受的张力就被耗散了。

除了缆索之外，几乎所有的悬索桥在桥面下都有一个桁架支撑系统。桁架结构既坚固了桥面，同时也降低了桥面发生摇摆和晃动的概率。

除压力和张力外，设计桥梁时还必须考虑一些其他的作用力。这些作用力通常与桥梁修建的地点或桥梁的设计有关。

扭力是一种由于转动或扭动而产生的作用力。拱天然的形状和梁式桥增加的桁架结构都可以消除扭力对这些桥梁的破坏性影响。由于悬索桥悬吊在一对缆索上，使得这类桥更容易受到扭力的影响，特别是在大风天气尤为明显。在设计上不断创新，特别是对桁架结构进行不断的改进，将有助于解决这个问题。

梁式桥张力图

拱式桥张力图

共振是指由外力引起的振动与物体本身的振动频率相同。如果对共振现象不加以关注，共振对桥梁的作用力可能是致命的。共振产生的振动会通过波的方式传导至桥的每个部分。

为了减少共振对桥梁产生的影响，桥梁设计者们在桥上安装了减震器，以便对共振波进行干扰。无论振动持续时间的长短或源自何处，对共振波进行干扰都可以有效阻止共振波的继续扩大。

减震器主要利用了惯性的原理。假设一座桥的桥面为实心结构，共振波可以轻易地穿过整个桥梁。但是，如果桥面由不同的部分构成，同时桥板又互相叠加，共振波要穿过桥梁就不那么容易了。一部分桥面的运动会通过桥板传递到另一部分，由于桥板相互叠加，就会产生一定的摩擦力。我们需要做的就是制造足够的摩擦力，来改变共振波的频率，以此阻止波的产生。改变频率后会产生另外两种波，但每种波都不会把另一种波转化成具有破坏性的作用力。

大自然的力量，尤其是天气的影响，是迄今为止最难应对的挑战。雨、雪和风每一样都可以对桥梁造成致命的危害，如果它们同时作用于桥梁，后果将会很严重。桥梁设计者们通过汲取过去的经验教训，不断提高着自己的技艺。桥梁建设选用的材料也先由铁取代了木头，再由钢取代了铁。每一种造桥新材料和新工艺的应用都是在汲取过去的经验教训后得到的。然而，天气的问题却始终没有得到彻底地解决。

垃圾填埋场如何处理垃圾

有些垃圾进行了回收或再利用，有些则被焚化，不过你可能有些吃惊，大多数的垃圾其实都是被掩埋在垃圾填埋场了。

垃圾填埋场都经过了精心的设计，或深入地下或建在地上。垃圾填埋场的目的是把垃圾和周边环境（地下水、空气和雨水）隔离。隔离过程是通过底部衬垫和每天用沙土覆盖来完成的。垃圾填埋场可分为两种类型：

卫生垃圾填埋场：使用黏土衬垫把垃圾和周边环境隔离开来。

MSW（城市固体废弃物）垃圾填埋场：使用合成（塑料）衬垫把垃圾和周边环境隔离开来。

垃圾填埋场的基

垃圾填埋场示意图

本结构为：底部衬垫系统；填埋单元（旧的或新的）；雨水排放系统；渗滤液收集系统；沼气收集系统；掩蔽盖或罩；地下水监控站。

每一个部件都是针对在垃圾填埋场运作过程中会出现的特定问题而设计的。

垃圾填埋场的主要功能，同时也是最大的挑战之一是收容垃圾，使其对周边环境不会造成困扰。底部衬垫阻止了垃圾与外层土壤特别是地下水的相互接触。在MSW垃圾填埋场，衬垫通常是用某种坚固耐磨、防穿透的合成塑料制成，厚度通常为3~10厘米。除了塑料衬垫外，压制的黏土也会作为补充衬垫。人们也会用帆布垫将塑料衬垫的每一侧包起来，防止塑料衬垫被周围的岩石或沙砾层破坏或刺穿。

对于垃圾填埋场来说，最宝贵的资源，同时也是最棘手的问题是空间。拥有多大的空间直接关系着垃圾填埋场的库容和使用寿命。如果能扩大空间，也就能增加垃圾填埋场的使用寿命。为了节约空间，垃圾被运往填埋单元进行压实。填埋单元仅可以容纳一天的垃圾量。已建成的填埋单元，要用15厘米的土壤进行覆盖并需要进一步压实。填埋单元以列状或层状分布，层状分布中相邻的填埋单元被称作层状填埋单元。

垃圾填埋场尽可能地要保持垃圾干燥，减少渗滤液，这点非常重要。所谓的渗滤液，是指从垃圾填埋场的上方渗入到底部的液体。主要通过以下两种方式来减少渗滤液：

禁止含有液体的固体垃圾进场。进入垃圾填埋场之前，固体垃圾必须经过检测，也就是要用标准漆过滤器对垃圾的样本进行检测。如果10分钟后垃圾样本并无液体渗出，垃圾就可以进入垃圾填埋场。

使雨水远离垃圾填埋场。为了避免雨水渗入，垃圾填埋场安装了一套雨水排放系统。塑料排水管和雨水衬垫对垃圾填埋场所处区域的雨水进行收集，并把这些雨水导入垃圾填埋场底部附近的排水沟。

这些排水沟由混凝土制成或由沙砾围边，雨水顺着排水沟流入垃圾填埋场一侧的集水池。在集水池中，悬浮的土壤分子使杂质沉淀，同时要检测水中是否含有渗滤的化学物质。当沉淀和水检测完毕后，水就会被抽走或流向垃圾填埋场以外区域。

没有一个系统可以确保垃圾填埋场做到百分之百的防水。水在垃圾填埋场的填埋单元和土壤中进行渗透的过程，就像水在渗滤咖啡壶中渗入磨碎的咖啡中一样。当水渗入垃圾中，水就会将垃圾中的杂质析出，就像咖啡壶中的水会把底部的咖啡浮起一样。这种含有未分解杂质的水溶液就是渗滤液，通常呈酸性。

垃圾填埋场中布满了收集渗滤液的多孔管。这些多孔管将液体排入渗滤液管，渗滤液管再将渗滤液导入渗滤液收集池。渗滤液可能会被用泵抽入收集池，也可能通过重力的作用自行流入收集池。

要对收集池中的渗滤液进行化学物质含有情况的检测，并允许其进行沉淀。检测完毕后，要像处理其他污水一样，对渗滤液进行处理。处理过程可以在垃圾填埋场内或场外进行。一些垃圾填埋场会对渗滤液进行再循环，稍后再进行处理。这种方法减少了垃圾填埋场排放的渗滤液总量，但也提高了渗滤液中杂质的含量。

由于垃圾填埋场处于密封状态，因此细菌是在缺氧的情况下对垃圾进行分解的。分解产生的副产品就是垃圾填埋场气体，其中含有大约 50% 的沼气和 50% 的二氧化碳，另外还有少量的氮气和氧气。由于沼气可能发生爆炸或燃烧，两种情况也可能同时发生，因此它的危害很大，必须从垃圾填埋场中清除。为了收集这些气体，垃圾填埋场安装了许多专门的集气管道。在一些垃圾填埋场中，这种气体或者被排出或者被引燃。

　　最近，垃圾填埋场产生的这种气体被证实是一种可利用的能源。人们可以从该种气体中提取沼气作为燃料使用。

　　每天，人们都要用 15 厘米的压实土对每个填埋单元进行覆盖。这层掩蔽物将垃圾与空气隔绝，并且阻止了如老鼠和飞虫等接触到垃圾。压实土占地很小。但由于空间对于垃圾填埋场来说非常珍贵，因此很多垃圾填埋场也尝试使用防潮纸、纸质喷溅罩、水泥与纸浆溶液制成的防潮布或喷溅罩。这些设施可以有效覆盖垃圾，而厚度只有 0.6 厘米。

　　当垃圾填埋场的一部分使用完毕后，就会用厚度约为 4 厘米的聚乙烯掩蔽罩进行永久覆盖。这层掩蔽罩上还会盖上 60 厘米厚的压实土层。压实土层上会种一些植物来防止雨水或风的侵蚀，通常会选用草。树木、灌木或其他根须较深的植物不会被栽种，目的是防止这些植物的根与地下的垃圾接触，或把渗滤液带出垃圾填埋场。

　　渗滤液偶尔也会透过掩蔽罩厚度较薄的地方渗出到地表。渗滤液看起来呈黑色的气泡状，不久就会把地表染成红色。可以通过挖开渗滤物周边的土地、用实土进行填埋的方式，将渗滤液重新导入垃圾填埋场，这样渗滤物就可以很快被清理干净。

　　在垃圾填埋场周围的许多地方都可以看到地下水监控站。通过地下水管道，人们可以检测水样中是否含有渗滤化学物。由于固体垃圾分解时温度会随之上升，因此也要测量地下水的温度。地下水的温度如果上升，就表明渗滤液正在渗入地下水。同样，如果地下水的 pH 值呈酸性，也表明渗滤液可能正在渗入地下水。

　　垃圾填埋场的垃圾可能要在此存放很久。在垃圾填埋场里，氧气含量极低，湿度非常小。因此，垃圾分解的速度不快。事实上，当把有些年头的垃圾填埋场挖开或对其进行取样时，在找到的一张有 40 年历史的报纸上，字迹仍然清晰可读。垃圾填埋场设计的初衷就不是分解垃圾，而只是对其进行掩埋。当一个垃圾填埋场关闭时，填埋场的现场特别是地下水必须进行检测，并且要搁置 30 年以上。

怎样制造大屏幕电视

　　20 米高的大屏幕电视和普通电视的功能相同，也要接收视频信号，并将其转化为光线。普通电视使用的是 CRT（阴极射线管），但 CRT 最高不超过 1 米。大屏幕电视则运用了另一种完全不同的技术。

　　为了说明普通电视是如何将视频信号转化为光线，让我们先来了解一下黑白电视的工作原理：

CRT 中的电子束每次在屏幕上画一条线。当电子束在屏幕上移动时，小的磷光点被激活，这样就可以产生我们所见到的光线。

视频信号在屏幕上移动时，CRT 中的电子束会识别其强度。

电压为 0 伏时的 5 微秒脉冲（水平回扫信号）会提示电子束重新开始画线。电子束从屏幕左侧开始画线，在 42 微秒内扫过屏幕。根据水平回扫信号，将产生不同的电压来调节电子束扫过屏幕的明亮度。

电子束在 CRT 正面下方画线，然后接收水平回扫信号，该信号会提示电子束应该开始在左侧上方角落重新画线。

彩色电视的工作原理也是如此，不过它使用 3 条分离的电子束和 3 个磷光点（红色、绿色和蓝色）与屏幕上的每个映象点对应。当电子束在屏幕上移动时，每个独立的彩色信号都代表了一个映象点的颜色。

当电子束在屏幕上画线时，电子束中的电子会击打屏幕上的磷光点。电子束里的电子激活小磷光点，以 30 帧／秒的速度在屏幕上快速画出 480 条线，这样我们就可以在屏幕上看到完整的动态画面。

CRT 技术在室内使用的效果不错，但如果你把以它为主导部件的电视放在户外强烈的阳光下，你就无法看清屏幕上的内容了。同时，CRT 屏幕的尺寸只有大约 1 米。我们需要运用另一种技术来制造更大、更适合在户外阳光下观看的屏幕。

在体育场看到的大屏幕电视和家用电视有两个最大的不同之处：

首先，很明显，与家用电视相比，这种电视要大得多。它的高度约为 20 米，而非 0.5 米。

这种电视亮度极高，可以在阳光下观看。

几乎所有的户外大屏幕都采用 LED（发光二极管）来制造大尺寸、高亮度的画面效果。LED 其实就是一个个彩色小灯泡。现代 LED 体积很小，发光度极高，消耗的能量却极少。

对彩色 CRT 电视而言，所有的色彩都是通过与每个映象点对应的红色、绿色和蓝色的磷光点产生的。在大屏幕电视中，使用红色、绿色和蓝色的 LED 代替磷光点。大屏幕电视上的每个映象点都是一个小模块，其中包含三四根 LED（红色、绿色和蓝色各 1 根）。在最大号的大屏幕电视中，每个模块都包含许多根 LED。这些模块的尺寸从 4 毫米～4 厘米不等。

生产大屏幕电视，需要将成千上万根这样的 LED 排列在矩形网格内。举例来说，一个网格可容纳约 640×480 个 LED 模块，也就是 30.72 万个模块。屏幕的最终尺寸取决于这些 LED 模块的尺寸。

LED 模块示意图

为了对如此巨大的LED屏幕进行控制，要使用一套电脑系统、一套能量控制系统，还要有大量的电线。电脑系统对即将出现的电视信号进行监控，同时决定电视将启用哪些LED以及它们的亮度如何。电脑对亮度和色彩信号进行取样，根据每个映象点模块中LED的3种不同颜色，将这些信号转换成亮度信息。能量系统为所有LED模块提供能量，并对能量进行调节，以确保每根LED亮度都适中。

洗衣机为什么能又快又好地洗衣服

使用洗衣机非常便捷：你把衣服塞进洗衣机里，放入一些洗衣粉，然后按动按钮。机器会一直工作：它将洗衣机里灌满水，然后使用搅拌器搅动衣服，漂洗然后将水排干净。这台机器里面有什么装置操纵它做这一切呢？

如果你看看洗衣机的底部，你就能明白它为什么这么重了：一块混凝土。混凝土可以用来平衡沉重的电动机的重量，电动机可以驱动很重的变速箱。电动机和混凝土的重量还能够在机器旋转的时候加强其稳固性。

洗衣机拥有两个钢质缸筒，一个套着一个：外部的缸是固定的，而且密封防止水分外流，内部的缸用来盛衣服。在内缸的中央，有一个搅拌器，而四周都是孔眼。这样，当内缸旋转的时候，水能够被甩出去。

在洗衣服的过程中，内缸震动并且摇晃，所以它必须以某种方式加以固定，这样才不会撞击机器的其他部分。内缸与变速箱相连，变速箱又和金属架相连接。这个金属架承受着电动机、变速箱和混凝土的重量。绳索和滑轮系统支撑着整个重量系统，使它们在工作的时候不会移动整个机器。

如果所有的这些部件都是由绳索吊起的，那么为什么它们不会一直来回晃动呢？因为洗衣机具有减震系统，能够利用摩擦阻力来吸收震动时产生的力。在洗衣机的4个角落，每边都有一个类似于盘式制动器的装置。它将两片护垫挤向一个金属圆盘，并与金属架连接。当金属架震动摇晃的时候，这两片护垫之间的摩擦可以抵消很多运动。

洗衣机内部的管道有几个基本作用：向洗衣机注水；在洗衣服过程中，使水从洗衣机底部到顶部进行循环流动；在洗衣服中把水排出洗衣机。

在洗衣机后部有两条水管连接，一条是冷水管，另一条是热水管。这两条管道和电磁阀（由电流控制的电磁开关）相连接。所以，热水阀门打开，或者冷水阀门打开，或者两者同时打开，决定于你所选择的温度。

水管把水注入洗衣机之前，水流需要先经过反虹吸管装置。这个装置可以防止水被反吸回水管，那样的话会污染你家或者邻居家的水。

管道系统的余下部分是循环水流部分和排水部分，还包含水泵。这个水泵其实是两个独立的水泵组合而成：水泵的下半部分和排水管相连，而上半部分负责循环洗衣用水。那么，水泵怎样决定是通过排水管排水，还是将水重新注入洗衣机？

这就是洗衣机的特殊之处：驱动水泵的电动机可以朝两个方向运转。所以，当电动机朝一个方向运转的时候，洗衣机可以进行洗衣程序并且循环水流；当电动机朝另外一个方向运转的时候，洗衣机将转动并把水排干。

当水泵顺时针运转的时候，底部的水泵从内缸底部吸水。而顶部的水泵则从内缸的顶部吸入空气，并把空气压向底部，从而水流循环无法进行。

如果水泵逆时针运转，顶部的水泵从内缸的底部吸水并推到顶部。而底部的水泵从排水管中把水吸回到内缸里。实际上排水管中并没有多少水，但是水泵没有足够的力量来把水吸回内缸。

洗衣机的驱动机构，或者叫变速箱，是它最酷的部分之一。变速箱具有两个作用：搅动衣物；让它们在内缸里来回运动；让内缸旋转，把水排出。

为了完成这两项任务，变速箱和水泵使用的方法一样。如果电动机朝一个方向运转，变速箱开始搅动衣物；如果电动机朝另外一个方向运转，变速箱开始旋转内缸。

如果你看到变速箱的内部，你会发现有一个齿轮用纽带和它相连接。这种纽带就像齿轮与老式蒸气火车轮子相连的方式：当齿轮（和纽带）转动的时候，它会推动另外一个馅饼状齿轮来回转动。这个馅饼状的齿轮让另外一个小齿轮和搅拌器相接。除了改变方向的时候转动内轴之外，系统内其他的齿轮可以使其减速来减慢转动。因为电动机的转速是唯一的，即旋转速度，所以齿轮减速可以使搅拌器以较为稳定的速度进行运转。

当洗衣机进入旋转阶段的时候，整个机构进行锁定，这就使所有部件都和电动机一样以同样的速度进行运转。

烘干机是怎样将衣物烘干的

每周你可能要做两次这样的工作。当洗衣机工作完毕后，你打开盖子，抓起这些湿乎乎的衣服，然后扔进烘干机。你按动按钮，或者旋转开关，45分钟之后，这堆潮湿的衣物就会变成蓬松而鲜艳的干衣服。你知道这是空气和搅拌的结果，但是这个神奇的机器中到底发生了什么呢？烘干机最基本的理念是这样的：向箱子中注入温暖的空气；把其中潮湿的空气排干；搅动里面的衣物，使所有衣物的表面和温暖的

烘干机示意图

空气相接触；

你或许知道潮湿的空气是从烘干机后面的洞排出去的。但是，空气是从哪里进来的呢？

这里所举的例子是门上有麻布屏风的那种烘干机。简而言之，下面就是空气进出烘干机的路径：

空气从烘干机的底部或后部进入。

空气通过加热器，然后进入滚筒。

空气进门后，通过麻布屏风。

空气通过烘干机前部的通风管道，进入风扇。

风扇把空气从烘干机后方的通风管道排出房间。

第一步，空气通过加热器。在电烘干机中，加热器是标准的镍铬合金丝，类似于烤箱或空间加热器。这种加热器耗电量大，大多数为 4000～6000 瓦。在燃气烘干机中，燃烧的气体提供能量。

加热后的空气通过滚筒中的衣物，然后进入门洞。空气通过门洞，然后从门下部一个大槽排出，这个槽通往麻布屏风。

这些空气通过麻布屏风，然后通向烘干机前面的排气管，从这里进入风扇。这个风扇是离心类设备：当它转动的时候，它把空气抛到外部，吸收中央的空气，然后将空气从烘干机后部的排气管排出。

如果你把烘干机外部的金属片移开，你会吃惊地发现滚筒里没有任何齿轮。其实，滚筒本身就是一个巨大的齿轮（更准确地说是滑轮），电动机为小滑轮提供动力。因为滚筒的直径与小电动机滑轮的直径相差巨大，所以根本不需要任何齿轮。

同样的电动机驱动风扇和滚筒。滚筒的滑轮用传送带与电动机的一个输出轴相连接，而风扇与另一个相连。

烘干机另外一件有意思的事是，它没有任何承托部分使之平稳旋转。那么，是什么承受了衣物的重量呢？滚筒位于两块坚硬而光滑的尼龙板上面，它们被固定在支撑结构上。这种构造使滚筒承受了潮湿衣物的很多重量，但相对摩擦却很少。

大多数的烘干机拥有旋转开关或者热量设置按钮。通过转动按钮至不同的方位，或者按压几个按钮，你可以控制整个过程，如烘干机的工作时间以及热量设置。

一个机械或者电动计时器控制烘干过程的长度。有些烘干机具有湿度开关，能够在衣物烘干后做出反应，然后停止烘干过程。

旋转开关和热量设置按钮共同控制某个时刻加热器的开关：

如果加热器完全关闭，那么只有冷空气吹进衣物之间。

如果一个加热器打开，那么空气就会变得温暖。

如果两个加热器都打开，那么空气就会很热。

烘干机具备安全特点，这样能够防止过度烘干。在很多烘干机中，有两个温度关闭传感器。当这些传感器达到事先设置的温度时，它们就会断开连接，这样就可以关闭烘干机。

第一个传感器调控麻布屏风和滚筒。如果滚筒中的温度过高，传感器就切断电源，关闭烘干机。

但是，如果传送带断了怎么办？或者如果风扇受到阻塞，空气无法排出滚筒怎么办？这时候第二个传感器就开始发挥作用。

第二个传感器离加热器很近。无论出于什么原因，如果空气流通受到了阻碍，这个传感器周围的空气就会迅速升温，这将会触发传感器，使之切断电源。

为什么雷达测速仪能检查超速驾驶

用雷达来测定汽车速度是一件非常容易的事情。普通的雷达测速仪仅仅是将无线电发射机和接收机安装在一个装置上而已。

像声波一样，雷达波有着某一特定频率。当雷达测速仪与汽车都处于静止状态时，雷达会产生与原始信号相同的两股回波。这是因为雷达发出的每部分信号在碰到汽车时都会被同时反射，便产生了一模一样的原始信号。

但当汽车在移动过程中，每部分无线电信号在不同的空间点上被反射，也就改变了回波的模式。当汽车远离雷达测速仪时，汽车的运动会将反射波拉长，或者降低其频率。而当汽车驶近雷达测速仪时，汽车的运动则会压缩反射无线电波的长度。回波的波峰和波谷合并在一起能够看出：频率在增加。

雷达测速仪基于频率变化的大小，能够计算出汽车朝它驶近及远离时的速度。它还必须将警车本身的运动因素计算在内。例如，如果警车的时速是 80 千米，而雷达测速仪显示汽车的运动时速是 30 千米，那么汽车运动的实际时速应为 110 千米。如果雷达测速仪没有显示汽车向它驶近或远离，那么汽车的时速应该同警车相同。

目前，许多警察部门开始使用激光雷达测速仪来取代传统的雷达测速仪。激光雷达测速仪的基本要素是被集中的光线。

激光雷达测速仪利用它发出的一束红外光线打到汽车上，再反弹回来的过程来进行计时。它用光速与这段时间相乘，便得出汽车的距离。与传统的雷达测速仪不同，激光雷达测速仪不用计算波频率的变化。它在短时间内发射出许多红外激光束来收集多个距离数据样本，通过对比这些样本，它可以计算出汽车的行驶速度，而且相当精确。

雷达应用的原理是什么

当人们在使用雷达时，他们通常是想做以下 3 件事：
(1) 探测一定距离内一个物体的运动方向。
(2) 探测一个物体的速度。
(3) 对一个物体进行测绘。

所有这 3 种活动都可以利用日常生活中的两样东西来完成：回声和多普勒频移。这两个概念在声学领域很容易理解，这是由于你的耳朵每天都在听到回声和多普勒频移。雷达则利用了与无线电波相同的技术。

回声是一种你总是能听到的东西。如果你对着井或者空房子大喊，那么过一会儿就会产生回声。产生回声的原因在于，你喊声中的一些声波触及表面（井底的水或者是空房子的墙壁）后被反射，并回到你的耳朵中。从你叫喊时到你听到回声时的时间长短取决于你与制造回声的表面之间的距离的长短。

多普勒频移也很普通。当声音由一个移动的物体产生或被一个移动的物体反射时，就会发生多普勒频移。当多普勒频移达到极端值时就会产生音爆。为了解多普勒频移，你可以想象一辆正在移动的汽车。假设汽车驶向你的速度为 100 千米／小时，而且正在按喇叭。这时你就会听到在汽车接近时，喇叭以一种音调在鸣响；而当汽车驶过你时，该喇叭的响声会突然降低到一个比较低的音调。在整个过程中是同一个喇叭在发出同一种声音。你耳朵听到的音调变化就是由多普勒频移造成的。

以上就是事件发生的全过程。在周围空气中传播的声音速度是一定的，为方便这次讨论，我们假设声速为 600 千米／小时。现在想象这辆汽车是处于静止状态的，距离你整整 1 千米，并按住喇叭持续 1 分钟。那么该喇叭发出的声音就会以 600 千米／小时的速度向你传播过来。你将会在 6 秒（声音以 600 千米／小时的速度通过 1 千米所需的时间）后听到持续长达 1 分钟的声音。

现在，假设汽车正在以 60 千米／小时的速度向你驶来。它依旧距离你整整 1 千米，并按住喇叭持续整整 1 分钟。你依然会在 6 秒后听到声音，不过你只能听到 54 秒的声音。这是因为汽车会在 1 分钟之后到达你所站的位置，而在 1 分钟内最后的响声将会瞬间到达你的耳朵。汽车（站在司机的角度）仍旧是响了 1 分钟的喇叭。不过，由于汽车正在运动，从你的角度来说，1 分钟的声音被压缩到了 54 秒。因此，同样数量的声波被压缩到更少的时间内。因此，声波的频率增加了，而且喇叭的声调听上去也升高了。当汽车驶过你的身旁并远去时，该过程被保留下来，声音被拉长以适应更长的时间。因此，音调就降低了。

你可以采用以下方式，将回声和多普勒频移结合起来。你可以假设你冲着一辆驶过来的汽车发出很大的声音，这些声音会从汽车上反弹回来（回声）。不过，由于汽车是朝你行驶的，声音的传播时间会被缩短。因此，回声的声音将比你发出的原声的音调要高。如果你对回声的音高进行计算，你就能够得出汽车运行的速度。

我们知道回声能够被用来计算物体的距离，而且也知道回声的多普勒频移可以被用来计算物体运动的速度。因此，就有可能制造一种"声音雷达"，而这就是声呐（声音导航和测距）。潜艇和舰船时刻都得利用声呐来进行导航和确定目标方位。一艘潜艇的主动声呐系统发出声波脉冲来穿过水域，碰到物体后反射回潜艇。由于已知声音在水中传播速度，声波碰到物体并反射回来的时间，艇上的电脑就能够很快计算出潜艇到目标之间的距离。但声音在空气中会产生一些问题：

声音在空气中不能传播很远，大概最多也就能传播 1.6 千米。

几乎所有人都能听到声音，所以"声音雷达"肯定会影响到其附近的人（虽然你可以使用超声波代替可以听见的声音来避免绝大多数这种问题）。

由于回声可能会非常微弱，它应该很难被侦测到。

由于这些问题，雷达使用无线电波取代了声波。无线电波能够传播很远的距离，而且人类是看不见的。另外，它们在本身很微弱的情况下，可探测性依然很强。例如，你可以考虑一个被设计用来对飞机进行探测的雷达。该雷达的发射机开机后，发射出时间很短的高密度高频无线电波脉冲。这种发射一次可能仅仅持续几微秒的时间。雷达随即关闭其发射机，开启其接收机，并接收回波。雷达计算回波返回雷达站所用的时间，与回声的多普勒频移的原理是一样的。

无线电波是按光速进行传播的，其速度大概为 300 米／微秒。因此，如果该雷达拥有一个好的高速时钟，它就可以非常精确地计算出飞机的距离。利用特殊信号处理设备，雷达还能够精确地计算出多普勒频移，并得出飞机的速度。

陆基雷达较之空基雷达而言，承受着更多的干扰。当一部警用雷达发出无线电波脉冲后，它会接收到各种物体的反射，如篱笆、桥梁、山脉和建筑物等。将这些干扰物排除的最简单的方法就是识别出该干扰物有没有发生多普勒频移。警用雷达只搜索多普勒频移信号，由于雷达波是高度集中的，因此它只盯一辆汽车。

即时通信是如何快速传送信息的

如果使用电子邮件，你不可能知道收件人是否在这个特定的时间在网上。而且，当你需要反复与收件人进行互发邮件时，你通常必须点击如下步骤：阅读邮件、回复邮件和发送邮件。这些问题在即时通信中不会出现。

在网络成为潮流之前，许多人已经在网上使用电子公告板及网上服务了。公告板可以看成是一种简单、独立的文本格式的网站，人们通过使用调制解调器来接入该网站。一旦接入，用户通常利用一系列的目录菜单来作为引导，以查询网站的内容。若想接入另一个电子公告板，用户则需要断开与目前相连接的网站，重新用调制解调器拨号至另一个电子公告板。

网上服务本质上是一种大型电子公告板，进入需要收费。在网络诞生之前，网上服务是普通人在网上与其他人通信或联系的主要方式。

电子公告板和网上服务模型最吸引人的地方大概要数其创造出的各种虚拟社区了。一些网上服务供应商使其用户在使用网上聊天室时能够做到即时通话或即时通信。网上聊天室实际上就是一种软件，它允许一个群体中每个人打出的字都可以被整个聊天室的人看到，而即时通信则是一种仅供两人使用的网上聊天室。

即时通信真正出现在网络上是在 1996 年 11 月。当时 Mirablis 公司发明了 ICQ，一种每个人都可以使用的有效的免费即时通信系统。

ICQ 是短语"我找你"的缩写，是一种利用软件的实时工具，称为客户端，被安装在用户的电脑上。当你上网时，客户端一旦运行，便会直接连接到 ICQ 服务器。

ICQ 示意图

下面就是使用ICQ的具体过程：

（1）你需要到ICQ软件的下载网页去下载一份该软件的免费客户端，安装在你的电脑上，安装好后运行该程序。

（2）客户端会尝试连接ICQ服务器。它利用一种如ICQ V5的专利协议来进行连接。协议简单地规定了客户端与服务器之间以何种方式进行对话。在电话通话中，协议就是拨叫者拨出号码，接听者听到铃响，接起电话并说："喂。"这样谈话就开始了。ICQ客户端与服务器之间也有其自己所遵循的标准协议。

（3）一旦客户端连接到服务器上，你就可以输入用户名和密码来登录服务器了。

（4）客户端向服务器发送本机的连接信息（IP地址和分配给该客户端的端口号码）。它也向你提供在你ICQ联系名单上的每个人的姓名。

（5）服务器创造出一个临时文件，该文件拥有你的本机连接信息和你的ICQ联系人名单。服务器接下来将检测你的联系人名单中是否有人目前已经登录到服务器上。

（6）如果服务器发现你联系人名单上有人已经登录的话，它就会向你的电脑所使用的客户端发出该联系人的连接信息。同时，服务器也会把你的连接信息发送给你的这些已登录的联系人。

（7）如果你的ICQ客户端收到了在你联系人名单上某个人的连接信息，那么在名单上此人的状态便会改变为"在线"。

（8）你如果点击一个在线的联系人的名字，就会弹出可输入文本的一个窗口。你将信息输入窗口并点击"发送"，以此来与该联系人通信。

（9）由于你的ICQ客户端包含该联系人电脑的IP地址及端口号码，你的信息会直接发送到他的ICQ客户端上。所有的通信都是直接在两个用户的ICQ客户端中进行的。

（10）该联系人收到你的实时信息并做出回答，你们两个人都可以在其电脑上看到。ICQ窗口就会展开，形成一个包括两人完整谈话内容的滚动对话栏。

（11）当对话结束后，你就可以关闭该窗口。

（12）最终，你下线并退出ICQ客户端。当这种情况发生时，你的ICQ客户端便会向ICQ服务器发送一条结束登录的信息。ICQ服务器接到信息后，也会向所有你联系人名单上在线的人发送一条信息来提示你已经下线。最后，ICQ 服务器将删除你的 ICQ 客户端上连接信息的临时文件。在你在线的联系人的 ICQ 客户端上，你的名字会显示为"下线"状态。

虽然在一些具体功能细节上有所不同，但 ICQ 系统的基本操作和运行步骤已经被市场上所有其他即时通讯软件所采用。ICQ 软件依然非常流行。事实上，网上服务供应商 AOL 公司已经于 1998 年 6 月收购了 Mirablis 公司，从而 ICQ 也就成为 AOL 拥有的一套网上服务中的一部分。

利用 IP 电话通话的原理是什么

电话网络目前依靠的是一种被称为线路转接的系统。一般来说，当双方在通话时，该连接会在通话期间一直保持着，直到通话结束。由于你是在连接两个方向上的两个点，所以该连接就形成了电路。

但在网络上，这种连接方式是不一样的。如果你要保持与正在阅读的网页的持续连接，你的网络连接速度就会大幅降低。与简单的发送和接收信息不同，两台处于连接状态的电脑会在全部通话时间中不断互相传输着数据，无论数据有用与否。这样的系统不能算是有效的系统。为了取代这种系统，数据网络利用一种被称为包交换技术的信息交换方式。

线路转接技术使连接开启并保持连接，而包交换技术只开启连接并维持到它从一个系统发送完一个小块的数据，也就是一个包，到另一个系统为止。这个过程中都发生了以下事情：发送方电脑将数据分割成一些小包，并在包上注明要发送到的网络位置。当接收方电脑收到这些包后，便将其组合起来，形成原始文件。

包交换技术是非常有效的。它能最大程度地减少维持两个系统连接所用的时间，这样就减少了网络的荷载。它还能将正在通信的两台电脑解放出来，使它们同时还能够接受来自其他电脑的信息。

VoIP 技术就采用了这种包交换方式，这是因为它比线路转接系统有更多优势。例如，包交换方式允许同时有几个通话的电话占据着网络空间，而线路转接系统则只允许有一个通话占据着网络空间。使用 PSTN（公共交换电话网）技术，一个 10 分钟的电话需要定制整整 10 分钟的传输时间，其流量为每分钟 128K 字节。而利用 VoIP 技术，相同时间的电话只需 3.5 分钟的传输时间，其流量也仅为每分钟 64K 字节。这样，就在这 3.5 分钟内空出剩下的每分钟 64K 字节的流量和其余 6.5 分钟内每分钟 128K 字节的流量。基于这样的评估，使用这种系统的单个电话可以很容易地同时再接入三四个电话。这个例子还没有将利用数据压缩技术的因素包括在内，该技术还将进一步减少每个电话的流量大小。

包交换技术最引人注目的优势之一大概就在于数据网络已经对该技术十分了解。通过对该技术的移植，电话网络就立即获得了与电脑相同的通信能力。当然，拥有通信的能力与了解通信的方法是两个截然不同的问题。如果电话需要通过网络与诸如电脑等其他设备进行通信，则需要使用一种共同语言，这种语言被称为协议。

VoIP系统使用两种主要的协议，这两种协议都为使用VoIP系统相互连接的设备确定路径。同时，它们还包含了音频编解码器的规范。编解码器是编码器—解码器的简称，可以将音频信号转化为一种易于传输的压缩数字格式，并能够将其再解压回原来音频信号进行播放。

第一个协议就是H.323，一种由ITU（国际电信联盟）创立的标准。H.323是一种综合且相当复杂的协议，它能够提供实时的、交互式的视频会议，数据共享和类似IP电话技术的音频应用。作为一系列的协议，H.323实际上结合了许多为特殊用途而设计的个体协议。

电脑—电话
电脑—电脑
电话—电话
电话—电脑

IP连接方式的种类

H.323的替代协议随着受IETF（网络工程任务组）支持的SIP的发展而出现。SIP是一个更为流线化的协议，是专门为IP电话设计的协议。由于比H.323协议更小且效率更高，SIP在处理问题时可以利用现有的各种协议。例如，它可以利用MGCP（媒体网关控制协议）来建设一个连接到PSTN的网关。

你使用VoIP技术通信可以有4种方式。如果你有一台计算机或是一部电话，你就可以使用这4种方式中的一种，而不用购置其他新的设备：

计算机—计算机：这肯定是最简单的利用VoIP的方式，你甚至不需要支付长途话费。有几家公司目前提供免费或超低价的使用这种VoIP技术的软件。你需要的一切就是该软件、麦克风、音箱、一块声卡和有效的网络连接，推荐你使用速度较快的连接方式，如使用电缆或DSL（数字用户环线式调制解调器）。你除了要交给网络服务提供商的每个月普通的费用之外，使用计算机—计算机通话方式无论距离多远，都不用交纳其他的费用了。

计算机—电话：这种方式允许你可以通过你的电脑给任何人打电话。同计算机—计算机方式一样，它需要一个客户端软件。该软件通常都是免费的，但通话时则需要按分钟来支付一笔较小的费用。

电话—计算机：有几个公司正在提供特殊的号码或电话卡，并允许一个标准电话用户将电话拨叫至一个计算机用户。但这种方式的不利因素在于，该计算机用户必须安装卖方的软件并使其在计算机上处于运行状态。这种方式的优点在于，其价格较之传统长途话费要便宜很多。

电话—电话：通过使用网关，你就可以直接与世界上任何一部电话相连接。在使用一些公司提供的折扣服务时，你必须先拨通该公司的网关之一。然后你可以输入你想拨打的电话号码，随即该公司便利用其基于 IP 技术的网络帮你连接至被拨叫人。这种方式的不利因素在于，你必须首先另拨一个特殊号码。该方式也有好的因素，就是一般其费用要比标准的长途话费便宜。

为什么能通过远程输入来控制汽车

这些小装置能够使你安全地进出你的汽车。最为常见的两种远程输入设备为：

(1) 系在钥匙链上的饰物型远程输入设备，它能够打开并锁上车门，还可以开启或关闭汽车的警报系统。

(2) 挂在遮阳板下用来开关车库门的小型遥控器。

一些家庭安全系统也拥有远程控制设备，但还不是那么普遍。

你装在钥匙链上或是用来开启车库门的饰物事实上是一个小型无线电发射机，当你按下装在饰物上的按钮时，向接收机（安装在汽车或者是车库内）发送密码。在汽车或车库内有一个无线电接收机，其频率被调整到发射机所使用的频率上（现代系统典型的频率为 300～400MHz）。这种发射机与无线电控制的玩具中的发射机类似。

在 20 世纪 50 年代所使用的最早期车库开门器中，其发射机还是极其简单的。当车库开门器被人们广泛使用后，如此简易的系统却产生了一个很大的问题，那就是使用一个发射机，任何人都可以开着车打开任何车库门！当时它们所用的频率都是一样，毫无安全性可言。

到了 20 世纪 70 年代，车库开门器开始变得稍微复杂了一点。这些型号有了一个控制芯片和一个 DIP（双列直插式插件）开关。在一个小插件中的 DIP 开关包含 8 个小型开关并焊接在电路板上。通过设置在发射机内部的 DIP 开关，你可以控制发射机发射出的密码。只有接收机的 DIP 开关调到与发射机相同的状态，才能够打开车库门。这就提供了一定程度的安全，但还不够。DIP 开关的 8 个小开关一共只能形成 256 种不同的组合，这对于几个邻里之间车库门来说是较为安全了，但是对于提供真正的安全，还远远不够。

这种发射机仅仅由两个晶体管和几个电阻器组成。这个由 9 伏的电池提供电量的发射机就像无线电发射机那样简单。它的工作原理和构造与低电压对讲机的发射机一样。从这时开始，远程输入发射机已经变得复杂起来了。

目前利用汽车上配置的远程输入系统，安全是一件大事。如果人们能够在超市拥挤的停车场中轻易地打开他人的汽车的话，那么这将成为一个大问题。由于无线电扫描仪的扩散，你需要阻止人们截获由你的发射机发射出的密码。如果他们能够截获你的密码，他们就能够轻易地将其转发来打开你的车锁。

如果你想了解现代汽车的钥匙链式远程输入控制器的内部构造，你将会看到所有的一切都被小型化了。其中有一个小型芯片负责产生密码用于发射，还有一个小银罐（大约有裂开的豌豆大小）就是发射机。

任何现代控制芯片都在使用一种被称为跳跃密码（又称滚动密码）的技术来

提供安全。跳跃密码是一个随机的数字，每次控制器被使用过之后，它就能够"跳跃"或"滚动"为一个新的数字。采用40位滚动密码的系统能够产生1万亿种可能的密码。以下就是该密码是如何工作的：

　　发射机的控制器芯片有一个存储器，里面保存了当前的40位密码。当你按下钥匙链饰物上的按钮时，它便会发送该40位的密码和功能码（控制汽车进行锁门、开锁或打开后备厢等动作），告诉汽车你要干什么。

　　接收机的控制器芯片也有一个保存着当前40位密码的存储器。如果接收机接收到了相应的40位密码，那么它便会执行由发射机发射时所要求的相应功能。如果没有接收到正确的密码，那么它将没有任何反应。

　　发射机和接收机都使用同样的伪随机数发生器。当发射机发送一个40位的密码时，它便利用该伪随机数发生器来产生一个新的密码，并将其保存在存储器中。另一方面，当接收机接到一个有效密码时，它也利用该伪随机数发生器来产生一个相同的40位密码。利用这种方式，发射机和接收机保持着同步。接收机只有收到有效密码时才能够打开车锁。

　　如果你离车有1千米远，而又不小心按下了发射机上的按钮，那么发射机和接收机就不能够再同步了。因为发射机已经产生了一个新的40位密码。接收机解决上述问题的方法就是接收下256个由伪随机数发生器按顺序生成的有效密码。利用这种方式，你的3岁孩子可以连续"不慎"按发射机按钮达256次，接收机依然可以接收发射信息并执行被请求的功能。不过，如果发射机按钮在没有连接到接收机的情况下，被连续按下257次，那么接收机将完全忽略你的发射机，它将不再工作。这时你就需要看看汽车的《用户手册》并找到如何进行重新同步的方法。

　　由于被赋予了40位密码，4部发射机，伪随机数发生器提供的256级防不同步系统，你的发射机打开其他人车锁的机会仅有10亿分之一。当你考虑到所有汽车制造商采用的不同的密码系统及最新的采用更多位数密码的系统，那么你就会发现几乎不可能用一把遥控钥匙打开其他车的锁。

◎ EAS系统是怎样防盗报警的

　　EAS系统是用来识别通过超市门口的商品的技术。如果系统发现一件没有经授权就携带出去的商品，它会发出警报。

　　在如今的超市中，通常有3种EAS系统：射频EAS系统、电磁EAS系统、声磁EAS系统。在每个系统中，超市在商品上加上特殊的标签。这些标签可能是可任意使用的纸标签、卡片，也可能是可重复利用的塑料标签。

　　当消费者购买商品之后，收银员会让这些标签失效，或者直接摘掉标签。如果标签仍旧有效，或者没有摘掉标签的话，当这件商品通过超市门口周围区域的时候，门上的警报器就会发出警报。

　　EAS系统的使用并不能完全消除商品被偷窃的行为。然而，据专家估计，一个有效的防盗系统的使用，可以使偷盗行为减少60%甚至更多。即使窃贼得以携带仍然带着标签的商品脱身，标签仍然必须被去掉，但这就没有当初那么容易了。一些EAS系统的标签含有特殊的墨囊，一旦强制或者非法去除它的话，它会污染里面的物品。

射频EAS系统是美国如今使用最为广泛的EAS系统，并且它的标签和标志也变得越来越小。

射频EAS系统的原理非常简单。一个商标，通常是一个小型的可任意使用的电路或者天线，它被粘到商品上面，并且负责接收由发送天线（通常在门的一边）发出的特殊频率。一个临近的接收天线（门的另外一边）接收标签的回应。接收机处理标签的回应，并且会激发警报。

两扇门之间的距离，或者叫作基座，可以达到2米。射频EAS系统的操作频率通常从2～10MHz（每秒上百万圈）不等。大多数时间里，射频EAS系统使用频率扫描技术，从而可以应对不同的商品标签频率。

有时候，发送机和接收机都处在同一个天线框架里。它们被称为单系统，可以使用脉冲或者连续扫描技术，或者两种技术交互使用。

实施射频EAS系统有不同的方法。最基本的一点是，标签上有一个螺旋形的铝丝和纸粘在一起。天线的末端是一个小的二极管或者电阻器，它能够使标签发射出无线电信号，来回应其接收到的无线电信号。要去除标签的时候，一股强烈的射频脉冲（比门上所发射的要强很多）把二极管或者系统中的电阻器烧毁。烧毁的标签在通过门口时不会发射出信号，门因此也不会发出警报。

电磁EAS系统在欧洲较为普遍，经常被用于零售连锁商店、超市以及图书馆当中。在这项技术中，一条有黏性、含金属的磁条被粘在商品的后面。这条磁条在收银处不会被取下，只需要使用特殊的高磁场性扫描仪使之失效即可。

电磁EAS系统的磁条的好处在于其成本低廉，对于图书馆来说它是最理想的选择，在那里书会被借出一段时间，然后才会被返还。

电磁EAS系统通过使用发送天线所发出的低频磁场来工作。磁条吸收磁场的能量，并且产生独特频率的无线电波。这种无线电波又被邻近的接收天线吸收。当它识别出特殊的信号时，报警器就会发出警报。

由于磁条的反应较弱、频率较低（通常在70～1000Hz），而电磁EAS系统的磁场很强，它的天线比其他EAS系统中所使用的天线要大一些，而入口基座间的最大距离为1米。同样，由于频率较低，磁条可以直接粘贴在金属的表面。这就是为什么电磁EAS系统在五金店中很受欢迎的原因。

磁条发出的信号变化取决于磁条是否被磁化。通过把磁条经过磁场，你可以很简单地反复磁化磁条，或者给它消磁，因此磁条可以反复使用。

声磁EAS系统能够被用于宽阔的出口以及商品进出频繁的地方。它通过发送机产生监视区域，在这个区域中检查标签。发送机以脉冲形式发出一种无线电信号（约为58kHz），以激活监视区域中的标签。当脉冲结束后，标签会做出回应，发出一种单频信号。

接收机会检测到这个信号。一个微型电脑检查被接收机检测到的信号，以确保它是否处于正确的频率范围中，与发送机的时间同步，级别恰当并且重复频率正确。如果满足了所有的标准，警报器就会报警。要使声磁EAS系统的标签失效，收银员只需要给它消磁。

声磁EAS系统的标签具有高磁致伸缩性，这就意味着当你把它放入磁场时，它的体积会缩小。磁场的磁力越大，金属就会变得越小。

通过磁场来驱动标签，标签的体积可以缩放。如果标签被机械重复频率驱使的话，它就会像音叉一样，吸收能量然后发出响声。

当你带着有效的标签穿越大门时，发送机识别出该物体后就会使它发声。发送机停止之后，标签会继续响一段时间，接收机将接收这个频率。如果接收机听到重复频率，它就会检测到这个标签，警报器就会发出警报。

为什么抛出去的溜溜球能够自动回到手中

从表面上看，溜溜球是一个再简单不过的玩具：它只是一个系在一段绳子上的线轴而已。不过如果玩法得当，溜溜球可以变得十分奇妙：一个出色的溜溜球玩家可以把溜溜球抛向各个方向，使它在空中盘旋，然后再猛地把它收回来。在溜溜球上，普通的绳子和塑料绳也焕发出了无限的生机。

玩溜溜球的感觉像变魔术，但实际上溜溜球是有原理可循的。不论是经典的溜溜球，还是近年来新出现的较复杂的自动溜溜球，都极好地运用了基本的科学原理。

溜溜球是最受欢迎、经久不衰的玩具之一。早在2500多年前，古希腊人就开始玩陶制的溜溜球。也有证据表明，中国人在更早的时候就发明了类似的玩具。无论就哪种情况而言，溜溜球都拥有悠久的历史，是除玩偶之外最古老的玩具。

早期溜溜球的绳子都紧紧地系在轮轴上。现代的溜溜球在20世纪20年代从菲律宾传入美国，它的绳子是绕在而非系在轮轴上。这使得溜溜球可以进行"睡眠"：在绳子末端进行旋转，而不立刻转回来。

溜溜球的物理原理非常简单。当我们把溜溜球放在手掌上时，它就具有了一定的势能。溜溜球的势能有两种不同的形式：

溜溜球可以向上抛入空中，这使它具有重新落回地面的势能。

溜溜球的绳子绕在轮轴上，这样当轮轴上的绳子松开时，它就具有了可以进行旋转的势能。

松开溜溜球时，这两种势能转化为动能，溜溜球的线轴就会垂直落到地面（溜溜球的玩家也可以晃动手腕来加速其落地）。当溜溜球落地时，产生一定的线动量（以直线形式存在的动量）。同时，绳子松开后，线轴发生旋转，产生角动量（旋转动量）。当到达绳子末端后，溜溜球就无法再下落了。但由于具有大量的角动量，溜溜球还可以继续旋转。

这种旋转运动使溜溜球具有回转稳定性，即旋转物体可以不受旋转轴的影响。这一属性使溜溜球在转速足够快时，旋转轴可以与绳子保持垂直。

由于线轴不是牢牢系在绳子上，因此松开线轴时，溜溜球可以自由旋转。溜溜球的玩家只要把绳子稍稍抛出，就可以把溜溜球拉回来。拉力增大了绳子与轮轴之间的摩擦，轮轴会再次把绳子绕起来。当轮轴把绳子重新绕起时，为绳子提供了摩擦力，使更多的绳子被绕起。

怎样才能使溜溜球的线轴可以像溜溜球爱好者所描绘的那样，在绳子的末端"睡眠"呢？这一问题使溜溜球变得更加有趣。溜溜球爱好者们想尽各种办法使线轴保持"睡眠"状态，与此同时，他们也对绳子做出各种花式，使溜溜球按照这些花式进行旋转。另一项溜溜球技巧是"遛狗"：使旋转的线轴沿着地面滚动，再将其拉回来。

多年来，溜溜球的制造商们对溜溜球进行了很多改进，使玩家们能够更容易地实现这些技巧。其中一项最简单的改进就是对溜溜球的质量进行重新分配，以改变其转动惯量。一个物体的转动惯量可以衡量该物体对旋转变化产生的反作用力。转动惯量由两个因素决定：物体的质量和物体与旋转轴之间的距离。物体质量越大，旋转就越困难，停止旋转也就越困难；物体与旋转轴之间的距离越大，旋转就越困难，停止旋转也就越困难。制造商们通过把溜溜球的质量集中在转盘边缘的方式，提高了溜溜球的使用性能。

另一个办法是进一步减小溜溜球的绳子与轮轴之间的摩擦。一个普遍采用的方法是在溜溜球的轮轴周围安装一个球状轴承组件，把轮轴与绳子分开。如果轴承润滑充分，它将大大减小摩擦力。摩擦力减小后，轮轴旋转起来会更容易，"睡眠"时间也会变长。

20世纪90年代，新款自动溜溜球问世。自动溜溜球的头号制造商Yomega公司在进行产品推介时，称这些溜溜球是"有头脑的溜溜球"。听起来这些溜溜球似乎真的具有一定的智商，它们准确地知道睡觉和起床的时间。不过，这里的"头脑"实际上是指一种离心式离合器。

和装有球状轴承的溜溜球一样，自动溜溜球里的绳子也不直接接触轮轴，而是绕在一个心轴上。轮轴装在溜溜球的两部分之间，旋转时从心轴的中间通过，

溜溜球示意图

弹簧
承重钢球
轮轴
心轴
离合器臂
环状绳子

但轮轴与心轴并不连接在一起。

当溜溜球转速较慢时，心轴与轮轴运转一致。离合器把轮轴与心轴固定在一起。离合器装在溜溜球的一个转盘中，包括两个带弹簧的金属臂。这两个金属臂一端承重，另一端与溜溜球的主体相连。当溜溜球处于静止状态或低速旋转时，弹簧向上挤压金属臂，阻止心轴运动。但当溜溜球旋转加快时，离心力会把金属臂承重的一端向外推出，阻止弹簧运动。这时金属臂把心轴松开，心轴和溜溜球的其他部分各自转动。

当你把溜溜球抛出时，它开始慢慢旋转。离合器被锁住，放松的心轴带动转盘旋转。当溜溜球的绳子快要接近末端时，溜溜球的转速变快，使得离合器把心轴松开。转盘的角动量使溜溜球继续旋转，但心轴可自行停止转动。最后，转盘的旋转也开始变慢，作用于金属臂上的离心力变小。当作用于承重端上的向外的离心力小于弹簧向内的作用力时，心轴上的金属臂就会收紧。此时，转盘的旋转运动重新从心轴开始，心轴把线重新缠绕，溜溜球就会回到你手中了。

复印机是如何"克隆"文件的

如果你需要对重要的文件进行复制的话，你会怎样做呢？还会像复印机出现之前许多人的做法一样吗？或者再糟糕些，你能想象用手来重新抄写一遍文件有多么繁重吗？当我们等待复印件整齐地出现在纸盘中的时候，大多数人并不清楚复印机里发生了什么。但是想想看，的确很神奇，仅仅几秒的时间，就可以获得一份和原来的文件一模一样的文件。

使用复印机之前人们需要做如下步骤：
(1) 打开复印机盖子。
(2) 把要复印的文件面朝下放在玻璃上面。
(3) 选择你需要的选项（印数、放大和颜色）。
(4) 按动开始按钮。

这时候，复印机内部发生的事情让人惊奇。复印机依据一个基本的物理原理进行工作：异性电荷相吸。

在小时候，你可能玩过静电和气球。复印机就是很好地利用静电的一种机器。在复印机内部有一个特殊硒鼓，它和气球的作用相当，你可以使它带上静电。在复印机里面有一种很细的黑色粉末，称为墨粉。这个硒鼓一旦带上静电，就可以吸引墨粉颗粒。硒鼓和墨粉的3种情况就可以让复印机发挥神奇的作用：

硒鼓可以选择性带电，所以它只有一部分能够吸引墨粉。

墨粉对热量敏感，所以松散的墨粉颗粒一旦离开硒鼓，就会被吸附到带有热量的纸张上面。

硒鼓或者带子，是由光电导材料制成的。

复印机产生图像，并通过静电的形式形成在硒鼓上。原来文件上黑色的部分，在硒鼓上就形成了静电。原来是白色的部分，不会形成静电。你想要的就是让文件上的白色区域不要吸引墨粉。复印机的这种选择是通过光来完成的，它的英语单词中的photo就是希腊词语"光"的意思。

如果你把复印机拆开，你可能会被里面繁杂的部件惊呆。实际的影印过程仅仅依赖于几个关键的部件：

感光硒鼓或带：硒鼓基本上是一个金属辊子，是由半导体材料制造的光电导材料覆盖，如硒、锗和硅。

复印机示意图

电晕线：这些电线携带高电压，并将电压以静电的形式传给硒鼓和纸张。

灯和透镜：复印机使用一个普通的旧白炽灯或者紫外线灯来照射材料原件。与灯组件相连的镜子将反射光通过透镜照射到下面的硒鼓上。

墨粉：墨粉是很细的、带有负电荷的塑料粉末。

上色辊：上色辊把墨粉图像溶化并且按压到纸张上。

为了让复印机发挥它神奇的作用，光电导材料的表面必须由电晕线镀上一层正电荷。当你按下开始按钮的时候，一个强光灯将光线照射到你要复印的文件上面，同时硒鼓也开始转动。当光从文件的白色区域反射出来的时候，镜子把这束光反射到硒鼓的表面。就像热天穿着黑色衣服一样，原来的文件上面的黑色区域吸收了光，因此在硒鼓上面相应的区域不会显现出来。

在光所照射到的硒鼓的部分，光子的能量将电子撞击出光电导原子。

异性电荷相互吸引，所以覆盖在光电导材料表面的正离子就吸引了自由的电子。一个正离子和一个电子相结合，就形成了一个中性的粒子。带电粒子只待在硒鼓上面光线没有照到的部分，因为它不是被原来的文件反射过来的，暗区就被正文和插图所代替了。

硒鼓上暴露的区域轮流转过覆盖着墨粉的辊子，细小的墨粉颗粒被按压在硒鼓的表面。塑料墨粉带有负电荷，因此会被硒鼓表面的正电荷所吸引。电晕线掠过纸张，从而使纸张的表面带电。

硒鼓上新覆盖上墨粉的区域旋转到能够和带有正电荷的纸张相接触的程度。纸上带电区域所产生的引力要比覆盖在硒鼓的表面的墨粉的引力还要大，因此墨粉颗粒在硒鼓经过的时候仍然会吸在纸上。

为了使墨粉把图像成在纸张适当的位置，整张纸卷过上色辊的热辊子。热量把墨粉中的塑料成分溶化，从而把颜色融合在纸张上面。

如何让计算机更加聪明

现代计算机已经历了好几代的发展历程，从当初的庞然大物到如今已稍具智能化的计算机，计算机的运行速度和制作技术已有了多次质的飞跃。但是，进入21世纪的今天，科技发展日新月异，科学家们怎样使计算机更加聪明呢？为此，科学家们进行了不懈的探索。

我们知道，人的形象思维比起计算机来要厉害许多。

人脑为什么比电脑更聪明呢？这与人脑的构造是分不开的。原来，人的大脑皮层内被称为神经元的神经细胞约有120亿～1000亿个。它们的潜力可大啦，每个神经元可同时连接多达10万个其他细胞，千千万万的神经元便组成庞大的神经网络，采用既分工又合作的办法来完成某项工作。人们将这种由许多神经元同时协作完成同一任务的工作方式，叫作"并行处理方式"。大脑采用分工合作、齐头并进的并行处理方式，其工作效率自然就提高很多了。而计算机采用的是"串行处理方式"，这种方式把事物分解成许多步，再一步步去完成。对于识别图像和事物来说，采用并行处理方式，无疑要快得多。

1990年，美国科学家霍普菲尔德提出了神经网络模型。这个模型仿效人脑工作，是研制神经计算机的尝试，因为通过这种模型不仅可了解人的脑神经细胞的工作情况，而且可制成类似神经网络的集成电路芯片，使计算机仿效神经系统进行工作。经过科学家不断地研究试验，利用脑神经网络工作原理的神经计算机问世了，计算机发展史又开始了一个新的纪元。

这种神经计算机目前虽然还处于研制开发阶段，但它"才华出众"，并开始"显山露水"。它具有类似人的学习功能。它能像人的脑神经元那样并行处理数据，又具有联想能力，甚至还有自我组织能力，即通过多次处理同类问题后，它能把各种神经元连接成最适于处理这类问题的网络。

神经计算机最大的本事主要表现在以下方面：一是有识别图像的能力；二是具有声音识别本领等，不同的方言和不同人讲话的声音都难不倒他；三是具有能控制机器人运动的那种运动控制本领等。总之，它已具有接近于人脑的创造性智能。

引人注目的是，采用并行处理方式是神经计算机的特点，而用光计算机来实现很合适，所以光神经计算机最先问世。例如，日本科学家于1990年制成的光神经计算机在识别26个手写拉丁字母方面，具有和人一样的识别能力。这说明光神经计算机已具有一定的智能本领，而发展前景很广阔。

目前，神经计算机的研制和开发已得到了世界各国的重视，一些国家如美国、日本等不仅投入了大量的经费，而且集中了大量科技人员，并制订了专门的开发计划，这种仿效人脑的电脑有望成为第七代计算机的典型代表。我们相信，随着研究的不断深入，神经计算机将会具有人的一部分思维，甚至有一天能像人一样会独立思维，这样人类将获得更大程度的解放。

医学奥秘

巴斯德征服狂犬病

巴斯德发现病菌

怎样制造人造血液

探寻夜盲症的病因

揭开王室"血友病"的秘密

列文虎克发现细菌

为什么有的细菌能耐高温

……

巴斯德征服狂犬病

现在人们被猫或狗咬伤后，通常要到医院注射狂犬病疫苗预防狂犬病，再也不用害怕因狂犬病毒滞留体内而带来后患。说到狂犬病疫苗，则必须提到人工免疫方法的发明者巴斯德，是他征服了这种令人色变的疾病。

在巴斯德发明治疗狂犬病的方法之前，感染狂犬病的动物如果咬伤了人，狂犬病毒就会随着动物的唾液进入人体，对人的中枢神经造成损害。患者全身抽搐，出现昏迷、说胡话的现象，不久以后就会不治而亡。狂犬病又称恐水病，在狂犬疫苗发明之前，一直无药可治。

巴斯德是从60岁以后才开始对狂犬疫苗进行研制的。他发现，传染狂犬病毒性最强的部位是动物的脑和脊髓，给家兔注射了这样的脊髓液就能使兔子患病。由于有了先前制造鸡霍乱减毒活疫苗的经验，巴斯德对毒液的放置时间与毒性的关系十分注意，结果发现含有病毒的脊髓放置几天后，就会减低毒性。巴斯德先后给许多兔子接种了狂犬病毒，使它们发病，以便可以随时抽取病兔的脊髓。每天抽取一点病兔的脊髓，几星期后巴斯德得到了放置时间不同，毒性不同的脊髓液，分别给狗接种。

起初，为了使狗获得一次锻炼，也就是获得一次免疫力，巴斯德用的是放置时间最长，已没有毒性的脊髓液进行实验。以后逐渐用毒性越来越强的兔脊髓液给狗接种，最后一次接种的是刚放置了两天、毒性很强的脊髓液，结果狗平安无事。这说明狗对狂犬病的免疫力已很强了，即使给它接种新鲜疫苗也不会发病了。

巴斯德并不满足。他又以严谨的科学态度进行了大量重复试验，结果都获得了成功。1885年，巴斯德63岁时，狂犬疫苗终于制成了。他当众宣布，他研制的狂犬疫苗不仅可以治已经被动物咬伤，得了狂犬病的人，而且还可以用这种疫苗防止人们被动物咬伤后得这种病。

巴斯德的狂犬疫苗很快得到了验证。1885年，第一个狂犬疫苗注射者是一个名叫约瑟夫·麦斯特的9岁小男孩。这个小男孩十分勇敢，在疯狗冲过来的时候，挺身而出与疯狗进行了一番殊死搏斗，结果被狗严重咬伤，人们都认为他会很快丧命，但巴斯德收下了这个可怜的孩子。

巴斯德当时虽然已经做了不少动物试验，但对狂犬疫苗在人身上的使用效果却不太了解。况且，他不是医生，不能随便给人治病。但巴斯德想到这个孩子几天之内就会死于狂犬病，终于下决心一试。小男孩被疯狗咬伤60小时后，巴斯德在医生在场的情况下毅然给孩子注射了第一针狂犬疫苗，这一针狂犬疫苗是放置若干天的病兔脊髓液，以后注射的疫苗放置的时间逐渐缩短。连续注射13天以后，小麦斯特终于脱离了危险，保住了性命。

巴斯德用他的免疫疗法征服了狂犬病的消息迅速在全世界传播开来。国内外求医的电报、信件源源不断地飞向巴黎，捐助者纷至沓来。法国议会给他颁发了荣誉大勋章，法国人民以有巴斯德这样的科学家而感到自豪。俄国皇帝为了对他成功救治数名被疯狗咬伤的俄国农夫表示感谢，除颁发勋章之外，还专门捐赠10万法郎用于巴斯德研究所的建设。

巴斯德征服狂犬病为世界人民带来了福音，同时，也为世界微生物学和免疫学的研究做出了重要贡献。

巴斯德发现病菌

有一种微生物叫作病菌，现代人对它并不陌生。但是，它在世界上已经存在了上亿年，而人类认识它却只有一百多年的历史。

1865年，欧洲蔓延着一种可怕的蚕病。健康的蚕宝宝因感染上这种病，一夜之间就死掉了一大批。这种神秘的疾病也侵袭了法国阿莱省的蚕种。许多靠养蚕为生的法国农民心急如焚，他们联名给巴黎高等师范学校微生物学家、化学家巴斯德教授写信，恳求巴斯德研究出克服疾病的方法，救救他们的蚕宝宝。

巴斯德来到蚕区。通过观察后，他发现了一种椭圆形的微粒，这种微粒存在于病蚕和桑叶上。这就是病源，教授兴奋起来。他发现这些微粒是活的，并能很快地繁殖后代。蚕就是因为吃了这种含病源的桑叶，才会得病死去，这种微生物能大量吞食蚕宝宝。巴斯德为人类发现的致病的微生物，被称为"病菌"，这也是人类首次发现致病微生物。

巴斯德把病蚕带回了巴黎实验室，并细心研究，两年以后，他终于找到了答案：通过有病的蚕卵，蚕病被一代又一代遗传下去。只要消灭了有病的蚕卵，就可以培养出健康的蚕群。于是，巴斯德打死产完卵的雌蛾，并加水把它磨成糨糊，放在显微镜下观察，如果发现成糨糊的雌蛾体内有病菌，就把它产的卵烧掉；没有病菌，就把它产的卵留下，用没有病菌的蚕卵繁殖后代，这样蚕病就不会遗传。

1869年，法国养蚕业采纳了巴斯德首创的检种方法。他的伟大发现和制止病菌的理论挽救了濒临危亡的蚕丝业，拯救了法国的工业，繁荣了法国的经济。

准备吐丝的蚕　　　显微镜下的病菌　　　蚕吐丝的过程

怎样制造人造血液

自从发现了输血的秘密后,在病人大出血的情况下,如果能将同型血液及时输入体内,病人就不会出现失血性休克,从而脱离危险。科学家们因此设想,如果能研究出类似血液功能的"人造血液",不就可以永久地解决这个难题了吗?

他们先从血液的研究做起,结果发现:红细胞中的血红蛋白有携带氧气的能力是血液中红细胞的最主要功能。如果能合成出血红蛋白,就容易解答人造血液的难题了。怎样制造这种血液代替品呢?科学家们苦苦地追寻着答案。无独有偶,一天,一只老鼠偶然掉进了汤锅,遂引发了科学家的灵感……

1966年的一天,美国一位医学家克拉克博士,正在实验室里认真地做实验。一只常用的实验动物小白鼠不知道从何处跑出来,却不小心掉进了盛有氟碳化合物的容器里。

许久以后,克拉克偶然回头,无意间发现了掉进容器里的小白鼠。令人惊奇的是,它仍然具有活力,这一偶然现象使克拉克忽然悟出:该不是氟碳化合物具有某种不为人知的"神奇"功能吧?

于是,他又找来一只小白鼠,将它放在盛有氟碳化合物的容器里,然后对眼前发生的一切仔细进行观察。小鼠在溶液中挣扎着,几个小时以后,小鼠仍然精力旺盛,奋力往外爬。如果小白鼠是掉进水里,过了这么长的时间,早就死了。

克拉克博士于是开始研究氟碳化合物。结果表明,这种溶液含氧能力相当强,甚至超过血液两倍。

目前,人造血液的研究仍在继续着。我们相信,坚冰已经被打破,科学家们的不懈努力终会取得成功,人类的血液短缺问题也将会得到有效缓解。

探寻夜盲症的病因

你听说过这样一种现象吗?有些人像鸟儿一样,他们的眼睛白天看东西非常清楚,但是到了夜晚就看不见了。这其实也是一种病,现在称之为"夜盲症"。

其实早在公元7世纪,当时正是中国隋、唐两代的交替时期,隋炀帝杨广命当时一位著名的医学家巢元方主编一部医学著作《诸病源侯论》。巢元方在这部书里,介绍了一种奇怪的"雀目病",意思是"像鸟儿眼睛一样的疾病。"这种"雀目症"就是今天的"夜盲症"。

鸟儿为什么到了夜晚就看不清东西呢?您对这个问题可能百思不得其解。

原来,人的眼睛里有一种视网膜,它与视觉有密切的关系。有两种能够感光的细胞位于视网膜上,一种是视锥细胞,另一种是视杆细胞。视锥细胞专管强光和有色光的刺激,而视杆细胞专管弱光的刺激。视杆细胞中含有一种被称为视紫红质的感光物质，视紫红质是由维生素 A 和视蛋白结合而成的。如果人体缺少维生素 A，无法合成视紫红质，视杆细胞就不能发挥作用。因此，在晚上或光线很弱时，病人就看不见东西了。而鸟儿们又是怎么一回事呢？在鸟的视网膜内，视杆细胞本来就不存在，所以它们只能在白天活动，而蝙蝠之类的动物视网膜里没有视锥细胞，所以就只能在夜间活动。

世界上关于夜盲症的最早的医学报道见于 1684 年：一位英国医生威廉·布拉格来到了英国在北美的殖民地纽芬兰岛上，他发现当地的夜盲症十分普遍。而患者大多为当地的劳动人民，如矿工和渔民。他们由于贫穷，吃不起昂贵的蔬菜、水果，而不得不常年吃些黑面包、咸肉、咸鱼、白糖和茶。

第一次世界大战时期，欧洲许多国家都卷入了战争，普通百姓过着十分艰难的生活，他们常常靠玉米糊、土豆之类为食。在这样艰苦的生活环境下，越来越多的人患上了夜盲症。这时，有一位学者对丹麦的夜盲症患者人数进行分析，发现如果该国某年的奶油、乳酪、牛奶、鱼类或鱼肝油的销售量多，那么这一年的夜盲症病人就少；而如果某一年上述食物的消费量小，夜盲症的病人就相应增多。

1923 年，美国的两位医学家发现了维生素 A，并且指出，患夜盲症的最主要原因就是缺乏维生素 A。而鱼类、动物肝脏、胡萝卜中的维生素 A 含量丰富。这样，科学家就逐渐找到了明确、可靠的治疗夜盲症的方法。

揭开王室"血友病"的秘密

19 世纪以来，在欧洲一些王室里，出现了一种非常神秘的"王室病"，这种病后来被称为"血友病"。奇怪的是，这种病的"传送者"为女性，而病人只有男性。科学家们在发现了这个奇怪的现象后，通过大量的实例调查慢慢地揭开了"血友病"的秘密。

在多年之后，科学家们才分析得出，欧洲"王室病"的传播者是英国历史上赫赫有名的维多利亚女王。她一生健康，活了 81 岁。但是这位集权力与荣耀于一身的女王却是一位"血友病"的隐性基因的携带者。

维多利亚身为大不列颠及北爱尔兰联合王国的女王和印度女皇，可以说是享尽了人间的荣华富贵。但是，也有让维多利亚烦心的事情。她的一个儿子很小就死于血友病。而她远嫁到欧洲奥匈帝国、俄国和西班牙等国王室的女儿们，其子女也出现了这种疾病。所以，"王室病"是当时血友病的代称。

"血友病"究竟是一种什么样的病呢？原来，血友病患者的血液中缺乏一种被称为"第八凝血固

显微镜下的染色体

子"的成分，一旦出血后，血液不会形成血凝块，所以很难止血。奇怪的是，将这种疾病一代一代遗传下去的"传送者"是女性，而病人却只有男性。

经过反复的试验和研究，科学家们发现血友病与色盲一样，属于与性别联系在一起的伴性遗传病。维多利亚女王身体细胞中的一条X染色体上带有血友病基因，而她没有患病的原因，是因为有另一条X染色体上所带的正常基因起到了保护作用，而当她把这个不利的隐性基因通过X染色体传给她的儿子时，由于没有了保护伞，男孩子患病就不可避免了。

至此，欧洲"王室病"之谜才被揭开了，"血友病"也真相大白了。

列文虎克发现细菌

1632年，安东尼·列文虎克在荷兰的德尔夫特市出生。从小他就失去了父亲。16岁时，列文虎克在一家布店当学徒。当他积累了一定的经验之后，他自己也开起了一家布店。列文虎克有一个业余爱好，就是喜欢利用空闲的时间打磨玻璃透镜，而且常常磨到深夜。他用砂轮把玻璃磨成厚薄不同的透镜，并把它们嵌入到用金、银或铜制成的漂亮镜框中，然后拿它来观察物体。

用这种透镜看东西，可以观察到很细微的东西。经过二三十年的透镜研究，列文虎克的技术已经达到了炉火纯青的地步。后来，他又自行研创出了一种磨小透镜的方法。通过小透镜，他津津有味地观察着各种各样的小东西：纤细的羊毛在这面小透镜下，变得像一根粗大的木头；跳蚤虽然只有芝麻粒大小，可是腿的构造却十分复杂……他看蜜蜂的刺，看苍蝇的头，看植物的种子……每一次的仔细观察都会带给他无限惊喜。

列文虎克是第一个造出高倍精密显微镜的人。这种显微镜尽管只有一个很小的透镜，但是与以往的显微镜相比，其放大率要大得多，图像也要清晰精确得多。这种仪器可以将标本放大200倍，这样他就能够画出细菌的结构图。

用螺丝来调整标本的位置

用针固定标本

高放大率透镜

一个偶然的机会成就了列文虎克，让他发现了细菌，尽管当时人们还不知道那种小生物就是细菌。

有一天，天空下起了瓢泼大雨。列文虎克的脑中突然产生了一个念头，这晶莹剔透的雨珠中会有什么东西呢？于是，他从屋檐下接回一些雨水，然后将一滴小雨珠放在他制作的透镜下仔细观察。看着看着，列文虎克突然惊喜地高声喊起来，在小透镜下的水滴中，竟有许多"小精灵"在不停地游动。他禁不住说道："它们多么微小啊！小得简直不像真实的东西，只有跳蚤眼睛的千分之一。但是它们确实在像陀螺一样转圈子啊……"

英国皇家学会的一位通信会员格拉夫先生也住在德尔夫特市。列文虎克在小透镜下看到的雨珠中的"小精灵"的事情，引起了格拉夫先生的关注。为此，格拉夫写了一封信给英国皇家学会。信中写道："请允许列文虎克先生报告他的发现：在显微镜下观察的标本，有关皮肉的构造、蜜蜂的刺及其他。"

英国皇家学会也对列文虎克的发现产生了兴趣，但也有很多会员怀疑他是否真的看到了什么。于是，1677年11月15日，他们请列文虎克带着他的显微镜到学会来，演示他的发现。皇家学会的会员们按照顺序，一一走到显微镜前，仔细观察镜下的水滴。当他们也从镜下看到那些游动的"小精灵"时，大家都赞叹不已："列文虎克简直就是一个魔术师！"

此后，微生物领域里便多了"细菌"这个名词，而列文虎克则紧紧地与之联系在一起了。

为什么有的细菌能耐高温

细菌忍耐的温度极限有多高，人们一直有不同的看法。人们曾在90℃的温泉水中发现过细菌，而比其温度更高些的水中则未发现过任何的微生物。因而大多数专家认为，细菌的耐高温极限是90℃。绝大多数微生物在90℃以下就纷纷丧命，所以将水煮沸来杀菌一般来说还是管用的。

然而，与此同时，人们也在想，难道世界上的生命活动就不能超越90℃的极限了吗？后来的科学发现回答了这个问题。

1983年，在美国的加利福尼亚海湾入口的海底温泉中存在着一种高温细菌。发现这种新细菌的两位生物学家测得该处的水温是250℃，他们顿时被在如此高的温度中仍存在有生命力的细菌惊呆了。

人们都知道，水在常压下100℃时就要沸腾，变为蒸汽，这些来自海底火山的温泉处于2600米的大洋底部，压力高达265个大气压，所以形成了很奇特的高温水。

为了对这些高温细菌进行研究，科学家们采用特殊方法人工培育这些细菌。他们用金属钛制成可耐高温高压的全套设备，并在设备中营造了海底环境。科学家们对高温细菌进行了深入地化验分析，结果发现这类细菌的DNA构造十分异常，但从理论上说这种构造也只能使细菌在不超过120℃的水中生存。所以，可以断言高温细菌必定还有其他不为人知的特异之处。

科学家们经过不断的探索又发现了这类高温细菌的蛋白质分子中存在着某些特殊类型的氨基酸，而这些氨基酸此前从未在其他任何生物机体中发现过。这类氨基酸中有多余的稳定化学键，使蛋白质具有极高的强度。另外，在其脂类化合物的结构上，也发现了分枝形化学键，使细菌可以经受住高温分子的猛烈撞击。

除此之外，科学家们认为，高温细菌对环境的适应一定是多方面的，在生物、化学方面必定也存在一些适应因素。后来发现硫元素在这类细菌的新陈代谢中起着主要作用。

高温细菌的发现在科学界引起了轰动，促使专家们必须重新考虑一些生物学方面的问题。如生命的起源问题，也许并不像专家们过去认为的那样，地球上的生命是在地球冷却之后出现的。传统观点认为温度高过一二百度是不会再出现生命的。如今，这些观点似乎都需要进行修正。

细菌带有磁性之谜

1975年，布莱克摩尔博士在实验中发现了一个怪现象，当他在显微镜下观察含有微生物的水滴时，发现有些细菌很快地向显微镜靠北的一边移动。布莱克摩尔博士以为实验靠北面的窗子射入了更多的光线，诱使这些小东西朝北游动。于是，他换了一个位置，观测到的现象却与先前一样。他又试验了其他几种有可能影响细菌游动方向的因素，细菌并不受这些因素的影响仍旧向北边游动。

到底是什么力量促使这些细菌总是向北游动呢？布莱克摩尔想到鸽子能够依靠地球磁场来为自己导航的现象，他从中得到启示，是否是磁场影响了这些细菌的游动方向呢？他决定用磁铁试一试。当他在显微镜附近放一块磁铁再观察时，布莱克摩尔博士看到了更为奇妙的现象——细菌朝磁铁的北极方向游去。原来这些细菌具有磁性，在地球磁场的作用下它们总是朝北方运动，因此它们的运动是有定向性的。

科学家们在发现这种细菌后又想了很多问题，这些细菌感知磁场方向的能力从何而来？为什么它们总是朝北移动？他们经过反复试验，终于揭开磁性细菌的部分奥秘。原来这些细菌体中有一块很小很小的Fe_3O_4（天然磁铁矿的成分）的单畴颗粒。在地球磁场中小磁石的两端像指南针似的指向南、北两极，细菌的"身体"也随着这种取向做定向移动。

既然有朝北游动的细菌，那么有没有朝南游

在显微镜下观察到：这些微生物总是朝向一个方向移动，到底是什么力量促使这些细菌向同一方向移动呢？如果是磁场，那么磁性细菌的定向运动是否能够导致现代"磁疗"的某些奇特功效呢？

动的细菌呢？科学家们经过不懈的努力，终于在地球的南半球找到了向南移动的细菌。原来，细菌的运动具有对称性，南半球的细菌大多数朝南运动；北半球的细菌大多数是朝北运动；赤道附近的细菌，向两个方向运动的数目大体相等。由于地球磁场是倾斜的，这些细菌的运动实际上也不是正南正北的。朝南运动的细菌在北半球向南向上运动，而在南半球则向南向下；朝北运动的细菌，在北半球向北向下运动，在南半球则向北向上运动。如果再给这些细菌加上一个脉冲磁场，这些细菌就可以逆向运动了。

许多研究者对这些古怪的小东西、这种古怪的运动产生了"古怪"的兴趣。但迄今人们还没有真正地深入认识它们的运动原因。但是磁性细菌的发现明确地指出生物和生物运动受地球磁场的影响，有可能某些"磁疗"的奇特效果就是基于这种原理呢！

探究有益微生物群的神奇作用

这些生活在土壤中的微生物，在自然界的生物链中扮演着至关重要、不可替代的角色。它们能将遗留在土壤里的各种动植物尸体分解掉，这是土壤中微生物的最大贡献。地球上数亿年前就有生命存在，在这一漫长的历史中，死去的动物和植物不计其数。这就需要微生物将它们的尸体加以分解，然后，再将这些分解物运回到土壤中去供给新生命。如果没有微生物，结果是无法想象的，整个地球将到处都是动植物的尸体，这种景象实在是惨不忍睹。

之所以地球上不是这种境况，关键是土壤中的微生物不声不响地扮演了一个"清道夫"的角色。这是微生物对地球的一个巨大贡献。当然，有益微生物群的神奇作用还不仅仅是这些，后来，人们又发现了它们其他一些更神奇的作用。

最早真正开始研究微生物的神奇功能的是日本的农学博士比嘉教授。

1977年，比嘉教授被派往中东，在那里，他的主要工作是指导生活在沙漠地带的居民种植蔬菜水果。当地的西瓜由于受到一种无法防治的病害的袭击而大片的倒伏。那些被清理出来的西瓜病株被比嘉教授倒在厨房的排水沟里了。有一天，比嘉教授突然发现，一些新的根系从倒在水沟里的那些受到病害侵袭的西瓜植株上长了出来，这引起了他的注意。他想，以前那么多种农药都对这些病害没有效果，没想到现在这西瓜植株反倒不生病了。究竟是什么原因使这些西瓜植株重新焕发生机呢？他推测这与水沟里的某种微生物有关。从此以后他开始对微生物进行深入研究。

然而，令他失望的是，起先五年的研究并没有给他带来什么新的发现，他几乎已经准备放弃这项研究了。就在这个时候，比嘉教授无意中发现，在他倒弃废液的土地上有一片草长了出来，而且还长得格外旺盛。他又开始对这片草进行研究，经过反复的试验和深入地分析研究，他终于发现有几种微生物对植物生长影响很大，而且很快他就意识到这个发现其意义的不同寻常了。

于是在 1986 年，他就将自己的研究成果写成了论文，还于 1993 年写了一本叫作《拯救地球的大变革》的书。在这本书中他具体地阐述了如何将 5 科 10 属共 80 多种微生物培养成一种菌液，EM 技术便是这种技术的英文简称。将这些有益的微生物组合在一起，不仅对抑制有害细菌的繁殖有效果，对生物的生长发育过程也有促进作用。这对于从根本上治理环境污染，改善地球生态系统，有不可忽视的作用。

这种细菌液的功效非常神奇，它可以使土壤中那些因长期施用化肥、农药而被伤害的微生物复苏，以此来改变土壤的质量，从而使植物恢复生机。

不仅如此，EM 细菌液还有一些别的作用，例如，如果将少许 EM 粉放入厨房的垃圾袋里，封口后避光保存，冬季 10～15 天，夏季 3～4 天，这些垃圾就能够发酵成为无臭堆肥。此外用 EM 处理生活污水，还能使水质得到净化。

由于 EM 细菌液具有如此神奇的功效，这使得 EM 生物技术被世界各国广泛应用。应用这种技术的国家从中受益不少，如日本宫崎市等 5 个城市于 1993 年采用 EM 生物技术，使这 5 个城市生活垃圾的排放量减少了 20 万吨。这种技术还曾被用于处理日本千叶县一个被粪便污染的湖泊，结果使得湖水得到了净化。从那以后，世界上有越来越多的国家计划采用 EM 技术来治理河流的污染。

所以，土壤中的微生物在地球生态系统中有极其重要的作用，没有它们，后果是无法想象的。

青霉素是怎样被发现的

英国细菌学家弗莱明是青霉素的发现者，他是在一个偶然的机会中发现的。1928 年夏季的一天，他像往常一样，在伦敦大学圣玛丽医学院的实验室里，正在研究有关机体中防御因子（特别是白细胞）抵抗葡萄球菌等致病因子的作用机理。为了研究葡萄球菌，他全身心地投入到实验中去，仔细观察这些细菌在培养过程中所发生的变化，研究影响这些变化的条件。然而每次都会有外来微生物捣乱，每当他将培养皿的盖子打开，取出里面的细菌，放在玻璃片上，准备拿到显微镜下观察时，那些飘浮在空气中的霉菌或细菌，总会"乘机"飘落到培养皿里。这些外来的微生物甚至还在培养皿中繁殖，这使得弗莱明的实验无法进行，对此，弗莱明真是伤透了脑筋。

然而有一天，弗莱明却在无意中从这些"不速之客"中找到了他多年来一直寻求的抗菌物质。那天，当他正准备用显微镜观察从培养皿中取出的葡萄球菌时，他发现在原来长了很多金黄色葡萄球菌菌落的培养皿里，长出了一种来自空气中的青绿色的霉菌菌落，而且这些物质已经开始繁殖。更使他惊讶的是，在这个青绿色菌落的周围，原来培植的葡萄球菌菌落竟然全被溶解了，而离得较远的葡萄球菌则依然生长着。弗莱明推测，这个青绿色的霉菌可能会分泌一种能够使葡萄球菌裂解的自然抗菌物质，而这种物质可能正是他多年来刻意寻求的。

电子显微镜下的青霉素

自此，弗莱明开始把注意力放在这种青绿色的霉菌上。他把这个偶然发现的奇特现象详细地记录了下来，同时他还异常小心地把这些青绿色的霉菌从培养皿中分离出来，把它培养在液体培养基中，使其迅速繁殖。

在观察中弗莱明发现，这种青绿色的霉菌能分泌出一种极强的杀菌物质，这种物质还可以扩散，正是这种物质消灭了生长在它周围的葡萄球菌。他把这种青绿色的霉菌称为青霉菌。弗莱明从实验中观察到，即使葡萄球菌布满了培养皿整个平面，青霉菌周围仍旧没有任何细菌生长。这表明青霉菌能阻止细菌的蔓延，并且把它们消灭。

随后，弗莱明又研究如何将这种青霉菌的分泌物提取出来。他立即动手进行了实验，第一步，他把青霉菌接种到肉汤培养液中，让其迅速地繁殖。第二步，他把长满青霉菌的液体异常小心地进行过滤，得到一小瓶澄清的滤液。随后，他将这种滤液滴进已经长满了葡萄球菌的培养皿里。只用了几个小时，这种滤液就将原来长势旺盛的葡萄球菌全部消灭了。

然而，这还不能让弗莱明满足，他又开始研究这种霉菌对其他致病因子的作用。他在以前研究溶菌酶过程中建立起来的测定技术的基础上，将这种滤液用水稀释后重新做实验，他对这种培养液对各种致病菌的抑制性状进行鉴定。一系列的试验表明1：1000浓度的培养液仍然能抑制葡萄菌的生长。而当时应用最为广泛的消毒剂石炭酸在1：300的浓度时就失去了抑菌功效。此外，弗莱明还以十分凶恶的链球菌作为测试的对象，结果他发现，1：100的培养液就能杀死它们。由于产生这种物质的是青霉菌，所以，弗莱明称这种物质为青霉素，这就是青霉素的发现过程。

虽然青霉素很早就被发现了，但隔了相当长的时间才被运用到医学上，这是因为提炼医用青霉素的过程相当复杂，要经过青霉素的培养、滤液的浓缩、提炼和烘干等一系列过程，弗莱明自己是无法单独完成的。因此，为了将培养液中的青霉素提取出来，他邀请了一些生物化学家合作。但是最后所有的试验都以失败告终，这是因为青霉素是一种很不稳定的化学物质，这种物质在一般的溶媒中很快会遭到破坏，因此他也一直没有获得过青霉素的提取物。

但是，这些并不能使弗莱明的决心动摇，因为他坚信，青霉素的应用前景是光明的。十多年以来，他一直在自己的实验室里耐心地、默默地将这个青霉素菌株一代一代地培育下去，功夫不负有心人，最后他终于取得了骄人的成绩。

1939年，弗莱明关于青霉素的论文引起了澳大利亚病理学家弗洛里的注意，他向弗莱明索取这种物质做进一步的研究。弗洛里和当时侨居在英国的德国生物化学家钱恩，在几位科学家的协助下，克服了种种困难，最后终于在1941年，从青霉素滤液中将青霉素的粉末提炼了出来。经试验，即使把这种棕黄色的粉末稀释到二百万分之一，也足以使病菌丧生，这种青霉素粉末具有前所未有的巨大杀伤力。

青霉素第一次真正用在临床医学上是在1941年，它被用在一位被葡萄球菌感染的病人身上，效果良好。自此，青霉素的显著疗效得到了医药界的承认并开始广泛地普及开来。

病毒克星干扰素

说起干扰素的发现，还要追溯到60多年前。1935年，美国科学家用黄热病毒在猴子身上做试验。黄热病是一种由病毒引起的恶性病。这种人和猴子都会得的病有几种类型。他们先用一种致病性弱的病毒感染猴子，猴子安然无恙，可是再用致病性很强的黄热病毒感染同一只猴子，猴子竟然没有反应。这一现象使美国科学家得到启发：前一种病毒可能产生了某种物质，使细胞受新病毒的进攻时能自我防御。1937年，有人重复类似的实验，证实给经裂谷热病毒感染的猴子注射黄热病毒，猴子也没事。反复的实验证据让科学家们想到，生物界的病毒也存在着奇妙的互相干扰现象。

1957年，美国细菌学家萨克斯决心搞清"以毒克毒"的物质基础。经过大量的实验，他发现，在病毒的刺激下，细胞中会产生一种蛋白质，能抑制后来病毒的侵染。"萨克斯认为这种特殊的蛋白质能起到干扰作用，就将其命名为"干扰素"。

病毒之间的干扰作用和干扰素的发现，让科学家们很兴奋，也给了他们无穷的想象和启示。因为人类的许多疾病都是由病毒引起的，再好的抗生素也拿它们没辙，可是干扰素却是对付病毒的克星。要是能把干扰素制成药品就好了，那么人类的许多疾病不就有了迎刃而解的治疗办法了吗？

但是，要使干扰素成为药品，进入实际应用当中，必须有足够的量。那么，如何获得大量的干扰素呢？人们首先想到，用病毒刺激老鼠，让它们产生干扰素，再提取出来供人使用，但是这种方法失败了。原因是干扰素的活动场所很专一，老鼠体内产生的干扰素对人不管用。所以最理想的办法是用人自身产生的干扰素。

其实，我们生活的环境是被微生物包围着的，时时刻刻都要接触到许多微生物，其中病毒的侵染刺激也不少。科学家猜测，人的血液细胞里本身就存在干扰素。后来研究证明，这种猜测是有道理的，通过精密的血液分析，在人和许多动物的细胞中都找到了干扰素。

人们最初想到的是，通过血液制取干扰素。可惜，干扰素在血液中的含量实在是太少了，用大量的血液才能制得微量的干扰素，这种生产方式产量低得可怜，自然价格也就十分昂贵。治疗一个病人的费用高达几万美元，一般百姓只能望"药"兴叹，是名副其实的"贵族药"，干扰素无法得到普及、推广。

既然蛋白质是干扰素的本质，那么把制造成这种蛋白质的遗传基因找出来，转入大肠杆菌体内，让它们代劳进行大量生产，也许能行。经过科学家的试验，干扰素的批量生产便成为可能。1980年，终于实现了干扰素的批量生产，这是美国科学家的杰作，他们利用DNA重组技术构建了生产干扰素的基因工程。

如今，运用基因工程技术的国家有：美国、中国、日本、法国、比利时、德国、英国等。通过DNA重组、大肠杆菌发酵等方法，大量获取各种干扰素。经过试验证明，这样制得的干扰素对乙型肝炎、狂犬病、呼吸道发炎、脑炎等多种传染病的病毒都有一定疗效。干扰素能减缓癌细胞的生长，是很有希望的防癌治癌药物，具有非常诱人的前景。

艾滋病病毒是人制造出来的吗

多数人认为艾滋病病毒是20世纪70年代初期由中非猴传染给人类的。中非大湖区土著居民为获得更强烈的性能力，常在男子和妇女的大腿、阴阜区和背部注入雄猴血和雌猴血。在卢旺达和刚果（金）交界的基伍湖岛屿上，猴血也成了当地治疗不育、阳痿的妙药。艾滋病病毒正是通过这种途径从猴子身上传染给人类的。后来，中非逐渐开放，有些人移居城市，再加上社会文明风尚较差，性交混乱，因此酿成艾滋病大流行的灾祸。

然而，有些人提出了新的看法，认为艾滋病病毒是人制造出来的。

有人认为，艾滋病病毒原型就是"雅司病毒"，这种病毒是日本战争狂的性病武器。太平洋战争初期，日军迅速占领了太平洋中的许多岛屿，为了不让这些岛屿落入美军手中。日本医生于1942年向日军参谋本部建议，日军在撤出岛屿之前，可先使岛上的妇女染上性病，利用土著妇女向

艾滋病毒入侵肌体

美军传染性病病毒。1943年金马及助手研制出了"雅司病毒"。1944年，美军进攻日本"内防卫圈"的马里亚纳群岛，日本在该地区向美军展开了"性病攻击"。据说，在当年太平洋战争中，凡与土著妇女有过性接触的美国士兵，都染上了"雅司病毒"，病状与艾滋病十分相似。

有人认为，是第二次世界大战的谋划者——希特勒一手制造了艾滋病病毒。据说，1944年，希特勒召集了一批科学家，针对美国人研制了许多"软武器"。其中有一种称为"病毒Q"的生物武器，这种病毒可通过血液、精液等途径，破坏人类的免疫系统，最终导致死亡。希特勒认为，美国国民性生活随便，且有不少性狂热分子，"病毒Q"一传播便会很快扩散到美国。然而，希特勒的生物武器试验室在一次空袭时被炸毁，由此"病毒Q"就不为人知地流向了外界。现在的艾滋病病毒可能就是那时的"病毒Q"。

还有人认为，是美国人一手制造了艾滋病病毒。1986年，在第八次不结盟国家首脑会议期间，两位前民主德国的性病专家的研究报告——《艾滋病的性质和来源》中暗示了美国是艾滋病病毒的发源地。报告中披露："艾滋病的发生时期恰好是美国迪特里克堡生物实验室的运转时期。"此外，苏联、英国、印度的报纸也纷纷指出，艾滋病病毒可能是美国的科学家由于某种原因或出于某种目的在实验室做实验时人为创造出来的。

尽管众说纷纭，但还没有哪一种观点得到证实，艾滋病病毒究竟是不是人制造的，目前仍是一个谜。

伦琴发现 X 射线

100多年前，X射线被发现。如今，这种射线已经被人类充分应用，像金属探伤、晶体结构研究、医学和透视等。尤其值得一提的是，X射线在医学领域的应用，使诊断和治疗疾病有了突破性进展，为病患者带来了福音。此外，X射线摄影也被用于生物科学中，以帮助人们找寻生物界的新规律，对医学等科学和工业的发展起到了很好的促进作用。

那么，这种奇妙无比、多用途的X射线是由谁发现的？又是如何被发现的呢？

1895年，德国符茨堡大学的校长伦琴，开始着手研究一个物理课题——阴极射线时，却意外地发现有一包用黑纸包得很好的照相底片全部感光了。这令他百思不得其解，于是，他反复试验，结果却是一样的。伦琴想：为什么以前从未发生过这种情况？问题是不是出在刚装在实验室内的阴极射线上呢？

为了揭开这个谜底，年过五旬的伦琴决定将全部精力投入到阴极射线的实验中来。同年11月8日傍晚，伦琴像平时一样，独自来到实验室，接着，他紧闭起实验室里所有的门窗，然后接通电源，检验黑纸是否漏光。忽然，在伦琴眼前闪烁出一道绿色的荧光。伦琴打开电灯一看，发现光源是离放电管2米远处的一个工作台上的氰化钡荧光屏。当他关掉阴极射线管的电源后，荧光屏就黯淡下来。当再次接通阴极射线管电源时，荧光屏又发出了荧荧的绿光。

伦琴兴奋极了，那天夜里，他不知反复实验了多少次，答案都是相同的。但令他感到奇怪的是：为什么阴极射线在空气中只能通过几厘米，而将其包裹在厚厚的黑纸包里时却能使2米外的荧光屏发光呢？伦琴一边琢磨，一边自言自语道："通电的是射线管，为什么荧光屏能发光呢？难道有某种未知的射线，射到荧光屏上，使荧光屏发光吗？"

于是，伦琴将手边的一本书挡在射线管和荧光屏之间，想看看这时的荧光屏会是什么样子。他往远一些的地方移动荧光屏，荧光屏依然光亮如前。看来，这种射线有能穿透固体物质的神奇本领。

当伦琴把手伸到射线管和荧光屏之间时，竟然看到自己的手影清晰地印在荧光屏上，更准确地说，是一只手的骨骼的黑影像。伦琴被眼前的一切惊呆了，他又仔细地看了看，没错，果然是一只手的骨骼，世界上竟有能照出手的骨骼的射线！这是人类首次看到活人身体内部骨骼的影像。

一连6周，伦琴都独自在实验室里研究这种新的射线，夜以继日，废寝忘食。

他拿来了木头、玻璃、瓷器、硬橡胶等物体放在这种射线前进行试验，发现这种神秘的射线都能穿透这些物体。接着，伦琴又对各种金属进行实验，得出的结论是除了铅和铂以外，其他金属都能被这种射线穿透。他还把照相底片放在射线管和荧光屏之间，发现底片可以感光。

最后，伦琴得出一个结论：这种奇异的射线是一种极具穿透力的新射线。由于伦琴在当时还没有能完全解释清楚这种射线，所以就将它命名为"X射线"。

孟德尔发现遗传规律

1843年，一位年轻的修士来到了奥匈帝国的布台恩（现在捷克共和国的布尔诺）修道院里，这位修士名叫孟德尔。尽管他是一位修士，但他非常喜欢自然科学。

4年后，担任了神父的孟德尔仍然醉心于读书。1850年，他参加当地的教师资格考试，但没有成功。他不甘心自己的失败，于是，第二年，孟德尔来到维也纳大学学习自然科学。3年的努力学习使他的学问大增。回到布台恩后，孟德尔在一所技术学校里兼职担任自然科学教师，一直到1863年。

年复一年，日复一日，孟德尔就这样过着刻板的日子。每天孟德尔做完宗教的功课，就独自来到后院小小的花圃中。这个花圃是他的乐园。

孟德尔在花圃的花草和树木间，开辟了一小块菜地。从1856年起，他在菜地里开始了一项研究生物遗传规律的科学实验。这个实验无人理解，只有他才感兴趣。

他在花园的菜地上栽种了一些不同品种的豌豆，有高茎的，有矮茎的；有开红色花朵的，有开白花的；有圆粒豌豆种子的，有皱粒豌豆种子的；有的豆荚饱满，有的不饱满；未成熟的豆荚有的是绿色，有的则是黄色等。他选择了7种不同性状的豌豆来进行观察。

孟德尔选择豌豆作为观察对象的原因是什么呢？

原来，因为豌豆是严格自花授粉的作物，它的雌花和雄花的花蕊在开花以前已经开裂，并且都紧紧地包在花瓣里，所以能防止异花授粉所带来的干扰。而且，豌豆有稳定的遗传特性，不同性状的豌豆，其子孙后代的性状也相应有所不同。如开红花的豌豆的子孙后代也开红花，开白花的豌豆的后代也是开白花。

在实验中，孟德尔每次只观察一种性状的变化。比如，只观察红花与白花这一对性状的遗传，而不会去管其他性状。弄清楚一对性状遗传规律后，再去研究其他两对或三对的遗传规律。

孟德尔在实验中应用了统计的方法，这一点非常重要。统计方法就是在观察后代性状表现的同时，统计各类个体的数目，从而得出它们之间各自所占的比例。此外，对亲代、子一代、子二代等以后的各代的性状，孟德尔都做了记载。通过这些各代遗传性状的记录，他能方便地了解亲代与子代之间的遗传规律。

孟德尔从不间断地对豌豆进行了整整8年的观察，他发现，开白花的豌豆与开红花的豌豆之间互相杂交而产生的第一子代开的全部是红花，没有一株开白花。然后，孟德尔再将开红花的第一子代进行自交，在其产生的第二子代中，有3/4开红花，1/4开白花。这说明开白花的性状并没有消失，而是隐藏起来了，所以在第一代中没有表现出来，而在第二代中表现出来了。

从这些实验结果来看，孟德尔认为开红花的性状是"显性性状"，开白花的性状是"隐性性状"。第二子代的豌豆，既表现出显性性状，也表现出隐性性状。他将这种品种不同的豌豆杂交后，表现出不同的性状特征的现象称为"性状分离"。

在对其他性状，如矮茎与高茎、皱粒与圆粒等7种不同性状的研究中，都发现了如开红花、白花一样的性状分离结果，而且第二子代间不同性状的比例相同，都为3∶1。

孟德尔认为，相对的"遗传因子"（现在称为"基因"）决定了生物的相对性状，开红花的豌豆和开白花的豌豆各有各的基因。他还用其他实验方法来验证了自己的结论。

除了分离规律外，孟德尔还发现了"自由组合规律"等其他一些规律。自由组合规律是指豌豆不同对的性状可以在下一代中自由组合。

1864年，在布台恩市自然科学学会的年会上，孟德尔宣读了论文《植物杂交实验》，但是，人们没能理解他的这篇论文，因为他的研究远远超过了那个时代科学发展的水平，所以没有人对他的研究感兴趣。

孟德尔于1884年去世。他生前孤独，逝世后却赢得了辉煌。直到他去世15年后，另外一些遗传学家才分别得出一些遗传规律，这些规律与孟德尔早先提出的观点相似。他曾经被遗忘的名字，终于被后人重新提起，他的学说也成为生物学的基本原理之一。

解读遗传密码

美国生物学家沃森还在学生时代时，就对基因研究产生了浓厚的兴趣。他意识到，理解基因的关键是了解DNA的结构。1951年，他在丹麦的哥本哈根大学进修生物化学。有一次，在意大利的生物学研讨会上，当他见到英国科学家威尔金斯利用X射线衍射技术发现的DNA结晶照片时，异常兴奋，于是他决定加入英国牛津大学卡文迪许实验室。

在那里，他遇到了一位比他年长12岁的年轻物理学家英国人克里克。克里克和他有着共同的理想，虽然他们两人学的专业不同，性格也迥然不同，但是，他们却成为了研究基因结构的"黄金搭档"。

当时，对于DNA的研究国际上很多科学家们都已从各个角度开始深入，但沃森和克里克的刻苦钻研使他们走在了前列。

纽约美国自然博物馆内的DNA双螺旋结构分子模型，是由威斯康星大学麦卡德尔记忆实验室的工作人员范·R.波特制作的。

沃森于1952年测出了烟草花叶病毒蛋白质外壳的结构，但是对DNA的研究仍然没有明显的进展。他们要解决的问题是DNA的主要成分——4种有机碱之间是怎样排列的。1953年的春天，沃森突然意识到这4种有机碱之间必然要结成稳定的"搭档"，也许是以3个碱基为一组。他们随后从威尔金斯拍摄的DNA的X射线衍射图像中得到了启发，于是，这两个名不见经传的小伙子勾画出了一个DNA的双螺旋模型。

DNA被他们想象成两条栏杆组成的旋转梯子，而两条由糖和磷酸组成的长链就是栏杆，4种碱基对形成横档上的梯子。这个大胆的构想巧妙、奇特，它完全能解释已知的DNA作为遗传物质所应有的特征，并且清晰地表明了DNA是如何复制的。后来，这个模型在电子显微镜拍摄到直观图像后得到了证实。

1953年4月和5月，在著名的英国《自然》杂志上，两位默默无闻的年轻人——英国物理学家克里克和美国生物学家沃森，发表了他们共同完成的论文。在这篇划时代的论文中，他们提出DNA（即"脱氧核糖核酸"）结构的双螺旋模型。

发现DNA的双螺旋结构模型是20世纪生命科学发展的里程碑，人类从此找到了解读生命奥秘的"金钥匙"。从此,一个分子生物学的时代开始了。

麦奇尼可夫发现白血球

有一天,麦奇尼可夫在研究水蚤的消化作用时,发现水蚤体内有一种能够游过去吞噬某种酵母菌的细胞。有一次,他随手在海星的身体里插进一根蔷薇刺,刺上有各种细菌。他观察到那种细胞很快就从各处游到蔷薇刺的周围,拼命围攻闯进来的细菌。这些现象使他产生了许多问题,他决心把这件事研究透彻。于是,他找来了一些透明的虫子,在这些虫子的身体里面注射了一些细菌。细菌在虫体里刚活跃起来,虫体里的那种细胞就很快围拢上去。结果是,如果进入虫体里的细菌很多,而且繁殖得较快,那种细胞就会被打败,虫子也会随之死亡;而如果进入虫体的细菌不多,它们就会被那种细胞吞噬,虫子依然正常地生活着。

经过多次研究,麦奇尼可夫终于弄清那种细胞是保护身体的"警卫战士"。他把这种细胞叫作"白血球"。根据他本人的解释,"白血球"在希腊文中的意思就是"吞噬细胞",现在人们常常称其为"白细胞"。

白血球的大小比红血球(即红细胞)要大得多。它本身并没有颜色。医生在验血时,常常要对白血球进行染色才能看得清楚。

白血球平时是在人体和动物的血管里流动的。一旦有细菌入侵,它能很快地"游"出血管,奔向细菌入侵处。为了包围和吞食细菌,白血球根据情况随时变换自己的形状。它把细菌吃到肚子里,再放出一种叫酶的物质,把细菌消化掉。而最新的研究显示,白血球竟然可以施放一系列的化学毒气来杀灭细菌。

在人体每立方毫米的血液里,大约有 4000～10000 个白血球,平均 7000 个。它游走于全身各个部位,如果细菌进入身体,它就通过"化学信使"传来的消息,毫不犹豫地杀灭来犯之敌,并且调动起全身的各种防御力量,一致对敌。例如,"巨噬细胞"就能吞噬白血球不能吞噬的较大的病菌;有种"补体"可以帮助溶解细菌;体内分泌的杀菌素、凝集素、抗毒素,同样是对付细菌的重要力量。病菌要是避开了白血球而逃向肝脏,肝脏会将其扣留;经过脾脏,又会被脾脏抓住不放;肾上腺、骨髓等处,也都能拦截这些细菌。

据估计,一个白血球就能够消灭 20 个入侵的细菌。当然,在发炎组织的脓液里,不仅有被杀灭的细菌,也有不少是死亡的白血球。虽然白血球只有 10 天左右的寿命,但它却是身体健康的有力保证。

如今,美国的癌症研究人员已经在研究用白血球杀死体内癌细胞的方法。他们抽出白血球,把它们放在一种特殊的溶液里培养几天,再将它们注入人体。这种经过特殊处理的白血球就能与癌细胞战斗了。

1997 年俄罗斯科学家发现了白血球的新作用,认为它也参与了将吸进的氧气运送到全身去的工作,并且还能把氧"激活",大大增加氧离子的数量,同时也提高了自身的杀菌能力。

白血球对身体至关重要，如果过少，就会严重影响机体的抵抗力，但也不能过多。除非妇女怀孕、婴儿初生等特殊情况，如果每立方毫米血液中的白血球超过1万，就应当引起重视，因为这一般都是生病的前兆。

啤酒桶与叩诊法的起源

什么是叩诊法呢？就是当医生检查你的胸部时，他会用两只手相互叠在一起，右手在上，左手在下，左手紧贴你的胸壁，然后用右手的中指，向左手的中指叩击，于是就会有"砰、砰"的声音发出。这种方法，医学上称为"叩诊"。

叩诊法现在已成为每位医生的基本功了，而谈到叩诊法的起源，这里面还得提到一位医生，他是18世纪中叶奥地利的一位医生，名叫奥斯布鲁格，他首先采用了叩诊法来给病人进行诊断。

有一天，一位老年病人去世了。病人在去世前曾有胸痛症状，并伴有发热咳嗽现象，奥斯布鲁格很想弄清楚这位去世老人的病因，于是，他征得家属的同意，决定对尸体进行解剖。他将死者的胸腔切开后，一股淡黄色的液体顺着切口流出来。一个正常人的胸腔内主要有肺脏和心脏，以及一些大血管，而没有液体，如果发现胸腔积液，就可能患有胸膜炎。病因清楚了，但是，奥斯布鲁格仍在苦苦思索：既然胸腔中有液体存在，为什么不能早些发现呢？这个问题一直困扰着奥斯布鲁格，后来，他父亲检查酒桶内酒的存量的方法触动了他的灵感。奥斯布鲁格的父亲在乡间开了一间酿酒的作坊。他有着丰富的酿酒经验。不用把桶盖打开，就能知道桶里还有多少酒。只要用手指轻轻敲打酒桶，仔细听一下酒桶发出的声音；如果桶内盛满酒，敲打后发出的是沉闷的"叭、叭"声响；如果是空桶，敲敲桶底，会发出"砰、砰"的清脆声音。

父亲敲木桶的事启发了奥斯布鲁格。他想，人的胸腔也像一只空桶。如果有积水在胸腔内，就好像酒桶里

叩诊法诊断疾病

盛了酒，发出的声音必然不同。

奥斯布鲁格想到这里，十分兴奋，连忙跑进病房内，对几位病人进行检查。结果发现胸腔内积水的病人发出的声音与其他的人不同。

奥斯布鲁格经过反复的实验和摸索，终于掌握了叩诊的技术。1761年，他的论文《新的诊断法》发表了。这在医学界引起了很大的轰动。

现在，尽管各种仪器和设备都很先进，但叩诊法仍然被医生们广泛运用。

詹纳发明牛痘免疫法

天花是一种传染性非常强的病，在历史上它曾给人类带来巨大的灾难。据考证，仅在18世纪，世界上死于天花病的人数就达1.5亿。自詹纳发明牛痘免疫法后，人类才开始逐渐从天花的魔爪下挣脱出来。

为了预防天花病，需要接种牛痘疫苗，而用牛痘疫苗来预防天花病的方法是英国的一位乡村医生爱德华·詹纳于1798年发明的。

在詹纳医生的家乡附近，有许多牧场，许多人靠养牛挤乳为生。有一天，村里一位挤牛奶的女工来看病，詹纳发现病人出现发热、背痛和呕吐等症状，以为她患了天花病，当时这一带正流行天花。但是那位女工却不认为自己患了天花病。詹纳笑着问她："你怎么知道自己不会得天花病呢？"女工回答："我已经得过牛痘了。"

得过牛痘就不会再得天花了吗？詹纳非常重视这件事。詹纳经过一段时间的分析和研究，发现牛痘是牛感染了病毒后长的一种脓疱疮，挤奶的女工也会被传染上这些牛痘病。这些受过牛痘传染的女工，很少会再患天花病。

1798年5月14日，詹纳医生做了一个大胆的实验，以便弄清牛痘与天花的关系。他从一名正在患牛痘病的女工莎拉皮肤的脓疱中取出的少许脓汁，接种在一位8岁男孩菲普斯的左臂上。不久，牛痘出现在菲普斯的左臂接种部位，并且结了痂，还有疤痕留下。6个星期后，詹纳又将天花病人脓疱中的脓汁接种在小菲普斯的右臂内。前后共接种过20次天花病人的脓浆，菲普斯却安全无事。

詹纳医生对自己的大胆实验越来越有信心，接着又为22位健康人接种了牛痘的脓液，这些健康人都避免了天花传染的灾难。几经研究，詹纳终于发现接种牛痘疫苗后，在牛痘病毒的刺激下，人会产生抵抗病毒的抗体，与天花病毒再接触时，人就不会得天花病了。

1798年，詹纳公开发表了关于这项研究的一篇论文。从此，用接种牛痘的方法预防天花病，就在全世界广为传播。经过将近200年的努力，天花病终于在全世界绝迹了。

急诊室怎样安排病人接受治疗

去急诊室就诊是一件令人紧张而恐惧的经历。首先，我们不知道自己什么地方出了问题，会感到很害怕。而且，身处一个陌生的地方，并且周围都是不认识的人，也会让人感到不安。此外，我们还要忍受各种莫名的测试和检查，无法理解却还不能提出问题。

关于急救，最令人吃惊的就是导致人们必须接受急诊治疗的众多原因。急诊医生一个星期之内所见到的病因比其他任何一科的医生都要多。以下列举了一部分导致急诊的病因：

(1) 汽车、摩托车车祸。
(2) 运动受伤。
(3) 切割伤、骨折、烧伤和烫伤。
(4) 心脏病与胸口疼痛。
(5) 抽风、四肢失去功能或麻木。
(6) 视力或听力丧失。
(7) 失去知觉。
(8) 自杀或行凶倾向。
(9) 用药过量。
(10) 严重腹痛或者持续呕吐。
(11) 食物中毒。
(12) 因蚊虫叮咬、进食或用药引起的严重过敏反应。

医护人员在急诊室检查病人

护车呼啸着停了下来，病人被飞驰的急救床推着穿越走廊，然后几个人疯狂地与时间赛跑以挽救病人的生命，这便是急诊室最为经典的一幕。这是现实中会发生的一幕，并不罕见，但大多数发生在急诊室的情景并没有如电视里那样的戏剧化。每一位走进或者坐轮椅进入急诊室的病人，都有着特殊的通道……

当病人到达急诊部门之后，首先要经过治疗分类这一关。在这里，由护士对每位病人的情况估测，决定治疗的紧急程度，通常分为下列3类：

(1) 情况紧急危及生命。
(2) 情况较为紧急，但不会危及生命。
(3) 情况不紧急。

这种分类能够避免常规病人接受医生检查，而使情况危急的病人只好等待治疗的情况出现，所以是十分必要的。负责治疗分类的护士对每一位病人的重要指数进行记录（体温、脉搏、呼吸频率和血压）。此外，护士还将了解病人目前的状况、相关病史、治疗情况和过敏症等，从而可以为病人进行治疗分类。

下一步就是登记，这个场景在电视上不常见，而且也并不那样激动人心。登记时，病人的重要数据会被记录在案。此外，相关人员还要求登记病人的社会保险、医疗保险、医疗补助以及卫生维护组织的相关信息。建立医疗记录十分必要，因为这样病人的病史、化验室化验、X光等信息都会被记录在同一个表格里，方便任何时间进行查阅参考。账单将通过这些信息计算出来。注意：无论病人有没有支付能力，他们都需要接受医疗审查。

如果病人生命垂危，或者是由救护车送来的，这一步骤将晚些时候在病人的病床前完成。

现在病人被带到了检查室。在这里，急救部门的护士将要搜集更多的信息，并且协助病人穿上专用衣服，以便病人接受检查。

有些地方的急救部门会进一步细化，分成几个独立的部门来更好地服务于病人。这些部门包括小儿急诊室、胸部疼痛急诊室、快速通道（针对小的伤情及疾病）、外伤急救中心（通常针对伤情严重的病人）以及观察室（针对不需要进行急救，但需要长期治疗或者多项诊断性检查的病人）。

当护士完成工作的时候，下面的任务将由急诊医生，或者接受过相关训练的医护人员如实习医生和住院医生，或者医生助理来承担。医生会询问病人更多详细的信息，如病人现在的病情、过去的医疗问题、家庭病史，并将对病人的身体各个系统进行完整的检查。然后医生将可能导致病人现在病症的原因进行列举，并列出一份清单，这就是所谓的鉴别诊断。

然后，根据病人的病症以及相关的身体检查，由医生推断出最为可能的诊断结果。如果这些信息不足以推断出诊断结果，那么病人则需要接受相关的诊断性检查。

依据病人各自的情况，将有下列3种情况出现：
（1）病人住院。
（2）病人可以离开医院。
（3）病人被转移到更为适宜的医疗条件下接受治疗。

如果病人被诊断可以离开医院，他会接受相关的出院指导，这些医生会教授病人一些用药方法和治疗方法。病人的病情也将会得到跟踪关注。

病人如果需要转移到另外的地方接受治疗，这也是很必要的，因为在那里病人会得到更好的治疗。

给大脑植入芯片

马修·纳格尔是一名精力充沛的运动员，但是2001年7月，美国马萨诸塞州韦马斯附近的一场焰火表演之后发生了冲突事件，马修为了保护同伴而遭到恶意攻击，颈部被刺伤。匕首切断了他的脊髓，他从脖子以下都瘫痪了，只能在轮椅上生活。直到现在，20.3厘米长的刀片还残留在脊柱中。

22岁的马修只能靠呼吸器喘息，医生说他的身体不可能恢复运动了，他的前途一片渺茫。然而，科技总是帮助残疾人找到改善生活的途径。约翰·唐诺胡教授是罗得岛州布朗大学的神经技术学专家，从20世纪80年代以来一直在研究大脑如何把思维转换成动作。了解了神经"兴奋"的过程之后，他的下一个任务是把电脉冲翻译成计算机或机器能够识别的指令。在最初的实验中，他在猴子大脑中植入电极，让猴子学会了使用操纵杆玩计算机游戏。从猴子大脑中发出的电脉冲使它能够移动屏幕上的光标。在成功的鼓励之下，唐诺胡教授准备在人体上进行大脑之门的测试，希望通过把脑电波输入计算机帮助残疾人独立生活。

大脑和脊髓组成了人体的中枢神经系统。通过31对神经构成的网络，大脑把思维转换成动作。

2004年6月，马修·纳格尔在马萨诸塞州的新英格兰西奈医院接受了3个小时的手术，成为第一个安装大脑之门的人。他头上钻了一个孔，将阿司匹林药片大小的芯片植入到大脑1毫米深的地方，位于感觉运动皮质的上面，人脑在那里产生控制手臂运动的神经信号。芯片上固定着100个极薄的电极，可以接收思维活动产生的电信号，然后通过导线输入计算机，对大脑信号进行分析。这些信号再经过解读，转换成光标的移动，使他仅凭思维就能实现对计算机的控制。

在3周的手术恢复期之后，马修接受了第1次试验。他面对着一台屏幕，上面的光标一直在移动，他随着光标移动方向想象手臂的运动。与他大脑芯片相连的计算机分别记录下光标上、下、左、右移动时他发出的脉冲信号，每个方向都对应着他大脑中一种特有的信号，然后给计算机编写程序，让它能识别出每一种信号，并由此移动光标。例如，他想"向下"，光标就向下移动。虽然马修不能移动肢体，但他学会了通过想象手臂动作来移动计算机屏幕上的光标。计算机屏幕与电视机遥控器面板相似，他只需把光标移动到某个图标上就能选中那个选项。他把光标放在图标上，等效于敲击鼠标。因此，他能够做一些打开电子邮件之类的事情，而这在以前是无法做到的。提姆·苏根诺在制造大脑之门的网络动力学公司工作，他说："我们实际上是把他的大脑和外部世界连在了一起。"

通过连接到房间各个装置上的软件，马修现在能够开关电视、转换频道并调整音量。他能利用思维控制人造手张开或握紧，还能让机器手臂传递糖果。他甚至能用计算机画画，玩弹球和俄罗斯方块之类的电脑游戏。

有时候，大脑植入手术可以代替药物。神经外科医生在人脑中植入电极，用电信号来减轻长期的疼痛，消除帕金森病、癫痫症和抑郁症的症状。

唐诺胡教授希望大脑之门让重症患者能够通过思维移动轮椅、使用因特网、控制灯光、电话和其他装置，从而大大提高他们的生活质量，最终实现他们对自己肢体的控制。"如果我们知道如何把他的肌肉也装配上，他就能使用自己的手臂了。马修给我们带来了信心，但我们还是要保持谨慎，毕竟，这个技术目前只在他一个人身上得到应用。前面的路还很长，但我们正在前进。"

马修·纳格尔还有更长远的目标，他希望下地行走。他说："我的生活已经发生了改变。我只想走路，用不用拐杖无所谓。我知道，过不了几年就能实现。"

首例人类舌头移植

过去对失去舌头的患者，医生会从小肠截取出一小块组织，移植到舌基上。虽然小肠柔软并有分泌黏液的功能，让患者嘴里感到舒服，但是它尺寸太小，口腔里还是空荡荡的。因此，患者的发音比较模糊，也无法吞咽，只能靠管子进食。奥地利医生希望能通过舌头移植消除这些障碍。他们面临的主要问题是如何有效地抑制免疫系统，防止移植组织发生排异反应。这是个特殊

人类下颚的剖面图。经过 14 个小时的手术，医生把捐献者舌头上的肌肉组织、神经末端、动脉和静脉连到接受者嘴里。

的问题，因为进食导致口腔环境无法保证消毒。但是嘴也可以自然而有效地保持自身清洁。

此前，舌头移植仅仅在动物身上进行过，但是很久之前，由 9 名医师组成的医疗组就开始准备把这项技术应用于人类了。科里斯坦·克尔默担任组长，他说："我们计划实施这个手术已经两年了，但我们同时需要患者和合适的捐献者。这种手术与以往的治疗方法相比，一个最大的优点就是使患者又拥有了舌头，并能移动甚至感觉到它。"

舌头来自于一位不愿透露姓名的捐献者，因为血型和舌头大小适合患者而被选中。另一个医疗组从脑死亡的捐献者体内取出舌头，马上提供给正在隔壁进行

的移植手术，随即对捐献者停止生命维持措施。同时，克尔默的医疗小组在患者两耳之间做了一个切口，切除了舌头。然后他们将捐献者舌头上的肌肉组织、神经末端、动脉和静脉连接到患者嘴里。克尔默医生表示，他们已经把两条负责舌头运动的神经连接好了，还连上了2条感觉神经中的1条。

罗尔夫·尤斯医生是小组中的另一名主要成员，他宣布手术成功时说："舌头现在看起来就像是他自己的——它色泽红润，血液循环很好。舌头只是稍微有点肿胀。这也是一个好征兆，意味着可能还没有发生移植排异反应。我们希望患者最终能正常进食和讲话。他不太可能恢复味觉，但是会有一些其他感觉，而最主要的，能够运动才是理想的效果。患者还年轻，在这个年纪就失去舌头是很残酷的，但是必须切除舌头，因为他的癌症已经到了晚期——他抽烟抽得太厉害了。"

虽然患者以后必须一直吃药来预防排异反应，但手术后还不到1个月，他就能学着说话并做出吞咽动作了，他能咽下自己的一部分唾液，还可以依靠气管里的一根管子让别人听懂自己的话。为了配合手术，他还进行了讲话治疗。

根据这个成功的病例，医院计划只要能提高口腔癌症患者存活概率，就进行舌头移植手术，而现在晚期癌症患者中只有50%的人实施手术。每年在移植手术中受益的患者将超过15名。在英国，人们必须积极参加器官捐献计划，而奥地利法律规定，医生有权使用任何死亡患者的器官，除非患者特别提出不捐献的要求。

然而，英国移植学会道德委员会主席彼得·罗提醒考虑做这种手术的人说："对许多需要抑制免疫力的疗法必须三思而行。抑制免疫力可能导致感染，从长远角度来讲有产生恶性肿瘤的危险，必须对移植带来的益处和多种危险认真衡量。"

脸部移植还遥远吗

以前人们曾经在脸部做过再植手术。1994年，印度北部一名9岁的女孩在一次可怕的事故中失去脸部和头皮。她父母用塑料袋包着她的脸火速赶往医院，医生成功地将血管连接好，并为她再植了皮肤。但是严重毁容的人一般只能从身体其他部位切下一小块皮肤组织移植到脸上。一些烧伤患者为了修复面容不得不做50多次这样的皮肤移植手术，效果却不理想。然而，全脸移植为恢复容貌和脸部功能带来了希望。

脸是人的重要特征，它是使我们区别于他人的最明显的特点，也表达着我们的个性。通过脸就能看出一个人的出身、血统和民族。人的情绪基本上都能通过面部表情表达出来，例如高兴、生气和焦虑的表现分别是微笑、咆哮和皱眉。缺少了这个信息系统就很难进行交流，因此人们盼望着能够出现恢复面部运动的移植手术。脸部包括多种具有特殊性质的皮肤，例如眼睑和嘴唇内侧不适合一般的皮肤移植，因为它们不能移动而且很敏感。对于脸部肌肉基本完好的患者，如果能连同皮下脂肪和深层血管移植整个脸部，他们饮水、进食和保持眼睛湿润的能力将大大提高。而对于深度毁容的患者，脸部移植也有可能修补面部肌肉，恢复必要的面部活动。

尽管许多国家的医生都希望能够实施面部移植手术，但是长达24小时的手术难度太大了。脸部运动一共要调动50多块肌肉，仅仅微笑就需要17块肌肉。做全脸移植的话，医生需要移植从发际线到下颌、两耳之间的皮肤、鼻子、嘴、唇、眼眉、眼睑、皮下脂肪、部分肌肉、鼻软骨和神经。然而最大的危险是排异反应。人体最难移植的组织就是皮肤，因为皮肤作为身体的第一道防线对外来组织异常敏感。这一点阻碍了外部器官的移植，例如手部移植。由于医生不知道免疫系统会对移植的皮肤产生多大的反应，所以使用抗排异药物具有一定的危险性。而接受器官移植的患者中，有15%的人不愿意服用抗排异药物，因此脸部移植的问题变得更加麻烦。一旦新的脸部组织受到排异，其伤害就不仅是精神上的，还是致命的。

人们还对带着一张死人的脸到处走有所顾虑。医生不知道移植后的脸与捐献者原来的脸有多相似，但是如果它使某些人回想起死者，就会引起精神方面的问题。英国移植学会道德委员会主席皮特·罗说："患者遇到的主要问题在于接受新的相貌。他们接受了新面孔，就可能连同别人的身份也一起接受，这就会对潜在的捐献者造成不良影响。捐献者曾是活生生的人，我们对尸体应当保持尊重。"

还有一个问题就是，需要接受捐献的人不少，捐献者却难找。捐献者的家人可能不同意移植，因为他们认为那样对死者不敬。有的人注意到，如果可以有偿提供死者的脸部，那么志愿提供器官的人就会减少。因此人们一致认为，只有死前表示同意捐献的人才能作为面部捐献者。寻找合适的配型也同样困难。血型、大小和其他指标都要仔细考虑之后，才能最终确定将哪个捐献者的脸部移植给哪个患者。死者家属也可能需要更多的时间来做出这种重大决定。

早在1967年克里斯迪安·巴纳德医生进行首例心脏移植手术的时候，热心于推进脸部移植的人就指出了类似的问题。脸部移植看似只是为了改善外貌，并没有挽救生命那么重要，但人们能否接受脸部移植呢？这还是个问题。

使用死者的手

他说："请不要误会我。用假肢生活是完全能够接受的生活方式，但我只是想要更好一些——使用皮肤、骨头、肌肉和肌腱，而不是塑料、橡胶和电池。"在被选中之前，他必须通过许多测试，以确保他达到身体上的要求，并在心理上能接受使用死者的手。最后，在1999年1月24日下午，17名医生为他进行了长达14.5小时的移植手术，在捐献者的手和斯科特的左臂之间把动脉、静脉、神经和骨头连在一起。

手部移植是一个有争议的问题。在任何外科移植中，最大的问题就是排异反应。人体的免疫系统对"外来肢体"会自动产生强烈地排斥，这本来是抵御感染和疾病的重要保护机制，却给移植患者带来很大危险。虽然可以利用特效药来抑制免疫系统，但是这会产生严重的副作用，比如引起癌症、糖尿病和高血压。尽管在手部移植之后所使用的抑制免疫

马修·斯科特在一次鞭炮事故中失去了左手，他在300多名申请者中被选中，成为美国第一位接受手部移植的患者。

药物的剂量不会超过器官移植（诸如心脏、肺、肾脏、胰和肝脏），但是，抑制免疫药物可能会直接导致十分之一的手部移植者在术后10年内死亡。医生和医学伦理学家都对此表示关注，认为患者为了用人手代替假肢，应该承担手术的风险和抑制免疫药物带来的不确定后果。这些风险对器官移植来说是可以接受的，比如心脏或肾脏等维持生命的器官，但手不属于这一类。值得为一只手冒生命危险吗？因此对这个手术持反对态度的人说，把尚不成熟的研究应用于实践将会带来恶果。

尽管心存疑惧，马修·斯科特还是做出决定，并在后来成为世界首例成功的手部移植者。最初他每周进行6次强化治疗，并伴有恶心和消化不良，还经历了3个轻微的排异期，但是，随着时间的推移，这些不适逐渐减轻了。排异反应是通过药物治疗的，5年内唯一的并发症就是拇指患上了关节炎。这是手术之前医生就预料到的。他们说，这实际上是由于他的手指弹性太大了。

手术6年之后，他能用移植的手扔球、接球、开门、转门把手、踢足球、搬家具、端起杯子喝水、拨打手机、写名字、系鞋带等。每年的检查结果也显示，他的病痛在好转，力气越来越大，感觉不同物体的能力也大大提高了。他的左手能感觉出冷热，也能分辨出粗糙和光滑的质地。

"手部移植消除了我不能做某些事的恼怒和挫败感，"他说，"现在我相信，如果不能做某件事情，通过一些治疗就可以了！我又能完成很多日常工作了，而以前用假肢是办不到的。"移植给他带来的最大方便是能够为孩子鼓掌。"能为孩子鼓掌是件重要而高兴的事。能一边用右手拿东西一边用左手开门也很不错。"

但他注定不能达到常人的水平，而且，尽管抑制免疫药物的剂量越来越小，但他后半生必须一直吃药。然而，他仍然很高兴能有一只新的手，认为不论是心理上还是身体上都值得这样做。他说："手也许是仅次于声音的最富于表现力的东西。手的触摸和我们使用手的方式都能表达出很多信息。"他妻子说："他非常喜欢敲鼓，现在终于能尽兴地敲了。他的心情好转很多，对自己也更加平和，情绪

安定下来。"

实施移植手术的医疗组组长沃伦·C．布雷登巴克说，斯科特的"手部功能得到了很大程度的加强，拇指也更有力了"。他还补充道："这是手部移植手术这么久以来最成功的一例，感谢马修和道恩。如果没有他们做的努力，就不会成功。他的左手和正常的手比起来还有差距，但是比假肢强很多。"

斯科特没有患上严重的疾病或感染，这为支持移植手术的人提供了证据，证明药物治疗的发展已经显著减轻了患者对植入的肢体产生的排异反应。

布雷登巴克说："这告诉我们，认为皮肤具有很强的排异性而不能移植的旧观念是错误的。皮肤的反应确实比肌肉和肾脏强烈，但是如今的抑制免疫药物药效很好，在手部移植中可以使用和肾移植相同的剂量。所以，药物的发展保证了皮肤和其他软组织的存活概率和肾移植一样高。6年来马修的状况告诉我们，经过移植的手可以保持这么久，而且对于马修，还能继续保持相当长的一段时间。"

但是，许多医学专家还是对手部移植持怀疑态度。人们希望马修·斯科特的手术能为进一步的手部移植手术开启大门，而至今全世界只有不到30例此类手术，手部移植显得缺乏支持。这种怀疑的部分原因是世界首例手部移植的结果不理想。新西兰的克林特·哈勒姆于1998年移植了一只陌生人的手，但是新的肢体难以和身体相容。手的样子让人厌恶，因此他遭到一些朋友的躲避，没能得到大家的接受。他声明自己感觉比原来仅有一只半手的时候残疾程度更大，后来在2001年，他要求把新的手截去，因为他"在内心无法接受它"。

对马修·斯科特来说却没有这些问题。他还能想起手术后那个奇妙的时刻，他醒过来，发现左手上又有手指了。"那里不是一堆空空的带血的绷带，而是包裹着手指、形状突起的绷带。我永远也忘不了那一刻。"

人造心脏是怎样延续生命的

在美国，目前有200万～300万的美国人患有心力衰竭，而且每年还有40万新的病例产生。根据美国权威机构的数据显示，心力衰竭每年会导致3.9万人死亡。直到最近，治疗严重心力衰竭的唯一方法仍是心脏移植。然而，美国每年仅有2000例的心脏移植手术，这就意味着上万名心力衰竭的病人因为缺少捐赠的心脏而死亡。

2001年7月2日，心脏衰竭的病人有了新的希望，肯塔基州路易斯维尔市犹太医院的医生们实施了近20年来的第一例人造心脏移植手术。这次手术中所使用的由无机生物医药公司生产的非生物可植入替代型心脏是第一个完全独立的人造心脏，预期可以延长病人两倍的生命。

普通成人的心脏每分钟排血达60～100次。心脏收缩有如下两步：

第一步，左右心房同时收缩，将血液排入左右心室。

人造心脏示意图

（标注：无线能量转换系统、内部控制系统、内部蓄电池组、肺动脉移植、外部电池组、心房封套、主动脉移植）

第二步，左右心室同时收缩，将血液排出心脏。

在下一次心脏跳动之前，心脏肌肉将会收缩。这就使血液可以重新充满心脏。

拥有人造心脏的病人仍然使用他们自然的心房，但他们的心室将由人造心脏所代替。它一次只能将血液从一个心室压出。所以，它把血液交替送入肺部和体内，而不是像自然心脏那样可以同时工作。人造心脏每分钟能够排出10多升血液，这足以维持日常活动。

人造心脏是极为复杂的医疗器械，但是核心机构十分简单：可以使液体来回运动的液压泵。下面就是人造心脏的工作原理：

液压泵：从理论上讲，这个液压泵和重型设备中的液压泵是相似的：力由一点经过不可压缩的液体传给另外一点。液压泵内的齿轮每分钟自转1万转来产生压力。

节流瓣：节流瓣打开或者闭合使液体从人造心脏的一边流向另外一边。当液体流向右边的时候，血液通过人造心室被压进肺部。当液体流向左边的时候，血液被压入身体的其他部分。

无线能量转换系统：这个系统也被称为经皮能量转换。这个系统包含两个线圈，一个在体内，一个在体外，这样可以通过电磁力把外部电池的能量经过皮肤传入体内，而不需要穿透表面。内部线圈接受能量，并把它传给内部电池和控制器。

内部电池：一个蓄电池组被植入病人腹部。这可以给病人三四十分钟进行洗澡之类的活动，而免于和外部主电池组相连。

外部电池：这组电池固定于腰带上面，可以围在病人的腰部。每个充电电池可以持续供给四五小时的电量。

控制器：这个小的电子设备被植入病人腹壁。它管理并且控制心脏的跳动速率。

人造心脏由钛和塑料制成，质量为0.9千克，连接了右心房、左心房、主动脉和肺动脉。

人造心脏的植入手术是个复杂的过程。医生不仅要切开并且取出病人自然的左右心室，还需要把一个陌生的物体植入病人体内。病人需要放置在人工心肺机上，然后还需要移开。医生需要进行上百次的缝合，以便使自然心脏剩下的部分和人造心室吻合。移植物将人造心脏和自然心脏剩下的部分相连接。移植物是一种合成组织，它使人造设备和病人自然组织相连接。

下面是路易斯维尔大学外科医生罗伯特·多灵描述的手术过程：

（1）医生将能量转换线圈植入病人腹部。
　　（2）胸骨被打开，把病人放置于人工心肺机上。
　　（3）医生将病人自然的左右心室移走，留下左右心房、主动脉和肺动脉。这一手术步骤会花费两三个小时。
　　（4）将病人自然的左右心房和心房封套缝合在一起。
　　（5）一个塑料模型被植入病人胸部的正确位置，以填充心脏。
　　（6）移植物裁剪成适合的尺寸，并且与主动脉和肺动脉缝合到一起。
　　（7）把人造心脏植入病人胸部。医生使用快速连接器——类似于夹子一样的物体，将心脏和肺动脉、主动脉以及左右心房相连接。
　　（8）将所有器械中的空气排空。
　　（9）把病人从人工心肺机上面移下来。
　　（10）手术工作组确保心脏在病人体内工作正常。

干细胞移植

　　在人出生之前，胚胎干细胞产生出构成人体的其他200多种细胞。出生后，成人干细胞可以修复体内受损的细胞。人体的再生机理利用自身能力治愈伤口和疾病，保障各种细胞正常工作并应对可能发生的状况——但是对很多疾病它们无能为力。

　　目前，干细胞学还处于初级阶段。胚胎干细胞有产生200种细胞的能力，其功能远远大于成人干细胞，但是人们除了有道德上的顾虑，还担心使用起来可能遇到麻烦。例如，在老鼠身上使用胚胎干细胞，有时会导致大块的肿瘤。而使用成人干细胞危险性较低，因为当患者需要的时候，可以从自己身上收集，不会发生排异反应。科学家现在的目标是找出人体哪个部位能最有效地收集到干细胞。

　　事实上，在一些手术中已经在使用成人干细胞了。医院里常规的骨髓移植手术，从本质上讲就是干细胞移植，因为手术使用的细胞符合干细胞的定义，即它们能在人的一生中持续生长并产生神经组织。在探索成人干细胞移植手术的道路上，英国妇女金姆·古尔德是著名的一例。1998年5月，她骑的马在越野的最后一跳中跌倒，她被甩向空中，从此瘫痪。

　　"我摔在地上，脊柱一下子就折断了，"她说，"医生说我再也不能走路了，我就想：'不会的，出院之后就没事了。'事实证明我错了。事故发生后的几年中，我整天待在屋里，闷闷不乐。行动受到限制，不能出去，那真是太难受了。我的整个生活面目全非。"

　　古尔德太太尝试了无数的治疗方法都不见效，最后，她在里斯本接受了实验性的手术，从鼻腔取出干细胞移植到脊柱里。2003年10月，手术在埃加斯莫尼斯医院进行，持续了9个小时，由加洛斯·利马医生主刀。20世纪70年代末，佛罗里达州立大学的帕斯奎尔和阿里拉·古拉加德在干细胞研究方面取得了一些成果，利马医生以这些作为手术的基础。

他们发现，鼻腔里有一部分神经系统负责嗅觉，那里的神经元在人的一生中能够持续生长。这一点很重要，因为我们感冒的时候闻不到气味，但并没有永远失去嗅觉，病好之后又能复原。由此可以推断出，这些神经细胞属于干细胞。它是神经系统的一部分，终身具有自我更新能力。由于鼻腔组织里存在干细胞，能持续生长并产生神经组织，所以，它或许能用来修复受损的脊髓。

利马医生说："我反对使用胚胎干细胞，但并不全是由于道德原因。大自然让胚胎干细胞增殖，让成人细胞更替、修复，违反大自然的法则是危险的。在这里，是大自然在起作用，而不是我们。我让患者自己恢复，因为一旦把细胞植入你的脊柱，它就属于你了。很自然，只要有良好的环境细胞就会生长。一个干细胞在几个月，甚至几年内都能产生效果，所以我们希望在手术几年之后还能看到作用。所有患者的感觉神经和运动神经都有不同程度的恢复。他们在受伤以后还从来没有这样运动过，感觉过。有的人甚至恢复了膀胱及排便功能。"

手术之后，金姆·古尔德的右下半身、后腰和腹部肌肉开始恢复知觉。不到1年她就能爬行了。

她说："我现在能很好地保持平衡，还能举起腿向前伸。我已经有6年无法行动了，而这一年的恢复非常显著。如果从别人或胎儿那里移植过来细胞总是会有危险性的，可能发生排异。但再生治疗是用病人自己的细胞更新、修复自己。只要有办法摆脱瘫痪，不用坐在轮椅上，我想任何病人都会尝试的。"

金姆·古尔德的情况比较特殊，因为移植使用的嗅觉组织会随着时间逐渐缩小，这样就需要考虑病人的年龄。而她当时已经43岁了，是接受这项手术的病人中年纪最大的。

乔伊·维伦也是利马医生的病人，原本在德克萨斯州教书。1999年10月，在科罗拉多落基山脉附近的峡谷发生了一起可怕的事故，她为了保护家人而受伤。

她回忆道："我的孩子们坐在车的前排，我妈妈坐在后面。前排座位上一共有3个人。车开始倾斜，向前冲去，他们眼睁睁地看着我，我立刻跑出去。车就要冲向峡谷了。我跑的时候眼前浮现出孩子们随着车跌落的样子。到了车子前面，我试图用手臂让它停下来，这当然做不到。我记得当时感到车子朝我撞过来。我向后摔下去，脚被车压到了。我在车子下面翻滚，第3次挤压的时候我感觉到后背被压坏了。然后我仰卧着，身体被车子的后轮纵向碾过。他们说幸亏我的头歪着躲过了车轮，才没有丧命。当时我30岁，我想我这辈子算完了。"

虽然她父亲拉起手闸，保住了孙子们的性命，但乔伊·维伦不幸瘫痪，左半身从腰部以下不能动弹。

手术9个月之后她就有了好转，尽管进步并不像她想象的那样大。"我左腿恢复得最好。过去左腿总是冰凉的，而右腿又温暖又有劲；但现在左腿甚至比右腿还强壮，效果显著。我还感到更加疼痛，但是痛觉是最先恢复的感觉，所以这是好事。"她知道还需要长时间的恢复。"我当然希望手术之后能自由行走，像没发生事故一样，但我跟利马医生说，我从来没有任何奢求。"

杰弗里·雷斯曼教授是伦敦大学脊柱修复组主任，他对利马医生取得的成果非常感兴趣。他也研究过能否从患者鼻腔里提取干细胞，并安全有效地治疗脊柱损伤。雷斯曼的研究小组在老鼠身上做过实验。他们切断了老鼠控制前爪的神经，因此它不能用爪子正常爬行，也不能抓取食物。然后从老鼠鼻腔提取了干细胞，植入到受损神经周围。没过几个星期，手术就产生了明显的效果。

雷斯曼教授说："我们使老鼠恢复了爬行能力，还能控制前爪的运动，抓取东西——这正是那些手不能动的患者需要的功能。"后来雷斯曼教授把干细胞植入老鼠脊柱，也得到了同样满意的结果。他们发现干细胞有一种特殊的能力，可以与受损组织很好地结合，在断开的神经纤维之间搭建桥梁。

雷斯曼教授补充道："我们把干细胞移植到受伤部位，那里就恢复了功能。我们第1次将这扇大门拨开了一道缝。瘫痪者离开轮椅，中风病人好转，盲人恢复视力，失聪者重获听觉，这些将不再是梦想。如果我们能敞开这扇门，就能发现后面广阔的天地。如果成功，这将是一场革命。"

但他强调病人可能不会完全康复："如果一个人根本不能移动手臂，无法按开关、操作机器、开车，那么手术可以给他的生活带来很大变化，但是可能不会完全治愈。"

同时，韩国科学家公布说，他们用取自脐带血的干细胞为一名瘫痪20年的韩国妇女修复了脊柱，病人已经能下地行走了。20年前，黄美顺在一场事故中腰部和髋部受伤，此后一直卧床不起，但是在2004年11月召开的记者招待会上，她当场用助行架行走，并对记者说："这对我来说是个奇迹，我做梦也没有想到能够再次走路。"

据称这是世界上第1例此类移植手术。他们在婴儿出生的时候采集到脐带血，将干细胞分离出来并立即冷冻，经过一段时间的培养之后直接注射到受伤的脊髓处。不到两个星期，病人的髋关节就能动了，一个月之后，她的脚对刺激产生了反应，她还能利用助行架小步行走。医生对她的恢复之快感到惊喜，但同时承认还需要进一步的研究。韩国政府资助的脐带血银行的总裁韩勋说："在从冷冻的脐带血中分离出干细胞、寻找与病人基因配对的干细胞等方面还存在技术问题。"与使用胚胎干细胞不同，这种疗法不会引发道德方面的争议，而且脐带干细胞在病人体内基本不会产生排异反应。尽管还需要进行进一步的研究和实验，但鼻腔和脐带干细胞移植也许能为成千上万绝望的病人带来曙光。

克隆人类胚胎的争论

与其他移植一样，胚胎干细胞移植面临的一个问题就是组织排异，而这正是克隆所解决的问题。治疗性克隆就是仅仅以得到干细胞为目的创造人类胚胎，而不是为了创造一个新的人类。用这种技术可以克隆出患者的DNA，得到干细胞并使它们在所需组织内生长。科学家希望，这能够解决移植引起的排异反应。通过克隆胚胎得到干细胞也为科学研究提供了实验对象。但是有很多人反对任何形式的克隆人类胚胎或器官。反堕胎组织和天主教会把胚胎干细胞研究称为"非法的、不道德的、没有必要的"。2001年教皇约翰·保罗二世访问美国的时候，他对当时的总统布什说，这种研究与杀婴一样罪恶。华盛顿一直争取美国立法禁止所有的克隆行为，而以英国为首的其他国家却允许医学实验性质的克隆。

　　这些问题都始于多利羊。1997年，爱丁堡罗斯林研究所的伊恩·威尔姆特教授从一只普通成年绵羊身上提取细胞，成功创造出世界上第一个体细胞克隆动物。这一突破性的研究引起了许多人的效仿，全世界许多家研究机构的科学家都开始尝试克隆各种各样的动物，而一些科学家宣称他们将克隆人类。这激起了道德方面的争议，多数想克隆人类的研究者强调说，他们研究的目的不是用克隆技术创造人类，而是为了研究战胜疾病的方法。但是在2001年，意大利生育学医生塞维利诺·安提诺里和美国学者潘诺斯·扎弗思宣布了他们的克隆人计划，引起了争论的热潮。同年，人类生育与胚胎机构决定使治疗性克隆合法化，但规定研究结束后必须消灭所有用于试验的胚胎。实际上，胚胎在发育14天之前就被消灭了，而且发育得从不超过针头大小。但是，许多反对者还是强烈要求区分医疗性克隆和生殖性克隆，并担心医疗性克隆可能导致产生克隆婴儿。反堕胎组织认为道理很简单：胚胎从存在的那一刻开始就是人类，完全没有理由为了实验而创造人类。

　　2005年，维尔姆特教授得到批准，可以从克隆的人类胚胎中采集干细胞用于治疗运动神经疾病（MND）。运动神经负责将信号从大脑传输给身体各处的肌肉，但是运动神经受到疾病的侵害之后就会导致肌肉无力。由于神经退化，尽管患者还保持清醒，但是呼吸、吞咽方面的肌肉运动会受到不同程度的影响。因此，MND患者确诊之后一般只能存活2～4年。

　　早在130年以前人们就发现了MND，但是医学家至今还不知道病因。2%的病因是一种称为SOD1的基因缺陷，8%是遗传性的，因此MND具有基因基础。维尔姆特教授和他的研究小组正在研究一种克隆技术，叫作细胞核置换，就是将人类卵细胞的细胞核取出，用皮肤细胞之类的体细胞核代替，然后把卵细胞培育成胚胎。由于置换进去的细胞核来自MND患者，所以胚胎也患有MND。胚胎发育到6天大的时候就被消灭了，在这6天的时间里，研究人员从中提取出干细胞，并培养成受MND影响的神经细胞。在这些细胞生长的时候，科学家第一次有机会对MND从开始作用到最后摧毁神经细胞的整个过程进行观察研究。维尔姆特教授说："这是一个强大的研究工具，我们的目标是弄清楚这种疾病。我们希望有一天能够由此找到治疗的办法。"

　　克隆的反对者获悉这个消息之后表示反对和愤怒，他们说科学家应该用其他方法来研究MND，例如研究由于遗传疾病而体外受精不成功的胚胎。但是，伦敦国王学院胚胎植入遗传分析中心的皮特·布劳德教授指出："胚胎植入遗传分析表明，MND与囊肿性纤维化和亨廷顿氏病这些遗传疾病不同，在发育出干细胞群之前胚胎就已经受到了影响，所以，除了使用克隆技术，没有其他办法能培育出合适的运动神经干细胞。"

2005年5月，纽卡斯尔的科学家在阿里森·莫多克教授的带领下，宣布了英国第1例人类胚胎克隆。

鉴于对克隆人类胚胎的争论不断升温，医学道德学家、宾夕法尼亚大学生物伦理中心主任亚瑟·卡普兰表示，他相信争论会分成两个问题：治疗性克隆和生殖性克隆。"我认为最大的问题是：这样做真的就是创造了人类吗？能以备受争议的摧毁的办法让其他人受益吗？这才是关键所在。" 在以后的几年中，这个问题似乎还要继续讨论下去。

军事奥秘

舰船的梦魇——"飞鱼"导弹
均匀爆炸的炸弹——云雾弹
像乌贼一样喷雾的气幕弹
刀枪不入的坦克"铠甲"
让军服像变色龙一样变换颜色
喷水的乌贼与军用气垫船
探测非金属地雷的狗鼻子探雷器
……

舰船的梦魇——"飞鱼"导弹

现代武器中有不少都是根据仿生学原理发明的,像前面讲到的"蜈蚣炸弹"就属此类。而导弹家族中有一位成员是通过模仿飞鱼的飞行技能而设计出来的,它就是闻名世界的"飞鱼"导弹。

众所周知,反舰导弹是一种被用来攻击敌方舰船的进攻性武器。但因舰艇装备众多的雷达,导弹飞行过高很容易被敌方发现,导致导弹或被拦截,或被规避,这样一来,导弹便很难发挥作用。为了减小敌方舰船防御系统的威胁,同时,提高反舰的突防能力,武器专家苦苦思索。突然,飞鱼的影子在一位专家脑海中一闪,他顿时变得兴奋起来。飞鱼是一种海洋鱼类。它生有一对像鸟翅膀一样的胸鳍和一只可以掌握飞行方向的尾鳍。当遇上鲯鳅鱼、金枪鱼等追赶它时,它会用长而有力的尾鳍猛击海水,使身体腾空而起,从而能以极快的速度冲出水面,然后展开胸鳍,"飞"到离水面8～10米的高度,以大约每秒20米的速度在空中滑翔150～200米的距离,从而摆脱了敌人的追击。法国武器专家在了解了飞鱼的习性及特征后,受到飞鱼掠海面做超低空飞行的独特技能的启发,同时,由于舰船雷达存在超低空"盲区",专家们模仿飞鱼低空飞行技能,专门设计了能避开舰船雷达探测、可在掠海面5米低空飞行的空对舰反舰导弹。"飞鱼"导弹一诞生,便在实战中显示了巨大的威力。在1982年英阿马岛之战中,阿根廷飞行员利用"飞鱼"导弹曾一举击沉了被称为"皇家海军骄傲"的英国现代化驱逐舰"谢菲尔德号"。

均匀爆炸的炸弹——云雾弹

当今世界,瓦斯爆炸事件时有发生,几乎世界各地都曾发生过这样的惨剧,令人不寒而栗,这也促使人们从不同的角度去思考、研究。也许大多数人都在考虑如何防止或避免瓦斯爆炸,但武器专家们却从瓦斯爆炸中受到启发,研制出了一种云雾弹。

研究杀伤武器的兵工学家发现,成整体性的气体爆炸的威力几乎均匀分布,从而造成面状破坏。这是由于具有扩散性而且无孔不入的气体一旦被引爆,气体就会使目标全身同时爆炸开来所致。于是,云雾弹便应声而出。

作为世界上最大的军火制造者和推销者,美国把发生在1967—1973年的越南战争当作他们的新武器试验场。在美国的侵越战争即将失败的前夕,一天,隆隆作响的美军飞机从越军阵地上掠空而过,团团白色"云雾"随着飞机在低低的空中出现。只见"云雾"迅速向一起聚拢,接着,随着一道闪光划破了长空,"云雾"爆炸,虽然爆炸声不足以达到山崩地裂的程度,但其爆炸产生的冲击波却使工事坍塌,雷场起爆,横尸遍野,越方在美军的这次空袭中损失惨重。后来,经军事专家分析，这种"云雾"其实是美军研制的气体炸弹，其爆炸威力可与低当量的核弹相比拟。

在这种被称为"气浪弹""窒息弹"的炸弹体内，因为装填了一种具有沸点低、易挥发等特性的新型燃料空气炸药，其威力大增。这种炸药从弹体内撒出，便迅速与空气混合，并立即气化，形成气溶胶状云雾；当其与氧气混合达到一定比例时，"云雾"一经点燃，便会在几微秒内骤然爆炸，并形成威力比普通炸药爆炸要高5倍以上的巨大气浪。尤其是这种"云雾"的比重比空气大，所以，气体会像水一样流向低处，钻进工事、坦克的内部爆炸。同时，因为燃料空气炸药爆炸时，会快速消耗空气中的大量氧气，造成爆炸区内骤然极度缺氧，从而加大危害程度，导致人员窒息、机械停转。

美国海军陆战队在作战过程中已使用了一种安装在两栖装甲车上的燃料空气扫雷系统。

像乌贼一样喷雾的气幕弹

乌贼又叫墨鱼，是海洋中分布极为广泛的动物。在弱肉强食的海洋里，这种没有任何锐利的攻击武器，而且肌体十分柔软的动物，无疑是众多天敌的盘中餐。然而，乌贼却有一套独特的防身求生的器官。它不仅具有天然的、可隐身的保护色，而且体内有一个异常发达的墨囊。当它受到攻击时，就会立即喷射出墨汁，搅浑海水，趁对方迷成一团时，快速逃跑。

随着科学技术的发展，人类不仅制造了各种各样的制敌发烟装备：有单兵作战使用的发烟炮、手榴弹，还有发烟子弹、火箭、导弹等。不仅能释放黑色烟雾，而且还能根据不同地形环境释放出彩色烟幕。

在第二次世界大战期间，德军以集群潜艇攻击敌舰船的战法使盟军吃尽苦头。为了加强战斗力量，盟军把刚研制出来的雷达、声呐等探测、监视装备和声呐制导的新式鱼雷等武器都投入了海战。德军潜艇的活动因此大受限制，伤亡惨重。希特勒气急败坏地命令迅速研制出新型防水的探测、侦察装备。

专家们昼夜不休地做实验，可是最终均以失败告终。有一位专家突发奇想，不妨像乌贼那样干扰水中侦察，制造水中烟幕。经过若干次实验终于发现，将一种化学物质通过爆炸的

借助气幕弹的掩护，作战部队无论在进攻或撤退时都不易被敌方发现。

方法，使其很快在水中扩散开来，就会产生许多不溶或微溶于水的气泡。这些气泡在一定范围的海域内漂浮，又会形成许多"气泡云团"或"气泡幕"。这些气泡直径不等，其升降情况也各不相同，较大的气泡快速升到水面，而直径小于2毫米的气泡则滞留在水中。有些气泡的谐振频率刚好在声呐和声制导鱼雷的工作频段之内，在很大程度上干扰了声呐和鱼雷；特别是一些具有极强反射能力的气泡幕，还能把潜艇发出的噪声掩盖住，同时还能对声呐发射的探测声波进行干扰，这样对方探测捕捉水下目标的能力就完全丧失了。

虽然这种水下气幕弹的问世曾使希特勒一度反败为胜，但最终还是未能帮助他摆脱失败的厄运。

刀枪不入的坦克"铠甲"

坦克是一种威力巨大的常规武器，普通炸弹对它无可奈何，但破甲弹和反坦克导弹的出现使坦克受到了威胁。在这种情况下，如何使坦克更坚固就成为亟待解决的问题。于是，科学家们给坦克穿上了一身新式的"铠甲"。

这种"铠甲"里面装有炸药，用薄钢板制成，外形和普通扁平盒子一样，在它的四角或两端钻有螺孔，从而可以将它固定在坦克装甲上。

这种盒子里装的炸药是钝感炸药，一般不会起作用，甚至普通的机枪子弹或炮弹破片击中它也不会引起爆炸。但是，如被反坦克导弹或破甲弹击中，它会立即爆炸，爆炸所产生的气流会将导弹和破甲弹弹头部产生的金属射流搅乱、冲散，使其不能击穿坦克装甲，从而起到了保护作用。因此，人们把它叫作反应装甲或反作用装甲，也有人称其为"爆炸式装甲"或"爆炸块装甲"等。

反应装甲的重量轻，体积小，易于制造、安装和维护，而且价格也较低廉，可以说是新式坦克的护身法宝。

战场实际使用证明，反应装甲能使破甲弹或反坦克导弹的破甲能力大大降低，降低程度为50%～90%，这相当10倍于同样重量普通装甲的防护效能。

此后，反应装甲引起了人们的注意，英国、美国、法国、苏联等许多国家不仅对它进行了详细的研究，而且组织人员仿制这种装甲，来装备自己的坦克。美国很快为它的一些海军陆战队的M60A1主战坦克安装了这种装甲。苏联的行动则更为迅速，在一年多的时间内为7000辆T-72、T-80坦克安装了反应装甲。

坦克示意图

然而，世界上没有绝对的强者，这种装甲并非牢不可破。随着反坦克武器的不断发展，坦克若想生存，就必须不断改进其反应装甲的性能。

让军服像变色龙一样变换颜色

现代战争中，士兵往往身着迷彩服，以提高自身的隐蔽性，避免被敌人发现。普通迷彩服分为丛林迷彩服、戈壁迷彩服、城市迷彩服、雪地迷彩服等，之所以这样命名，是因为它们只能在特定的环境中使用。那么，能否让军服随着环境的改变而变换颜色呢？科学家们想到了一种奇特的爬行动物——变色龙。

变色龙周身长满了颗粒状鳞片，具有一种能随景变色的特异隐身功能。这种功能可以根据所处环境的不同色彩、亮度，随时改变变色龙的皮肤颜色，时而呈褐色，时而呈绿色，甚至变成黑色或黄白色，从而与周围环境相适应，与周围景色完全融为一体，变色龙真可谓"隐身天才"。

科学家受变色龙变幻肤色的启发，致力于研制涂料、染料及其他材料，以使这些材料能随着光照、热辐射或其他物理场变化而自动改变颜色。科学家们在这方面已获得了令人吃惊的突破性成果。比如，美军采用光变色染料染织的纤维布制作成迷彩服，这种迷彩服能随穿着所处环境的改变，而在瞬间变换色彩：在普通光照下呈军绿色，在夜间呈黑变；当受到核爆炸的光辐射体，即会在0.1秒钟之内变成白色，从而可大大减轻光辐射对人体的危害。这种衣服所起的作用就像变色龙的皮肤一样，战士们穿上这种有变色功能的衣服，就会成为名副其实的"变色龙"。

推而广之，这种技术也可以应用于其他武器装备的伪装上。如后来发明的一种涂刷到军舰、飞机、坦克等兵器上的变色油漆，这种变色油漆能在晴天呈银灰色，在阴天呈暗绿色，夜间或受到红外线照射时呈黑色。变色漆还常用于涂刷各种易发热的工业设备，比如飞行器、电动机、防热隔层等，使这些设备的表面颜色随温度而改变，用以报告温度的变化，从而，能凭借它来预防因过热而发生的事故，所以人们称它为"示温漆"。

在现代战争中，已广泛运用光电、传感、微处理技术等高科技，从而使单一的目视观察战场侦察体系，发展成为综合运用光学侦察、雷达侦察、热成像侦察、遥控传感器侦察等空地一体、全方位、全天候的侦察体系。这种侦察体系侦察功能强大，普通军服往往会被其瞬间识别，只有迷彩伪装能与其针锋相对，高性能的侦察体系导致了防光学、红外、雷达等综合侦察的新型染料、涂料和机具不断涌现。人们还将铝、铜、铁或特殊合金材料等导电纤维掺入树脂中，制成用于迷彩飞机、坦克、军舰、火炮、导弹等兵器的防雷达侦察涂料，这类涂料能有效地吸收、消耗雷达波的电磁能量。

专家们还研制出种种防红外侦察涂料，这种涂料是专门针对红外侦察器材和红外制导武器的特性而制造出来的。利用防近红外侦察涂料迷彩的目标，能让目标与周围背景的色彩相互协调，使安装有红外夜视仪，即一种自身带有红外光源的发射系统，无法发现目标。经过防红外侦察涂料迷彩的目标，其涂层能吸收目标辐射的红外线，并将其转化为其他形式的能量，隔绝"屏蔽"红外辐射，或发生漫反射，从而降低热目标的显著性，这样，能使目标避开红外侦察。这些能使目标得到隐蔽的迷彩，也能让热成像仪等侦察器材迷茫。

人类自身虽然没有变色龙的变色机质，但伪装的本领却越来越强，可见人类的创造力是无穷的。

喷水的乌贼与军用气垫船

在海军的传统水面舰艇中，无论是航空母舰，还是巡洋舰、驱逐舰、护卫舰，都属于排水型舰艇。这些舰艇虽然威力无比，但在航速上却有很大的局限性。因为水的密度是空气密度的800多倍，舰艇在水面上排水行进时阻力很大，因而很难提高航速。所以，长期以来，人们就设想能用一种技术将船体托离水面，像飞机一样在空气中快速航行。

有"海中火箭"之称的乌贼在海洋中游动的最大速度可达每小时150千米，是海洋中游得最快的动物。是什么原因使乌贼游得如此之快呢？科学家研究发现，乌贼在游泳时与一般的鱼类靠鳍游泳的方式不同，乌贼身体下面长着一个漏斗管，它喷水的反作用力使乌贼飞速前进，这种反作用力足以使乌贼从海下跃上7～10米高的空中。

科学家受乌贼游动原理的启发，他们发现如果安装一个气囊在船底，将压缩空气打入气囊，如打开气囊时，从船体的周边喷出的空气就能形成一个气垫，这个气垫会将船体托出水面。

20世纪60年代，科学家设计出了全垫升式气垫船。这种气垫船是根据乌贼游动的原理设计的，在这种船的四周，有一圈用来延伸周边射流的、用尼龙橡胶布制成的柔性围裙。安装了这种围裙的船，就像安装了轮胎的汽车，可以航行在水面、陆地或沼泽上，具有极好的快速性和两栖性，由于它的这种特性，这种气垫船便被迅速地应用在了军事上。

但在使用中，这种全垫升式气垫船的局限性也暴露了出来，即在大风浪中航行时容易产生侧飘且失速较大，所以从前在军事上，只制造小型全垫升式气垫舰艇。

后来，科学家在对全垫升式气垫船进行改进后，发明了侧壁式气垫船。它像一只倒置的盆，在它的气腔中充入压缩空气，内部压力增大，当压力增大到一定值时，船体便会被气垫压力产生的升力托出水面。侧壁气垫船比起全垫升式气垫船来，其显著的优点是具有良好的稳定性和操纵性，而且由于其气腔中的空气不易流失，比起全垫升式气垫船，它在消耗更小功率的情况下，能产生更大的托力，同时它还具备较高的续航能力和航速，所以适合建造大中型的战斗舰艇、小型航母和军需补给船等。在军事上比起全垫升气垫船来，这种气垫船有更显著的优势和更好的发展前途。

探测非金属地雷的狗鼻子探雷器

地雷和探雷器是一对冤家对头，传统地雷都是金属壳地雷，其外形和内部装置没有什么差别，因此在电子探雷器的探测下几乎难以藏身。面对这种情况，地雷专家又制造出了非金属壳或无壳地雷。这下可把扫雷专家们难住了。

就在扫雷专家们束手无策之时，探雷犬的使用收到了意想不到的效果。这种狗非常机敏，能发现埋藏在地下30厘米深的炸药和地雷。它对新布设的地雷场，发现率达75%以上。

狗之所以具有如此高超的探雷本领，过去人们普遍认为这是因为它的嗅觉非常灵敏。但是真正的谜底仍未揭穿。

现在，高科技终于揭开了这个谜。通过现代细胞学研究发现，狗约有22亿个嗅觉细胞分布在鼻腔内约150平方厘米的面积上，而人仅有500万个嗅觉细胞，仅占鼻腔上部黏膜的很小一部分，因此，狗比人的嗅觉要灵敏千百倍。据试验，狗对200万种不同物质、不同浓度的气味都能分辨出来。

探雷装备专家深受启发，试图研制出一种"狗鼻子探雷器"。这种探雷器可以通过探测炸药挥发的气体来探测地雷。他们想，一般地雷中总是装填有炸药的，炸药的气味又总会不断地向外扩散，通过仪表信号，便可发现埋设在地下带有炸药的地雷。

通过多次试验，他们终于研制成功了一种崭新的探雷器。这种探雷器上有个微型吸气泵，当吸入了带有炸药气体的空气时，便立即发出报警信号，从而发现地雷。

蛙眼的秘密与电子蛙眼

青蛙是完全借助于眼睛来捕食的，但是，如果我们把青蛙置于一个笼子中，里面放满已被杀死的虫子，青蛙却"拒绝"吃食，最后饿死在笼子里。科学研究发现，青蛙对于不会动的虫是看不到的，在蛙眼的视网膜中，具有只能识别飞来的虫的神经细胞。

经深入研究发现，蛙眼看到的世界和我们所看到的世界有很大的区别。蛙眼视网膜中的神经元重叠在三层上。第一层约有100万个视细胞，第二层约有与第一层数目相同的双极细胞，第三层约有50万个神经节细胞。根据其输出纤维连接场所的不同，第三层神经节细胞又分为五大组：

将电子蛙眼用于舰船的雷达系统上，能准确而快速地识别出敌我目标。

第一大组是轮廓检测器,功能是准确地检出物体的轮廓。第二大组是虫检测器,约占神经节细胞数目的 1/2,这组的神经元体积小于 3°～5°,主要功能是对比背景明暗,并对向视野中心飞来的凸体产生响应。第三大组的神经节细胞是事件检测器,只有产生时间上的明暗变化时才发出响应。第四大组是转暗检测器,当周围全部都变暗时它就会发出响应,它可以及时发现作为青蛙天敌的大动物的接近,以进行自卫。最后一组是用来检测绿色(意味着是水)的。这五组神经节细胞中有四组是检测图形的,还有一组检测颜色。

通过对蛙眼结构进行深入研究,科学家发现它的里面有四种神经细胞,这四种神经细胞就是四种"检测器"。

"电子蛙眼"是近年来人们根据青蛙眼睛的视觉原理成功地研制而成的一种军事目标检测器。这种电子蛙眼能准确无误地识别出特定形状的物体,如同真的蛙眼那样。把电子蛙眼装入雷达系统后,雷达系统能准确而快速地识别出特定形状的舰艇、飞机和导弹等。尤其是能够区别真假导弹,防止以假乱真。电子蛙眼能在交通要道指挥车辆行驶,防止碰撞。它还能应用于机场上,可以监视飞机的起飞和降落,如果发现飞机即将发生碰撞,它可以报警。

潜望镜对蟹眼功能的模仿

见过螃蟹的人都会发现,它的眼睛十分奇特,可以随意地伸缩,这样便于观察外界。军事上所用的潜望镜正是模仿蟹眼而发明的。

螃蟹的眼睛长在眼柄上。由于它能随时将眼睛收回到眼窝内,因此,它能很好地保护自己的眼睛。尤其特别的是,一些洞居或埋栖的蟹类的眼柄很长,从而能增加其视野。这些长眼柄还能在螃蟹潜伏于泥沙下或洞穴中时,只需从泥沙里伸出这对眼柄,而不需移动身体,就能对地表上面的情况了如指掌。

不仅如此,螃蟹的眼睛是复眼,与蜻蜓眼及蝇眼结构相似,都是由许多单眼组成。它的一个复眼约由 1000 个单眼组成,有每个单眼中,有 12 个排列成结状的细胞。这些细胞一旦捕获到进入单眼的光,就会将其送往输出细胞的树枝状晶体(输入接头)。如果把光线加到蟹眼上,输出细胞便会产生大小基本与光强度的对数成正比的脉冲。

但是,就信息处理方面而言,重要的是要了解蟹眼中的各个单眼是如何进行信号交换的,并通过信号交换来清晰地辨认出所见对象的轮廓这一问题。为了搞清这一问题,

第二次世界大战中德军使用潜望镜来观察前线的情况。

科学家们做了一些实验，在这些实验中，他们用光带在蟹眼上移动。首先把复眼遮盖起来，仅留出一小孔，使光线仅仅能照到一个单眼上。于是，科学家们发现螃蟹的单眼的输出呈阶梯状变化，去掉遮盖物后，输出就变了。科学家们据此得出结论，即在复眼中，相邻的几个单眼互相协作，把入射光线的明暗变化，也即图形的轮廓强调出来，从而产生容易辨认的效果。由此看来，蟹眼无疑是一副天生的精密的潜望镜。

蟹眼的特异功能引起了军事装备研究人员的注意，他们模仿蟹眼伸出长长的眼柄观察情况这一原理，并应用了光学的折射原理，研制成了用于观察外部情况的军事潜望镜，这种军事潜望镜在第一次世界大战末期被应用于坑道、堑壕甚至潜艇中。

为什么间谍枪很难被发现

间谍枪往往制作得十分精致，还常常巧妙伪装，十分便于秘密携带。

手杖枪一度比较流行，它看起来像一件精美的工艺品，带有雕刻得十分华丽的玉制手柄。手柄拧下来就会发现这是一支手枪，有些手杖枪还带有刺刀。

烟盒枪的外观和普通香烟没有区别，但揭开锡纸，烟盒枪里面露出的却是一根6.35毫米口径的枪管。烟盒枪的侧面装有压杆式触发器，手指一按，子弹就会射出。打火机枪的枪管才1.27厘米长，能够和触发器一起隐藏在打火机的盖子里。

做成钥匙式样的钥匙枪，它的柄打开后能装填子弹，指扣触发器则安装在钥匙柄上。

公文箱枪和普通手提包看起来没有多大差别，而里面却装着一支短管的带有消音筒的来复枪。箱子的提手下有一个铜环，扣动铜环会使触发杆启动扳机，从箱子的小孔中就会射出子弹。公文箱枪的声音很小，一般不易觉察。

替代火箭发射的超级大炮

用大炮来代替火箭发射卫星，你会相信吗？这不是科幻故事，而是不少科学家努力探索的目标。为此，他们已经进行了多次火炮探空实验，并取得了一些进展。

火炮探空试验所使用的火炮，不是普通火炮，而是由正服役的、去掉膛线、加长身管的制式火炮改制而成。以较小口径火炮来说，将美军M107型175毫米加农炮装在T76型炮架上，改装成L92.4型177.8毫米探空火炮，又将T123型120毫米加农炮改装成L70型127毫米探空火炮。而大口径火炮则是由美国海军MK1型406毫米舰炮改装成424毫米探空火炮。

1991年6月，美国亚拉巴马大学曾向太空成功地发射了重321克、飞行速度达4.58千米/秒的塑料弹丸。1993年，美国《太平洋星条旗报》发表了一条引人注目的消息，该消息称：为了验证超高速轻气炮将有效载荷送到高空的可行性，美国劳伦斯·利弗莫尔研究所打算用管身长达47.2米的大炮试射5千克重的炮弹。预计炮弹的飞行速度可达每秒4千米。试验成功后，这家研究所将在范登堡空军基地通过其建造的一门更大型的火炮，向太平洋上空发射能达到434千米高空的炮弹。继而，为了能把有效载荷送上月球轨道，科学家们还将研制一种全尺寸的火炮。

很明显，这样做的目的是想用大炮代替火箭来发射卫星。果然，在1994年初，美国这家研究所对外宣布了其更令人惊奇的计划：他们将建成口径达1.7米、用于卫星发射的超级大炮。这种大炮发射的卫星以前都用火箭运载。这门大炮被命名为"儒勒·凡尔纳"火炮，其名字来源于法国科幻小说家儒勒·凡尔纳，以此来纪念这位伟大的小说家。

也许，用探空轻气炮向月球或月球轨道发射炮弹（有效载荷）这一目标很快就会实现。

用地下核爆炸制造大地震

地震是一种破坏力极强的自然灾害，往往会造成生命和财产的巨大损失，因此人们谈"震"色变。但是，在军事领域，利用地下核爆炸制造大地震却成为攻击敌方的一种手段，甚至发展为一种武器系统，称为"地震武器"。

20世纪60年代末期，苏联地震研究专家通过一场核爆炸试验，惊奇地发现，核弹在地下爆炸经过若干天后，会引起数百至数千米以外的某个地区发生强烈地震。随后，他们对实爆试验记录进行了分析。通过这些分析数据，他们验证了地下核爆炸确实会引发地震的说法。

这个发现具有重大军事价值，通过人为引发地震，造成山崩、海啸，来破坏敌方军事设施、武器装备，杀伤敌方有生力量，并最终造成敌国的经济崩溃，这是一种全新概念的战略。据此原理，能制造出一种新型战略性武器。

不久，苏联便以巴库地震研究所为中心，建立了有22个相关的科研部门与其协作的专门研究机构。1975年，苏联领导人勃列日涅夫曾向公众暗示，国内已经研制成功了地震武器。

此后，科学家们不断推进更实用并有既定目标的地震武器试验。试验结果表明：引爆一枚1万吨级当量（相当于梯恩梯炸药1万吨）的核弹，在一定地区和一定深度的地下，能诱发相当于里氏5.3级的地震，而一枚10万吨级当量的核弹爆炸的威力则更大，它能诱发里氏6.1级的地震。

在激烈的核竞赛年代，西方军事大国高度重视苏联研制地震武器这一动向，他们也加紧对这种武器进行研究。冷战结束后，美国于1993年在内华达又进行了一次地下核爆炸试验，这次试验引发了一场发生在洛杉矶东部的强烈地震。

据苏联专家估算，地震武器的造价甚高，制造一个地震武器系统，大约需要

15亿美元。目前，真正意义上的地震武器尚未问世，这种地震武器还处于研制、开发阶段。

为什么激光枪能百发百中

激光枪用激光当子弹，射击单个敌人，可使之失明、死亡或因衣服着火而丧失战斗力，也可射击激光或红外测距仪、夜视仪的光敏元件，使其损伤、失灵。

激光枪是美国人于1978年发明的，它与普通步枪差不多，包括激光器、激励源、击发器和枪托4部分，能够与步枪一样方便灵活的使用。还有一种枪是用激光进行瞄准的，激光照到目标上后，子弹会顺着激光射向目标，百发百中。如果这种枪再安装上红外望远镜探测器，就能在漆黑的夜晚射中1600米以内的目标。

还有一种外形和大小与派克钢笔相仿的袖珍式激光枪，重量才0.5千克，能够像钢笔一样带在身上。它能在距人几米处毫无声响地烧毁衣物，烧伤皮肉，不知不觉中使人致命，还能在十几米外使人失明。

如何打赢数字化战争

我们常说未来的军队是数字化军队，未来战争也将是数字化战争。那么，在数字化战争中要想取胜依靠什么呢？军事专家们预言，打赢战争的主要武器是士兵加计算机。

这是一场"数字化战争"，在战争中，各级指挥部的指挥手段全是数字化的图像系统。在每架战斗机或运输机上、坦克内、炮手位置上以及每个士兵的头盔上都装有摄像机，摄像机能随时向指挥部发送前线的作战情况、敌方情况、友邻部队情况等，其发送的方式是数字化图像。而指挥部则通过计算机把命令变成数字化图像，并迅速将命令传递到各种武器装备和士兵们的数字化图像荧屏上，并且随时进行跟踪。这样的战争是高技术的电子战争。因此，各国都积极发展军事科技，力图取得电子优势。

而美国在这一领域的探索更加积极，已在2000年装备了第一支数字化军队，到2010年，计划把美国国内所有地面部队的装备都数字化。

美国陆军首次使用"数字化"坦克进行的战斗演习是发生于无人峡谷的大规模模拟战争。在这次战斗演习中，每辆车上都装有一台由

头盔式瞄准摄像机能在不影响正常观察的情况下将目标锁定，并将前线的情况拍摄下来，及时传送给指挥部。

计算机网联结在一起的膝上计算机，从计算机的屏幕上或者从安装在车中的较大的显示器上，作战人员选择观察数据。计算机能收到来自卫星、无人驾驶飞机、侦察机和其他途径的情报，这些情报会被汇集到后方的一个中央指挥所。然后，计算机系统把所有这些数据都转换成标识图像，并由一排计算机控制。工作人员通过这些计算机，在屏幕上连续监视这些数据。许多士兵背着小型个人计算机，穿着装有各种传感器的军服，戴着嵌有通信用的卫星计算机的头盔和传感器，佩戴嵌有超小型微处理器的武器。士兵可以用全球定位系统接收机报告自己的位置。卫星能跟踪4平方千米演习场上的各处装有全球定位系统接收机和发射机的车辆。

也许，在未来战争中，双方士兵将不会碰面，而是通过计算机进行电子战的较量。

电击枪是如何用来自卫防身的

我们倾向于将电看成是一种对人体有害的力量。如果被闪电击中，或者将手指伸进插座中，电流足以使人致残，甚至有可能致死。但如果电压很小，就不会对人体造成什么伤害。事实上电是人体中最有用的要素之一，人几乎做任何事情都需要用到体内的电能。

例如，当你想要弯腰系鞋带的时候，你的大脑便会从神经元发出一种形式的化学电能，直达你的臂部肌肉。同时，电信号便会通知神经元来释放一种化学通信物质：神经传递素，把信息传递至肌肉细胞。这种化学物质使肌肉向正确的方向收缩用来将鞋带系上。

通过这种方式，身体的不同部位利用电能来互相联系。这真有点儿像电话系统或网络。特殊模式的电通过各种线路来传递可识别的信息。

电击枪的基本原理就是将人体内部电流的这种通信打乱。电击枪能够产生高伏特数、低安培数的电流。用简单的话来说，这就意味着在电荷后有很大的压力，但强度不大，也就是压强不大。

当你将电击枪触及攻击你的人并按下开关后，电荷就会进入他的身体。由于有着较高的电压，电荷会穿过厚重的衣物和皮肤，但由于电流强度只有3毫安，电荷不足以对攻击者的身体造成伤害，除非你需要多电他一段时间。

高伏特数的信号会将许多混乱的信息倾倒进攻击者的神经系统。这将导致发生下列事情：

（1）电荷会与攻击者的脑电波相结合。这就像将一股外部电流接入电话线：原始信号将会被不规则的噪声所混合，很难从其中破译出任何信息。如果这些通信线路断掉的话，攻击者便很难对其肌肉的动作进行控制，而且他自己也会处于混乱和不平衡状态。他的身体会暂时处于部分麻痹状态。

（2）电流能够产生与人体电信号相仿的脉冲频率。这样，电流就会使攻击者的肌肉在短时间内大量做功。但这种信号没有指明做功的具体运动方向，所以这种做功纯粹是为了消耗攻击者的能量储备，从而使其变得十分衰弱以致无法行动（理想状态下）。所有这些都是发生在细胞级别的微观运动，所以你看不见它在发生，即攻击者不会发生颤动或抖动。

电击枪的最终目的是使攻击者无法行动，你可以将电作用于他的肌肉和神经。由于人全身布满肌肉和神经，所以你将电击枪接触攻击者的哪个部位就不那么重要了。电击枪的效能取决于各种电击枪的型号、攻击者的身材，以及他的意志力。电击枪的效能还取决于你将电击枪接触攻击者的时间长短。

传统的电击枪有的设计较为普通，它的尺寸和手电筒差不多大小，采用普通的9伏电池供电。电池将电荷输送至电击枪的增压电路，该电路利用增压变压器将电压升高几千倍，比较典型的是升高到2万~15万伏之间。电容器利用电位差持续充电，并将电荷释放至电极，也就是电路的使用端。

电极就是两块位于电路之间的简单触针或导电板，它们之间相隔一定距离。电极之间有不同的高电压。如果你将两者之间的空隙用导体（如攻击者的身体）连接起来，电流脉冲将会试图从一极到达另一极，也就会将电导入攻击者的神经系统。

近年来，绝大多数型号的电击枪都有两对电极：一对在内，一对在外。外侧的两个电极，也就是充电电极，它们之间的空隙设计的相对较大。只有当你主动将电击枪触及攻击者，电流才会发生作用。如果电流没有能够经过这两个电极，它就会经过内侧的两个电极：检测电极。这对电极距离相对很近，以至于电流可以在电极之间穿越。这是因为活动的电流可以将电极间空隙中的空气电离，同时制造出可见的电火花和打火的声音。这种显示主要是为了起到威慑作用：使攻击者明白你是一个有武器的人。这些型号的电击枪被伪装成雨伞、手电筒或其他日常生活用品，可以使攻击者措手不及。

◉ 机关枪是如何发射子弹的

与左轮枪、来复枪或其他现代枪炮一样，机关枪以子弹作为弹药。子弹由一个起爆雷管、一些推进剂和一个弹头组成。枪栓实质上是一个用来击发子弹的弹簧式活塞。当弹簧带动枪栓前进时，枪栓推动子弹进入枪膛（枪管前面的区域）。扳机延伸至撞针，撞针击发起爆雷管，雷管点燃推进剂，推进剂爆炸时产生的气压将弹头推出枪管。

使用标准的来复枪时，你在每次射击后需要将枪栓拉回，以退出弹壳，塞入新子弹，再进行下一次射击。机关枪的一个基本设计思路就是用推进剂的爆炸力带动一个小的机械装置来完成上述动作。只要射手向后扣动扳机且弹药是有效的，子弹的爆炸力便使所有机械运动起来以保持持续射击。如果射手松开扳机，枪就会停止射击。

机关枪利用子弹能量的方式通常有3种：后坐式系统、反冲式系统和导气式系统。

枪栓凸轮　击发撞针
子弹导引
枪栓
额外燃气口
汽缸
扳机　操纵杆
燃气口
击针键

机关枪示意图

后坐式机关枪：这种机关枪根据力的相互作用原理而工作。当你将子弹上膛并射出时，向前的冲力会产生反方向的力作用于枪膛。来复枪的后坐力只能使枪冲击射手，而后坐式机关枪则不然，整个枪管会向后移动，并暂时锁在枪栓上。枪栓与枪管随后分离，枪栓继续向后运动，碰撞枪后部的弹簧。弹簧将枪栓再次向前推进，进行下一次射击。当所有动作都在进行的时候，由枪栓的滑动带动弹射和装弹装置。

反冲式机关枪：在反冲式机关枪中，推进剂爆炸产生的气压将枪栓推回，而枪管是固定在枪身内的，因此只有枪栓做前后运动。同后坐式机关枪一样，由枪栓的滑动带动弹射和装弹装置。

导气式机关枪：这种机关枪同反冲式机关枪相似，但它还有一些附加装置。它的主要附加装置就是一个小活塞，在与枪管连接的汽缸中做前后滑动。枪管的敞开使子弹爆炸产生的向前气压冲击至汽缸（当子弹已经出膛时）。这股气体带动着活塞，并推动与活塞相连的枪栓向后运动。与利用爆炸向后的力来带动枪栓不同，这类机关枪是利用枪管内更强劲的向前气压来工作的。

你可以将机关枪内所有的装置看作是一条自动化装配线。不同种类的机关枪，其特殊的装置布设有着很大的差别，但你可以从检验一种代表性型号来知晓其工作原理。附图是一种简单的导气式弹链供弹的轻型机关枪。

这种枪的主要驱动装置为操纵杆与枪栓。汽缸中爆炸产生的气压推动操纵杆向后运动。连接操纵杆与枪栓的为一滑动装置。

弹链供弹的机关枪通过供弹机将连接好的子弹一颗颗送入枪膛。连接在枪栓顶部的凸轮使供弹机运转。当枪栓移动时，凸轮在一个长形带阴膛的滑槽中，先向后再向前滑动，这个滑槽连接在一个绕轴旋转的杠杆上。这个杠杆连接在一个专有弹簧的抓钩上——停留在弹链顶端上的弯形夹状物。当杠杆向左转动时，抓钩便伸出并卡住一颗子弹。当杠杆向右转动时，抓钩便将弹链拉入枪内卡好。

在枪内部，弹链上的下一颗子弹位于子弹导引装置上。当枪栓向前滑动时，它就会卡住子弹并将其推离导引装置。导引装置则卡住金属弹链不使其向前运动。

位于枪栓前部闭锁凸耳边缘的退壳器卡住子弹底部的边沿。当枪栓向前运动时，枪栓推动子弹进入装弹斜道。斜道将子弹下压，以使其快速移动至退壳器边缘，与枪膛成一条线。当枪栓被推入枪膛时，位于闭锁凸耳内的凸轮便进入枪身中的螺旋阴膛，凸耳在阴膛转动并锁进膛中。

当枪栓锁住时，操作杆和与其相连的滑动装置保持着运动。其中，滑动装置将撞针顶出枪栓，并撞击雷管。这时雷管爆炸，引起推进剂爆炸，然后子弹便射出枪管。当子弹经过燃气口时，爆炸产生的热气进入起稳压器作用的汽缸，并带动操纵杆后退。

操纵杆退回撞针，然后将枪栓推回枪后部。当操纵杆与枪膛脱离时，闭锁凸耳向反方向再次旋转，此次扭转动作使退壳器将空弹壳从枪膛中抛出。枪栓与相连的子弹迅速向后移动，经过装有弹簧的弹射装置。弹射装置把弹壳从退壳器上弄松并旋压出退壳孔。然后这整个一系列过程又重新开始。

有许多自动武器如突击步枪，利用弹盒而不是弹链供弹。弹盒是一个在底部装有弹簧条的容器。弹簧将一排子弹一颗一颗地向上推至枪膛的机械装置中。弹盒使用起来相对更轻、更方便，但与弹链不同，它只能装少量的子弹。

防弹衣是怎样做到防弹的

随着16世纪枪、炮等热兵器的发明，盔甲这种无敌于天下的状况消失了。这是因为子弹的能量足以击穿好几层薄金属板。当然，你可以增加传统金属盔甲的厚度，但这样很容易使盔甲变得十分笨重，导致人无法穿戴。直到20世纪60年代，工程师们才发明出一种值得信赖的防弹衣，而且这种防弹衣穿戴起来较为舒适。与传统盔甲不同，这种软式防弹衣不是由金属板制作的，而是由高级纤维织物制成的，这种织物能够被缝成背心和其他柔软的衣物。

现代防弹衣分为两类：硬式防弹衣和软式防弹衣。

硬式防弹衣是由硬陶瓷或金属板制成，工作原理与中世纪骑士使用的铁质盔甲基本相同：其坚硬程度足以将子弹挡住或弹开。

虽然硬式防弹衣比软式防弹衣提供了更多的保护能力，但却要笨重得多。当有较高几率遭袭威胁时，警察和军事人员们可能会穿戴这种硬式防弹衣。但在平时，他们则穿戴软式防弹衣。有些软式防弹衣在提供保护的同时，还拥有很强的舒适性，就像穿普通衬衫或夹克一样。

作为防弹衣的核心装置，一块软式防弹材料在工作时就像普通的网一样。为了了解该防弹衣的工作原理，我们首先来想一下足球球门的构造。球门后方有一张球网，这张球网是由许多长度较长的绳索组成，它们互相交错在一起，并系在球门框和边框上。当你将球射向球门时，球具有一定量的动能，并具有一定的向前的惯性。当球撞击网底时，它在该撞击点被球门绳索弹回。每条球门绳索都由门框一边伸展至另一边，通过增大受力区域，分散了在足球撞击点产生的能量。

能量能够被分散到远处是因为绳索都交错在一起。当足球撞击处于水平设置的绳索时，这条绳索便会拉动所有与其交错的垂直设置的绳索，这些垂直设置的绳索又会拉动所有水平设置的绳索。通过这样的方式，整张球网都用来分散足球的撞击力，无论撞击点位于何方。

如果你将一块防弹衣材料置于高倍显微镜下，你能够看到类似球网的结构。长长的纤维丝线能够交错成一张相当严密的网。当然，子弹运行的速度比足球要快得多，因此制作防弹衣的材料就需要更加坚韧。最常见的制作防弹衣的材料就是杜邦公司的凯夫拉纤维。凯夫拉纤维的质量很轻，就如同寻常衣物的纤维一样，但它比一块同样质量的钢要坚硬5倍。当有物体绞进这张严密的网时，它能够吸收极大的能量。

当你将足球射入球门时，球网会被撞到很靠后的位置，并逐渐使球滑落。球网是一个很好的设计，因为它能够阻止足球冲破阻挡并直接落地。但是防弹材料并不能被撞得如此向后，因为这样一来防弹背心便会沿撞击向后运动较长的距离，从而对穿戴防弹衣的人造成伤害。由于撞击集中在一块较小的区域，这种情况下造成的钝伤会引起一些内部伤害。

防弹背心需要将钝伤分散至整件背心，这样某一点的压强就不会太大了。要做到这一点，防弹材料必须编织得很紧。一般来说，纤维个体是弯曲的，这样可以增强它们的密度和在每一点的厚度。为了使其更加坚硬，材料被涂上一层树脂物质，并被两层玻璃膜夹在中间。多层带这样夹层的玻璃网构成了防弹背心的防护体系。

当然，身穿防弹衣的人依然能够感觉到子弹的撞击力，但这是作用在整个躯干上的撞击力而不是在某块较小区域内。如果一切都正常的话，被击中并不会受到很大的伤害。

由于单一一层防弹材料无法做到被撞击后变形的距离小于合适值，所以防弹背心由多层不同材质所组成。每一层网都可以降低一点儿子弹的速度，直到子弹完全停止。这种材质还能够使子弹的撞击部位变形。最终，弹头全部散开，如果此时你冲着墙抖防弹衣的话，会有撞击形成的粉末落下来。这个大量消耗子弹能量的方法，我们称之为"蘑菇式"。

一定要注意的就是：没有一种防弹背心能够做到完全无法穿透，没有一件防弹衣能够保证你在攻击中毫发无损。目前有许多种类的防弹衣，它们在性能上有所差异。

通常，防弹衣中防弹材料层数越多，其提供的防护力也就越强。有些防弹背心能够依需要来增加防弹材料的层数，其中一种常见的做法是在防弹背心内外增加一些口袋。当需要增强防护力时，可以往口袋中插入金属或陶板。

在美国，防弹衣是依据其防护能力来分级的。虽然警察在有能力利用高级防弹衣获得强力防护时，却穿戴一级防弹衣的做法显得有些奇怪，因为它只能抵御相对较小口径子弹的射击，但穿戴低级防弹衣的决定却有很好的理由。通常，高级防弹衣比起低级防弹衣来说体积臃肿并且相当沉重，这就导致了一些问题：

（1）警察在穿戴笨重的防弹衣的同时却丧失了灵活性，这就阻碍了他们的正常工作。

（2）攻击方更为关注重型防弹夹克而不是薄薄的防弹背心，而且更倾向于向没有防护的部位瞄准。

（3）重型防弹衣的穿着不适感容易使警察将其脱掉，从而导致没有任何防护能力。

为什么核弹拥有毁灭性的破坏力

核弹能够利用将原子核聚集在一起的力量。核能被原子以两种基本形式释放出来：

（1）核裂变：你能够借助一个中子将原子核分裂成两个较小的部分。这种方法通常包括使用铀的同位素铀-235、铀-233或钚-239等。这个过程被核电站发电所使用。

爆聚触发裂变式核弹示意图

铀反射器
钚核
中子发生器
高爆炸药
雷管

（2）核聚变：你能够将两个较小的原子，通常是氢或氢的同位素（氘或氚），相结合以制造一个较大的原子（氦或氦的同位素）。这就是太阳如何发光发热的。

在这两种基本形式的任意一种中，所释放出的能量都是巨大的。例如，一个棒球大小的铀-235所包含的能量等同于400万升汽油所包含的能量。你可以把它想象为400万升的汽油装在一个1.4立方米的空间内，可以想见核弹的能量密度多大了。

一颗裂变式核弹使用如铀-235等原料来制造核爆。铀-235是少数几种可以人工裂变的元素之一，这种独特优势使它成为建造核电站和生产核弹都很有用的物质。如果一个自由的中子进入铀-235的原子核内，原子核就会毫不犹豫地吸收该中子，变得极不稳定，并立即开始裂变。

一旦原子核开始吸收中子，它就会分裂成两个较轻的原子，并同时逸出两三个新的中子，逸出的中子数量取决于铀-235原子是如何分裂的。当两个新原子被置入新位置时，随即放射出伽马射线。人工裂变过程中有3件事使裂变变得更为有趣：

（1）铀-235获取通过其附近的中子的概率是比较高的。在一个正常工作的核弹中，每次裂变都会有一个以上的中子逸出，并导致下一次裂变的发生。这种状态被称为超临界状态。

(2) 铀-235获取中子并裂变的这一过程持续时间非常短，只有10^{-12}秒左右。

(3) 当原子裂变时，令人难以置信的巨大能量会以热量和伽马射线的形式释放出来。一次裂变产生的能量取决于裂变产物与中子加在一起的质量与铀-235本身的原子质量之差。在质量上的落差都转化为了能量，并遵循着$E=mc^2$的公式。

在一颗裂变式核弹中，裂变物质必须保持为不会导致裂变的独立亚临界体，以防止提前爆炸。临界体是指可裂变物质能够发生核裂变反应的最小质量。核弹制造者有两种常用的将质量结合起来的技术：枪触发和爆聚触发。

(1) 枪触发裂变式核弹

最简单的将亚临界体汇集的方法就是使用枪将一个亚临界体打入另一个亚临界体。一颗小型子弹被从铀-235圆棒中取出，放在长管的尾端，并在其后设置了爆炸物。铀-235圆棒则在长管的另一端，中子发生器放在圆棒的尾端。爆炸物推进子弹在枪管中向前移动。当子弹进入圆棒，就会触及发生器并开始裂变反应。

在广岛爆炸的"小男孩"核弹就是这种枪触发裂变式核弹，拥有1.45万吨当量，其效率约为1.5%。也就是说，爆炸前发生核裂变的1.5%的物质，将其余的放射性物质全部消耗光了。

(2) 爆聚触发裂变式核弹

这种爆聚触发设备是由铀-235或钚-239的球形材料外包高爆炸药构成的。高爆炸药爆炸后产生冲击波，并重压在由铀-235或钚-239构成的内核上，导致裂变反应的开始。在长崎爆炸的核弹"胖子"就属于这种类型，它拥有2.3万吨当量，效率为17%。

稍晚一些的型号由铀-238球体为主，内部为钚-239的亚临界体外包高爆炸药。高爆炸药爆炸后，驱使钚的亚临界体结合为一个球体，这就形成了两股冲击波，一股向内，一股向外。这些冲击波会使核弹内部密度增大为普通爆聚触发裂变式核弹的2.5～4倍，并且会释放出更多的能量。

聚变式核弹，也被称为热核炸弹，较之裂变式核弹，有着更高的当量和更高的反应效率。为制造出聚变式核弹，你必须在高温下创造出足够的压力，将氢原子融合在一起。为做到这一点，一个裂变式核弹负责制造热量和压力，这样就可以起爆聚变式核弹了。

在弹体内，需要有一个爆聚触发裂变式核弹和一个铀-238圆棒，称为反射器。在反射器内是氘化锂（可以制造用来发生聚变反应的氘），在铀圆棒中心有一个钚-239的空心棒。起爆核弹会导致下列事件的发生：

(1) 裂变式核弹的爆炸放射出X射线和伽马射线。

(2) 很高的热量导致反射器膨胀并燃烧殆尽，并向内挤压氘化锂。

(3) 这种压缩的冲击波导致钚棒的裂变。

(4) 正在裂变的钚棒放出辐射、热量和中子。

(5) 中子与锂相结合成为氚。

(6) 这种高温与高压的环境会导致氘—氚和氘—氘发生聚变反应，最终导致核弹爆炸。

所有这些事件发生在 1/6000 亿秒内，其中裂变式核弹爆炸的时间为 1/5500 亿秒，聚变过程需要 1/500 亿秒。聚变的结果是一次巨大的爆炸：1000 万吨当量。

核弹若以人口众多的城市为目标实施爆炸会造成巨大的毁灭。很多方面都导致了损失：

(1) 爆炸产生的高温热浪。
(2) 爆炸产生的冲击力。
(3) 辐射。
(4) 放射性原子粉尘（放射性灰尘颗粒云团及掉落的核弹残片）。

一个大型的热核炸弹能够将几千米之内的一切统统抹去，连比这更远处的建筑物也会遭到破坏。

西班牙"无敌舰队"覆灭之谜

顾名思义，"无敌舰队"就是天下无敌。然而，西班牙的"无敌舰队"却上演了一出"以多负少"的悲剧，"天下无敌"变成了"人尽可欺"。

为了争夺海洋霸权，西班牙和英国于 1588 年 8 月在英吉利海峡进行了一场举世瞩目、激烈壮观的大海战。这次海战，西班牙实力强大，武器先进，战船威力巨大，且兵力达 3 万余人，号称为"最幸运的无敌舰队"。而当时英国军队规模不大，整个舰队的作战人员也只有 9000 人。两军相比，众寡悬殊，西班牙明显占据绝对优势。但是，出人意料的是这场海战的结局以西班牙惨遭毁灭性的失败而告终，"无敌舰队"几乎全军覆没。从此以后西班牙急剧衰落，海上"霸主"的地位被英国取而代之。

为什么强大的"无敌舰队"竟然在寡弱对手面前不堪一击，一战而负呢？大致有三种意见。

"无敌舰队"溃败

画中描绘了 1588 年侵入英国的西班牙"无敌舰队"在英国舰队的炮火轰击下慌张撤退的情景。

一是基础说。西班牙的强盛，只是表面上的暂时的虚假繁荣。西班牙国王腓力二世加强专治统治，搜刮民财，连年征战，专横残忍，挥霍无度，激起了广大人民的愤恨，国内危机四伏。这次战争根本是不得民心的。

二是指挥失当说。另有学者认为，"无敌舰队"的惨败是由于国王用人不当造成的。1588年4月25日，国王在里斯本大教堂举行授旗仪式，任命大贵族西顿尼亚公爵为舰队总司令，率领舰队远征。西顿尼亚出身于名门望族，在贵族中有较高威望，深得国王信赖，所以被任命为舰队统帅。但是他本来是一名陆将根本不懂海战，对指挥庞大的舰队在海上作战毫无经验，而且晕船。对这项任命他始料不及，根本没有任何思想准备和信心指挥这场战争。他也曾要求腓力二世另请高明，但未被获准。试想，这样的将领指挥海战，哪有不败之理？

三是天灾说。这种说法认为"无敌舰队"遇上了天灾，而不是人祸。它首先遇到的对手，是非常可怕而又无法战胜的大西洋的狂风巨浪。这是进军时机选择不当造成的。在"无敌舰队"起航不久即遇到大西洋风暴的袭击。"无敌舰队"许多船只被毁坏，淡水从仓促制成的木桶中漏出，食物大量腐烂变质，水手们疲惫不堪，大多数步兵也因为晕船而失去战斗力。"无敌舰队"还没有与英国交战先折兵，战斗力大大受到削弱。不得已，西顿尼亚带着这样一支失去战斗力的舰队与英军开战，从而导致厄运的发生。回国时，在苏格兰北部海域，再次遇到大风暴，一些舰船又被海浪吞噬或触礁沉没。至此，"无敌舰队"几乎已全军覆没。

虽然"不以成败论英雄"，但胜者为王，败者为寇。看来，"无敌舰队"覆亡的原因值得所有的军事家深思。

曹操赤壁战败之谜

北宋大文豪苏轼曾以"谈笑间，樯橹灰飞烟灭"来写周瑜统领吴国军队火烧曹操战舰，从而于赤壁大败曹军的战绩。千古以来，人们也都认为史实就是如此。可是，随着社会进步，近些年来，有论者提出了许多关于火攻论的质疑。他们认为曹操之所以会失败，是因为军队遭遇疾病瘟疫，导致战斗力丧失，而不是由火攻造成的。更为详尽的是：他们说是血吸虫病造成曹军赤壁战败的。

血吸虫论者也是根据史籍提出这一论点的。如陈寿在《三国志·魏书·武帝纪》中叙述赤壁之战时，并未提及"火攻"这件事。他说，曹公到了赤壁，与孙、刘军大战，不占上风。后来发生瘟疫，士兵大部分都死了，于是带领部队回去。从曹军主帅曹操在战后写给孙权的一封信中可看出，他不承认失败是因为遭到火攻，其中写道："赤壁之战，有疾病侵袭，我烧船而退，使周瑜白捡了这个好名声。"而曹操所说并不是唯一凭证，《吴书·吴主传》中也有曹操自己烧掉战船一说："曹公烧剩余船而退败。"由此，论者认为，火攻一说不足以取信。曹军失利主要原因就是疾疫，即血吸虫，其理由是：

第一，大量调查资料表明，与赤壁之战有关的地区为血吸虫病发区，尤其是湖南、湖北一带。

第二，论者根据赤壁之战的时间与血吸虫病的易感季节推断，血吸虫病的流行季节正好是曹军迁徙、训练水军的秋季。曹军从陆地战转战水中，是最容易染上此病的。血吸虫在人体中的潜伏期为一个月，它们在一个月以后才会使人出现急性症状。所以曹军在训练时期已经染上此病，个把月后，进入冬季决战时期，此病已进入急性期，致使曹军遭受此病折磨，不堪一击。孙、刘联军也同样是水上训练和作战，为什么不会染上血吸虫病呢？关于这个问题，论者认为：这要根据人免疫力的强弱来看。孙、刘联军长期居住于南方疫区，具有一定抵抗力，即使得此病，也不会这么严重。曹军都是北方人，抵抗力差，所以患此病的症状严重，因而溃败。

然而，血吸虫病说也不可尽信，它比火攻论的争议还要多。《新医学》1981年11期与《文江报》1982年5月25日就这个问题相继载文展开争论，他们认为：

第一，曹操在邺而不是在疫区江陵训练水军，那里不是血吸虫病疫区，感染的可能性不是很大。

第二，史书确实记载曹操烧船退军一事，但烧船的地点不在赤壁而在巴丘，时间不在赤壁大战时，而在曹军兵败退到巴丘时。

第三，血吸虫病的潜伏期一般在一个月左右。少数在两个月以上，潜伏期越长，发病的症状也就越轻，所以即使曹军在秋季患上了血吸虫病，到大战爆发时才发病，曹军的身体状况也不会很糟糕。

第四，曹操的水军大部分是居于血吸虫病流行区的湖北人，跟孙、刘联军的免疫力没有什么差别，除此之外，补充给曹操的刘璋军队也是来自疫区的四川的士卒，所以，孙、刘联军在免疫能力上与曹军没有高低强弱的分别。

火攻论不可尽信，血吸虫病说也有缺陷，那么，曹操在赤壁战败的原因到底是什么，只能作为一个千古之谜留存于人们心中了。

甲午战争中日军登陆之谜

1895年中日甲午战争以中国的失败而告终，当时日军首先在山东登陆，但对于具体位置却说法不一。

一说荣成登陆。甲午战争时期的荣成在今荣成县城崖头东北80多里的龙须岛西部。甲午战争期间在北洋舰队"定远"舰任职的陈兆锵持此说。在《中日战役情况》中陈兆锵写道："日敌又用陆军在荣城（成）登陆，亦是由背进攻，各炮台又落敌手。"

二说龙须岛登陆。持此说者较多。海军提督丁汝昌在日军登陆的当天，将日军活动情况电告李鸿章，电文中说："两船向龙须岛驶，二十二船在灯塔处或二英里或八英里游弋，必是倭船有登岸之举。"北洋海军复之时，办理威海营务处二品衔候选道牛昶昞、办理北洋海军营务处三品衔候选道马复恒和会办沿海水陆营务处二品衔山东登莱青道东海关监督刘含芳三人向李鸿章禀报海军复之经过，《会陈海军复之禀》中有记载说："至十二月二十五日（公元1895年1月20日），倭以水陆劲派自龙须岛登岸，破荣成县城，攻桥头等隘。"

三说落凤港登陆。落凤港位于龙须岛南侧、荣成湾的北端。山东巡抚李秉衡在日军登陆的第二天电告清廷称："昨调倭、里岛防营折赴龙须岛，尚未赶到，而倭人于落凤港登陆，径薄荣成县。"甲午战争期间曾一度上书言事的易顺鼎说："二十五日，倭以运船四十艘，载陆兵由落凤港登岸，扑荣成县。"

四说荣成湾登陆。日方中日战争资料《日清战争实纪》一书持此说。《实纪》中记载说："自二十日未明至二十二日正午，搭载第二、第六师团士兵的各船都到达荣成湾陆续登陆。"还说，"我陆军决定以此地为登陆地，完全是由于八重山舰侦察的功劳。这样，在金州的大山第二军司令官亦从大连出发，二十日到达荣成湾，即时登陆入荣成县。"

五说金山嘴登陆。在日军登陆的第二天，当时镇守威海卫南帮炮台的总兵刘超佩，将日军登陆和中国军队抵抗的详细情况电告李鸿章，电文中这样说："二十五日早四点钟，倭船三四十只在龙须岛、倭岛、里岛游弋，嗣在于龙须岛、倭岛交界之金山嘴水深处下兵……贼兵蜂拥而上，枪队不能存身，退回荣成。"

横行欧洲的匈奴王阿提拉是军事天才吗

1500多年前，匈奴王阿提拉给他同时代的人留下深刻的极可怕的印象。在公元449年，一位罗马历史学家曾经到匈奴王阿提拉的根据地瓦拉齐亚进行访问。在这位罗马历史学家的笔下，匈奴王阿提拉是一个十分丑陋的侏儒，扁鼻子、头大、肩部宽阔，几根胡须疏疏落落地长着。而另一位见过阿提拉的历史学家则说："为表示他高人一等，并非他人能及，匈奴王常常高视阔步；匈奴王还有骨碌骨碌不停地转眼球的习惯，仿佛对他带给人们的恐怖颇为自得。阿提拉相当信奉鬼神之说，而且大字不识，但是被罗马人统称为'野蛮人'的所有部落民族，几乎都是这样。然而阿提拉一定聪慧过人，对如何驾驭蛮人极其在行，并且人人都愿意服从他的命令。"

阿提拉横扫欧洲，所向披靡。

阿提拉却明白毁坏战利品有害无益这一道理。他行军打仗，并不残暴，他认为与其把俘虏杀死，不如让他们做些有益的事。阿提拉不择手段地追求绝对权力。阿提拉在公元445年杀死了与他共同执政11年的兄弟布赖达，但阿提拉对于被他所击败的文化较高的敌人，则会加以礼待。在把罗马帝国大片土地攻下的同时，他甚至让罗马训练的官员在自己的朝廷里任职。虽然他最后获得的财富，比他在贫困之时最荒诞的梦想要多得多，但自始至终这些财富并没有败坏他。他自奉甚俭这一点，甚至连批评他是"十分丑陋的侏儒"的罗马历史学家，也写道他吃的是普通肉食，用的是木盘子，他的部下则用银盘盛放"山珍海味"，尽情吃喝。

当时能够孤军抵挡阿提拉在欧洲北部横冲直撞的武装力量，一支也没有，至于士无斗志、面临瓦解的罗马帝国，更是难敌其锋芒。

阿提拉死时年仅 47 岁，犹如他一生的其他事迹，他的死也极富神秘的传奇色彩。他那时在意大利，正决定再娶青春年少的少女依丽迪科做新娘。一对新人在觥筹交错的喜宴之后，进入洞房后便一点动静也没有了，直到次日晌午，左右猜想可能出了事故，便闯入新房，看到依丽迪科处于昏迷状态，而阿提拉，则在血泊之中仰卧着，显然是因为鼻子不停地出血而死的。他是不是被年轻新娘谋害的？有些记载说她被指控，但是似乎匈奴人并不认为她有罪。根据传统，一批选出来的骑士安葬了阿提拉，随即这些骑士便被处死殉葬。（据传，骑士一个个被割断喉咙绑在马鞍上，所骑的马则被牢牢地绑在坟墓周围，成为一队非常恐怖的殉葬仪仗。）

◎ 希特勒偷袭苏军的"巴巴罗萨"空战

苏联人民以顽强的斗志挫败了气势汹汹的德国法西斯侵略者，给了德国人一个很大的教训。然而，苏联人也付出了惨重的代价。

1941 年 6 月 22 日夜，希特勒一手发动"巴巴罗萨"作战计划。成千上万颗绰号为"恶魔之卵"的球型炸弹使苏联空军蒙受了巨大损失，那么在"巴巴罗萨"空战中损失的飞机到底有多少？

日耳曼战车推进苏联。入侵苏联使德意志的一只脚踏入坟墓。

这必然是个不小的数目，据德军 4 个航空队向德国空军总司令赫尔曼·戈林报告说：德国空军轰炸机炸毁了来不及起飞的苏军飞机 1489 架。此外，德军战斗机及高炮部队击落了升空的飞机 322 架，共计 1811 架。德军自己也不敢相信在如此短的时间内竟能获得如此的战绩。与此同时，戈林密令空军总司令部的军官们分别到各个已被占领的苏军机场，依据飞机残骸进行一次统计调查。调查进行得很快，一份秘密调查报告呈送至戈林面前："巴巴罗萨"空战的战果不止1811架，而是2000架以上。报告说，准确的数字已无法核实清楚，但肯定在2000架以上。

因为戈林没有对此事展开进一步深入调查，所以人们都对此战果的报道持怀疑态度。是4个航空队初报战果时的错误，还是空军总司令部的军官们秘密调查统计的错误？航空队与总司令部的军官们会不会勾结起来虚报战功？因此，对德国空军来说，"巴巴罗萨"空战的战果是个谜。两次战果统计，相差竟达200架飞机，这个数字可不小。

而且，在"巴巴罗萨"空战以后，苏联空军并没有公布损失飞机的数字。战争结束以后，苏联国防部出版社发行了6卷本的《苏联伟大卫国战争史》。该书称，苏联空军在"巴巴罗萨"空战的第一天里损失飞机1200架，其中单在地面上被炸毁的就有800架。

苏联与德国公布的数字相差竟达600～800架，这差不多是一个中等国家整个空军的实力。令人奇怪的是，苏、德双方对于升空后被击落400架飞机的数字，统计出来的结果是相同的。数字的大出大入在于地面飞机的损失，而地面飞机的损失数字说什么也比空中击落的飞机数字易于统计。

斯大林在当天早晨曾命令西部军区将所有飞机均加以伪装。但是斯大林的命令并没有得到执行，苏联空军的新旧飞机均没有加任何隐蔽，而是整整齐齐地排列在跑道上，就像接受阅兵似的。大部分飞机来不及升空便被炸毁了。

"黄色计划"的神秘魔力

说起"黄色计划"，不得不提起一个人：弗里茨·埃里希·冯·曼斯坦因。"1945年受到我讯问的德国将军们一致认为曼斯坦因元帅业已证明是德国陆军中能力最强的指挥官，他们曾经期望此人出任陆军总司令。"军事历史学家利德尔·哈特如是说。

1939年9月，德国实施"白色计划"，闪击波兰。曼斯坦因在波兰战争中担任德国南方集团军群（司令为伦德斯泰特）司令部参谋长。波兰战争结束之后，德国陆军总司令部根据10月9日的希特勒批令而制订发布"黄色计划"。

曼斯坦因在深入研究"黄色计划"的内容和全面分析作战双方的情况之后，认为"黄色计划"有模仿"施利芬计划"之嫌，难以出奇制胜，故而主张：西线攻势的目标应该是陆地寻求决战；攻击的重点应该放在A集团军群方面而不应该放在B集团军群方面，A集团军群应从地形复杂却能出敌不意的阿登地区实施主攻，挥师直指索姆河下游，这样才能全歼比利时的盟军右翼，并为在法国境内赢得最后胜利奠定基础；B集团军群的兵力应由2个集团军增到3个集团军，此外还需增加强大的装甲部队。此即著名的"曼斯坦因计划"的要旨。曼斯坦因的主张得到A集团军群司令伦德斯泰特的赞同。从1939年10月到1940年1月，A集团军群司令部先后以备忘录的形式6次向陆军总司令部提出上述建议，仍未得到同意。

直至 1940 年 2 月 17 日，在希特勒的副官施蒙特的帮助下，他才"得以当面向希特勒陈述我们的意见"，并完全得到希特勒的同意。2 月 20 日，陆军总司令部颁发包含曼斯坦因建议的作战计划。结果，德军在战争发起后的 6 个星期内横扫西欧诸国，大败盟军。然而，这个"黄色计划"从一开始到最后实施并非一帆风顺。

对于发生的这场战争，美国参议员威廉·鲍瑞（Willam Boran）称其为"虚假的战争"，英国首相张伯伦称之为"模糊的战争"，而对德国人来说，它是"坐着的战争"。自从阿道夫·希特勒的强大战争机器在 1939 年 9 月消灭了波兰，英法联军就一直无所事事地待在马其诺防线，与在塞哥弗雷德的德军对峙，直到德军突然发起奇袭之前，英国和美国的很多报纸专栏作家都预言这场虚假的战争将会褪色，最终将以各回各的老家收场，各方都不会有任何人员和财产损失，盲目乐观的情绪彻底地笼罩住了盟军的心。

1940 年 1 月 10 日，一架德国轻型飞机沿着比利时边界飞行因引擎故障在比利时境内紧急迫降。飞机上的两个人侥幸活了下来。他们穿着便服，但他们实际上是德国军官。后来，他们被带到了附近的比利时军队总部。

被带走的两人其中一个是德军少校瑞恩伯哥。哨所的房间火炉烧得很旺，随着时间推移，比利时士兵开始松懈了。突然，瑞恩伯哥少校跳起来，将藏在大衣口袋里的一沓纸扔进了炉火。这时，比利时的地方长官艾米利奥·罗致上尉飞快地跑到火炉边伸手将已经开始燃烧的纸卷拿了出来，他的手被严重烧伤。

没有说一句话，瑞恩伯哥冲上去抢罗致的左轮手枪，俩人在地上扭打起来。紧接着，其他比利时士兵冲进来制伏了这个发疯的德国少校。"我完了，"瑞恩伯哥叫道，"我永远也不能原谅我所做的！我不是想杀你，我是想自杀。"

被火烧焦的纸片被比利时的情报机构拼了起来，上面写着"德军行动命令"，接着是"西线的德军将在北海和摩泽尔河之间发动进攻……"，以及一些诸如荷兰堡垒、第七飞行集团军、坦克团的字眼。这不正是一份关于德国进攻法国和低地国家（指荷兰、比利时、卢森堡——译者注）的秘密计划吗？比利时的将军们简直不敢相信自己的眼睛，这些纸片究竟是个什么样的阴谋？

为了弄个水落石出，比利时情报机构允许瑞恩伯哥与德国驻布鲁塞尔的武官文赫·威林戈少将通话，并在隔壁进行窃听。电话里瑞恩伯哥向威林戈汇报说自己已经成功地将"黄色计划"烧掉，威林戈少将显然被这个厚颜无耻的谎言骗了过去。由此，比利时人确信，这个计划确有其事。

在柏林，狡猾的希特勒陷入狂怒之中，因为他根本不相信瑞恩伯哥所说的一切。希特勒的密友陆军将军威海尔姆·凯特尔说，"他唾沫横飞，使劲地用手搥墙，几乎疯了似的咒骂手下人鲁莽和愚蠢的行为。"这次失误几乎使他的西进计划夭折，也难怪他会发疯。

直到德国的情报机构汇报说，英法两军的部署没有任何变化时，希特勒才放下了心，命令"黄色计划"按原样进行。

1940 年 1 月 12 日，意大利王子的妻子玛丽·朱丝打电话给外长——墨索里尼的女婿西亚诺伯爵。她带着哭腔告诉他，德军将要进攻她的祖国比利时。西亚诺是一个秘密的反纳粹主义者，他向玛丽·朱丝透露了进攻的消息，并建议她应毫不犹豫地立即通知比利时国王雷鲍德。

在其他方面，叛逃的德国间谍偷窃了德军记载有"黄色计划"的文件；英法的侦察飞机也发现德国步兵和装甲车在德国边界大规模集结。更重要的是，英国最秘密的密码破译机构截获并破译了数百个德军的无线电信号，这些信号表明，"黄色计划"即将实施。

以上的这些大量信息都证明从1940年初，希特勒正在谋划着在西线对英法联军进行大规模的进攻。并且盟军，特别是比利时人得到了诸多的直接或间接的消息。

此外，一个名叫约瑟夫·穆勒的著名律师4月30日这一天从慕尼黑到达罗马。穆勒是一个虔诚的天主教徒，他此行是来执行一个他一生中最重要的使命：尽力通知英国和法国希特勒要实施"黄色计划"，他带着"黑色管弦乐队"（以铲除希特勒为目的的严密组织）的领导们精心准备、措辞严谨的文件，文件中明确表示希特勒很快将在西线发动进攻。文件被穆勒交到了他的老朋友雷伯教父手里。接着，雷伯教父迅速通知了耶稣会士默耐斯牧师，并联系到了比利时驻罗马大使利文霍，然而这位大使竟然对文件的内容不以为然。但奇怪的是，第二天，也就是5月2日，大使又改变了主意，他立刻向布鲁塞尔发出了警报。

5月9日，250万德国军队分成102个师，其中9个装甲师，6个摩托化师，集结在法国、比利时和荷兰边界。荷兰使馆武官金伯特·塞斯得到希特勒已经下令实施"黄色计划"的消息后，也曾经打电话给比利时驻德国使馆武官和总部设在海牙的荷军总司令部，用预先安排的代码告诉他的上级，"明天黎明绷紧弦"！进攻时间定在第二天也就是1940年5月10日的凌晨3：30。塞斯发出警报几个小时后，德国军队如雪崩般地向森林密布的南部城市亚琛(Aachen)集结。

5月10日凌晨，不到两小时，大批斯图卡式俯冲轰炸机、德国步兵和装甲车一起冲过了边界，横扫中立的比利时和荷兰。事先得到的许多关于进攻的情报丝毫没有帮助盟军减轻慌乱和手足无措。德军战斗进程之迅速和战果之巨大令很多人感到吃惊。

在接下来的6周中，德军把英国军队赶出了欧洲大陆，征

游弋在空中的德国轰炸机

服了法国、比利时、卢森堡和荷兰。英军在慌乱中几乎把所有的武器装备和运输工具都留在了敦克尔刻。

对于这次盟军的溃败很多人都十分不解，为什么盟军的高级将领对德国实施"黄色计划"的反应如此迟钝且毫无准备呢？难道是"黄色计划"有什么特殊的魔力让那么多人都对其视而不见吗？这仍是第二次世界大战中的一个难解之谜。

"东方马其诺防线"为何土崩瓦解

乌苏里江边的虎头枢纽据点是日本关东军精心设计并驱使1万多名中国劳工耗时6年修筑的坚固要塞，号称"东方马其诺防线"。

1945年8月8日22时50分，苏联向日本宣战。8月9日0时，苏地面部队在对日作战最高司令官华西列夫斯基的指挥下从3个方向向关东军展开了猛烈进攻，同时空军对中国东北的主要城市和日军的主要防御设施实施了大规模的空袭，空降部队则在长春、沈阳等城市实施机降，像一把尖刀插向了日军的腹部。日本关东军被分割成数块，南北不能相顾。

在随后的战斗中，日本关东军大多一战即溃，但在一些局部战斗中，日军仍负隅顽抗，其中尤以虎头要塞之战最为激烈。当时有1900余名日军在此坚守。苏军久攻不下，便改换战术，先用训练有素的哥萨克狙击手封锁日军的火力点，在控制了要塞的洞口和通气孔后，将汽油灌入地下工事，用燃烧弹点着，使不少日军被烧死或窒息而死。苏军还将自动火炮开到要塞的坑道口边，近距离用火炮直接对洞口内连续轰击。最后，虎头日本守军除约70人逃跑外，其余全部被击毙。

战前苏军统帅部估计，结束对日作战短则两三个月，长则需要半年以上。因为，日本关东军虽然在兵力和武器装备上较之苏军处于下风，但他们毕竟有近百万之众，在中国东北已经营14年，熟悉当地的地形、民情，还建造了大量坚固的防御工事。可事实上交战仅13天关东军就土崩瓦解，1945年8月22日，在长春关东军演习场，关东军山田乙三司令官率97名将领向苏军投降，个中缘由令人深思。

其实就在1945年4月德国宣布投降后不久，苏联便开始着手对日作战的准备。为了达到突袭成功的目的，苏联军方可算是煞费了一番苦心。由于苏联在远东的铁路线距离边境只有2～4千米，苏军在运输过程中实施了周密的伪装，在靠近边境地区，白天只少量增加运输车次，夜晚进行"饱和"运输；为了不让日军发现战略意图，苏军部队到达集结地域后，严格保持无线电静默，并控制人员的户外活动，一切的准备工作都在秘密的进行之中。

但是，如果把所有的成功都归结于苏军的保密措施，隐蔽作战企图，似乎并不能彻底解释在关东驻扎了14年的日本军队溃败的原因。的确有军事研究人员曾对此提出过质疑：关东军怎么可能对其3个多月的大规模兵力调动毫无察觉？

根据新近公开的日本军方秘密档案显示：造成日军疏忽的主要原因是，日军在战略判断上出现了失误。日军一直将美军视为盟军对日作战的主力，特别是美国投下原子弹后，日军将美军可能对日本本土的登陆行动作为防御的重点。对于苏军是否会攻击日本，虽然也考虑过，但最终认定苏联没有把握在三个月（8—10月）之内击败关东军，因为10月份以后中国东北就要进入冬季，他们是不会选择在天寒地冻的环境下对日作战，所以即使苏联红军发动全面进攻也应该是在来年春季以后。基于以上的判断，日军非但没有对苏军的秘密部署有所察觉，没有任何准备，就在苏军利用雨夜发动全面进攻的时候，关东军司令官山田乙三甚至还在丹东找歌舞伎寻欢作乐。

1945年9月2日，日本在东京湾美国军舰"密苏里"号上签署投降协议，日本外相重光葵和总参谋长梅井义辉，在美军总司令麦克阿瑟将军面前签署了投降书。

人们不妨假设一下，如果日军能够对苏军行动提前有所判断的话，恐怕苏军很难在半个月之内就击溃关东军。未来高技术战争具有突发性、节奏快、初战就是决战的特点，这对战略判断提出了更高的要求。指挥员在做出判断时，应将科学的定性分析方法和定量分析方法有机结合，充分运用信息技术手段，对战略形势、敌我力量对比、敌军可能的行动等诸多因素进行由此及彼、由表及里的动态分析，从而为正确决策奠定坚实的基础。

对于"东方马其诺防线"的失陷，还可以听到这样的一些声音：在苏联军队的大举进攻下，日军只在个别防御地段做过一些顽抗，而且只是处于一种被动挨打的消极防御水平，根本没有主动的反击，这才是他们失败的必然原因。

然而事实是不是这样呢？据曾经参加过这场战争的日本退伍老兵回忆，当时日本关东军在东北全境层层布防，并在一些险要地段精心构筑坚固防御堡垒，形成数道防线，希望以分兵把口、分层狙击的战术手段抵抗苏军的进攻。但是，当时苏军来势汹汹，以机械化部队进行快速的大纵深作战。"他们先是在日本关东军的薄弱防御地段打开缺口，然后立即扩大突破口，高速向纵深推进，再以空降部队的纵深机降，使日军的防御体系彻底瓦解。"

就此观点，克劳塞维茨也曾指出："纯粹的防守同战争的概念是完全矛盾的，在战争中防守只能是相对的。"

无论是因为战略上的判断失误，还是因为没有处理好进攻和防守的关系，"东方马其诺防线"的失陷依然成为日本法西斯军队彻底失败的标志性战役，这一战役留给人们的也不仅仅是战斗本身，究竟日军的失败是必然还是偶然都将由后人来评说。

谁编制了神奇的"无敌密码"

第二次世界大战中，英国倾全国之力，破译了德国的"谜语机"密码，为战胜纳粹德国做出重要贡献；美国则破译了日军密码，由此发动空袭，击毁日本大将山本五十六的座机。丘吉尔说，密码员就是"下了金蛋却从不叫唤的鹅"。

《孙子兵法》云："知己知彼，百战不殆。"破译敌军密码，始终是交战双方梦寐以求的捷径。同时，如何保证自己的密码不被敌人破译也让交战双方费尽了心思。第二次世界大战中美国曾经有一套"无敌密码"就创造了这样一个不可破译的神话。

那些沉默了半个多世纪的"特殊密码员"终于从美国前总统布什手中接过了美国政府最高勋章——国会金质奖章。当年，正是他们编制的"无敌密码"，为盟军最终胜利立下了汗马功劳。

攻占硫磺岛是美军在太平洋战争中打的一场经典战役，美军把旗帜插上硫磺岛的照片，成为美国在第二次世界大战中浴血奋战的象征。硫磺岛战役结束后，负责联络的霍华德·康纳上校曾感慨地说："如果不是因为纳瓦霍人，美国海军将永远攻占不了硫磺岛。"当时，康纳手下共有6名纳瓦霍密码员，在战斗开始的前两天，他们通宵工作，没有一刻休息。整个战斗中，他们共接发了800多条消息，没有出现任何差错。

攻占硫磺岛战役中"无敌密码"大显了身手。而编制这种"无敌密码"的人又是谁呢？

一个叫菲利普·约翰逊的白人提议用纳瓦霍语编制军事密码。约翰逊的父亲是传教士，曾到过纳瓦霍部落，能说一口流利的纳瓦霍语，而在当时，纳瓦霍语对部落外的人来说，无异于"鸟语"。这种语言口口相传，没有文字，其语法、声调、音节都非常复杂，没有经过专门的长期训练，根本不可能弄懂它的意思。极具军事头脑的约翰逊认为，如果用纳瓦霍语编制军事密码，将非常可靠而且无法破译。因为根据当时的资料记载，通晓这一语言的非纳瓦霍族人全球不过30人，其中没有一个是日本人。

1942年初，该建议由约翰逊提出，他说，如果用纳瓦霍语编制密码，可将用机器密码需要30分钟传出的3行英文信息，在20秒内传递出去。

美国太平洋舰队上将克莱登·沃格尔接受了约翰逊的建议。1942年5月，29名纳瓦霍人作为第一批密码编译人员征召入伍，在加利福尼亚一处海滨开始工作。不久，根据纳瓦霍语创建的500个常用军事术语的词汇表制作完成。由于没有现代军事设备的专门词语，因此代码中经常出现比喻说法和拟声词。

此后的太平洋战争期间，420名纳瓦霍族人加入了密码通信员的行列，他们几乎参加了美军在太平洋地区发动的每一场战役。用纳瓦霍语编制的密码被用来下达战斗命令，通报战情，为最终打败日本军国主义者起到重要作用。

除了纳瓦霍语外，在欧洲战场，美军在第二次世界大战中使用的另一种印第安语——科曼切语密码也大显身手。据说现年78岁的查尔斯·希比蒂是目前唯一在世的科曼切语密码员，目前居住在俄克拉荷马。根据老人回忆，当年报纸上的征兵广告说："征召年轻的科曼切人。要求未婚、无家庭拖累、会说本族语。"特别是在语言方面要求极为严格，必须十分流利。

在科曼切语创建的由250个军事术语组成的词汇表里，轰炸机成了科曼切语中的"怀孕的鸟"，一天，一个黑发、留着卓别林式胡子、表情严肃的德国男子的照片送到希比蒂手中，"我们需要给这个人起一个代号。"希比蒂看了看照片想起了他看过的欧洲新闻短片，于是说："'疯了'怎么样？或者'疯狂'？"最终，真的决定用"疯狂的白人"来称呼这个元首，而此人就是希特勒。

1944年1月，诺曼底登陆战役中，当希比蒂登上犹他滩时，指挥官命令他："通知总部我们成功登陆了，现正准备占领敌方阵地。"顶着炮弹掀起的沙子和海水，希比蒂掏出无线电发报机，迅速用科曼切语发出了这条信息。科曼切密码通信员希比蒂发出了第一条登陆诺曼底的信息。海滩上，炮弹和曳光弹不断在头顶上爆炸，一阵静电干扰之后，无线发报机传来信息："收到。守住滩头阵地，弄清敌人方位。增援部队很快抵达。完毕。"

在诺曼底滩头大显神通之后，对于这种密码，纳粹德国的情报部门也绞尽了脑汁，始终未能找到破译的方法。

无论是纳瓦霍族密码员还是科曼切族密码员都没有因为他们的巨大贡献在战时或战后获得表彰。因为当时的五角大楼认为这些密码员在接下来的冷战中可能再派上其他重要用场，因而不宜暴露，并命令他们严格保守秘密。但是，随着密码技术的进步，这些古老的密码已经完全成了古董，于是密码员们才终于获得了迟到的荣誉，但他们当中的大多数都已经默默无闻地离开了人世。

对这迟到了半个世纪的表彰，美国前总统布什也不胜感慨。他说："他们勇敢地工作，出色地完成了自己的任务……他们对国家的贡献值得所有美国人尊敬和感谢。"当年的29名印第安纳瓦霍族人，编制出了这套"无敌密码"，现在，其中25人已离开人世，这些人的名字将永远消失在历史的长河中，就像他们未曾来过一样。

建筑奥秘

埃及的金字塔是怎样建造的
古埃及金字塔仅仅是法老的葬身之地吗
巴比伦空中花园
新巴比伦王国修建过通天塔没有
英国伦敦塔的神秘力量来自何处
重见天日的古罗马庞贝城
复活节岛上的神秘石像
……

埃及的金字塔是怎样建造的

小时候用积木搭起一座座"宫殿"的时候，你有没想过要把它搭成一座高达数百米的巨大建筑？如果让你用每块重达数十上百吨的巨石来搭建它，你又会怎么做呢？

在尼罗河河谷与撒哈拉沙漠的汇合地吉萨，矗立着古代世界的金字塔。胡夫金字塔是其中最高的一座，金字塔用巨石砌成，石块之间不用任何黏着物，而是由石块与石块相互叠积而成，人们甚至很难将一把锋利的刀片插入石块之间的缝隙，金字塔到现在已经历了近5000年的风风雨雨，至今它仍傲视长空，巍峨壮观，令人赞叹！

那么，金字塔是怎样建造的呢？这一问题曾引起了许多学者研讨的兴趣，但他们的说法不大一样。

一般认为是这样建造的：首先采石，工匠们把加工过的平整光滑的巨石用人或牛拉的木橇运往现场。由于木橇运行需一条平坦的道路，这就需要先修路，据估计仅这项工程就花去了将近10年的时间。可是，他们又是如何把一块块巨石一直垒到百米以上的高度呢？据传，工匠们先把地面一层砌好，然后堆起一个与第一层一样高的土坡，这样，就可以沿着土坡把石块拉上第二层。以此类推，等到塔建成后，再将土坡移走，让金字塔显露出来。在技术非常落后的古代，进行这样巨大的工程是异常艰苦的。这些金字塔的建成，充分显示出建造者已经掌握了相当丰富的物理学和数学知识，表现了古代埃及劳动人民的聪明才智。

对于埃及人建造金字塔的巨石是用天然石块加工而成，还是另有别的制法？有专家对此做了深入研究。法国化学家载维杜维斯认为，建造金字塔的巨石不是天然的石块，而是人工浇注而成的。为此，这位科学家进行了一些试验，他对从金字塔上取下的小石逐个加以化验，化验结果表明，这些石块是由人工浇注的贝壳石灰矿组成。他又据此推测，当时埃及工匠建造金字塔时，很有可能先把搅拌好的混凝土装进筐里，再抬上正在建造中的金字塔。另外，他还在石块中发现一缕大约有1英寸长的头发。这缕头发很可能就是古埃及人聪明才智和辛勤劳动的见证。他的这一见解吸引了世界学术文化界的广泛注意。

为了揭开披在金字塔身上的神秘的面纱，1978年3月，日本早稻田大学古代埃及调查室组织了一支考古实验队，采用模拟古代埃及人造塔的方法，在古塔的前面建造了一座新塔，其规模相当于原塔的1/4。首先是如何采石。实验队先在石面上凿出连成点线的小孔，然后打进木楔子，通过不断敲击直至产生裂缝。而且，至今在阿斯旺采石场上，还可找到残留有木楔子痕迹而未切割下来的石料。由此可见，这个办法可能与当年的方法相符合。石块又如何搬到现场呢？他们以木橇载着石块，用人力牵引，慢慢运至工地。最后，实验证实了古埃及人在没有现代化机械起重设备的条件下，仍然可以把一块块巨石砌上去，直至墓室最上一层的三角形尖顶。这个实验向人们证明古埃及人正是建造金字塔的真正主人。

古埃及金字塔仅仅是法老的葬身之地吗

金字塔是人类文明史中的一项伟大奇迹，更是永恒的谜团，数千年以来，它矗立在古老的尼罗河畔，迎曙光，浴暮霭，闪着神奇的智慧之光。然而，关于金字塔的起源问题，经过历代学者的激烈的论争，至今仍众说纷纭。

在中世纪，很多作家都认为，在埃及粮食充裕时期，金字塔是用来储藏粮食的大仓库。近几年来，金字塔被人描述为与日晷仪和日历、天文观测台、测量工具甚至与神秘的外星生命相联系的东西，把金字塔当作天外宇宙飞船的降落点。

然而，大部分有声望的埃及学者认为金字塔是法老们的坟墓。这一理论也最能被人们所广泛接受。金字塔散布于尼罗河的西岸，根据埃及神话，这里与通往来世的路途相通。考古学家们在金字塔附近发现了许多在葬礼仪式中使用的小船，据说，这些小船就是法老们驶向来世的工具。

许多金字塔中都有石棺或木棺，这早已被证实。19世纪之前，在石棺上或在石棺附近发现的神秘图画被确定为用来帮助法老们从一个世界通往另一个世界的咒语。

然而，一个铁的事实却让坟墓理论缺乏了最主要的依据，就是学者们在金字塔中找不到法老们的尸体，而且许多法老好像建造了不止一个金字塔。

20世纪著名的物理学家库尔特·门德尔松坚持认为法老们建造金字塔的目的是在到处是散落的部落的时代巩固埃及的国家地位，而金字塔不是坟墓。门德尔松的理论使坟墓理论不能解释的问题得以解决。

还有一些人认为金字塔中没有尸体，却有大量的陪葬品，说明金字塔是衣冠冢——死去的法老们的纪念碑，但不是他们真正的坟墓。

绝大多数埃及学者仍然认为，尽管金字塔也具有其他用途，但它们首先是作为坟墓而被建造的。它们的周围环绕着其他坟墓，这些坟墓的主人在当时的地位都在法老之下。

另外，关于金字塔的一个折中的观点

金字塔
在吉萨的胡夫金字塔是最著名的金字塔。胡夫金字塔高146米，由超过200万块石灰石组成，一些石头重15吨。

- 花岗岩板支撑着上面石头的重量
- 宽阔的走廊
- 法老的埋葬墓室
- 最初的埋葬墓室
- 愚蠢盗墓者的错误通道

认为，金字塔可以被理解为古代建筑进步的标志之一，这一种建筑从矩形、平顶、砖泥结构的坟墓开始，今天我们称之为古埃及墓室（里面曾经发现过尸体）。然后，建筑师们开始把一个平顶结构垒在另一个上，这样就建成了今天被我们称为"台阶式金字塔"的建筑物，其中最著名的那些现在仍坐落在撒哈拉地区开罗南部。

几乎所有的延续了埃及文明的东西都关系到了死亡，死亡好像成了他们宗教、文学的限定力量。法老们认为，他们的目的不是今生而是来世，不管是通过小船、台阶还是借助太阳光，只要能成功即可。因此，金字塔被设计成能存放他们遗体的式样，也就是坟墓，这是目前一种最合理的推测。

不过科学是永无止境的，历史在延续，人类的天性在于探索无限的未知世界，随着科学的发展，随着探索者们坚持不懈的努力和灵感的产生，金字塔之谜一定会真相大白，也许一个新的、不为人知的理论又摆在世人面前，也许又有更多的谜团不能解开，到那时又会怎样呢？

巴比伦空中花园

在 2500 年前，一名希腊经师写下了眩人耳目的七大奇观清单：罗得岛巨像、奥林匹亚宙斯神像、埃及金字塔、法洛斯灯塔、巴比伦空中花园、以弗所阿提密斯神庙以及毛索罗斯王陵墓。这位经师说：七大奇观，"心眼所见，永难磨灭"。这就是所谓世界七大奇观的由来。

巴比伦空中花园当然不是建在空中，这个名字纯粹是出自对希腊文 pmaddeisos 一字的意译。其实，pmaddeisos 一字直译应译作"梯形高台"，所谓"空中花园"实际上就是建筑在"梯形高台"上的花园，后来蜕变为英文 pmadise(天堂)。

巴比伦空中花园是什么时间建造的呢？

一般认为，巴比伦空中花园是在幼发拉底河东面，距离伊拉克首都巴格达大约 100 千米，是在巴比伦最兴盛时期尼布甲尼撒二世时代（公元前 604—前 562 年）建造的。

千年古都巴格达曾是阿拉伯鼎盛时期阿拔斯王朝的首都，向来以文学艺术和雕塑绘画著称于世，世界名著

巴比伦城门复原图

古巴比伦城是人类古代文明的一大发源地，也是世界文明史上的一个著名古都。它是巴比伦文化的象征和结晶，建于 4000 多年以前。现巴比伦遗址坐落在巴格达东南 90 千米处，与巴比伦省会哈莱相距 10 多千米。

《一千零一夜》中许多故事的出处都在巴格达。然而，美丽的巴比伦空中花园究竟在哪里呢？

据历史记载，巴比伦是公元前626年迦勒底人建立的新巴比伦王国的遗址，主要由阿什塔门、南宫、仪仗大道、城墙、空中花园、石狮子和亚历山大剧场等建筑组成。遗址一直埋在沙漠中，直到20世纪初才被发现。而汉谟拉比（公元前1792—前1750年）时代的古巴比伦王国遗址，至今还被埋在18米深的沙漠底下。

在遗址宫殿北面外侧不远的一堆矮墙中间是一个深深的地下室，散发出一种异样的味道，原来这就是空中花园的所在地，阿拉伯语称其为"悬挂的天堂"。据说，花园建于皇宫广场的中央，是一个四角锥体的建筑，堆起纵横各400米，高15米的土丘，共有7层，每层平台就是一个花园，由拱顶石柱支撑着，台阶并铺上石板、芦草、沥青、硬砖及铅板等材料，眼前只有盛开的鲜花和翠绿的树木，而不见四周的平地；同时泥土的土层也很厚，足以使大树扎根；虽然最上方的平台只有20平方米左右，但高度却达105米（相当于30层楼的建筑物），因此远看就像似一座小山丘。

更有历史学家放言道："从壮大与宽广这一点看，空中花园显然远不及尼布甲尼撒二世宫殿，或巴别塔，但是它的美丽、优雅，以及难以抗拒的魅力，都是其他建筑所望尘莫及的。"前1世纪作家昆特斯·库尔提乌斯这样描述这座空中花园："无数高耸入云的树林给城市带来了荫蔽。这些树有12英尺之粗，高达50英尺。从远处看去，如荫的灌丛让人以为是生长在高大巍峨、树木繁盛的山上森林。"

然而这么豪华的"天堂"现在却什么也看不到了，只有一段修复后的低矮墙中残留的一小块原址遗迹，旁边有一口干枯的老井。据说这就是当年空中花园的遗存品，但经过考证，现在仍不能确认这就是真正的空中花园遗址，因为这里离幼发拉底河20多千米，而资料记载空中花园就在河边上。事实上，大半描绘空中花园的人都从未涉足巴比伦，只知东方有座奇妙的花园。而在巴比伦文本记载中，也没有一篇提及空中花园。所以真正的空中花园在哪里，至今没人能说得清楚。

至于为什么要建造奇特的巴比伦空中花园，古代世界就有两种不同的说法。

一种说法是，公元前1世纪中叶，西西里岛的希腊历史学家狄奥多罗斯在他的40卷《历史丛书》中提及，"空中花园"由亚述女王塞米拉米丝供自己玩乐所建。空中花园或许真的曾名噪一时，但塞米拉米丝却实无其人，她只是希腊传说中的亚述女王。

另一种说法是，巴比伦祭司、历史学家贝罗索斯（公元前3世纪前期）写过一部向希腊人介绍巴比伦历史和文化的著作，曾提及公元前614年巴比伦国王去世，新国王尼布甲尼撒即位后，迎娶了北方米提之女安美依迪丝为妃。而米提是一个山国，山林茂密，花草丛生。米提生长的王妃，骤然来到长年不雨的巴比伦，触目皆是黄土，不觉怀念起故乡美丽的绿丘陵来。她日夜愁眉苦脸，茶不思，饭不想，这可急坏了巴比伦国王。怎么办呢？他请来了许多建筑师要他们在京城里建造一座大假山。经过几年的营造，也不知花费了多少奴隶的血汗，一座大山终于造好了。山上还种上了许多奇花异草。这些花木远看好像长在空中，所以叫作"空中花园"。花园里，还建造着富丽堂皇的宫殿，国王和王后得以饱览全城的风光。据说，米提公主从此兴高采烈，思乡病一下子消失得无影无踪。

虽然空中花园已全部为荒漠所吞噬，但同伊甸园一样，空中花园的传说一直吸引了无数人。很长时间以来，许多古代的著作对它是否真的存在过表示疑问。19世纪，德国考古学家罗伯特·科德卫发现了一些证据，他认为可以证明空中花园确实存在过。第一条线索是若干个石拱，它们可以轻易支撑住树林、土壤、岩石以及导水管的巨大重量。接着，他又发现一根轴，从屋顶一直延伸到地面，这可能就是一口井，空中花园的水也就是从这里抽取。进一步的研究表明，屋檐正下方的地面曾用于某种形式的储存。这极可能是一个蓄水库。今天美索不达米亚一带气候干燥、缺少石材，空中花园离幼发拉底河又有一段距离，而花园的花离不开水，那么它是如何解决供水问题的呢？如果真是这样的话，在水泵发明几个世纪前，水又是如何被运到屋顶花园的？

公元前1世纪的历史学家兼作家斯特拉博曾记载："有专门的旋转式螺旋桨把水送到屋顶。这些螺旋桨的功能就是不断地从幼发拉底河抽取水源以播洒滋润整个花园。"尽管人们一直把这种旋转式螺旋桨视为阿基米德螺旋泵，并且由于它能够较好地输送大量水源，最终引发了全世界农业的革新，然而奇怪的是，古代文卷中没有一处特别提到巴比伦曾使用过这种水泵。可这种水泵却被另一位统治者亚述国王塞纳恰诺波使用过，他的都城设在尼尼薇，横跨巴比伦西北部的底格里斯河。

专家们认为，空中花园应该要有完善的输水设备，由奴隶不停地推动着连系的齿轮，把地下水运到最高层的储水池中，再经过人工河流往下流以供给植物水分。同时美索不达米亚平原没有太多石块，因此研究员相信花园所用的砖块定是与众不同，相信它们被加入了芦苇、沥青及瓦，狄奥多罗斯甚至指出空中花园所用的石块加入了一层铅板，以防止河水渗入地基。

事实究竟如何呢？迷人的空中花园，将无尽的谜尽藏腹中。还有待于进一步考证。

新巴比伦王国修建过通天塔没有

如今的人们，已能利用航天飞机深入宇宙，更能用望远镜探望宇宙深处的秘密，但人们还是很向往更遥远的天外，希望能达到世界的顶端。这种愿望自古有之。

基督教经典著作《旧约·创世纪》第11章曾有这样一段记述：古时候，天下众多的人口，全都说着同一种语言，人们在向东迁移时，走到一处叫示拿的地方，发现那里是肥沃的平原，就定居下来。他们商定在这里用砖和生漆修建一座城和高耸通天的塔，以此传播声名，免得四处流散。这件事惊动了耶和华，他看到城和大塔就要建成，十分妒忌人们的智慧和成就，便施法术变乱了人们的口音，使人们的言语各不相同。结果工程不得不停顿下来，人们从此分散到了世界各地，大塔最终没有建成，后人把这座大塔称作巴别，"巴别"就是"变乱"的含义。

如何看待《圣经》中这段记述，史学界众说纷纭，有的人认为《圣经》中这段传说，有所根据，主张《创世纪》记载的那座大塔的原型，就是古代两河流域（即示拿）新巴比伦王国时代巴比伦城内的马都克神庙大寺塔。这座大寺塔，被称作埃特曼安基（意为天地之基本住所）。它兴建于新巴比伦国王那波帕拉沙尔（公元前626—前605年）在位时，到其子尼布甲尼撒（公元前604—前562年）在位时才建成。这一传说也反映了新巴比伦王国时代，巴比伦城内居民众多、语言复杂的情况。公元前5世纪古希腊历史学家希罗多德在其所著的《历史》一书第1卷181节中，记载了如下事实："在这个圣域的中央，有一个造得非常坚固、长宽各有一斯塔迪昂（古希腊长度单位，约合185米）的塔，塔上又有第二个塔，第二个塔上又有第三个塔，这样一直到第八个塔。人们必须循着像螺旋线那样地绕过各塔的扶梯走到塔顶的地方去。那里有一座宽大的圣堂。"希罗多德说塔共11层，可能是把塔基的土台或塔顶的庙也计算在内了。公元前331年马其顿亚历山大到巴比伦时，这座大塔已非常破败。为了纪念自己的武功，亚历山大曾有意重建此塔，可是，据估算，光是清除地面废料，就需要动用1万人，费时2个月。由于工程浩大，亚历山大只好放弃了这个打算。

相反，有的学者不同意《圣经》中提到的通天塔就是新巴比伦时代马都克神庙大寺塔的观点，认为在巴比伦城内，早在新巴比伦时代以前就曾有两座著名的神庙，一座叫作萨哥——埃尔（意为"通天云中"），一座叫作米提——犹拉哥（意为"上与天平"），它们很可能就是关于通天塔的传说的素材。但是，有关这两座神庙，没有更多的史料可以提供参考。

巴比伦宝塔式建筑遗迹

英国伦敦塔的神秘力量来自何处

在伦敦有一座神秘的堡垒，由许多金字塔组成。人们都把它叫作伦敦塔。围绕着伦敦塔有许多传奇的故事。这里曾放置着许多王室珍宝，很多人都曾在这里看见白色的幽灵和鬼魂，这里还曾经被当作监狱……总之，伦敦塔是一个充满传奇色彩的地方。伦敦塔的布局很像一个矩形，有两条护城墙保护着风特尔夫的最初建筑——白塔。在里墙内有13座小塔围绕在它的四周。6个面向河流的塔护卫着外墙，在东北角和西北角各有一座雄伟的堡垒。从法律意义上讲，伦敦塔仍是卫戍部队的驻地及皇家领地。伦敦塔和巴黎的巴士底狱十分相似。这座塔其中的一个用途是用作监狱，特别是用来关押那些反对国家的人。

伦敦塔是许多有关鬼魂作祟报道聚集的焦点。这些鬼魂总与发生在塔内的故事有关。有报道说，瓦特·罗利爵士的鬼魂曾沿着塔楼的通道悄无声息地从上到下行走，顺着他在被关押年月里散步的路线，一个牢房又一个牢房地依次走过。一个穿着白色裙子的女人常常会出现，在塔楼间的草地上随后又消失，来去的速度总是一样。人们猜测她是亨利八世某个不幸的王妃。晚上监听的岗哨声称他们曾听到过盖伊·福克斯被刑讯逼供财宝藏在何处，他在拉肢刑架上被拉押受刑时发出一阵阵的惨叫声。

很多人都曾在塔中被处死。可怜娇小的简·格蕾夫人是那些在塔中被处死的名人中的一个。

在简夫人被处死403年后，1957年2月12日，有一个在伦敦塔值勤的士兵十分肯定地说，他看到了简的幽灵就在城垛上面游荡。他马上叫起另一个守卫，据那位说他们所见的的确是简夫人的鬼魂。人们常见的鬼魂还有不幸的安妮·博林的幽灵，据说她的鬼魂经常在她的家——诺福克的布立克林大宅中出现。亨利八世其他几个不幸的妻子好像都在死后回过魂。就是在伦敦塔，人们也见到过安妮的鬼魂，据说有许多目击者见到一个没有头的女性鬼影经常出现在王后寝宫的周围，那是她在被处死前被禁闭的地方。

根据这些报道和传说，我们似乎可以认为伦敦塔是一个"幽灵的世界"。那么真的有鬼魂吗？那些目击证人看到的不会是自己的幻觉吗？那些游荡的幽灵是在给自己鸣冤吗？这些鬼魂又来自何处？现代科学无法解释这些的问题。伦敦塔在人们心目中仍是一个古老而又神秘的地方。

重见天日的古罗马庞贝城

在意大利半岛西南角坎佩尼地区有一座历史悠久的历史名城——庞贝城。它曾经是罗马富人寻欢作乐的胜地，曾经是一座人口超过2.5万人的酒色之都，也曾经是一座背山面海的避暑小城。然而在一夜之间，这一切都灰飞烟灭了。

公元79年8月24日这一天，维苏威火山醒过来了。刹那之间，火山喷出的灼热岩浆遮天蔽日，四处飞溅；浓浓的黑烟，裹挟着滚烫的火山灰，铺天盖地地降落到庞贝城。令人窒息的硫磺味弥漫在空气中，弄得人头昏脑涨。很快，厚约5.6米的熔岩浆和火山灰就毫不犹豫地将庞贝城从地球上抹掉了。

1748年，一位当地的农民偶然发现了埋葬于地下1000多年的庞贝城。即使到今天，庞贝城也只有3/5被考古学家们发掘出来，仍有许多死难者、器具和建筑物被深深地掩埋在地下，尽管如此，富丽堂皇的庞贝城也使人们产生无限遐想。

庞贝城占地面积1.8平方千米，用石头砌建的城墙周长4.8千米，有塔楼14座，城门7个，蔚为壮观。纵横的4条石铺大街组成一个"井"字形，全城被分割成9个区，每个城区又有很多大街小巷相通，金属车轮在大街上辗出了深深的车辙，历历在目，仿佛马车刚刚驶过一般。

在大街的十字路口都设有高近1米、长约2米的石头水槽，用来向市民供水。

那么水槽里的水又是从哪里引来的呢？原来水槽与城里的水塔相通。水塔的水则是通过砖石砌成的渡漕从城外高山上引进来的，然后分流到各个十字路口的公共水槽中，这个系统也为贵族富商庭院的喷泉和鱼池供水。

庞贝城里还有3座大型剧场，其中最大的一座剧场位于城东南，建于公元前70年，可容纳观众2万人，也可以当作角斗场，当年人与人、人与兽的角斗就曾在这里举行。

这座大型剧场的东侧还有一座近似正方形的圆形体育场，边长约130米，场地三边用圆柱长廊围住，黄柱红瓦，金碧辉煌，场地正中是一个游泳池。这个体育场估计能容纳观众1万余名。

城西南有一个长方形广场，是全城政治、经济和宗教中心，四周建有官署、法庭、神庙和市场。城市至少建有一座公共浴室，不但冷热浴、蒸汽浴样样具备，还附有化妆室、按摩室，装修也十分到位，墙上还用石雕和壁画装饰着。

庞贝城遗址充分反映了古罗马社会的道德沦丧，一部分人沉溺于酒色，纸醉金迷，生活糜烂。庞贝城明显有两多：一是妓院多，二是酒馆多。不堪入目的春宫画画满了妓院的墙壁，各种淫荡的脏话在墙壁上随处可见，城内酒店林立，店铺不是很大，酒垆与柜台都在门口，酒徒可以站在柜台外面喝酒，酒鬼们在一些酒店的墙壁上留下了信手涂鸦的歪诗邪文，至今依稀能够辨识出来。

比起埋在地下20～30米深且被新城覆盖的赫库兰尼姆，庞贝城埋在地下平均深度为3.6米，较易发掘，但要运走那么多的泥石，也不是一件容易的事。目前，整个庞贝遗址就是一座博物馆，用外墙围住，不准任何人居住，更不准车辆入内，而在遗址外围，逐渐形成了一座几万人的游览城市。

一座死城在科学家们的努力下重见天日。它反映了古罗马时代城邦居民的日常生活，是一座世界少有的天然历史博物馆。

复活节岛上的神秘石像

复活节岛是世界上最偏远的地方之一，它位于茫茫无际的南太平洋水域。1722年，荷兰人首先发现了这个小岛，那天刚好是复活节，因此这个岛被称为复活节岛。此后的几十年内，西班牙等欧洲探险家们曾经一次又一次地登上此岛，因为人们不仅对这个荒岛上的土著居民很好奇，而且对岛上的上百尊巨石雕像更感兴趣。复活节岛虽然孤处一方，但那些遍布全岛的石像却世界闻名。这些有着非常明显特征的石像被当地人称为"莫埃"：他们有神态各异的长脸，向上略微翘起的鼻子，前突出的薄嘴唇，略向后倾的宽额，垂落腮部的大耳朵，刻有飞鸟鸣禽的躯干，还有垂在两边的手，石雕独特的造型使它们别具风采，使人一眼就能认出它们。此外，有些头上还戴有圆柱形红帽子的被当地人称为"普卡奥"的石像，远远看去这些红帽子就像具有尊贵和高傲色彩的红色王冠。

这些石雕人像的造型一致，都是表情呆滞、脸形瘦长的那种。这说明其加工制作者使用的模本是统一的。从未见过的石像造型所表现出来的奇特风格，充分说明了它是未受外来文化影响的本地作品。当然也有些学者指出，它们的造型与远在墨西哥蒂纳科瓦的玛雅即印第安文化遗址上的石雕人像十分相似。难道是

复活节岛上神态各异的石像

古代墨西哥文化影响过它？但墨西哥在复活节岛数千米之外，这几乎是不可能的。

在充分研究了小岛各处分布的600多尊石像和几处采石场的规模等情况后，众多学者一致认为这份工程没有5000个身强力壮的劳动力是不能完成的。他们做过一项试验，十几个工人忙一年才能雕刻一尊不大不小的石人像。利用滚木滑动装置似乎是岛民解决运输问题的唯一办法，这种原始的搬运办法虽然可以将这些庞然大物搬运到小岛上的任何角落，但这必定要花费巨大的劳动量。令人不解的还在于，当雅各布·罗格文初到复活节岛时，岛上几乎没有树木，因此利用滚木装置运送巨石人像的可能性也不大。

调查者们在拉诺拉库山脉还找到了几处采石场。采石场上到处分布着像切蛋糕似的被人随意切割的几十万立方米的坚硬岩石。这些加工好的巨石人像被运往远方安放，但是数以百计未被加工的石料依然躺在采石场上，加工了一半的石像中还有一尊极为奇妙的石像，它的脸部已雕凿完成，但是后脑部还和山体相连。这件成品只需几刀就可与山体分离，但是它的制作者好像忽然发现了什么，匆匆离去，将它留在这里。

不可思议的是还有戴着石帽的石像，这批石雕人像重的超过50吨，小的重约2.5吨，单单石帽就是件吨位沉重的庞然大物。制作者究竟如何将它们从采石场上凿取出来，怎样加工制作，又通过什么途径将它们运往远处安放的地方，并能牢牢地将它们耸立在石像头上？由于前几个世纪岛上居民还没有使用铁器，这一切都那么令人费解。而且工地上的许多作品，尽管进度并不相同，但是看上去似乎是同时停工的，那么小岛上究竟发生了什么事情呢？地质学家们研究之后，发现复活节岛是座火山岛，但是在人类在此居住以前并没有发生过火山爆发。

20世纪40年代，挪威科学家托·海尔达尔提出了复活节岛上曾居住过南美印第安人的观点，并认为是他们建造了这些莫埃人像。为了证实自己的推断，海尔达尔决定孤身穿越太平洋，他造了一个简陋的木筏，开始了自己的行动。木筏随着信风和洋流一路向西漂去，实际的距离大大超过了复活节岛。101天以后，一直在海中漂泊的木筏在塔希提岛东面一个荒凉的小岛上靠岸。

海尔达尔激动万分，因为航行证明了一只简陋的木筏横渡太平洋的可能性。当然这还只是一种可能性，是否真的发生过这样的事情还不能确定。要证明南美洲人的确曾在复活节岛上生活过还需要更多更充分的证据。海尔达尔的推断似乎

得到了岛上的一些口头传说的支持，因为岛上的居民曾提到一个这样的民族：他们将耳朵刺穿并在耳垂上挂上重物，人为地把耳朵拉长。这些耳朵很长的人曾经在很长一段时间里统治了小岛，后来那些短耳朵的人感到不满，于是奋起推翻了他们。由于那些莫埃人像的耳朵几乎都垂到了肩上，所以海尔达尔推断它们是由那些"耳朵很长"的人建造的。那么这些人是从哪里来的？岛上居民传说他们来自东方，但那里仅有一望无际的海洋……

然而后来的一些理论却否认了海尔达尔的推想。首先，通过放射性碳元素测定年代法表明，早在公元5世纪之前，岛上就有人居住了，而莫埃人像则最早建造于公元900～1000年。而且后来的许多研究也证实岛上的居民是从波利尼西亚迁移过来的，而不是从南美洲迁移过来的。从语言学的角度进行分析，岛上居民使用的文字更接近波利尼西亚的文字；对他们的骨骼进行研究，岛上的居民也更接近于东南亚人。

最早来到复活节岛上的是波利尼西亚人这一观点得到了普遍认同，因为这一结论能在一定程度上解释为什么能够建造那些巨大的雕像。由于波利尼西亚非常盛行祖先崇拜，因此那些莫埃人像可能是由岛上的家族或部落建立起来的用以纪念先人的墓碑。马克萨斯群岛还有一种在死者的雕像上放上一块石头，以示哀悼的传统。而在莫埃人像顶部盖上红石头很可能就是由这种传统演化而来的。

复活节岛上的石雕人像不断地被人写入游记、见闻和回忆录里，变得日益神秘起来。现在，这些石雕人像随着科技的发展和电视的普及已经家喻户晓了，但是仍有许许多多的谜团困扰着人们，而岛上的那些石雕人像仍屹立在那里，俯视着岛上络绎不绝的游人。

令人惊奇的土耳其地下城市

世界上有许多神奇而又古老的地方，土耳其的卡帕多基亚就是其中之一。它位于土耳其的格尔里默谷地，有许多奇形怪状的石堡，这一地貌是由火山熔岩硬化后形成的。真正使卡帕多基亚闻名世界的是这里地下城市的发现。

迄今为止，人们在这一地区发现了大约36座地下城市。其中并不是所有的都像卡伊马克彻或代林库尤附近的地下城市那么大，但都称得上是城市。现在人们已经描绘出了这些城市的俯视图。熟悉这一地带的人认为，地下城市的数量肯定比这要多。现在所发现的地下城市相互间都相通，以一系列地道连接在一起。连接卡伊马克彻和代林库尤的地道，足有10千米长。

地下城市确确实实存在着，可谁是它的建造者呢？它们是什么时候建成的？用途又是什么？对此，人们众说纷纭。当然也有人举出具体的史实加以考证。史实之一是，据记载在基督教诞生早期，这一新生宗教的信徒为了寻找避难之地来到了此地。最早的一批大约在公元2世纪或3世纪至此，以后一直延续到拜占庭时期，也就是阿拉伯军队攻打君士坦丁堡（今伊斯坦布尔）的时候。然而考古学家发现他们并不是真正的建造者，因为在他们到来之前地下城市就已存在。

这一带的地基是由凝灰岩构成的，因为附近就是火山群。只要有黑曜岩，即火石，地基就十分容易被凿空，而火山在这一地区十分常见。就这样，也许花了不过一代人的时间，地基就被掏空了。地下城市大多是超过13层的立体建筑。在最低的一层，人们甚至发现了闪米特时代的器物。

问题是人们修建这些地下城市有什么用途？他们为什么要躲避在地下？一个最有可能的原因是由于对敌人的畏惧。那么谁又是敌人呢？

首先，假设地面上的敌人拥有军队，在地面上，他们肯定能看到耕种过的土地和没有人烟的房屋。而地下城市里建有厨房，炊烟将通过通气井冒出地面，很容易被敌人发觉。要把待在鼠洞般的地下城市里的人们饿死或者憋死是一件轻而易举的事。所以，有研究者推测，人们恐惧的不是地面上的敌人，而是能飞行的敌人。这个猜测是否有道理呢？

当然有。根据闪米特人在他们的圣书《科布拉·纳克斯特》中的记载，我们知道所罗门大帝曾经利用一只飞行器把这一地区搞得鸡犬不宁。不仅他本人，他的儿子，所有服从他的人，也都曾乘坐过飞行器。阿拉伯历史学家阿里·玛斯乌迪曾描述过所罗门的飞行器，并大致介绍了他的部族。当时的人类对于飞行器现象产生恐惧，这是很有可能的。也许他们曾被剥削、奴役过，所以每当报警的呼喊响起来的时候，人们就纷纷逃进地下城市。当然这种说法也仅仅是一种推测。人们至今仍不知道土耳其地下城市的真正用途，但神秘的地下城市却引起人们更多的关注。

雄伟壮观的"太阳门"之谜

在层峦叠嶂的安第斯高原上，有一个名叫提亚瓦纳科的小村庄，它位于秘鲁东南部靠近玻利维亚边境的地方。小小的提亚瓦纳科村本身并没有什么出奇之处，但在村庄附近却有一个散落在长1000米、宽400米范围内的大遗迹群。这就是世界闻名的前印加时期的提亚瓦纳科文化遗址。

遗址被一条大道分成两部分，大道一侧是阶层式的阿加巴那金字塔，另一侧是至今仍保存得很完整的卡拉萨萨亚建筑，在卡拉萨萨亚西北角就是美洲古代最卓越的古迹之一——太阳门。

提亚瓦纳科的巨型太阳门

提亚瓦纳科的巨型太阳门是由一块重约100吨的石头雕凿而成。比雕凿这座巨门更富挑战性的是将此巨石从数千米以外的采石场运来，据此，考古学家们展开了种种推测。

太阳门是由一整块重达百吨以上的巨石雕刻而成的，它高3.048米，宽3.962米，中间凿开了一个门洞。据说，每年9月21日黎明时分，第一缕曙光总是会很准确地从门中央射入。

这座雄伟壮观的太阳门是怎样建造起来的呢？它又有什么用处呢？对于这些疑问，至今还没有人能做出正确的解答。

关于太阳门的来历，在当地有两种传说，一说是由一双看不见的大手在一夜之间把它建造起来的，另一说是由一个外来的朝圣者变出来的。

然而，传说毕竟是传说，代替不了历史事实。为了弄清太阳门的真实来历，许多国家的学者们做了大量艰苦卓绝的工作，也取得了很多重要的进展。

美国考古学家温德尔·贝内特用层积发掘法，证明太阳门和其他一些建筑是在1000年正式建成的。这里曾经是一个宗教圣地，朝圣的人们跋山涉水去那里参加仪式，可能在朝拜的同时采运了石料，建造起了神殿，而太阳门就是这座神殿的一部分。

以上观点得到了很多学者的支持，但如果真是这样的话，却有一些事情不好解释。据估计，在当时要把数十吨甚至上百吨重的石块从5千米外的采石场拖拽到指定地点，每吨至少要65人和几里长的羊皮拖绳，这样就得有一支2.6万人左右的队伍，而要解决这支大军的吃住，非得有一个庞大的城市才行，这在当时还没有出现。

著名的玻利维亚考古学家卡洛斯·桑西内斯认为，提亚瓦纳科曾经是一个举行宗教仪式的中心场所，而太阳门则是卡拉萨亚庭院的大门。门楣的图案反映了宗教仪式的场面。

阿根廷考古学家伊瓦拉·格拉索则认为，太阳门可能是阿加巴那金字塔塔顶上庙堂的一部分，理由是它作为一个凯旋门或庙堂的外大门，显得过于矮小，尤其是中间的过道，高个子如不弯下腰就通不过去。

美国的历史学家艾·托马斯则认为，这里并不是一个宗教中心，而是一个大商业中心，或者说文化中心。阶梯通向之处是中央市场。

1949年，苏联的几位学者成功地破译了太阳门上的部分象形文字，发现它是个石头天文历，只不过它不是一年365天，而是290天，即在一年中的12个月里，10个月24天，2个月25天。这样的历法在地球上有什么用呢？于是有人推测提亚瓦纳科文明来自外星世界，它是某一时期外星人在地球上建造的一个城市，太阳门是外空之门。

又有人根据这里的另一处象形文字，发现太阳门上留有大量天文方面的记载，记录了2.7万年前的天象，其中还有地球捕获到卫星的天象，而当初卫星的"一年"是288天。由此就可以得出结论，太阳门是当时人用来观察地球卫星用的。

然而，这种解释本身就难以让人信服。在2.7万年前，最先进的人类社会还处于石器时代，他们有这样高深的天文知识和高超的建筑技能吗？

"太阳门"的秘密还需要人们进一步探索。

秦兵马俑之谜

"世界第八大奇迹""人类文明的精神瑰宝"——秦始皇兵马俑一出土面世，便引起无数赞叹，无数惊奇，然而，随之而来的是无数谜团，其中的一个就是，这些兵马俑的主人真的是秦始皇吗？

最著名的一号俑坑，由6000件陶人陶马组成一个长方形军阵。整个军阵由3部分组成：前面是210个弓弩手组成的前锋部队，中间是6000人的铠甲俑组成的主体部队，后面是35乘驷马战车，战车两侧各有一排保护驭手的侧翼部队。这些武士俑身高1.75～1.95米，均按秦军将士形象塑造，体格魁伟，服饰逼真，神态生动，他们手执戈、矛、戟、铩等各种兵器，严阵以待。陶马则高1.5米，长2米，高大健硕，肌肉丰满，表情机警，栩栩如生，匹匹都如同即将奔赴疆场的骏马。经判断，一号坑为"右军"，二号坑为"左军"，三号坑为"指挥部"，四号坑为"中军"。

秦兵马俑1号坑

人们认为，只有统一全国的秦始皇，才具有组织和指挥这支钢铁队伍的气度和能力。秦始皇死后，才可能有这么一支驻扎在京城内外的大军。因此，这些俑坑就应该是秦始皇的陪葬坑，这些兵马俑就是他的殉葬品，是毫无疑义的了。

可是，有人经考证否定了这个结论，提出了一堆疑问，使这个公认的看法变成了扑朔迷离的谜团。

其一，军阵之谜。

在一号坑和二号坑里，发掘出战车，并和步兵、骑兵组成方阵，形成一种作战方式。但是在《文献通考》《菽园杂记》《淮南子》《史记》等古籍中，这不是秦始皇时期的军阵。那么，兵马俑也就不该属于秦始皇了。

其二，武士之谜。

四个俑坑中的大部分兵士均穿战袍、腿扎行膝、足登浅履、精梳着各种头髻，没有一个人戴攻坚作战的头盔，没有着护身铠甲。秦始皇怎么能用这样无战斗力的军队征战南北吗？

其三，武器之谜。

秦统一六国后，为防止旧贵族反叛，下令收缴全国的兵器，销铸成钟座和各重24万斤的12个大铜人，违者诛杀。然而，在兵马俑坑中竟出土了大批的步兵使用的矛、戟、铍等长柄武器及劲弓。这都是违禁的，因此，当时的人是不可能如此做的。

其四，服饰颜色之谜。

秦统一六国之后，规定"衣服、旌旗、节旗皆为尚黑"的制度，一律着黑色，可是俑坑中的武士俑们，身上穿的却是五颜六色、鲜明艳丽，是不符合历史事实的。

那么，到底兵马俑的主人是谁呢？

学者陈景元在《大自然探索》1984年第4期发表的《秦俑新探》一文中，详细考证了俑坑中出土的铜钺的年代顺序和武士俑身上的铭文，认定这些兵马俑属于秦昭王之母，秦宣太后。这位太后本是楚国人，生前嫁到秦国，专权41年。这些兵马俑是她的仪仗队，是护送她的亡灵回老家的。

然而，上海《社会科学》杂志1985年第2期发表刘修明的文章，对上述说法又提出两个问题，使这个说法难以成立。其一，俑坑出土的兵器比秦宣太后晚50年。谁也不会把当代的新式兵器加到半个世纪前的死者的坟墓中去。兵器之一名为"相邦吕不韦戈"属于秦皇时代的三年、四年、五年、七年之物。兵器之二名为"寺工"长铍。"寺工"一词最早出现在秦始皇二年，是专铸墓葬兵器的官署。况且这些兵器出土时，土层并没有被挖掘过的痕迹。其二，是秦宣太后的葬地。《史记》中明确记载："宣太后死，葬芷阳骊山。"实际，芷阳在骊山南麓，而兵马俑坑在骊山北麓，方向正好相反，一个是言之凿凿的史实，一个是明确无误的实地，结论根本不同。

千军万马，浩浩荡荡的兵马俑，到底为谁生，为谁死，"为谁辛苦为谁站"，谁又能解开这千古之谜呢？我们只有拭目以待了。

秦始皇为何将阿房宫取名"阿房"

好东西总要被毁掉，也许是因为遭天妒。圆明园被焚于英法强盗之手，英法强盗为人们所痛恨和唾骂。然而项羽一把火烧掉阿房宫，人们却似乎不是那么恨他。

秦始皇灭六国，完成统一大业之后，自以为功德盖过三皇五帝，于是在首都咸阳大兴土木，建宫筑殿，供自己享用，所建的宫殿中规模最大的便是阿房宫。本来，"阿房"只是前殿的名字，但因直到秦灭之宫殿都还未竣工，所以就把整座宫殿称为阿房宫了。

阿房宫汇聚了当时全国各地宫殿建筑的优点，规模空前，气势宏伟，它"离宫别馆，弥山跨谷，辇道相属"，蔚为大观。《史记》记载："先作前殿阿房，东西五百步，南北五十丈，上可以坐万人，下可以建五丈旗。周驰为阁道，自殿下直抵南山，表南山之颠以为阙，为复道，自阿房渡渭，属之咸阳。"《汉书·贾山传》中记载："起咸阳而西至雍，离宫三百，钟鼓帷帐，不移而具。又为阿房之殿，殿高数十仞，东西五里，南北千步，从车罗骑，四马骛驰，旌旗不挠，为宫室之丽至于此。"

那么，这座宫殿为何取名"阿房"？历代记载说法不一，经查考发现，主要有以下三种观点：第一种观点认为"阿房"一名是由于宫址靠近咸阳而得名的。《史记·秦始皇本纪》正义引《括地志》云："秦阿房宫曰阿城，在雍州长安县西北一十四里。按宫在上林苑中，雍州郭城西南面，即阿房宫城东南面也。"所以，颜师古说："阿，近也，以其去咸阳近，且号阿房。"第一种观点是以地址定名。第二种观点则是从阿房宫的建筑风格加以分析，认为"阿房"一名是根据"四阿旁广"的形状来命名的。阿，在古意中有曲处、曲隔、庭之曲的解释。杜牧的《阿房宫赋》中说此宫"五步一楼，十步一阁，底腰缦回，檐牙高啄"，正体现了阿房宫"阿"的特点。所以，《史记》索隐中解释此宫名时说："此以其形命宫也，言其宫四阿旁广也。"第三种观点认为，"阿房"一名是由于宫殿建筑在大陵上而得名。这一观点出自《汉书·贾山传》，传中注释为："阿者，大陵也，取名阿房，其言是高若于阿上为房。"意思是，阿房宫因宫殿建筑在大陵上而取名。考古发掘有力地证明了这一观点。古阿房宫的遗址所在地是今西安市郊约15千米的阿房村一带。发掘的遗址表明，当年的阿房宫坐落在地势高峻的丘陵上，至今这里还有宫殿的高大地基。另外，在阿房村村南附近，有一个高殿遗留的大土台基，周长31米，高约20米；据考证在村西南还有一个是阿房宫前殿遗址的高大夯土台基，东西长约1200米，南北长五六百米，最高处8米左右。阿房宫就是建在这些高峻的台基之上。

上面的这三种观点都是言之凿凿，很难判定孰是孰非。所以，这座千古留名的宫殿的取名之谜，只能留待后人的进一步发现来解开了。

希巴姆土质摩天大楼不塌之谜

在面向阿拉伯海的也门东部，有一片干旱的哈达拉毛谷地，黄沙中隐伏着一簇白色的建筑物，就像沙漠中的海市蜃楼，由土垒成的摩天楼高耸入云，气度非凡。这就是被称为"世界人类文化遗产"之一的希巴姆土城。

高大的城墙围护着中世纪的土城。城内560多幢大楼高低错落，鳞次栉比，坐北朝南，蔚为奇观。楼房高者十几层，低者六七层，其中30座清真寺格外堂皇。4座宣礼塔居于全城制高点，不时传来祈祷声。美国纽约市中心的曼哈顿岛是世界上摩天楼聚集的地方，沙漠中难得见到高楼，希巴姆因此享有"沙漠中的曼哈顿"的盛誉。

在这里，所有楼房除了清真寺外，屋顶全部都无房檐，墙面直切，窗户朝里开，没有外部的阳台，也没有外部廊柱。这些土楼都是生土坯建造的，外部涂以白灰浆，具体做法是：将泥土拌和骆菲草和谷壳，打造成型，风干而成泥砖，层层垒高。几百年来，无一倒塌，就像水泥建筑一样完好如初，真是令人难以置信。是什么原因使得希巴姆土质大楼能够经受住几百年的风风雨雨而没有损坏呢？科学家们也难得其解。

有人说，土质摩天楼不塌有赖于希巴姆人超群的建筑技艺。早在前1020年，希巴姆就已经是一个鼎盛的小王国的中心。城市就是以萨巴王朝末代国王希巴姆的名字命名的。公元前2世纪，哈达拉毛的骆驼商队往返于巴比伦和谷地之间，希巴姆是个热闹的贸易城市。公元前6年，克尔苏王朝卡希耶国王在希巴姆建了行宫。

公元7世纪，哈达拉毛谷地出现了许多传教士。这些传教士跨过阿拉伯海和亚丁湾，到各国去传播《古兰经》，商人随之前往开展对外贸易。他们带回财富和先进的文化技术，在13世纪前后营建楼房，"摩天楼"蔚然成林。然而，建筑中最伤脑筋的是方圆百里内无石可采，人们只能就地取材，以泥代石垒楼。自然的限制，为人类留下了泥楼奇观。

但大多数人认为这一说法显然是不够全面的。只要注意一下当地的干旱气候和粘土质量，就可以看到人为因素并不是主要因素。这里终年基本无雨，就算有雨也是那种湿不了屋墙的毛毛小雨，最重要是年降水量和每次的降水量都非常低。兼之泥土极黏，与草筋凝固后如同混凝土块，风雨难以侵蚀泥屋，所以可安然屹立。

那么建造希巴姆城所用的黏土为何如此之黏呢？

希巴姆城附近的哈达拉毛谷地实际上是已经枯干的河床。2.5万年前，无数细流汇成大河，汹涌奔腾流过此地，两岸森林十分茂密。以后，地球气候剧变，中东地区由湿润型转为干旱型，干涸的河床留下15千米宽的狭长谷地。干河谷土壤肥沃，又有地下潜泉，滋润着枣椰树林，成为沙漠中的绿洲，吸引着游牧部落来此定居。

土楼群还能屹立多少年？近年来谷地地下水位上升，直接威胁着地上掘土建筑的安全。联合国教科文组织正与也门政府合作，筹款组织维修加固，以阻止这一人间奇迹毁在这代人手里。

为何称西夏王陵为"东方金字塔"

公元970多年前，西北大地耸立着一个与宋、辽鼎立的少数民族王国——"大夏"封建王朝，西夏语为"大白高国"。因其位于宋、辽两国之西，历史上称之为"西夏"。它"东尽黄河，西界玉门，南接萧关，北控大漠，地方万余里，倚贺兰山以为固"，雄踞塞上，立朝189年，传位10主。13世纪，蒙古迅速兴起并日渐强大，开始对外扩张和掳掠，西夏便成为蒙古对外扩张的首要目标。1227年，成吉思汗包围西夏都城兴庆府达半年，威震四方的成吉思汗虽战无不胜，但西夏人拼死抵抗，双方陷入苦战之局。经过一番惊心动魄的战斗，蒙古大军攻下了西夏都城兴庆府，接着在城里四处抢掠、大肆屠杀，铁骑所到之处，白骨蔽野。历时189年，曾在中国历史上威震一方的西夏王朝灭亡了，党项族也从此消失。只有贺兰山下一座座高大的土筑陵台——西夏王陵，仍然默默矗立在风雨之中，展示着神秘王朝的昔日辉煌。于是，西夏王朝留给后人的，只剩下这些历史遗迹和一个又一个难解之谜。元朝人主修的《宋史》《辽史》和《金史》中各立了《夏国传》或《党项传》，但没有为西夏编修专史，这无疑给研究人员增加了困难。近年来，研究人员试图从那些废弃的建筑、出土文物和残缺的经卷中，寻找西夏王国的踪迹，以求破译众多谜团。

从20世纪70年代开始，考古人员对矗立在荒漠中的西夏王陵进行了科学的考察和研究，清理了一座帝王陵、四座陪葬墓、四个碑亭及一个献殿遗址，并从中发现了一些很珍贵的西夏文物。这些文物中有西夏文字，有反映西夏人游牧生活和市井生活的绘画，有各式各样的雕塑作品，有"开元通宝""淳化通宝""至道通宝""天禧通宝""大观通宝"等各个时期的流通钱币，有工艺精巧的各类铜器、陶棋子等文物。更让人惊讶的是，这当中出土了大量造型独特的石雕和泥塑。与此同时，考古工作者还对陵区进行了多次全面系统的测绘与调查，陆续发现了新的大小不等的陵墓。发现的陵墓从15座增加到70多座，后又增加到200余座，截至1999年共发现帝陵9座、陪葬墓253座，其规模与河南巩义市的宋陵、北京明十三陵相当。东西5千米，南北10多千米，总面积50多平方千米，如此规模的皇家陵园在中国实属罕见。人们还惊奇地发现，在精确的坐标图上，9座帝王陵组成一个北斗星图案，陪葬墓也都是按星象布局排列！为什么要这样排列呢？至今仍没人能够解释。

西夏王陵和其他陵园相比，有自己的特点。西夏王陵三号陵园陵城和角阙形制具有西夏佛教的显著特点。研究人员在清理陵塔墙基周围的堆积物时，未发现有登临顶端的任何形状的阶梯、踏步，角阙附近也仅发现大量的砖瓦及脊兽残片，而未发现明显的方木支撑结构，由此专家们推测角阙之上应为一种实心的，用砖瓦、脊兽垒砌的高低错落的塔式建筑，而绝非可以拾级而上的亭台楼阁，而在此出土的铜铃应为佛塔角端悬挂的装饰物。研究人员说这种在陵园中修建的佛塔式象征性建筑目前尚属首见，这可能与西夏尊崇佛教有直接关系。另外陵园所有角阙和门阙皆由一座座大小不一的佛塔组成，与陵塔遥相呼应，形成一座气势恢宏的具有浓郁民族特色的建筑群。研究人员推想，西夏王陵应是以高大宏伟的密檐塔状陵台为中心，四周围绕高低相间错落有致的佛塔群，从而使整个陵园充满尊崇佛法的宏大气势，突出了西夏王陵别具一格的建筑特色。

西夏王陵另一个与众不同之处是它放置石像的位置。石像生自东汉创制以来，列于陵园正门外的

东方金字塔——西夏王陵

西夏陵园在明代以前被掘被毁，地面建筑只剩遗址，但仍保存着大量的建筑材料和西夏文，这对破译西夏王陵留给世人的独特谜题有着重大的价值。

神道两侧，成夹道之势。而西夏却将月城作为列置石像生之地，与传统的正门外神道两侧置石像生完全不同。考古工作者从月城残留的遗迹现象中，已找出了四条摆放石像生的夯土台基，台基呈窄长条形，南北长 41.5 米，东西宽 3.7～3.9 米。月城出土了数百块石像生碎块，研究人员根据石像生碎块的分布状况分析，一条夯土台阶上可能有 5 尊石像生，两条台阶上约摆放石像生 10 尊。三号陵园石像生的摆放状况可能是 4 排 20 尊，改变了宋陵将石像生群列于神道两侧一字排开的做法，这样使石像生更加集中、紧凑，缩短了陵园的南北纵向距离，形成了"凸"形的基本结构，与宋陵方形布局有明显不同。研究人员认为，把文臣武将集中摆列在月城，突出了皇家陵园的威严和气势。西夏陵月城的设置不同于宋陵，研究人员认为西夏陵园平面可能是仿国都兴庆府城之平面。陵园前凸出的一块，是仿常见的城门外之瓮城，突出了月城保卫陵园（陵城）的作用，可见西夏人仍按古代"视死如生"的丧葬要求设计陵园。　　另外，研究人员在西夏王陵还发现了中原地区陵墓所没有的塔式建筑。据此有关专家推测，西夏王陵可能吸收了我国秦汉以来，特别是唐宋陵园之所长，同时又受到了佛教建筑的巨大影响，使汉族文化和佛教文化、党项民族文化三者有机地结合在一起。

　　西夏王陵以其独特之处吸引着众多研究者，而那一个个未解之谜也给它增加了几分神秘，使它备受人们的关注。

中国浙江省的太极星象村是怎样建成的

　　浙江省武义县西南 20 千米处有一座看似平凡的小村子，实际上却蕴含了无穷的奥妙。村子三面环山，一条弯弯的峡谷坐落在村子的南面，一条 S 形的小溪从村中穿过。而正是这条 S 形的小溪乃是奥妙的关键所在。

　　原来远远看去，那呈 S 形的小溪竟是一条阴阳界线，与周围山沿把整个村子勾勒成一个巨型太极图。而村子的布局更含玄机，村中那幢幢灰瓦白墙的古老建筑按天体星象来排列的，正合"天罡引二十八宿，黄道

我国古代的很多建筑都蕴含着太极文化，如浙江七星岩，也是依据太极图而建造的。

十二宫环绕"。难怪有到此采访的记者慨叹"此村只应天上有，为何下凡到人间"。

那么这座村子是谁建成的呢？传说此村的太极星象布局由明代开国功臣刘伯温设计指挥建造，他精通天文地理，如果仅是外人谣传倒未必可信。但据俞源村《俞姓宗谱》记载确是当有此事。俞源村的俞涞（1307～1357年）与刘伯温是同窗好友，因此刘伯温常到此村与友聊天，并应邀指点风水，而把村庄设计成星象、八卦布局。这个村子共有代表性的28幢明古建筑，与二十八宿分布相对应，村四周有8座山头，加上村口巨型太极图（双鱼宫）构成天体黄道十二宫和七星塘（村内7口池塘），七星并呈北斗星状分布。俞氏宗祠正好位于天罡北斗的"斗"内。1974年河北宣化辽古砖墓出土的星象图与俞源村的布局惊人地相似。

这里可谓到处笼罩在浓重的太极文化的氛围之中。巷道、梁柱、墙壁和门窗、生活用品处处都有形态不一的星象图案。据清华大学建筑院陈志华等教授专家考证，此村现存明清古建筑达395幢之多。

中国的古人是十分相信风水一说的。不管是谁设计的太极村，其目的肯定是为了给这里带来更多的灵气，为这里的人民带来幸福。事实上，此村明清两朝出过达官贵人、著名文士260余人。这不能说与此地的太极星象布局全无关系。甚至这个村里的许多东西都带上了灵性。村口的参天古树历经千年风霜雨雪仍屹立不倒，"声远堂"桁条上的8条木雕鲤鱼会随季节变化而变色。这些神秘的现象至今都没能用科学来进行合理的解释。至于原因到底是什么，只能有待于科学家的研究了。

众说纷纭的明孝陵

据说，明孝陵是明代开国皇帝朱元璋和皇后马氏的合葬陵墓，坐落在紫金山南独龙阜玩珠峰下，东毗中山陵，南临梅花山，是南京最大的帝王陵墓，也是我国古代最大的帝王陵寝之一。

明孝陵规模宏大，建筑雄伟，形制参照唐宋两代的陵墓而有所增益。陵占地长22.5千米，围墙内宫殿巍峨，楼阁壮丽，南朝70所寺院有一半被围入禁苑之中。陵内植松10万株，养鹿千头，每头鹿颈间挂有"盗宰者抵死"的银牌。为了保卫孝陵，内设神宫监，外设孝陵卫，有近1万军士日夜守卫。

明孝陵是明太祖朱元璋的陵寝建筑，但其地宫的具体位置在哪里，众说纷纭，史无定论。加之曾有朱元璋下葬时13个城门同时出殡和葬于南京朝天宫、北京万岁山等民间传说，因此朱元璋是否真的葬在明孝陵也成为数百年来人们心中挥之不去的谜团。

谜团之一：朱元璋是否葬在独龙阜？

专家们采用的精密磁测技术是根据物体磁场原理，通过探测地下介质（土、石、砂及人工物质）磁场的空间分布特征，根据其空间磁力线分布图像的不同，输入计算机分析，来判别地下掩埋物是否存在及其形制的。最初的测网布置乃以明楼为中心。探测结果发现这条中轴线上没有想象中的地下构筑物。通过异常的向东南延伸的磁导信号，找到了宝城内明孝陵地宫的中心位置，确认朱元璋就葬在独龙阜下数十米处，而且这座地下宫殿保存完好，排除了过去流传的地宫被盗之说。

谜团之二：墓道入口在哪儿？

在对明楼中轴线以北的测网资料分析中，通道状并无连续的异常，相反以东拐向东南的线状异常。而且这种隧道状构筑物的异常是连续的，长度达到120米，具有一定宽度，内径为五六米。同时判断，该隧道状构筑物的入口之一位于明楼东侧的宝城城墙之下。经地表调查，在相应的宝城城墙上可看到两处明显的张性破裂的裂口和下沉错位的痕迹，由此推测这里很可能就是隧道状构筑物即地下宫殿的入口之一。

谜团之三：墓道弯曲是岩石"作怪"？

明孝陵与历代帝王陵寝相比，有许多不同之处，其中之一就是墓道弯曲不直。通过探测，结果发现竟是两种不同的岩石所致。明楼以北的山坡，地下由两种不同岩石组成，西侧是下中侏罗纪的砾岩，东侧是稍晚的长石石英砂岩。这两种岩石本身的磁性差异很大，更奇怪的是，这两种不同岩体的接触界面呈南北走向，并且位置也靠近明楼中轴线，开始时被误认为是墓道。

由于西侧岩石硬度强，开挖困难，专家根据宝城内的地质特征，认为不排除存在这样一种可能：当年明孝陵的建筑工程主持者已注意到本地岩石的磁性差异，而修改了原有的施工方案。明孝陵地宫确实在独龙阜下，其墓道偏于宝城一侧的做法，起因是什么，目前尚不可知，但这种做法一直影响到明代后来的帝陵规制。如北京明十三陵中已发掘的定陵，其墓道入口便是偏向左侧，与孝陵墓道正好相反，但避免把墓道开在方城及宝城中轴线上却是它们共同遵循的法则。

谜团之四：宝顶表面巨大的卵石有什么用？

考古人员还发现独龙阜山体表面至少60%的地方是经过人工修补堆填的，宝顶上遍布有规则排列的大量巨型卵石。经过研究分析，这些巨型卵石是当年造陵工匠用双手从低处搬运上去的，是帝陵美学的要求，还是为了防止雨水对陵表的冲刷和盗陵者的掘挖？明孝陵坐北朝南、依山傍水，堪称风水宝地。它留给世人的这些谜团也散发着神秘魅力，给后人留下了广阔的想象空间。

◎ 北京古城墙为何独缺一角

《光绪顺天府志》说，北京城雉堞11038，炮窗2108。内城周长约40里。墙高3丈5尺5寸，围栏高5尺8寸，通高4丈1尺3寸。明洪武、永乐年间都重修加固城垣。宣德九年（公元1434年），以五城神机营军工和民夫修城垣。这时才把城垣外壁包上砖。正统元年到四年（公元1436—1439年）才建成九门城楼和桥闸、月城（平常叫瓮城）和箭楼等。城垣内壁也包上砖。各城门外立牌楼，内城四隅各立角楼。城外挖濠建石桥。嘉靖年间又在南边增修了27里的外城。修建北京城一直是"皇极用建，永固金汤"的大事。

全城以前门至地安门为中轴，正南正北，整齐如划。从1972年和1975年美国发射的两颗地球资源卫星在北京上方900多千米的高空拍摄的卫星照片上看，最为清晰的就数明代修建的内城城墙形象了。一般说来，城墙应修筑成方形的，我国的一些古城大都如此。可是北京内城城垣的西北角却不呈直角，城墙到了这里，却成了东北—西南走向的。这究竟是为什么呢？

长期以来，人们一直解不开这个谜。

有人从地形上进行分析：元时大都的北城墙，在现今德胜门和安定门以北五里处，至今遗迹犹存。它的西北角并无异常，是呈直角的。明代重修北京城，为了便于防守，放弃了北部城区，在原城墙南五里处另筑新墙。新筑的北城墙西段穿过旧日积水潭最狭窄的地方，然后转向西南，把积水潭的西端隔在城外，于是西北角就成了一个斜角。明初时，积水潭的水远比现在要深得多，面积也大得多。为了城墙的坚固和建筑的需要，城墙依地形而呈抹角是合乎情理的，所以这种观点被很多人所接受。

第二种说法是，从国外卫星影像分析，北京城西北角既有直角墙基的影像，又有斜角的墙基影像。这两道墙基的夹角为35°～36°，正东正西墙基线正位于元代海子西北端北岸附近，和东段城墙在同一纬线上，这说明这里确实曾修过城墙。可是为什么没有修成呢？通过卫星影像还可以看到，从车公庄到德外大街有一条地层断裂带，正好经过城的西北角与那段直角边斜向相交。现在的北京城是明朝永乐年间修建的，建城时北京城四角都是直角。但明清两代，北京及其附近地区经常发生强烈地震，每次地震北京城西北角从西直门到新街口外这段城墙都要倒塌。虽经重修多次，但无论建得怎样坚固，总是被地震震塌。

据考证，原来地下地基不牢，可能有活断层。皇帝陛下不得不屈服于地震的威力，决定将西北角的城墙向里缩一块，避开不稳定地段。以后北京地区虽又经历几次地震，城墙却再没有倒塌。这就是为什么缺一个角的原因。

第三种说法是，北京城的设计处处都有含义，其中不修全可能是因为上天的暗示。如紫禁城这个名字取自紫微星垣，紫微星垣系指以北极星为中心的星群。古人认为紫微星垣乃是天帝的居所，而群星拱卫之。所以自汉以来皇宫常被喻为紫微。为佐证这个说法，紫禁城内特意设有七颗赤金顶（分别是五凤楼四颗，中和殿、交泰殿、钦安殿各一颗），喻北斗七星。有七星在此，谁能说不是天上宫阙？所以北京城墙缺一角必然有什么含义。

其中就有这么一个故事，在明初年，燕王修建北京城，命手下的两个军师刘伯温和姚广孝设计北京城的图样。他们俩在设计的时候，不知为什么眼前都出现了哪吒的模样，他们很害怕，哪吒说不用害怕，我是上天派来的，告诉你们要如何建造都城，你们按我手中的图建造吧。于是两个人就都各自照着画了。姚广孝画到最后，吹来了一阵风，把哪吒的衣襟掀起了一块，他也就随手画了下来。后来建城的时候，燕王下令：东城照刘伯温画的图建，西城照姚广孝画的图建。姚广孝画的被风吹起的衣襟，正好是城西北角从德胜门到西直门往里斜的那一块，所以至今那里还缺着一个角呢！

北京城墙到底为什么缺少一角现在仍不得而知。令人叹息的是，北京城墙现已拆除殆尽，城墙缺一角之谜也许将永远不得破解。